本书受华中科技大学文科学术著作出版基金资助

中国农村教育
阶层再生产功能的文化分析

朱新卓 等著

上海三联书店

摘　要

重点大学中农村学子的比例逐年减少、农村孩子很难通过读书改变命运、阶层复制现象大量存在，这一教育公平问题是近年来备受关注的一个社会议题。这一现象背后隐藏着农村学生怎样的学习状态？隐藏着农村教育究竟在承担什么样的教育功能：是打破既有阶层壁垒、实现社会代际流动的阶梯？还是进行阶层再生产、固化阶层边界的工具？在现代文明社会，刻意用显性的制度安排阻碍农村学生实现阶层攀升的现象已经基本不存在，在我国当下尤其如此。这就需要另外寻找合适的角度来解读上述现象。本研究从学校教育中的文化冲突这个角度，运用人类学方法深入到若干所农村初中学校，剖析农村学校承担阶层再生产功能的机制与根源。

1. 课堂游离与逃离：农村初中生学习状态上的隐性辍学现象

通过观察发现，在农村初中，很多学生处于一种隐性辍学状态。他们游离于课堂当中，在课堂上讲话、打闹、制造声响，以折纸、睡觉、涂鸦的方式来打发无聊的上课时间，经常和老师对抗，寻找和抓住任何机会逃离课堂，课堂生活成为老师一个人的表演。农村学生与课程之间的冲突，课堂游离，高度厌学，表明农村初中生中大量存在“人在心不在”的隐性辍学状态。与农村教育发展过程中解决了显性辍学问题这种量的提升不同，隐性辍学现象表明了农村教育质的下降。

2. 符号暴力:农村学生与学校文化之间的冲突

首先,学校课程知识对学生提出了一系列的标准与要求,它强调知识持续不断的积累与抽象思维能力的训练。然而,面对课程知识的理想诉求,农村学生经常表现出早年知识积累的严重不足、学习目标的虚无,而且他们还携带着一身“学习坏习惯”,越是学不会就越是不想学。其次,学校主流文化还以语言类型、思维方式等文化形式对农村学生形成事实上的符号暴力与文化排斥。英语的语音规则与语法规则作为一套潜在地决定言说模式的隐蔽结构使农村学生在单词的读音与记忆、词性、单复数、句子的基本结构等基本的语法问题上持续不断地犯“简单的重复错误”;数学语言的符号性与法则性则使农村学生普遍“粗心”,并对语言规则麻木,进而表现出极为缓慢的学习进程。而抽象思维更作为一种无形却客观存在的基本力量统合学校的课程知识,决定知识的组织分类模式、课程的讲授模式以及教师的工具化角色定位,它构筑起课程知识的抽象壁垒,将一条巨大的鸿沟横在课程知识与农村学生之间。

3. 规范与抗拒:农村学生道德规范上的叛逆现象

农村学生与学校主流文化之间的冲突不但表现在课程知识与文化资本等直接关联学业成绩的方面,还广及道德规范层面。

中国学校教育中的道德规范呈现出核心——边缘结构,核心区域以“重塑”学生的行为习惯为主要目标、以礼仪与纪律为主要内容,与此相对的是倡导爱国主义、集体主义与心理健康等崇高目标的边缘辅助性德育活动。农村学生与学校道德规范之间的冲突不但集中于核心区域,还扩展到边缘地带,甚至延伸到规定道德结构的学校教育权威。首先,多数农村学生既具有“说脏话”、“不卫生”等“脏习惯”,又出格地“赶时髦”与“爱美”;他们既喜欢在自习课上“喧闹”,又乐于在课下“疯打”,还在严厉的教育权威在场时显得异常“沉默”。多数农村学生在辅助性德育活动中充分暴露出前述“生活坏习惯”，从而将学校德育工作的重心引向“重塑”他们的行为习惯，在此过程中却架空了爱国主义、集体主义等崇高德育目标，同时也扫清了农村学生对隐含着政党合法性的德育内容的任何抗拒态度，恰巧帮助后者在他们幼稚的心智结构上积淀。最后，不少农村学生还以“逆反心理”的形式抗拒教师权威，通过自身的兴趣爱好来保持与课程知识之间的疏离，并借助网络游戏的魔幻力量来抗拒所有的教育权威，从而表现出中国式的“反学校文化”形式。

4. 文化吸引与排斥：学生游离与抗拒的文化阐释

以上论述表明，农村学生与学校主流文化以及课程知识、行为规范之间存在冲突，并因此陷入厌学、隐性辍学、与学校对抗中。从文化的角度分析，发现其根源在于：在“新读书无用论”的影响下对教育的主动放弃，现代城市文明从外部吸引农村学生疏离农村向往城市，但是又不到显性辍学以外出打工的年龄，以上构成了农村初中生隐性辍学的主动性；这种主动性实际上来自于功利主义价值观、工业文明和城市文化的吸引。学校主流文化与农村学生携带的劳工文化、乡村文化之间的冲突从内部增加了农村学生取得良好学业成绩的难度和产生厌学情绪的可能性，以上构成了农村初中生隐性辍学的被动性；这种被动性实际上来自于支配着学校主流文化的中上阶层文化和城市文化对底层文化和农村文化的排斥。排斥是往外推，吸引是往外拉，在两者的合力作用下，农村初中生隐性辍学便不可避免了。

5. 不平等的阶层文化结构与文化支配：学校教育中文化冲突的社会根源

学校教育中文化冲突的社会根源不但在于社会中上阶层及其文化形态对学校主流文化的社会建构，而且还源自于底层社会及其文化形态对底层学生的文化能力与惯习的结构化，两者在不平等的社会阶层结构和文化结构上统一起来。一方面，以“白领”职业为主的社会中上阶层职务的工作事务属性使中上阶层文化具有以抽象思维为特征的思维方式、以精密型符码为言说形式的语言类型以及崇尚高雅文化、偏好自由奢侈的艺术审美品位与优雅式教养风格，这种文化被建构成为社会主导性文化和学校主流文化。因此，学校主流文化的语言类型被语法规则、符号化与法则化等精密型符码垄断，课程知识由抽象思维基本力量统合，并且严格按照文明礼仪、纪律教养等规范“重塑”底层学生的行为习惯。另一方面，底层劳工职业的工作事务属性使底层文化在思维方式上以日常理性为特征、在语言类型上以限制型符码为形式，并且将日常生活沉浸于大众文化之中、偏好需求实用的审美品位以及接触性教养风格。通过榜样的力量、专制型管教等家庭社会化方式，底层社会的文化被结构化到底层学生的心智结构中，进而形塑底层学生独特的文化能力与习惯，使他们在学校教育中表现出不合规矩的学习与生活“坏习惯”、以日常推理为主的思维方式以及由限制型符码束缚的言说系统。因此，当底层学生将上述文化形态带入学校场域之后，必然遭遇由社会中上阶层建构的学校主流文化的符号暴力与外在排斥，两者之间产生激烈而持久的冲突，并导致排斥与规训的双重社会后果。

中国农村初中生不但在主观意识上认同学校主流文化的合法性，而且在实际行动上竭力融入其中，但在这一过程中遭遇了学校主流文化的符号暴力与隐蔽排斥。

6. 农村学生文化与学校文化冲突的后果

学校在教育过程中对农村学生既有规训又有排斥。一方面，通过学习成绩的两极分化、学习能力的快慢分班、中途退学以及升学考试的分流，将为数甚少的一部分农村学生选择出来送入高一级的教育体系，多数农村学生则离开了学校，从而实现了底层社会的再生产。另一方面，学校主流文化先通过系统性的责罚将底层学生规训为一具具“温顺”的肉体与一个个“听话”的精神，致使底层学生对学校教育产生误识，认为其失败的教育命运应该归结为自身能力太差与资质不够，而学校主流文化本身却是客观与公正的、甚至神圣与值得敬畏的。底层学生进而对社会秩序的合法性产生文化无意识，学校教育也就此实现了既存社会秩序合法化的再生产。

7. 教师对学校文化冲突处于蒙昧状态的现实表现

教师在现实的教学工作中的确存在由文化蒙昧导致的一系列异化行为：在主流文化方面，教师对教材显现出权威主义的认知、对课程知识停留在表层的编辑与整合、对优生和差生表现出区别对待等；在实证主义文化方面，教师追求教学目标的预设而非生成，教学模式显现出工具理性的特征，教学评价机制呈现出量化特点。

8. 教师对学校文化冲突处于蒙昧状态的根源

1）社会主流文化支配：教师文化蒙昧的思想根源

教师经由早期的受教育经历、师资培育的社会化机制以及学校场域的再社会化机制，不断地吸纳、内化主流文化，最终承续了这种文化习性，形成中上阶层的价值观、思维方式、语言模式以及行为表达方式等。最终归顺并成为社会主流文化的传递者。因此，教师对携带主流文化习性的学生表现出更多的肯定和认同，并会为这些学生提供更多的学习机会、资源和空间；而对于背离主流文化习性的学生，教师则表现出更多的否定和排斥，并在无意识中限制这些学生表达自我认知体验的机会和空间。教师对学生学业成就与阶层文化习性之间的内在关联也显现出无意识和不觉醒。

2）实证主义文化支配：教师文化蒙昧的现实根源

在以实证主义文化为主导的工业社会里，作为现代教育的成功者，教师经由自身受教育经历、师资培育以及学校场域的教学职务工作，自身的实证主义文化的价值理念、思维方式也经历了不断内化、生长的过程。因此，追求教学目标量的达成、教学效能的产出以及去价值化的客体认知模式，将教师的反思、批判的主体意识一步步推向被压缩、窄化的境地，直至教师成为教育生产线上的职业工人，教学成为制造教育产品的标准化流水线，教师的人文向度和精神品格逐步物化甚至呈荒漠化趋势。由于缺乏反省、批判的文化视野，教师无法洞悉蕴涵在教育过程中的真谛，只能将注意力集中到有形的、外在的教育行为和特征上。教学日益显现技术化特征，教师也因自身物质和精神的失衡而呈现异化的特征。

3）教师对阶层文化间不平等关系及其对学生学业成绩的影响的蒙昧

在西方资本主义国家中，源自社会上层的自由奢侈品味文化总是会被建构成社会的主流文化，并最终成为学校中的支配性文化和教育内容。这样一来，不同家庭背景的学生所携带的阶层文化与学校文化之间的契合度就是影响学生学业成就的重要因素，这是学校教育承担文化再生产和阶层再生产的内在机制。在其中，教师趋向于学校所代表的社会主流文化以及中上阶层学生的文化习性，排斥劳工文化与农村学生的文化习性。受工具理性支配形成的执行者文化使其无力反思学校教育中的文化支配。教师的这种阶层文化特性通过教学过程导致中上阶层出身的学生学业成功的概率大、农村出身的学生学业失败的概率大，后者经由考试、教育分流以及就业渠道会导致阶层再生产。

在学校教育体系内，前面所述的资本主义国家教师地位和阶层文化特性在我国的教师职业中也程度不等地存在，这应引起重视和警惕。

9. 如何逐步消除文化间不平等对教育公平的影响

各种文化间的不平等既具有客观性也具有主观性。在我国社会主义现代化建设的初级阶段之所以出现上述不公平现象，部分地是工业化、市场化、城市化以及社会管理变革尚不完善的衍生物。本研究的意义就在于发出警醒，更新人们的观念使其认识到更多的制约教育公平问题的要素和环节，然后加强我们的自觉性，并尽力去着手预防与规避文化不平等对教育的影响。

打破农村学校的阶层再生产功能需要社会、学校和教师三个层面协同努力。

在社会的文化观念层面上，应当打破各阶层文化之间等级高低的不平等关系，建构各阶层文化之间本然的相互平等、相互交流、和谐共生的关系。直接从事物质生产的劳动者的身份、劳动和文化应该获得足够的尊重。在确定学校要传播、传递的文化和价值观时应当具有开放、民主、平等、多元的态度，把与农村群体紧密相连的"实务性知识"引入学校文化与课程和选拔性考试。

在学校层面上，要平等对待各阶层的文化和各阶层的子女。要全面认识学校的功能，在传授知识技能、传播拟定的价值观之外，还应当让学生成为具有民主、公正、解放和社会关怀的人，成为具有反思、质疑和批判意识的人。学校应当树立多元的智能观和学力观，质疑、批判、合作和自我管理等也是智能和学力，底层关怀等是比学习成绩更加重要的素养。

在教师层面上，彻底改革教师教育的内容和方向，养成其批判意识与质疑精神，使教师具备阶层文化视野，洞悉学校文化与社会主流文化之间的一体化关系、隐藏在社会主流文化背后的权力支配关系、以及学生文化习性与学校文化之间的契合关系。教师要走向文化觉醒，能够反思现存教育体制，能够在各阶层文化、各阶层学生之间进行沟通转化、平等对话，能够全面深入地解释各阶层学生学业成就的成因，并根据不同学生已有的文化习性与学校教育之间的契合度对学生进行深度的、广泛的因材施教。

在上述措施很难一蹴而就的时候，我们应当从现在开始就着手建立一支能够对以农村学生为主的底层学生进行补偿教育的教师队伍与社会工作团体。这种补偿不限于学校教育，还应包括家庭教育甚至对父母文化能力的提升。使农村学生建立起能够适应学校主流文化的心智结构、文化能力与习惯。这是比各种针对弱势群体学生的高校特招计划更为根本的措施。

关键词：农村教育；隐性辍学；文化再生产；阶层再生产；文化冲突

目　　录

第一章　导　论

第一节　问题提出

一　阶层固化的背后是教育不公平

在当下中国，阶层壁垒、阶层固化现象已经引起了人们的关注。2010年9月16日《人民日报》第17版发表长篇通讯"社会底层人群向上流动面临困难"，2010年9月19日《半月谈》发表"底层群众靠什么改变命运"的文章，2011年8月5日《南方周末》发表"穷孩子没有春天？——寒门子弟为何离一线高校越来越远"一文，这些文章引起了广泛而强烈的社会反响，阶层固化、寒门子弟进名校难、农村孩子通过知识改变命运越来越难等成为热门话题。阶层固化的问题实际上就是阶层再生产的问题，它与社会的各项制度安排都有关系，但与教育公平问题有直接的关联，因为在现代社会，阶层再生产主要是通过文化再生产来实现的；人的阶层地位流动主要是通过教育来实现的，所以阶层固化引出了教育不公平的话题。公平，这个在学术界经久不衰的话题顿时涌入公众视野，引发了民众对于教育公平与教育作用的质疑。"教育学者杨东平主持的'我国高等教育公平问题研究'课题表明，中国重点大学农村学生比例自

1990年代起不断滑落，北京大学农村学生所占比例从三成降至一成，清华大学2010级本科生中农村生源仅占17%。农村学生主要集中在普通地方院校与专科院校，以湖北省为例，2002—2007年5年间，考取专科的农村生源比例从39%提高到62%，以军事、师范等方向为主的提前批次录取的比例亦从33%升至57%。而在重点高校，中产家庭、官员、公务员子女则是城乡无业、失业人员子女的17倍。北京大学教育学院刘云杉统计1978—2005年近30年间北大学生的家庭出身发现，1978—1998年，来自农村的北大学子比例约占三成，上世纪90年代中期开始下滑，2000年后，考上北大的农村子弟只占一成左右。清华大学人文学院社科2010级王斯敏等几位本科生在清华2010级学生中做的抽样调查显示，农村生源占总人数的17%。那一年的高考考场里，全国农村考生的比例是62%。”①

二　阶层固化的背后是农村教育质量问题

以上这些数据表明了这样的事实：在高等教育大众化的时代，出身农村的人，进入高水平大学的几率在下降。改革开放三十多年来，国家的发展与转型在继续，并一直保持着高速的状态，但农村个体的个人发展和命运转型，却慢慢陷入了停顿的状态。因为来自农村的学生向上流动的通道变得越来越不畅通了，这一趋势正在被强化。对于大多数农村学子来说，通过读书向社会中上阶层流动是其改变命运的唯一通道，现在这个通道正慢慢被阻塞。这种状况是如何发生的？又如何来破解？很多人认为症结在于城乡教育资源配置不均衡。优质教育资源集中到城市名校，而农村学校教育条件差，农村孩子入学率、升学率和受教育程度远低于城市，从一开始就输在

---

①　潘晓凌等.穷孩子没有春天？——寒门子弟为何离一线高校越来越远[N].南方周末，2011—08—05，http://www.infzm.com/content/61888.

起跑线上，一步落后，步步落后；再加上一些招生制度的影响，农村孩子很难跟城里孩子比拼，失去了上更好大学的机会。① 上述说法不无道理，但没有深入分析问题的本质。因为从20世纪50年代到80年代，我国城乡基础教育不均衡的问题是一直存在的，而那个时期农村寒门子弟进入重点大学的比例还是不低的，为什么现在农村基本扫除了青壮年文盲、义务教育基本普及了，农村教育条件有了很大的改善，县域内义务教育均衡化也有了很大的进展，反而加剧了农村学生很难通过接受教育改变命运、甚至普遍地复制着父辈阶层地位的状况呢？高校招生的主要甚至唯一依据是高考分数，"阳光招生"排除了不公平的因素。影响农村学生进入著名大学的主要因素是其学习成绩或者农村教育的质量问题。农村学生的学习状态、学习成绩作为衡量农村基础教育质量的主要指标，就是决定农村学生能否进入著名大学的关键。

三　研究阶层固化问题需要从文化资本的角度对农村教育过程进行深入分析

为了深入揭示农村教育导致农村学生阶层再生产的根源，我们需要进入到农村教育的实际场域中，去了解农村学生学习的状态和质量。而我们经过初步调查发现，农村基础教育特别是初中阶段大量存在着学生厌恶农村生活并向往城市生活，大量存在着厌学甚至隐性辍学的现象（义务教育普及之后，农村学生基本上都是在册在籍的，但有不少学生是人在心不在，并没有实质性地进入学习状态中，这实际上就是一种与不在册不在籍的显性辍学相对应的隐性辍学），大量存在着学生和学校对抗的现象，大量存在着读书无用论思想。这种学习状态和文化价值取向也许就提前预示着学业失败，预示着通过教育进入更高社会阶层这条路径的关闭。上述农村学生的

① 社会底层上升通道受阻，将现一代穷世代穷[N]. 人民日报. 2013—5—26.

学习状态和农村教育质量的状况作为文化再生产的环节，需要从文化资本的角度来分析。

第二节　文献综述

一　关于隐性辍学的研究

（一）隐性辍学的类型

以课程和课时为标准来界定辍学是国外的普遍做法，如果以这两个标准来看，辍学分别指的是“在还没有完成该阶段规定的课程之前，就短暂性地放弃了对该课程的学习或者提早离开学校”，“经常出现迟到、早退、缺席上课等状况，而最终并没有达到规定的课时标准”。国内是以学籍的标准来界定辍学，因此即使在未完成课程而提早离开学校，或者缺课课时达到了国外的辍学标准，而如果没有注销学籍的话，在国内依然构不成辍学，只能称之为隐性辍学。因此在国内对于隐形辍学的一般描述是：(1)“隐性辍学指除注销学籍外，在未完成学校课程之前，因故提早离开学校的辍学。”包括“未办手续，指学生未办理任何离校手续就离开了学校；肄业，指学生未完成学校课程，办理肄业手续后离开学校，主要以大龄退学的方式办理；部分结业，指部分结业学生，长期离校，未完成学校课程，但最终参加了毕业考试，成绩不合格；部分毕业，指部分毕业学生，长期离校，未完成学校课程，但最终参加了毕业考试，成绩合格”。① (2)“隐性辍学是相对显性辍学而言的，指的是存在于学校教育场景之中的，学生虽保留学籍，甚至正常交纳教育费用、正常参加考试，但整日游离于课堂和教室之外，静待毕业的一种非常态教育现象”，也可以将存在隐性辍学行为的学生描述为四种类型：名在人不在、人在心不

① 兰靖，张念蒙．辍学与隐性辍学含义辨析[J]．考试周刊，2008(43)：24—26.

在、人在爱不在、人在力不在。① 自此以后,很多研究者将“隐性辍学”的外延扩大,认为“在校、在籍,不听课、经常逃课”的学生都算是“隐性辍学生”。对于来自不同群体的隐性辍学生来说,其具体有不同的辍学表现,但总的来说有一些共同的地方:每天来到学校,坐在教室里上课,却游离于教室和课堂之外;对学习无兴趣;学习成绩差;经常旷课。②

(二)隐性辍学的归因

对于隐性辍学产生的原因,不同的研究者从不同的角度进行了分析。主要存在三个维度,一是从学校内部的教师和学生两个方面来进行分析;二是从家庭、学校和学生个体三个方面进行分析;三是从更宏观的社会政治、经济、文化等方面进行分析。第一个维度的分析指出,在学生方面,自制力差,玩性较大,学习的状况不够理想;有厌学情结,学习态度不太端正;没有合适的学习方法和良好的学习习惯;学习动机不强,学习目标不太明确;基础较弱,自我效能感较低,成败归因有偏失。在教师方面,教师提供的动手机会少;教学方法较枯燥单调;教学手段落后,教学语言晦涩;教学内容抽象滞后没有特色。③ 第二个维度的分析指出,在家庭方面,贫困文化缺乏对孩子的正确引导,缺乏亲子沟通;在学校方面,功利主义教育盛行,教师的冷暴力和对学生心理疏导弱化;在学生自身方面,有青春期叛逆心理,学生受学校周围环境的诱惑,学生体质存在差异。④ 还有一些研究从教育、社会、经济、文化、情感等方面,来分析产生隐性辍学的原因:“唯升学教育”是形成隐性辍学的教育原因;形成隐性辍学的社会原因是“唯学历是举”的用人体制;形成隐性辍学的经济原因是“一切向钱看”的价值体系;形成隐性辍学的文

---

① 兰靖,张念蒙.辍学与隐性辍学含义辨析[J].考试周刊,2008(43):24—26.

② 郭立秋.农村中学生隐性辍学问题研究——以前郭县新立乡中学为例[D].长春工业大学硕士学位论文,2012:8—9.

③ 王静.信阳市职业高中隐性辍学的成因及对策研究[D].华中师范大学硕士学位论文,2012:21—28.

④ 郭立秋.农村中学生隐性辍学问题研究——以前郭县新立乡中学为例[D].长春工业大学硕士学位论文,2012:24—32.

化原因是“学而优则仕”的教育期望；形成隐性辍学的情感原因是“有谁在乎我”的情感指向。①

（三）解决隐性辍学的对策

已有研究所提出的对策可以分为认识层面和政策层面的对策。在认识层面上，用以人为本的教育理念关爱学生，②使学校成为培养学生批判能力的公共场所；③要以人的全面发展为目标，满足社会对教育的多样化需求；坚持自我教育为主的教育模式，树立平等的教师观和学生观，构建和谐平等的师生关系和学生关系。④ 在政策层面上，在学校内部，取消“好班”和“差班”的班级分等；赋予学生及家庭参与教育决策的权力，⑤加强对成绩中下等学生的教育和管理；⑥对于整个宏观教育来说，要改革教育结构，改革招生考试制度，改革课程设置和改革政府教育考核制度。⑦ 对于一些特定的群体，研究者也提出了一些有针对性的措施，比如在面对职业中学里的隐性辍学现象时，可以采用多样化的教育手段，用形象生动的语言，用实物展示，同时增加中职生的实训机会。⑧ 在少数民族学生中，课堂内容要注重民族文化的渗透和产出。⑨

---

① 兰靖，张念蒙.隐性辍学的形成原因探究[J].考试周刊，2009(1):26—31.

② 郭立秋.农村中学生隐性辍学问题研究——以前郭县新立乡学为例[D].长春工业大学硕士学位论文，2012:34.

③ 王渊博.少数民族初中生隐性辍学现象的课堂事实探究——以K镇傣族中学为个案[D].中央民族大学硕士学位论文，2012:53.

④ 兰靖，张念蒙.遏制隐性辍学的对策思考[J].考试周刊，2009(1):70—71.

⑤ 王渊博.少数民族初中生隐性辍学现象的课堂事实探究——以K镇傣族中学为个案[D].中央民族大学硕士学位论文，2012:57—67.

⑥ 郭立秋.农村中学生隐性辍学问题研究——以前郭县新立乡中学为例[D].长春工业大学硕士学位论文，2012:35.

⑦ 兰靖，张念蒙.遏制隐性辍学的对策思考[J].考试周刊，2009(1):71—73.

⑧ 职业高中隐性辍学的成因及对策研究[D].华中师范大学硕士学位论文，2012:31—32.

⑨ 王渊博.少数民族初中生隐性辍学现象的课堂事实探究——以K镇傣族中学为个案[D].中央民族大学硕士学位论文，2012:64.

（四）兰靖和张念蒙对隐性辍学的学生群体结构和辍学性质的研究

兰靖和张念蒙还对隐性辍学学生群体的基本结构和隐性辍学的基本性质进行了研究。他们指出隐性辍学的学生群体构成时刻处于变化之中，内部张力和外部因素的强弱变化，都会影响隐性辍学学生群体的变化。这个群体是一个球形群体，它的核心明确、外缘模糊、具有张力，其核心部分是由“差等生”构成，外缘部分是由“中等生”构成，其边界相对来说比较模糊。隐性辍学群体形成的内部张力是这些学生对学校生活缺乏热情和缺乏主动的学习兴趣，这种张力不仅使“差等生”走向游离和逃离的程度越来越深，使“中等生”越来越倾向于走向这种异化的行为，甚至连“优等生”也有成为之一群体的组成部分的可能。① 从教育角度分析，隐性辍学在基本性质上是对“以人为本”的教育本质的异化；从法律角度分析，是义务教育阶段的违法行为；从文化角度分析，是全民素质倒退的表现；从经济角度分析，是经济发展过程中导致的人力资源危机；从政治角度分析，是构建和谐社会的隐患，同时他们还指出隐性辍学是现阶段义务教育的主要矛盾。②

（五）对已有研究的评论

隐性辍学的概念最开始提出来时，主要指的是两类学生，一是学籍未注销而提早离开学校的学生；二是存在于学校教育场景中，但整日游离于课堂和教室之外。其他一些研究者在对隐性辍学的后续研究中，都仅仅采用了其第二层意思，笔者也倾向如此。但是目前国内一些对隐性辍学的研究基本上是局限于教育内部，对产生隐性辍学的原因分析也只是泛泛而谈，没有能够找出产生这一现象的根本原因。这种表面上的原因分析也导致了在对策建构的过程中需要各方力量的共同参与，这种方式是必要的，但如果不从一两个关键之处着手，就很难打破之前形成的固化状态。其实“光停留在

① 兰靖，张念蒙．异化与危机——隐性辍学论[M]．昆明：云南大学出版社，2008：21—31.

② 同上书，第102—116页。

‘应该如何的多嘴多舌之中’,不如去考虑‘应该’何以悬浮于嘴上而难以进入实践的社会方面的根源”①,如果是这样的话,就必须首先对隐性辍学的行为表现进行全面深入的考察,但已有的研究在这种实证调查方面有明显不足,导致了在原因分析和对策建议上也一直浮于表面。现在对已有研究的缺陷作以下具体说明。

1. 原因分析缺乏实证研究,对策建构失当

已有的研究在隐性辍学问题的原因分析方面缺乏实证研究,只是观察到了其具体表现,以几个简单的场景描述了这种状态,尤其侧重于描述同学们的逃课行为;然后对这种表现进行主观上的解释,有的研究完全以主观臆断来分析这种现象,这很难避免经验之谈的嫌疑。对隐性辍学现象的原因分析,需要研究者深入到学生在学校中的日常学习与生活实践,进入他们的生活世界,通过长期的田野研究,考察学生课堂内外、学校内外的行为表现,以及他们的作业和活动情况,考察学生微观行动中所包含的语言、符号等方面,及其背后所传达的意义世界。通过考察和把握这个意义世界,才能对行动者的行为有充分理解,从而更为深入地揭示隐性辍学现象的根本原因。

对策是在原因分析的基础之上建构起来的,因此在已有的研究中,与浅显的原因分析相对应,研究者提出的对策也是浅显的、缺乏足够的针对性。比如在认识层面上有人提出学校要用以人为本的理念关爱学生,如果能做到这一点肯定会对问题的解决起到一定的作用,但如果学生产生隐性辍学的根本原因不在学校,那么学校即使做到了以人为本,也是无法有效解决隐形辍学问题的。另一方面,与原因的多角度分析相对应,对策的建立也应综合各个方面的因素,而各因素本身之间也存在着相互制约的关系,有时候一条建议的落实会需要另一条建议的落实作为基础,这样很容易形成一种各因素之间相互掣肘的固化局面。我们需要做的是通过对现象的深入分析,

---

① 曹锦清. 黄河边的中国——一个学者对乡村社会的观察与思考[M]. 上海:上海文艺出版社,2000:2.

从一个更根本的层面上来寻找突破口，避免陷入到“应该如何的多嘴多舌之中”。

2. 忽略了隐性辍学的“群体差异”

已有的研究更多的是基于“个体差异”的隐性辍学研究，而忽略了不同群体的“群体差异”。在中国，最大的群体差异就体现在农村和城市的分割，即使农村学生和城市学生在与教育的具体接触中具有一致性的隐性辍学表现，但我们将这种具体的表现与宏观的现象联系起来，再通过自己亲身的经历与观察，发现农村学生的隐性辍学与城市学生的隐性辍学存在很大的不同。因此，基于城市和农村的地域性差别，尤其是在中国的农村和城市区隔如此严重的情况下，农村学生的隐性辍学问题已不仅仅是教育本身的问题，而需放在整个社会的视野下进行思考，需要对农村学生的隐性辍学进行社会学关照。而已有的研究都将隐性辍学作为一种教育现象，从不同的角度分析原因，“孤军深入”地从各个方面提出对策，这是对农村学生隐性辍学的狭隘认识。两篇分别研究少数民族学生和农村初中生隐性辍学问题的硕士学位论文，即使结合了当地的地域性特点进行了分析，但依然是立足于被研究者的“个体差异”，原因分析和对策建议只是局限于表面。要想找出农村学生大范围隐性辍学行为的社会深层原因，必须立足于“群体差异”，以社会学的思维来分析农村学生的隐性辍学问题。

吴康宁认为不同的学科都有其自己的眼睛，即“学科之眼”。在《社会学视野中的教育》一文中，他提出把“社会平等”作为社会学的学科之眼。用这一学科之眼来审视，社会学所看到的就是具有不同的社会或文化特征的各种人群在社会的阶层结构或文化场域中所处不同位置的差异，亦即这些人群之间的平等问题，由此形成了以社会平等为核心，包括社会结构、社会分层、社会流动、社会变迁等为主要范畴的社会学视野。① 在《我国教育社会

① 吴康宁. 社会学视野中的教育[M].《社会学视野中的教育丛书》代序. 南京：南京师范大学出版社，2005：代序.

学的三十年发展:1979—2008》一文中,吴康宁教授又对其学科之眼的观点进行了修正,提出"人群差异"而不是"社会平等"是社会学的学科之眼,"人群差异"是比"社会平等"更进一步的本质性差别,是更加根本的。① 从整个中国教育发展的现实状况可以看出,农村学生和城市学生之间是存在巨大差距的,对于农村学生来说,教育这一唯一上升通道正在慢慢被阻塞,他们与城市学生存在"人群差异",两者是具有两个不同社会特征和文化特征的群体,处于不同的社会阶层结构和文化场域中。因此,要分析在城乡教育不平等发展的大背景下呈现在我们眼前的农村学生的隐性辍学现象,需要立足于"人群差异"这一社会学的学科之眼,来审视农村学生所处的社会阶层结构、所拥有的文化特征与整个社会的结构和其他文化形态之间的关系。

从上面的分析可以看出,如果是基于"群体差异"的考虑,就很容易解决已有研究中存在的视野狭窄的问题,也可以将农村学生的隐性辍学问题与人们越来越关注的农村学生上重点大学的机会越来越少,难以通过教育实现地位升迁的问题联系起来,以一种广阔和当下的视野来考察农村学生的隐性辍学问题。另外,虽然很多研究者在研究隐性辍学问题时,已经界定了隐性辍学是指那些逃课、不学习、不参与课堂等各种各样的行为,但如果从每个学生个体的角度来考虑,如何确定他是不是隐性辍学的学生?在一所学校或者一个班级中又如何确定哪些学生是隐性辍学生哪些又不是?这是研究者们都没有回答的问题,也确实是一个难以界定的问题。因为学生隐性辍学的行为表现是具有时空性质的,在不同的时间和情境下,可能具有不同的行为表现,这些表现中有些可以称作是隐性辍学的表现,但有些并不是隐性辍学的表现,这也是我们在调研的过程中所经历到的。但如果是基于"群体差异"的视角,就可以避免这个问题,仅将农村学生的隐性辍学问题看作是农村教育中存在的一种教育异化现象,而不必去纠结于某个学生是不是隐性辍学生,或

① 吴康宁.我国教育社会学的三十年发展:1979—2008[J],华东师范大学学报(教育科学版),2009(2):15.

者一个班级到底存在多少隐性辍学生。我们也可以将农村学生的隐性辍学问题看作是存在于农村教育中的一张网,农村学生们组成了一个个的网结,网结有大有小、有松有紧,也有一些具有"个人风格"的学生没有成为网结,我们是从整体上看到了这张网的存在,并且它严重地束缚了农村教育的发展。

二 关于学生与学校之间文化冲突的研究

受20世纪60年代世界范围内的学生运动等政治背景,以及现象学、解释学与符号互动论等微观取向的学术转向的影响,教育社会学与文化研究学者开始重新关注学校教育中的文化冲突。他们一般采用人类学、民族志等质性研究方法,以工人阶级出身的中学生为对象,长期参与具体的学校生活,力图描述学校场域中发生的各种具体的行为与互动,并对行为背后的主观意图与动机进行解释性理解,以及对行为的过程与结果进行因果性说明。① 研究者将学校教育中的文化冲突概括为"反学校文化",即学生在与学校中的人、事、物的交互作用中,所表现出来的一种与主流文化相对立的态度与行为,②这种对立包括在意识形态上以一整套信仰与价值观排斥主流文化,以及在行为举止上以一种与众不同的方式独立于主流文化之外。③

然而,对于这种社会现象的研究与解释,功能主义研究传统与西方马克思主义研究取向之间却展开了激烈争论:功能主义研究范式认为,学校教育中"反学校文化"现象的出现是一种社会失范(social anomie),④是农村学生的越轨行为,因而有必要动用更具强制性的手段将这些过于自由的学生重

---

① 韦伯.社会学的基本概念[M].顾中华译.南宁:广西师范大学出版社,2008:3.

② 石明兰.反学校文化:学业失败的一种社会动因[D].华东师范大学硕士学位论文,2007:9.

③ 史铮.青少年反学校文化研究综述[J].当代青年研究,2004(2):13—18.

④ 涂尔干.社会分工论[M].渠敬东译.上海:生活·读书·新知三联书店,2008:328—332.

新整合到学校主流文化框定的社会规范内。相反,西方马克思主义研究范式却指出,“反学校文化”是底层学生抗拒学校主流文化霸权的必然结果,有助于底层文化对统治阶级意识形态的渗透(penetration),①为底层学生打破资本主义的阶级关系、从而真正实现自身的解放提供了可能,②为此他们甚至寄希望于将这种零散的、混乱的文化抗拒形式从“自在”(as itself)状态转化为“自为”(for itself)的阶级意识,以此为基础展开进一步的政治与经济抗争。两种研究范式的具体结论如下。

（一）功能主义研究范式:失范与整合

1. “反学校文化”的主要类型

此派学者延续默顿(R. Merton)的功能论传统,将学校主流文化区分为文化目标(ends)与制度化手段(means)两个维度,根据学生是否认同学校的文化目标、以及达成该目标的手段是否遵从学校规范,将学生的“反学校文化”划分为不同类型。③ “反叛者”既拒绝学校的文化目标又反对达成目标的制度化手段,他们不但代之以新的目标与手段,而且以实际的态度与行为提出一套替代性的行动方式;“形式主义”者对学校的制度“无话可说”,但对学校所实施的文化目标却毫无兴趣,表现出厌学与阳奉阴违;“退缩者”不关心学校的文化目标,却反对学校的制度化手段,他们不遵守学校规范,不愿努力追求理想,成天无所事事,以混日子的心态日复一日地生活;最后,“创新者”尽管认同学校的文化目标,但有时会为了达成目标而不惜以违反制度化手段为代价,与此同时他们也能够触发出一些新的想法,这在某种程度上会促使学校管理者对现行制度进行反思与改进。④⑤ 具体的分类形式

---

① 阿普尔. 教育与权力[M]. 曲囡囡等译. 上海:华东师范大学出版社,2008:104—105.

② 吕鹏. 生产底层与底层的再生产——从保罗·威利斯的《学做工》说起[J]. 社会学研究,2006(2):230—242.

③ 默顿. 社会理论和社会结构[M]. 唐少杰等译. 南京:译林出版社,2008:139—157.

④ 赵小段. 西方反学校文化研究述评[J]. 上海教育科研,2004(10):18—21.

⑤ 史铮. 青少年反学校文化研究综述[J]. 当代青年研究,2004(2):13—18.

见表1－1所示。

表1－1　功能主义研究范式下的“反学校文化”类型

<table>
<tr><td colspan="2" rowspan="2"></td><td colspan="2">学校的文化目标</td></tr>
<tr><td>认　同</td><td>反　抗</td></tr>
<tr><td rowspan="2">学校的制度化手段</td><td>认同</td><td>正常学生</td><td>形式主义者</td></tr>
<tr><td>反抗</td><td>创新者</td><td>反叛者
(退缩者:不关心目标,但反抗手段)</td></tr>
</table>

2.“反学校文化”的成因

底层社会出身的学生在学校教育中的上述行为被功能主义学者标定为异常行为(deviance)或偏差行为,甚至越轨行为,这些学生被当作不同于“正常者”的其他类型的人。他们认为之所以有一些人越轨,而另一些人没有,是因为越轨者在社会中的特殊位置使他们较少地接触社会的主导规范和价值,因而可以自由地形成自己的规范和价值。而“社会”需要维持自身,就必须调动社会控制系统和再社会化系统,把这些桀骜不驯的人重新导入正轨。① 因此,将学校规范进一步强制性灌注到此类学生的价值与意义系统中,以改变他们的行为方式、重新实现社会整合,是学校教育的当务之急。

然而,另一些学者进入更加微观的符号互动领域,更加关注越轨行为的制度化及其持续存在的原因。他们认为越轨来源于人们对附着在行为上的语言与符号的感知,而与行为本身的动机无关,因为不同的群体把不同的行动视为越轨。他们就此认为越轨行为产生于规则制定者与维护者对规则破坏者的标定,前者给犯事者贴上一个标签,标签带给越轨者群体一个有别于规则内的行为的新意义,并且将这群被标定出来的越轨者的某些可疑行为解释为对标签的验证。② 因此,学校教育中底层学生成为“反学校文化”者

① 沃特斯现代社会学理论[M].杨善华、李康等译.北京:华夏出版社,2000:33.

② H. Becker,1963,Outsiders.转引自:沃特斯.现代社会学理论[M].杨善华、李康等译.北京:华夏出版社,2000:33—34.

的根源在于维护学校规则的管理者与教师对这群学生的某些破坏或试图破坏学校规则的行为的标定，标定的结果便是这群学生被从正常学生中单列出来，当他们的某些行为被解释为对标签所具有的意义的验证时，越轨者更容易走向规则的反面，进一步实现自证预言(self-fulfilling prophecy)。因此，他们指出上述标定过程是优势地位群体对底层学生的偏见，将一些异于学校规范的行为标定为越轨，给被标定者带来重大影响，甚至将他们导引出正常的学校秩序之外。因此，学校的管理者与教师应该持一种宽容的态度，慎用标签，通过逐渐教育的方式将底层学生导入正轨，实现社会整合。

（二）西方马克思主义研究范式：抵制与僭越(transgression)①

西方马克思主义文化研究学者对学校教育中"反学校文化"研究的功能主义范式进行了激烈批评，认为上述源自于美国的越轨与异常行为研究忽略了社会阶级这一结构性因素，忽视了"青年亚文化的双重连接"，②即底层学生的"反学校文化"与其出身并生活于其中的工人阶级父母文化之间的联系，以及作为被统治阶级的从属文化与社会主流文化之间的联系，从而忽视了社会主流文化以意识形态与文化霸权的形式对底层群体的压制与收编，以及被统治阶级通过亚文化等形式对文化支配的抵制与僭越。因此，功能主义研究范式不但将学校主流文化看作正当、客观与中立，还忽视了底层学生文化的生活性面相。③ 因此，他们力图通过再社会化等文化控制形式将底层学生导入学校价值体系以实现社会整合，当此种导入失败时，还通过标

---

① 僭越(transgression)是指超出那种已被确立的风俗、等级和规则所设定的"可接受的"界限。在文化研究的传统中经常将僭越与抵制概念一起，被用来探索被统治或边缘群体抵抗强加于他们身上的支配性意义的有组织的方式，强调他们所具有的具体化的和能动的特征，以及文化的创造性维度与斗争维度。见鲍尔德温等. 文化研究导论[M]. 陶东风等译. 北京：高等教育出版社，2007：266—267.

② J. Clarke, S. Hall, T. Jefferson and B. Roberts, 1976, "Subculture, cultures and class: a theoretic review". In S. Hall and T. Jefferson(eds): Resistance through Rituals: Youth Subcultures in Post-war Britain, London: Hutchinson, p. 15.

③ 阿普尔. 教育与权力[M]. 曲囡囡等译. 上海：华东师范大学出版社，2008.

定越轨行为,实现社会排斥,对底层学生的教育失败进行自身天赋或心理层面的归因。因此,功能主义研究范式未能揭示出"反学校文化"与学校主流文化的本质,未能将底层学生的"反学校文化"与教育的底层社会再生产功能联系起来,来解释底层学生通过学校教育复制父辈底层位置的原因。

为此西方马克思主义文化研究学者重构了"文化"的定义,并建立起结构、文化与传记的三位一体研究方式。他们批评上述异常行为研究将文化限定在"艺术的作品和实践活动以及知识活动"①的狭隘范围之内,具有典型的精英主义取向,排斥了底层群体存在与创造文化的可能性。为此他们将文化的定义扩大为"生活方式",认为"文化是一个层面——社会群体在这个层面发展他们自己独特的生活方式,并赋予其社会的和物质的生活经验以表达形式。因此,文化是一种方法,一种形式,通过这种方法和形式,群体'处理'他们的社会存在和物质存在的原材料"。② 这为底层群体的文化实践赢得了空间。在此基础上,他们建立起结构、文化与传记的三位一体研究方式,具体而言,结构是"与主要社会制度和社会结构相关的一系列由社会组织起来的阶级地位与阶级经验";文化是"对这些基本的物质和社会状况的组织与模式化的反应范围";而传记是指"特定个体对这些结构和文化的'经历',即个人身份和生命历程借以从集体经验中建构出来的途径"。③ 也就是说,通过对个体的生活经历、主观意义世界与外在行为模式的深描,展现出该群体的生活方式与符号性特征及其与其他群体的区隔,再对此进行结构性的解释,即寻找生活性质、阶级位置等客观因素与象征性文化表征之间的关联。以此研究范式为基础,西方马克思主义文化研究学者对学校教育中的"反学校文化"进行了大量极富启发性的研究,他们不但提出了底层

---

① 鲍尔德温等.文化研究导论[M].陶东风等译.北京:高等教育出版社,2007:334.

② 克拉克等.亚文化、文化与阶级[M].转引自:鲍尔德温等.文化研究导论[M].陶东风等译.北京:高等教育出版社,2007:336—340.

③ 同上书,第346页。

学生的“反学校文化”类型，并对此进行结构性解释，而且将“反学校文化”与学校教育的底层社会再生产功能联系起来，对底层学生如何通过学校教育获得底层位置进行了开创性解释，用民族志的经验研究事实颠覆了基于统计学的经济主义决定论与基于哲学思辨的结构主义化约论，为解释学校教育的社会再生产功能作出了不可磨灭的贡献。以下我们将考察在此研究范式下所进行的三个经典研究，从中归纳出“反学校文化”的三种类型，即威利斯(P. Willis)研究中的“男子汉气概”文化、默克罗比(A. McRobbie)研究中的“女性特质”文化、以及埃弗哈特(R. Everhart)研究中“生活性”文化。

1.“反学校文化”的三种类型

(1)“男子汉气概”文化。威利斯于20世纪70年代研究了英格兰一个工业区的一所二流综合中学，对其中12名出身于工人阶级家庭的男孩进行了民族志研究，考察了他们毕业前18个月直到工作半年后的学习与生活经历，并与参考群体对比，力图说明工人阶级的孩子如何通过学校教育最终仍旧获得工人阶级工作。[①] 威利斯发现尽管同是工人阶级家庭出身，作为参考群体的好学生与作为研究对象的男孩子们在学校中的表现却出现了两极分化，前者被称为“耳油”(the ear' oles)，他们在学校里遵守纪律、刻苦读书、对老师的话唯命是从，最终也能获得中产阶级甚至更高地位的工作；相反，后者被称为“小伙子”(the lads)，他们不仅抽烟喝酒、逃学旷课、挑战教师权威，还觉得学习无聊乏味却对打工挣零花钱兴趣盎然，最重要的是崇拜“男子汉气概”(masculinity)，并且最终欣然地成为工人阶级一员。[②] 因此，对这群“小伙子”而言，以各种方式反抗学校与教师的权威、看不起“耳油”、以及最大限度地逃避学习任务以获取自由就成了他们学校生活的主要内容。而“男子汉气概”这一文化特征最为典型地表达了他们在学校与工作中

---

① 威利斯. 学做工——工人阶级子弟为何继承父业[M]. 秘舒、凌昱华译. 南京：译林出版社，2013：5—9.

② 吕鹏. 生产底层与底层的再生产——从保罗·威利斯的《学做工》谈起[J]. 社会学研究，2006(2)：230—242.

的所作所为。因此,一个“小伙子”所能犯的最大罪过就是向学校权威“告密”;他们热衷于“制造滑稽场面”、主动戏弄老师、并尽最大能力歪曲学校规则来寻求刺激;他们看不惯“耳油”的女生气,嘲笑他们的衣服、发型以及没有骨气的服从;他们把性当成主要的谈资,并把女人当作征服的对象,看自己在“这方面到底能走多远”,以解决“青春期的烦闷”;他们认为脑力劳动是女性化的,充满了矫揉造作色彩;相反,强壮、阳刚与体力劳动才是真正的男人与真实的生活。① 正是通过在学校教育中生产出这种以“男子汉气概”为特征的“反学校文化”,这群“小伙子”抵制了学校的权威与文化霸权,同时也“自我放弃”了向上流动的资格,自愿地从事工人阶级的体力劳动,复制了源自于父辈的底层地位,从而间接帮助学校教育完成了底层社会的再生产功能。

(2)“女性特质”文化。英国伯明翰当代文化研究中心的默克罗比批评上述研究忽视了性别这一维度,看不到女孩子所具有的“特别的生活方式”,从而忽视了工人阶级女孩子所承受的阶级与父权制双重压迫。她研究了一个工人阶级女孩群体,发现她们在学校教育中也表现出类似于威利斯研究中“小伙子”的“反学校文化”,只不过是以“女性特质”这一特殊形式出现。一方面,该女孩群体将中产阶级出身的女孩看作“势利小人”,坚决反对她们的穿着风格、行为方式与语言,认为她们不够“时尚”,对男孩子没有多少兴趣,“巴结”老师,并使她们的语言保持“干净”。因此,“女孩子”们公然抗拒学校规范与教师权威,她们非常乐意在学校中化妆,在班上花费大量时间大声地讨论男朋友,用自己的兴趣爱好去干扰课堂、戏弄老师,并凑在一起抽烟、讨论音乐和摇滚歌星。② 另一方面,相对于“小伙子”的“男子汉气概”而言,“女孩子”的“反学校文化”更加具有“女性特质”,是一种围绕着“罗曼司”

---

① 鲍尔德温等. 文化研究导论[M]. 陶东风等译. 北京:高等教育出版社,2007:336—347.

② McRobbie,1978,Working Class Girls and the Culture of Feminity. 转引自:阿普尔. 教育与权力[M]. 曲囡囡等译. 上海:华东师范大学出版社,2008:113—118.

(romance)而建立起来的新潮文化。她们非常注重浪漫的观念，尽管有时表现出一种对婚姻方面的“现实”考虑，但她们还是更多地强调浪漫的思想和对一个男孩的浪漫的爱；她们很在意舞蹈、流行音乐，并发展出一种锐舞文化；更重要的是，在学校教育中她们以一种夸张的方式强调女性特质，花费大量时间谈论男孩，歪曲学校的穿着制度，尽可能地按照时尚打扮自己，更关注自身的吸引力，更在乎自己的名气。① 然而，无论是对“势利小人”的蔑视、对学校与教师权威的抗拒，还是对“罗曼司”等“女性特质”的追求，她们经历学校教育的结果是社会分工与性别分工的双重再生产，她们既复制了父辈的工人阶级地位，又不可避免地继承了妻子、母亲等从属地位的女性角色，只不过她们是以一种主动的姿态来完成上述过程。因此，学校教育中工人阶级女孩的文化生产本身帮助了主流文化的再生产，以及社会阶级与性别分工的再生产。

(3)“生活性”文化。然而，一些研究者批评威利斯与默克罗比等伯明翰文化研究中心的研究往往太多地关注奇观，而对日常的越轨行为或“普通”工人阶级的活动关注不够。② 因为学校教育中绝大多数出身于工人阶级的学生并没有表现出公然地抗拒行为，至少表面上看来他们是一群“听话的乖孩子”。然而，美国学者埃弗哈特弥补了上述空白，他对美国一所由工人阶级子女组成的初级中学进行的民族志研究表明，“反学校文化”在那些“听话的乖孩子”身上同样存在，只不过以一种更加微妙的方式表现出来。他将这些孩子称为“耳朵眼”(the earholes)，因为表面上看来老师讲什么他们就听什么。这些“耳朵眼”大部分能够完成学校里的“工作”，并且很少发生不尊重教师或管理者的较为严重的事件，也很少发生恶意的破坏行为，他

① 鲍尔德温等. 文化研究导论[M]. 陶东风等译. 北京：高等教育出版社，2007：351—353.

② S. Cohen, 1987, Folk Devils and Moral Panics: The Creation of the Mods and Rockers. 转引自：鲍尔德温等. 文化研究导论[M]. 陶东风等译. 北京：高等教育出版社，2007：359.

们中的少数一部分也有机会实现上向的社会流动。① 然而，在这幅表面图景之下却隐藏着另外一幅文化面孔："耳朵眼"们只是在最少的程度上完成学校要求的"工作"，并尽最大可能去发现学校控制中的各种"漏洞"，以此来争取由他们自己支配的尽可能多的时间并保持对自己生活的权力意志。因此，他们在学校的大部分时间并没有用于"工作"，而是用于重建一种特殊的"生活性"文化：他们将大量时间用于闲聊、打闹、谈论运动、计划课外活动与游手好闲，因为交友并过得快乐通常比在学校中取得高分更为重要；他们不公然违反学校规范是因为认识到这样做代价太高，因此宁可容忍着学校中的正式信仰与惯例，以此作为他们安排自己活动的代价；如果学校的组织特征要求个人成绩、技术能力与个人主义思想，他们就会持续地追求团体荣誉，一起商量答案，以此来阻挠教师；最后，他们在协调最低学习要求与发现"漏洞"之间寻求效益最大化，以此来赢得在群体中的声誉。② 这种与学校主流意识形态相矛盾的"生活性"文化使这些出身于工人阶级的孩子能够快乐地过完学校生活，但是他们能够实现向上流动的毕竟只有少数一部分，他们中的绝大多数人最终只能去做一些蓝领或底层白领工作。尽管通过在学校教育中生产出来的这种"生活性"文化能够使他们在日后的工作中以幽默的心态使自己过得快活一些，但是他们仍然会发现所处社会地位的底下。更加可悲的是，尽管这种"生活性"文化能够使他们在工作中"偷懒"，以达到最低的生产要求，并在工厂与办公室里保持一定的权力和自主，但是这种文化本身不会对资本的积累构成挑战，相反，他们却是在积极地参与再造企业生产过程中占统治地位的社会关系。③

---

① Robert Everhart, 1979, The In-Between Years: Student Life in a Junior High School. 转引自：阿普尔. 教育与权力[M]. 曲囡囡等译. 上海：华东师范大学出版社，2008：108—112.

② 阿普尔. 教育与权力[M]. 曲囡囡等译. 上海：华东师范大学出版社，2008：108—110.

③ 同上书，第112页。

2. “反学校文化”的结构性根源

西方马克思主义研究范式指出任何底层亚文化现象都具有双重连接，即与底层父母文化的关联以及与主流支配文化的关联，前者规定了“反学校文化”的生活性面相，后者使“反学校文化”具有从属性面相。因此，无论是“小子”的“男子汉气概”文化，还是“女孩子”的“女性特质”文化，以及“耳朵眼”的“生活性”文化都根源于他们的底层生活经历，是他们对自身在家庭、学校、工厂等底层组织中所经历的现实环境的一种回应，因而“反学校文化”是由学生自身生产与创造出来的，具有一定程度的自主性。然而，他们之能生产出“反学校文化”的诸多类型，另一层重要原因是代表支配阶级意识形态与文化霸权的学校主流文化的压制，正是对学校主流文化的符号暴力与霸权的抗拒催生了“反学校文化”，因而“反学校文化”也具有从属性。因此，底层社会生活的经历与支配文化的压制是“反学校文化”产生的结构性根源，两者统一在不平等的社会结构之中，给“反学校文化”涂抹上了矛盾色彩：一方面作为生活性文化对主流文化的抗拒产物，“反学校文化”具有自主性，对底层学生来说也具有真实性，代表了对支配阶级意识形态的渗透，以及对不平等社会秩序的僭越；另一方面“反学校文化”却使底层学生自我放弃向上流动的机会，以一种主动姿态去接受底层工作，甚至为日后快乐地进行底层工作做好了准备，这更加有助于学校教育实现底层社会的再生产功能，有助于资本主义企业的资本积累与支配关系的再生产。从这个意义上说，正是底层学生通过生产“反学校文化”实现了教育的文化再生产与社会再生产功能。这本身是对布迪厄的文化再生产理论，以及鲍尔斯与金蒂斯等人的经济再生产理论的挑战与修正，也是西方马克思主义“反学校文化”研究的贡献所在。

（三）“反学校文化”研究在中国：主流与主流之外

尽管“反学校文化”研究在西方国家已经取得了丰硕成果，其研究结论甚至冲击并改变了教育社会学与文化研究的解释范式，但是“反学校文化”研究在中国却一直处于被忽视状态，直到近几年来伴随着校园文化建设等宣传性口号的流行才进入教育研究者的视域。然而,由于中国特有的社会背景与学术话语系统,主流研究者对“反学校文化”研究的关照具有自身独特的逻辑,即根据一些司空见惯的现象,站在学校教育外围,从整个社会现代化转型的角度论述“反学校文化”的类型、成因,并试图提出象征性的对策。但是,在主流之外,尚有少数研究关注农民工子女、工人阶级子女与少数民族子女等底层学生在学校教育中的“反学校文化”现象,将其看成与代表支配阶层的学校主流文化之间的冲突,并与教育的底层社会再生产功能联系起来,解释底层学生如何通过学校教育最终仍旧获得底层地位。

1. 主流研究:异化与心理学化

(1) “反学校文化”的研究逻辑:类型、成因与对策。

国内“反学校文化”的主流研究者并不像西方学者那样采用质性研究方法深入具体的学校场域进行长期的田野调查,以观察社会行动者在日常生活中的行为、互动、对事件的主观解释以及行动的社会后果,他们更愿意根据媒体报道、自身的主观感受与文献资料上的描述,站在学校场域中具体实践活动的外围,结合中国社会特有的转型背景对“反学校文化”现象进行宏观的“社会学分析”。依据他们的观点,中国的“反学校文化”现象主要表现为两种类型,即“公开对抗型”与“隐晦表达型”,前者以公开的、显性的、直接的、比较强烈的对抗的形式表现出来,例如公然地违反校纪校规、公开地挑战学校权威、侮辱师长、校园暴力等越轨行为,以及破坏学校公共物品、酗酒、吸烟、打架、赌博、偷盗等;后者以较为隐晦的、间接的、情绪化的、不具明显对抗色彩的形式表现出来,例如青少年在校园中的奇装异服、不良服饰、网络语言、各种形形色色的课桌文化、厕所文化以及逃课、迟到早退、课堂捣乱、考试作弊、早恋等。①

在解释这些“反学校文化”现象何以出现时,他们立即滑入“异化”的研

① 唐小俊.青少年“反学校文化”:问题、成因与对策[J].教育导刊,2009(12):5.

究范式，即认为中国学校教育中学生的“反学校文化”既不同于西方马克思主义研究所强调的阶级抵抗与意识形态色彩，①因为在我国已经没有阶级之分；②又不同于西方自由主义者所批判的那样，认为“反学校文化”是一种学生反对教育制度对教育的垄断、对社会的负面影响并期望建立一个“非学校化社会”而出现的文化现象；③相反，中国青少年“反学校文化”在实质上是校园主流文化中根本价值观之异化。④ 这种“异化”表现在两个层面，即学校主流文化对社会文化的异化，以及作为文化主体的学生对学校主流文化的异化。就第一个层面而言，之所以会出现学校主流文化对社会文化的异化，是由于社会的现代化转型的持续推进与深化，经济—社会系统逐渐从全能主义的政治控制下独立出来，导致了社会分化，产生了各种新兴利益群体，不同的利益群体因为生活方式与利益诉求不同，从而发展出各自不同的亚文化，因而产生了文化分化，使得社会文化从原来单一的官方意识形态转变为多元文化形态。在此过程中，由于官方意识形态的保守性，阻碍了某些群体的利益与文化表达，从而产生了社会反文化。因此，学校教育作为主要的官方文化传递机构，相对于已经实现社会文化分化的文化生态来说，具有单一性、保守性与滞后性，不但表现为以集体主义、道德理想主义等官方正统意识形态与新兴利益群体的自由主义、个人主义与消费主义等社会文化之间的冲突，还表现为应试文化给学生造成了过重的负担，严重压抑了人的自由与个性发展。因此，学校主流文化是一种对社会文化的异化，未能及时反映社会文化的变迁以及不同利益群体的文化诉求。就第二个层面而言，因为已经分化了的社会文化对学生的影响，学生在早年家庭社会化过程中、在学校以外的日常生活中所接受的文化影响都与学校主流文化不相干，他

① 周晓燕.青少年“反学校文化”:问题、意义与对策[J].教育学报，2006(2):61.

② 高金峰等中学生反学校文化的类型与原因分析[J].天津市教科院学报，2009:51.

③ 唐小俊.青少年“反学校文化”:问题、成因与对策[J].教育导刊，2009(12):4.

④ 张人杰.校园文化与“反校园文化[J].台湾教育研究咨询，1994(2).

们更注重世俗生活而不是理想主义，更在乎个人主义与物质消费而不是集体主义与奉献牺牲，因此当他们把这套源自社会文化的价值带到学校教育中以后，自然就与单一的、保守的、滞后的、甚至过时的学校主流文化发生冲突，冲突的不断加剧便出现了“反学校文化”。此外，由于中学阶段正是学生个性成长的关键时期，作为一个年轻的年龄群体，他们在心理上处于“困难期”、“危机期”，容易产生“逆反心理”与“意义障碍”，会出现心理学家埃里克森所说的“同一性与角色混乱”危机，以及人类学家米德（M. Mead）所说的“前喻文化”，而学校主流文化又是由成人世界制定的，是来自于成人世界对他们躁动心灵的规范，因此当这些满怀个性的青年群体遭遇与自己无关的陌生文化时，便会对主流文化产生排斥与反抗，从而升级为“反学校文化”。因此，从学生的角度说，学校主流文化是一种对作为文化主体的学生的异化。正是学校主流文化对社会文化与学生的这种双重异化点燃了“反学校文化”的导火线，并使之长期存在，直到学校主流文化本身做出适当的调整为止。

为此研究者们提出了一些缓解或消除“反学校文化”的措施：首先，也是最为重要的一点，是对学校主流文化本身进行变革，即建构一套社会“核心价值观”以作为学校主流文化价值观变革的方向。这套社会“核心价值观”必须能够体现时代精神与国家精神、体现社会基本的伦理规范与高尚的道德情操，以便引领青少年学生，防止他们陷入价值迷失、价值混乱乃至价值异化之中。① 其次，既然“反学校文化”的一个主要成因是学生对主流文化的异化，那么提高青少年的文化批判、文化反思意识与文化判断能力以抵制流行文化、大众文化、消费文化与低俗文化对他们的侵害就变得必不可少。②③ 与此同时，由于该年龄群体的心理特殊性，正确对待学生的“反学

① 唐小俊. 青少年“反学校文化”：问题、成因与对策[J]. 教育导刊，2009(12)：7.

② 同上。

③ 周晓燕. 青少年“反学校文化”：问题、意义与对策[J]. 教育学报，2006(2)：63.

校文化”行为，不把它当成偏差行为，用得当的教学方法与教学艺术建构良好的师生关系、以及教师通过人格上的某种魅力与学生关系融洽也是非常必要的。① 最后，对于当下已经存在“反学校文化”的学生来说，至关重要的一点是不能放任自流、任其发展，而要以学校主流文化对其进行“强制性同化”，强制性同化一切对中学生有重大危害的文化思潮，净化主旋律、倡导崇高思想，克服“反学校文化”的消极影响。此外，还要以学校主流文化对其进行“渗透性融合”，以“润物细无声”和学生喜闻乐见的方式将学校主流文化渗透进他们的价值观之中。②

(2) “反学校文化”的研究缺陷：社会阶层、底层与再生产。

上述关于学校教育中“反学校文化”现象的主流研究指出了学校主流文化与已经分化了的社会文化以及作为文化主体的学生之间的结构性矛盾，并指引出变革单一、保守、滞后的学校主流文化的改进措施，对“反学校文化”的进一步研究进行了有益的探索。然而，上述研究也暴露出了重大缺陷，既没有深入到具体的学校场域中进行实证研究，又没有挖掘社会文化分化与学校教育主流文化之间冲突的深层社会原因，还忽视了不同群体出身的学生在学校教育中的不同文化遭遇，更重要的是，他们忽视了底层社会出身的学生的“反学校文化”行为，然而这一群体恰恰是学校教育中文化冲突的主力军，因此，他们也未能考虑底层学生“反学校文化”的社会后果，即未能将底层学生在学校教育中的“反学校文化”行为同他们的底层社会再生产结局联系起来以解释学校教育的底层再生产功能。具体说来，上述研究存在以下四个方面重大缺陷：

首先，缺乏实证研究。“反学校文化”涉及社会行动者对情境、事件的主观解释，以及行动者之间的互动、理解与意义共享，需要研究者以参与者的

① 李本友等.成因与对策：中学生反学校文化探析[J].内蒙古师范大学学报(教育科学版)，2006(10):27.

② 同上文，第30页。

身份深入具体的日常生活实践，进入行动者的生活世界，通过长期的田野研究，考察语言、符号、行为等所传达的意义，以及微观行动的社会后果。这是文化研究在方法论上异于宏观定量统计与哲学思辨的地方，因为按照现象社会学与常人方法学的观点，文化的意义来自于行动者对行为的反思性凝注，总是附着在具体的情境之中，唯有对日常生活常识世界中的行动者的行为有充分的理解，才能对其进行索引性表达(indexical expression)，①并以此为基础实现社会科学的客观理解。② 因此，那种站在具体的教育实践外围，力图将不同社会情境下不同社会行动者发生的文化行为叠加起来的做法是难以真正解释学校教育中的"反学校文化"现象的。

其次，缺乏社会阶层关照。中国的现代化转型是与社会—经济系统从全能主义政治控制中相对独立出来共变的，经过 20 世纪 80 年代至 90 年代初期的社会分化，传统的再分配体制逐步向以市场体制为主的利益分配格局转化，在原有的单位制结构之外出现了许多新的利益群体。然而，随着改革的持续深化，进入 90 年代中后期之后，中国的社会阶层结构基本定型化，新的利益格局形成，具体表现为社会阶层边界开始形成甚至固化，出现了居住地区、生活方式、文化形式与交往圈子等层面的区隔；社会阶层的内部认同开始形成，不同群体的人普遍产生了"我们感"与"他们感"之间的区隔；社会流动也开始减少，进入中上层社会地位的门槛明显提高，所需的"准备"不断增加；在此过程中，社会阶层的再生产开始出现，而中国的教育政策与实践也往往成为优势地位群体将社会出身的优势转变为考试成绩的工具。③ 因此，中国的社会阶层结构表现出"断裂"的特

---

① H. Garfinkel, 1967, Studies in Ethnomethodology. 转引自：沃特斯. 现代社会学理论[M]. 杨善华、李康等译. 北京：华夏出版社，2000：41—43.

② A. Schutz, 1972, The Phenomenology of the Social World. 转引自：沃特斯现代社会学理论[M]. 杨善华、李康等译. 北京：华夏出版社，2000：35—39.

③ 孙立平. 博弈：断裂社会的利益冲突与和谐[M]. 北京：社会科学文献出版社，2006：24—32.

点,即社会上层、中间阶层与底层社会之间存在着巨大的鸿沟,彼此之间的社会距离还有不断拉大的趋势。① 具体说来,社会上层由体制内政治经济精英、体制外经济精英、以及某些高级知识分子与高级技术管理人员等少数人组成,他们之间形成了一个总体性精英联盟,占据着社会绝大部分资源;中间阶层主要由专业技术人员、企业与行政管理人员、以及商业服务业白领等群体组成,他们往往集中在某些发达城市的某些新兴行业与关键的政府部门,形成了自己的交往圈子与生活方式;而广大底层社会则包括农民、工人阶级、以及各种边缘群体,原来安土重迁的农民中的主要劳动力在工业化的浪潮中已经以农民工的形式流向城市,而原来与意识形态共生的工人阶级也经历了国有企业改革而“下岗”进入一个“阶级再造”阶段②。在这个社会结构中,一方面总体性精英阶层垄断了社会上的绝大部分资源,可以左右政府政策、公众舆论以及某些知识分子的学术话语,因此中间阶层总是处在一种被上层排斥的状态,甚至有边缘化倾向;另一方面,中间阶层与底层社会之间却出现了显著的分化,中间阶层公然表现出炫耀性消费、白领文化与“小资情调”,甚至故意破坏规则,蔑视与羞辱贫困阶层,③而广大底层社会则在产业的升级换代即普罗化(proletarianization)过程中被主流社会甩得越来越远,甚至被甩到社会结构之外。④

因此,那种不从阶层分化的角度分析“反学校文化”是一种对社会现实的逃避。由此导引出来的对“反学校文化”的“异化”研究范式也是存在问题的,其直接后果就是主流研究中对不同群体“反学校文化”现象的叠加与混乱,以及对底层学生的忽视。

再次,忽视底层学生。按照布迪厄的观点,社会阶层区隔的一个重要维

---

① 孙立平.1990年代中期以来中国社会结构的裂变[J].天涯,2006:166—176.

② 吕鹏.下层阶级还是底层群体?[J].社会学家茶座,2006(15).

③ 孙立平.中国社会结构转型的中近期趋势与隐患[J].战略与管理,1998:1—17.

④ 孙立平.1990年代中期以来中国社会结构的裂变[J].天涯,2006:166—176.

度即是文化品位的区隔，它不但体现在生活方式、社会交往等层面的差异，还包括对食物的偏好、衣着用具的选择、艺术审美的品位、言谈方式、甚至思维方式的不同。更加重要的是，文化品位往往起着固化阶层边界的作用，不同社会阶层之间的冲突也经常体现为文化品位之间的斗争。① 而学校教育作为重要的文化筛选、传递与文凭制造机构就不可避免地成为不同社会阶层文化资本争夺的场所。因此，当我们引入社会阶层的向度时，对于“反学校文化”的主流研究所强调的文化冲突，我们就可以有更加清楚、深入的认识。实质上，他们所强调的学校主流文化对社会文化的“异化”，是指学校中单一的、代表官方意识形态的道德行为规范与价值观，压制学生自由与个性的应试文化，同新兴利益群体的文化品位之间的矛盾。主流研究于是将由于学校主流文化落后于社会文化所导致的文化冲突解释为“反学校文化”，并把许多源于底层学生的文化行为当作上述“反学校文化”现象的证据。在此过程中，他们消解了底层社会出身的学生与学校主流文化之间冲突的特有形式。

事实上，不同社会群体出身的学生对学校主流文化的反抗形式与内容是极为不同的，其社会后果也存在重大差异。对于那些来自社会中上阶层的学生来说，尽管他们与学校主流文化确实存在冲突，但是他们中的多数人仍旧能够获得一个好成绩，从而通过学校教育实现既有优势社会地位的继承；然而，对于那些底层社会出身的学生来说，他们的“反学校文化”所导致的后果是他们过早地离开学校，并且在生产出“反学校文化”的同时也生产出对底层社会各种工作与生活的适应，同时还使得社会可以名正言顺地将他们的教育失败归结为他们个人，实现社会合法性的再生产。

因此，我们需要追问的一个问题是，现存的学校主流文化到底对哪个社会阶层更有利？其实，尽管学校主流文化代表了官方意识形态与价值

---

① 特纳. 社会学理论的结构[M]. 邱泽奇等译. 北京：华夏出版社，2006：472—474.

观、压制人性自由的应试文化,但是这套主流文化所强调的是遵守纪律、服从权威与传统的儒家伦理道德,所呈现出来的是越来越富于技巧性与变幻的考题、抽象与逻辑严密的知识形式,所需要的是在学习上全身心与长时间的投入、甚至巨额的经济支出,所有现存学校主流文化的这些特点无疑都有利于出身于社会中上阶层的子女获得教育成功,已有的研究也充分证明了这一点。例如,90 年代末的一项调查表明,城乡大学生的比例分别是 82.3%与 17.7%;①并且十多年高等教育扩张的结果,尽管给农村社会的学生带来了高等教育机会的绝对数量的提高,但是该政策不但没有减少阶层之间教育机会的不平等,而且加剧了城乡之间的教育机会差距,城市人接受高等教育的机会是农村人的 6.3 倍。② 因此,我们大体上可以援引布迪厄的观点,认为学校教育是社会中上阶层实现社会阶层再生产的机制。为此,关于学校教育中的"反学校文化"现象背后隐藏的一个更深的问题是,社会中上阶层与底层社会具有不同的再生产机制,③不能将不同社会阶层出身的学生的"反学校文化"行为混为一谈,甚至以底层学生的"反学校文化"行为作为"异化"研究范式的重要证据,因为这样做的直接后果便是对广大底层学生的忽视。

最后,对策的失当。"反学校文化"的主流研究正是存在上述缺陷,我们可以进一步考察他们所提出的对策建议所存在的问题。主流研究提出的第一项措施是调动社会控制系统,对具有"反学校文化"行为的学生进行"强制性同化"与"渗透性融合"。④ 其背后的潜在假设是主流文化一定是客观中

---

① 孙立平.博弈:断裂社会的利益冲突与和谐[M].北京:社会科学文献出版社,2006:31.

② 李春玲.高等教育扩张与教育机会不平等——高校扩招的平等化效应考察[J].社会学研究,2010(3):83—113.

③ 吕鹏.生产底层与底层的再生产——从保罗·威利斯的《学做工》谈起[J].社会学研究,2006(2):230—242.

④ 李本友等.成因与对策:中学生反学校文化探析[J].内蒙古师范大学学报(教育科学版),2006(10):30.

立的,那些具有“反学校文化”行为的人肯定是自身出了问题,这种问题可能来源于个人的心理,也可能是家庭或社会环境的不良影响。这样,主流研究就滑入了西方马克思主义学者所批判的功能主义范式与心理学取向。其后果便是动用各种手段、甚至包括各种强制性手段加剧已经存在的符号暴力与文化霸权,在此过程中,当然不可避免地要使用标签对那些屡教不改的学生进行标定,将他们“异常化”。对底层学生来说,其后果更具灾难性,因为由于他们所携带的文化资本与学校主流文化之间的结构性差异,他们似乎“先天”就表现出各种“反学校文化”行为,而且事实也证明他们确实是“反学校文化”的主力军,当学校管理者与教师调动社会控制与再社会化系统时,他们遇到的很可能是更加剧烈的抗拒。因此,底层学生也更加被推向了教育系统的边缘,实现各种自证预言,在生产出“反学校文化”的同时也生产出了他们的教育失败与底层社会位置,并为教师与社会大众对他们教育失败的心理学归因提供了重要“证据”,从而再生产了学校教育与现存社会秩序的合理性。

主流研究提出的第二项对策是提高学生主体的文化自觉、反思与批判建构能力以抵制流行文化、消费文化与低俗文化。① 然而,这是一种乌托邦药方,因为人本身是文化的产物。按照涂尔干(E. Durhkeim)的观点,不但人的价值与意识内容是社会的产物,而且连人的思维方式也是社会的建构。② 并且人是不能选择自己的出身的,他只能去遭遇某个家庭与社会阶层的文化,从而结构化为惯习,积累各自的文化资本。因此,那种力图通过学生自身的文化能力的提高来抵制不良文化的浸染以达到作为文化主体的学生自身的净化的观点必然陷入一种循环论证,难以操作化为具体的制度性措施。

---

① 唐小俊. 青少年“反学校文化”:问题、成因与对策[J]. 教育导刊,2009(12):7.

② 涂尔干. 宗教生活的基本形式[M]. 渠敬东等译. 上海:上海译文出版社,2004.

2. 主流之外的研究：几个关注底层的经验研究①

在主流的“异化”研究范式之外，尚有少数研究者采用质性研究方法关注底层学生的“反学校文化”行为及其社会后果，并对此进行解释。他们对中国本土底层学生的“反学校文化”经验的关照给我们提供了诸多启示与对话对象。

(1) 农民工子女的“反学校文化”。

熊易寒在研究农民工子女的身份认同与政治社会化时对打工子弟学校中存在的“反学校文化”进行了研究。② 根据田野经验，他发现打工子弟学校存在普遍的“反学校文化”现象，这些来自农民工家庭的初中生认为学校所传授的知识大多是无用的，无法改变他们的命运或处境，学校所宣扬的“让打工者的孩子不再打工”更是无稽之谈，因此他们更喜欢混日子、早恋、打架斗殴等“酷”的行为。③ 并且还有一部分学生加入“小帮派”，他们不但在班级同学在外面受到欺负时负责摆平，还喜欢以油嘴滑舌的方式挑战教师权威，譬如寻找教师的弱点或特征，背地里给老师取绰号，当老师在讲台上很严肃地讲一件事情的时候挑其中的语病以制造“笑场”，极个别的学生

---

① 在底层之外的非主流研究中尚有研究者关注傣族“和尚生”(即那些依据傣族南传佛教传统到七八岁以后必须出家到佛教寺院过一段时间僧侣生活的男童)这一特殊群体在学校教育中的“反学校文化”。研究者采用人类学研究方法对西双版纳某中学的傣族“和尚生”进行了田野研究，发现这一特殊群体表现出“懒”、“漠视课堂秩序”与“直接与教师冲突”等挑战教师权威的行为。研究者将这种行为归结为体现于“和尚生”身上的村寨的、宗教的与少数民族的文化与代表国家权威与秩序的学校主流文化之间的文化差异，并且认为，这种“反学校文化”的存在并非是集体性、有组织的策划，而是一种以零散的方式普遍存在于个体与教师之间的互动中。具体见：罗吉华. 权威与秩序——对西双版纳勐罕镇中学傣族和尚生的教育人类学分析[J]. 广西师范大学学报：哲学社会科学版，2010 年第 46 卷第 1 期，第 98—102 页。尽管该研究不在本文的综述范围内，但是该研究所揭示的村寨的、宗教的与少数民族的文化与学校主流文化之间的文化差异所导致的“反学校文化”也值得我们深入思考底层学生是如何通过学校教育中的文化冲突而再生产出底层位置，以及该研究是否同样忽视了社会阶层的关照?

② 熊易寒. 当代中国的身份认同与政治社会化——一项基于农民工子女的实证研究[D]. 复旦大学博士学位论文，2008：141—146.

③ 同上文，第 142 页。

在受到老师的处分之后甚至公开宣称要报复。① 然而，这些农民工的孩子却几乎无一例外地复制了他们父辈的农民工地位。对他们而言，中专、职高与技校是他们最有可能接近的教育资源，并且也确实有一部分学生进入这些边缘的职业教育体系；然而，对大多数学生来说，毕业即意味着进入社会，甚至不少学生初一时就被抛入社会，只有为数极少的、学习成绩较好的男生才会在初中毕业后选择回老家继续读高中。因此，对于那些接受职业教育的孩子来说，未来等待他们的职业基本上与中上阶层位置无缘；而那些直接流入社会的学生，等待他们的是与他们父辈相近的“3D”职业，即难(Difficult)、脏(Dirty)、险(Dangerous)。② 然而，令人震惊的是，学校教育中的农民工子女并不是以悲观的心态对待他们即将到来的惨淡前程，他们的生活也并非愁云密布，相反，他们似乎要比其他孩子更加无忧无虑，更加自得其乐。③

对于农民工子女的上述“反学校文化”行为、社会后果及令人惊异的快乐心态，作者从以下两方面进行了解释，即农民工子女所面临的共同生活机遇促成了他们对未来的低预期，从而使孩子们对学校教育失去了兴趣；以及过重的升学压力导致了孩子的抗拒。④ 为此，作者反对威利斯的观点，后者认为底层工人阶级子女的“反学校文化”“部分地识破”了资本主义的本质，而不仅仅是“虚假意识”，因此学校教育正是通过底层学生的“文化生产”来实现“文化再生产”与社会再生产。⑤ 而作者却指出，对打工子弟学校中的农民工子女来说，与其说他们创造出独立于学校意识形态的底层文化，不如说他们创造了一个学校意识形态的简单对立物，即在学校提供的符号前面

① 熊易寒.当代中国的身份认同与政治社会化——一项基于农民工子女的实证研究[D].复旦大学博士学位论文，2008：143.

② 同上文，第144页。

③ 同上文，第145页。

④ 同上文，第144页。

⑤ 威利斯.学做工——工人阶级子弟为何继承父业[M].秘舒，凌旻华译.南京：译林出版社，2013：2—5.

加一个负号。① 而他们之所以会如此或能够如此的根源不是他们的价值观与城市孩子或学校主流价值观的对立(事实上作者的调查表明在价值观方面两者体现出高度的一致性),而是他们所拥有的知识库存,后者是日常生活经验的沉淀物,具有个人化特征,存在于下意识之中,并通过外在的事件驱动而表现出来。② 因此,在作者看来,正是学校教育中的具体事件驱动了学生源自于日常生活的知识库存,从而"点燃"了学生的"反学校文化"。

(2) 工人阶级子女的"反学校文化"。

尽管从主观意图与解释范式上还没有专门针对工人阶级子女的"反学校文化"研究,但是一些研究者还是"意外地"关注了这一群体的"反学校文化"现象。石明兰对上海一所以工人阶级子女为主的初中进行了一个月的陆续调研,根据所观察的一个"差班"的经验材料,她提出了学生"反学校文化"的四种类型,由深到浅依次为"玩乐型"、"反叛型"、"冷漠型"与"敷衍型",并从家长、学校与学生三个方面对其进行解释。在此基础上,她试图将学生的学业失败与"反学校文化"联系起来,认为学业失败的不同阶段似乎③对应着不同的"反学校文化"类型,由轻到重依次为自我防御阶段对应着"敷衍型"与"冷漠型",公开反抗阶段对应着"反叛型",以及自暴自弃阶段对应着"玩乐型"。正是以这种猜测性的对应方式,作者得出结论:"反学校文化"是学业失败的一种社会动因。④

黄南婷对江西某普通初中一名 14 岁的工人阶级女生的"反学校文化"

---

① 熊易寒. 当代中国的身份认同与政治社会化——一项基于农民工子女的实证研究[D]. 复旦大学博士学位论文,2008:145.

② 同上文,第 146 页。

③ 作者的原话是"根据学生当前的学业成绩与行为表现,参照他们的过去,从历时态的角度似乎可以推测,学业失败经历了三个阶段"。在行文与具体的论述过程中,作者一直以这种推测的风格来建立起"反学校文化"类型与学业失败阶段之间的对应关系。

④ 石明兰. 反学校文化:学业失败的社会动因[D]. 华东师范大学硕士学位论文,2007:8—43.

现象进行了质性研究。根据调研经验,她发现该女生表现出学业要求低、任性且盲目反对权威等“反学校文化”行为,并且追求前卫的服饰文化、使用不健康的减肥方法,以及出现不健康的早恋、甚至在男女交往中过于随便。①在研究报告的最后,研究者提供了一篇极具文学色彩的个案叙事,在其中她指出该工人阶级女孩之所以会走到学校主流文化的对立面是由于一系列社会事件的推动,包括因父母下岗而交不起借读费、姐姐与社会黑势力的亲密接触、教师的冷漠对待与使用标签等。然而,当该女生在课堂上公然声称知道正惩罚她的语文老师的副校长职位是怎么来的时,她获得了一种强烈的自尊补偿感;以及当她成为黑势力某位“大哥”的女朋友而在学校中能够摆平许多事时,她的自我感觉也达到了空前良好状态。② 也就是说,当她主动生产出这类“反学校文化”行为时,她的心态是一种高兴、兴奋、满足与乐观、甚至幸灾乐祸。然而,毕竟个案叙事近乎以附录形式出现,没有成为研究报告的主要部分;相反,在正文中她仍旧不能避免从家庭、学校与学生等层面进行抽象归因,只不过增加了一个“大众文化对女生的不良影响”因素。③在提出对策建议时也突出强调学校主流文化的正确引导、家庭的正确教育、以及提高学生本人的文化素质。④

3. 中国本土经验的启示与缺陷

上述主流研究之外的“反学校文化”研究至少向我们表明以下三点结论:其一,根据质性研究经验,“反学校文化”现象确实广泛存在于底层学生的学校生活中。其二,中国本土的“反学校文化”现象可能具有与西方不同的形式,至少底层学生没有创造出一种底层文化以对抗学校的主流价值观,⑤事

---

① 黄南婷. 初中女生反学校文化行为的研究[D]. 上海师范大学硕士学位论文,2007:22—28.

② 同上文,第 41—50 页。

③ 同上文,第 9—22 页。

④ 同上文,第 28—41 页。

⑤ 熊易寒. 当代中国的身份认同与政治社会化——一项基于农民工子女的实证研究[D]. 复旦大学博士学位论文,2008:145.

实上底层学生在价值观上(包括对金钱、平等、正义、个人/集体、权力/权利的看法)与社会中上阶层学生所具有的价值观、以及学校主流文化所传递的价值观基本保持一致。① 其三,学校教育中底层学生的"反学校文化"确实导致了(或者至少可以说影响了)他们复制父辈既存的社会经济地位,从而间接地帮助了学校教育的底层再生产功能。基于这些理由,我们必须正视底层学生的"反学校文化"现象,发现其所特有的本土经验形式,揭示出其与学校教育的底层再生产功能之间的关联。

然而,上述经验研究也存在以下几个方面缺陷:第一,关于农民工子女的"反学校文化"研究过于轻率地否定了底层学生的文化自主性与创造性,认为他们只是对学校主流文化的简单否定;在解释底层学生的"反学校文化"何以可能时用"知识库存"这一过于心理学化的、具有高度模糊性的概念代替了源自于底层社会经验的文化形式;并且该研究只是在研究农民工子女政治社会化时捎带论及底层学生的"反学校文化"现象。其二,关于工人阶级子女的"反学校文化"研究除了为我们揭示该群体确实存在"反学校文化"现象之外,基本上滑入了功能主义研究范式以及主流的"异化"研究框架之内,上文对此二者的批评在此处同样适用。此外,该类研究在解释社会现象时还经常不能自已地将教育学思维引入其中,在没有澄清问题之前就力图通过教育手段干预教育事实,②研究者们似乎忘了当我们作为一个研究者时,首先要做的是解释世界,以此为基础才能改变世界。

(四)对已有研究的评论

对于"反学校文化"研究的西方功能主义范式与马克思主义范式、以及中国的主流研究与本土经验研究的贡献与缺陷,我们在上文已经进行了详细的评论。此处要做的,是把底层学生的"反学校文化"放入他们与学校主

---

① 熊易寒.当代中国的身份认同与政治社会化——一项基于农民工子女的实证研究[D].复旦大学博士学位论文,2008:211—212.

② 具体见石明兰.反学校文化:学业失败的社会动因[D].华东师范大学硕士学位论文,2007:28,42.

流文化之间的更广泛的冲突之中，当作他们与学校主流文化之间冲突的一种基本形式。因为除了“反学校文化”之外，底层学生与学校主流文化之间的冲突还有其他一些基本形式，并且在中国本土经验中后者往往是更主要的冲突形式。因此，我们需要一个扩大化，将底层学生在学校教育中的文化冲突从“反学校文化”这一基本形式扩大到其他基本形式。

1. 作为学校教育中文化冲突基本形式之一的“反学校文化”

正如西方马克思主义研究范式与中国本土的经验研究所表明的那样，“反学校文化”研究关注的是底层社会出身的学生在学校教育中所表现出来的公然抗拒学校主流文化的行为。由于他们的底层社会经验及其在主体身上衍生出来的文化形式，与学校主流文化之间存在区隔，当他们遭遇到学校主流文化的整合、规训与符号暴力时，他们就会站到学校主流文化的对立面，生产出一套属于他们自己的文化形式，以此来对抗学校的主流文化霸权。尽管他们生产“反学校文化”的整个过程可能是无意识的，是一种对物质存在与社会存在的自然反应，并且最终也基本上停留在一种零散的、混乱的与碎片化的状态。① 然而，对底层学生而言，“反学校文化”是与他们的生活结合在一起的，因而也是真实的、相对自主的。正是通过生产出这种“反学校文化”，底层学生主动放弃了上向的社会流动机会，心甘情愿地选择毕业后从事底层工作。② 因此，我们看到，正是底层学生主动的“反学校文化”生产导致了学校教育的主流文化再生产，以及随后的社会阶层再生产。在此过程中，底层学生不但生产出了一套具有相对自主性的文化(尽管可能是以无意识与零碎的方式)，而且生产出了他们的底层社会地位，并为适应未来底层工作中的支配关系做好了准备，同时还使人们对学校教育产生误识，将底层学生的教育失败归结为他们个人，从而再生产出了学校教育与社会

---

① 阿普尔. 教育与权力[D]. 曲囡囡等译. 上海:华东师范大学出版社,2008:105.

② 吕鹏. 生产底层与底层的再生产——从保罗·威利斯的《学做工》谈起[J]. 社会学研究,2006(2):230—242.

秩序的合理性。

因此，不论是西方的“男子汉气概”文化与“女性特质”文化，还是本土的农民工与工人阶级子女的“反学校文化”都具有与学校主流文化的公然对抗性，尽管有时这种对抗性以一种类似于埃弗哈特研究中的“耳朵眼”式的微妙形式表现出来，但是，我们却不能否认底层学生在生产“反学校文化”时的主动姿态、与学校主流文化的对抗姿态、以及由此表现出来的显性特征。正是“反学校文化”的这些特点使它仅仅成为底层学生与学校主流文化冲突的一种基本形式。然而，在“反学校文化”之外，底层学生与学校主流文化之间的冲突还有其他一些基本形式。因为多数底层学生并没有像上述学生那样走那么远，走到学校主流文化的对立面，甚至即使学生们在学校教育中的某些时间试图争取他们自身的文化自主性，但是多数学生、以及学生的多数时间几乎都是在试图融入学校主流文化之中以及以一种平和的、甚至被动的姿态同主流文化打交道，正是在这种试图融入的过程以及平和的、被动的姿态中底层学生与学校主流文化之间表现出更为广泛、隐蔽与沉默的文化冲突。如果说“反学校文化”是底层学生与学校主流文化之间的激烈战斗，那么后者更像一场旷日持久的、没有硝烟的冷战。然而，从危害程度来说，后者对底层学生的排斥、规训与霸权，对文化与社会的再生产，以及对学校教育与社会秩序合理化的再生产的作用都是“反学校文化”难以达到的。因此，后者往往也是底层学生与学校主流文化之间冲突的基本形式，甚至是更主要的形式，它们往往发生在学生们主动学习课程内容、认真听老师讲课以及试图配合教师的日常管理的过程之中。一般的情况可能是这样，正是底层学生在上述这些试图融入的过程失败以后才会进一步走向“反学校文化”的冲突形式。

2. 学校教育中文化冲突的基本形式

因此，当我们将底层学生与学校主流文化之间的冲突从“反学校文化”这一对抗性的、显性的基本形式扩大到其他更加平和的、隐蔽的与沉默的冲突形式之后，接下来要做的便是论证后者确实存在，并指出其以何种形式存在。

学校主流文化往往是从社会中上阶层文化中选编出来的,所以,与社会中上阶层学生及其携带的习性具有一致性。相对于底层社会出身的学生来说,学校主流文化是一套异于他们自身生活经验的异文化,是社会支配阶层利用各种社会力量强加在他们身上的文化霸权。因此,当底层学生将他们的底层社会经验以及结构化在主体身上的文化形式带入学校场域,并以此试图融入学校主流文化时,便会遭到后者的权力与文化双重专断,导致符号暴力与文化霸权的双重后果,不可避免地产生相应的文化冲突。然而,相对于底层社会出身的学生来说,作为异文化的学校主流文化并非以一种面目可憎的形式出现,因为社会主流文化与学校主流文化本身的社会建构过程已经给予它们看起来客观中立的形式;同时它们对于底层学生也并非完全陌生,因为社会建构也已经将它们的部分语汇渗透到底层文化之中,限制了底层文化独立发展其自身形式的可能性。因此,上述社会建构的后果给底层学生与学校主流文化之间的冲突带来了一种“缓和”,既保证了底层学生的试图融入,又避免了他们轻易地取得学业成功;既保证了文化冲突的持续存在,又避免了激烈的冲突形式。因此,在底层学生被彻底地甩出文化再生产循环之前,他们与学校主流文化之间的冲突主要是以这种平和的、隐蔽的与沉默的形式存在。根据学校主流文化的基本内容,我们可以将其分解为三种基本的文化冲突形式,即底层学生与学校教育中课程知识内容之间的冲突,与道德行为规范之间的冲突,以及与以语言、思维、品味等为内容的文化资本之间的冲突。只有在这些平和的、隐蔽的与沉默的基本冲突形式失效以后,或者在它们之外,底层学生才会将文化冲突的形式升级,生产出“反学校文化”这一文化冲突的基本形式。

更进一步,对于学校教育的底层社会再生产功能而言,多数情况下底层学生是隐性的文化冲突形式所否定、排斥,并在教育选择时被甩出去,同时使他们对学校教育产生一种误识,并对自己的教育失败进行自我心理层面的归因,我们可以将这些文化冲突形式下导致的学校教育底层再生产功能称为被动的文化再生产。只有那些主动生产出“反学校文化”以公然对抗学校主流文化的学生才主动地生产出了他们的底层社会地位,我们可以将这种显性的文化冲突形式下导致的学校教育底层再生产功能称为主动的文化再生产。事实上,这些底层学生确实生产出了某种形态的底层文化,同时学校教育也再生产出了主流文化以及既存的不平等结构。然而,对于上述文化冲突的不同形式所做的区分,以及根据文化冲突的不同形式对学校教育的底层再生产功能的方式所做的区分,我们最好将其当作韦伯所说的理想类型。因为实际的教育经验可能是以彼此混合的方式进行的,这种混合表明并非底层学生必须要走完平和的、隐蔽的与沉默的文化冲突形式才能升级为“反学校文化”,实际的情况可能是“反学校文化”像前者一样贯穿着底层学生的整个学习过程。因此,学校教育的底层再生产方式也可能是以被动的文化再生产与主动的文化再生产两种方式齐头并进。

（五）中国本土经验的独特性

众多关于中国教育与社会分层的研究表明,①学校教育的农村再生产功能确实存在,这是任何人都无法否认的社会事实。这给所有关注社会公平的研究者提出了问题,即学校教育以何种方式进行底层社会再生产、以及为何能够进行底层社会再生产？通过检视西方学者关于学校教育的社会再生产理论以及“反学校文化”研究,我们发现,底层学生与学校主流文化之间的冲突是学校教育进行底层再生产的深层机制,并且底层学生的“反学校文化”,以及他们与学校教育中的课程知识内容、道德行为规范以及文化资本类型之间的冲突是文化冲突的几种基本形式。然而,西方的研究结论是否能够用来解释中国本土的教育经验以揭示出中国学校教育承担底层社会再

---

①　具体见孙立平.博弈:断裂社会的利益冲突与和谐[M].北京:社会科学文献出版社,2006:31;李春玲.高等教育扩张与教育机会不平等——高校扩招的平等化效应考察[J].社会学研究,2010(3):83—113;郝大海.中国城市教育分层研究(1949—2003)[J].中国社会科学,2007:94—107.

生产的机制与根源？这是任何经验研究者都无法忽视的问题，也是本研究将要检视的问题。前述熊易寒关于中国本土的“反学校文化”研究就曾指出，农民工子女的“反学校文化”具有与英国工人阶级子女极为不同的形式。因此，我们在具体的经验研究中要避免研究对象的“虚置”，①即始终提醒自己考察学校主流文化的真实内容、底层学生的真实文化形态、以及两者之间的实际冲突，而不能简单移植西方研究者的结论。

具体说来，中国本土经验的独特性表现在以下三个方面：其一，断裂的社会阶层结构。西方发达工业社会的阶层结构一般为菱形或橄榄形，以中产阶级为主，他们占据着社会的主要资源，价值观较为保守，是社会稳定的均衡器。② 因此，布迪厄通过研究指出，法国学校教育充斥着中产阶级的文化资本类型，通过权力与文化双重专断，接纳社会中上阶级出身的学生，排斥底层社会出身的学生，实现了中产阶级的文化再生产与不平等社会结构的再生产。但是中国断裂的社会结构使得中产阶级不但没有按照人们预期的那样壮大起来，相反，其还没有成型就不断地被总体性精英阶层边缘化。因为现有的资源分配形式使得社会资源过度集中在总体性精英阶层手中，其后果是即使在经济增长的情况下也不可能出现新资源的外溢，那些本来可以成为中产阶级一员的人(例如大学毕业生)最终也只能过一种较为艰难的生活。因此，中国的中产阶级还不足以构成一个压力群体，像西方发达工业社会那样对学校主流文化产生重大影响。

其二，政治经济系统对教育体制的过度整合。在建国后的前30余年时间中，中国的教育体制曾经被政治系统过度地整合，甚至被当成阶级斗争的工具。改革开放以后，这种整合已有改变，但是学校教育仍旧被当成由政治主导的经济建设的人力资本生产机构，这就是“利用教育为经济建设作贡

---

① 闫光才.批判教育研究的学术脉络与时代境遇[J].教育研究，2007(8)：80—85.

② 李路路.中间阶层的社会功能：新的问题取向和多维分析框架[J].中国人民大学学报，2008(4)：125—135.

献”等宣传口号的基本内涵。

其三,传统文化根深蒂固的影响。建立在家族血缘关系基础上的传统宗法社会亲疏远近的人际关系仍然是当下中国人与人互动的主要模式。这种差序格局的社会关系背后的思想基础是儒家由近及远的人伦道德规范,即情感与义务程度由自己的父母、兄妹、亲属、朋友到一般社会他人渐次递减,由此导引出忠、孝、仁、义、礼、智、信等基本价值观。几千年来礼乐教化的结果使中国人的行动产生了路径依赖,这不但表现在学校教育中师生之间的关系上,更表现在底层社会的家庭中。因此,中国的底层学生并不像西方工业社会中他们的同伴们那样有一个同质性的工人阶级父母文化;相反,由于传统的价值在民间的小传统中保存得最为完备,他们的家庭社会化经历更多地会使他们服从权威、听从教导、为了父母而努力学习,这些可能都会对他们在学校教育中的文化冲突形式产生影响。

基于上述本土独特经验的影响,我们在考察底层学生与学校主流文化之间的冲突时必须将实际的教育经验和西方的研究结果进行对话,唯有通过这种往返于实际经验与既有理论的来回穿梭,才有可能建构出解释本土经验的理论。

第三节　理论基础与研究设计

一　研究问题的确定

通过文献综述,我们可以将本课题的研究问题进一步明确如下:农村学生消极厌学的现状和文化原因是什么?他们所携带的文化与学校主流文化之间的冲突具有哪些基本形式、内容和表现?这种文化冲突给学生带来的后果是什么?教师在其中实际起到的作用和应该起到的作用是什么?如何打破这种文化冲突并引导农村学生通过教育走向适合的社会阶层?

二 理论基础

（一）学校主流文化中的阶层支配

1. 学校主流文化的社会支配性

结构功能主义与教育社会学的创始人涂尔干一百多年前就指出，学校文化是对社会成熟文化的选编，[①]而所谓成熟文化就是那些有利于社会整合与各个机构最好地发挥功能的文化，即那些经历时代淘洗而留存下来的、代表人类文化精华的知识思想与价值体系，因而学校文化是有利于各个社会群体的、客观与价值中立的。然而，马克思却指出，“统治阶级的思想在每一时代都是占统治地位的思想。这就是说，一个阶级是社会上占统治地位的物质力量，同时也是社会上占统治地位的精神力量”，并且“统治阶级赋予其思想以普遍性，并表示为唯一合理、普遍妥当的东西”。[②] 延续法兰克福学派批判的传统，哈贝马斯(J. Habermas)将源自于实证主义的经验分析型知识同人类的物质与社会再生产的控制手段联系起来之后指出，科学(包括实证主义的自然科学与社会科学知识)是经济利益与政治利益的工具，因而是一种意识形态。这种经验分析型知识不但从经济领域侵入公共领域，导致了公共事务的专家统治意识，剥夺了公民的政治参与权，从而产生了合法性危机；而且它还向人们的日常生活世界殖民，致使行动者丧失了足够的社会意义来源，剥夺了他们通过彼此交往实现理解与意义共享的可能，从而导致了行动者的动机危机。[③] 而知识社会学通过致力于探索思想与社会结构之间的关系，以及知识的社会条件或存在条件，[④]更进一步为我们揭示出知

---

① 涂尔干. 教育思想的演进[M]. 李康译. 上海：上海译文出版社，2008.

② 马克思、恩格斯. 德意志意识形态[M]. 转引自：沃特斯. 现代社会学理论[M]. 北京：华夏出版社，2000：187—188.

③ 特纳. 社会学理论的结构[M]. 邱泽奇等译. 北京：华夏出版社，2008：197—201.

④ 科塞. 社会思想名家[M]. 石人译. 上海：世纪出版集团，2007：380.

识的权力特性。正如知识社会学的创始人曼海姆(K. Manheim)指出的那样,“存在决定知识”,“所有知识和思想都不可避免地在某种程度上是某个社会结构或历史进程的产物”。以此为基础,他驳斥了那种认为通过形式逻辑可以得出客观真理的观点,他指出“观点不仅仅是一种形式上的思维判断,它还体现着人们的观察、理解和分析事物的方式方法,它也包含着思想结构中那些被纯形式逻辑忽略的质的因素。正是由于这些因素的存在,在判断同一事物时,运用一种形式逻辑定律的双方会得出截然相反的结论”。① 因此,作为学校主流文化来源的社会成熟思想(即社会主流文化)本身,包括那些声称具有普世价值的伦理规范以及那些看起来具有严格经验证据与逻辑形式的科学知识体系,都不同程度地受到各种社会力量的支配。而学校主流文化作为对这些社会成熟思想的选编,作为一种精选传统,其自身也是受社会条件约制的,那种认为学校主流文化客观地反映出社会发展需求、体现着客观真理、表现出价值中立的观点无疑也是一种意识形态。

对于学校主流文化的这种社会支配性,阿尔都塞进一步指出,学校教育是最主要的意识形态国家机器之一,其主要功能就是再生产出资本主义经济结构所需的劳动力与生产关系,即通过课程知识的传授使劳动力具备生产所必须的技能,以及通过道德伦理规范的传习使学生具备未来工作场所中必备的价值。② 鲍尔斯与金蒂斯更明确地直陈,学校教育与资本主义经济结构之间存在一种“符应关系”(Correspondent Relationship),课程知识内容、道德行为规范等教育内容分别符应企业对技术知识与人际规范的要求。③ 布迪厄则认为学校主流文化体现的是社会中上阶级的文化资本类

① 曼海姆.意识形态与乌托邦[M].转引自:科塞.社会思想名家[M].石人译.上海:世纪出版集团,2007:382.

② 阿尔都塞.哲学与政治——阿尔都塞读本[M].陈越编.长春:吉林人民出版社,2004:320—375.

③ 鲍里斯、季亭斯.资本主义美国的学校教育——教育改革与经济生活的矛盾[M].李锦旭译.台北:桂冠图书股份有限公司,1989:190—193.

型，因此学校教育是支配阶级进行文化再生产、实现文化继承以及社会地位继承的主要机构。① 而伯恩斯坦通过社会语言学研究发现，学校主流文化所表现出来的是一种"精密型"语言符码，这与社会中上阶级所使用的语言类型高度一致，却与底层社会所使用的"限制型"语言符码明显背离。②

2. 学校主流文化的社会建构过程

学校主流文化之所以既隐藏着上述社会支配性又以一副价值中立的面孔出现，背后的根源在于社会主流文化与学校主流文化的双重社会建构，即不但社会主流文化的建构过程隐藏着权力支配，而且课程知识内容、道德行为规范等教育内容的建构过程的每个环节皆渗透着权力的支配。下面我们就来对此展开进一步的论述。

首先，社会主流文化本身是一种社会建构。因为按照西方马克思主义文化研究学者的观点，文化是"一个层面——社会群体在这个层面发展他们自己独特的生活方式，并赋予其社会的和物质的生活经验以表达形式"。③ 因此，不同物质存在与社会存在条件下的群体将发展出不同的生活方式及其对客观存在的表达形式，文化便具有社会阶层、职业分层体系等向度的区隔。正为其是如此，社会文化具有多元特点，本应该呈现出多样化的水平结构(horizontal structure)，彼此中立平等。然而，实际的情况是，任何社会的文化都呈现出一种阶层化的垂直结构(vertical structure)，优势地位群体的文化总是成为该社会的主流文化，而底层群体的文化往往也处在边缘位置。④ 这样的社会后果是由以下三个方面的因素建构而成的：其一，统治阶

---

① 布迪厄.资本的形式[M].载薛晓源、曹荣湘主编.全球化与文化资本[M].北京：社会科学文献出版社，2005：3—22.

② 鲍尔德温等.文化研究导论[M].陶东风等译.北京：高等教育出版社，2007：66—68.

③ 克拉克等.亚文化、文化与阶级[M].转引自：鲍尔德温等.文化研究导论[M].陶东风等译.北京：高等教育出版社，2007：336—340.

④ 郭木山.国小教师生活世界的宰制与觉醒[D].台湾台南大学博士学位论文，2009：15.

级的支配与合法性需求。按照葛兰西(A. Gramsci)的观点,任何社会的统治阶级为了实现其支配意志,在武力与暴力等威权统治之外还需获得统治的权威,即通过寻求被统治者对权威发自内心地认同与臣服来赢得统治的合法性,而文化与意识形态建设正是达成这一目的所必不可少的、最为有效的手段。为此,统治阶级将动用其握有的经济与政治特权,通过"有机知识分子"(organic intellectual)与学校、媒体等意识形态国家机器,将源自于他们自身的文化类型建构成普遍适用的、唯一妥当的社会主流文化以取得文化的领导权。① 其二,文化与社会阶级再生产的需求。随着工业社会对封建社会的瓦解,原来封闭的等级制度与源自于血缘关系的先赋性地位继承方式被名义上开放流动的社会结构与依靠获致性因素获得职位的资格获取方式替代。因此,教育文凭代替了社会出身成为合法身份地位的主要来源。为此,优势地位团体为了保证其优势地位的再生产,其主要方式便是通过将他们熟悉的、源自于他们自身的文化类型延伸到生产学历文凭的学校教育机构,并赋予其一种普遍与价值中立的形式,以保证他们的下一代在做好了充足的准备与具有高度适应能力的前提下在学校教育中获取成功,以此来实现文化继承与社会地位继承。在此过程中他们同样动用自身已掌握的资源与各种特权将源自于他们自身的文化类型改头换面为社会的主流文化形式。其三,社会评价体系的助推。由于社会中上阶层的工作环境体面、物质回报丰厚,他们的生活方式休闲、品味高雅,并时常以炫耀性消费的方式展示他们自身的优越性,因此他们获得了极高的社会声望。社会评价体系将源自于该类群体的文化类型予以高于其他文化类型的评价,将其视为文化正统,成为社会大众效仿与追逐的对象。通过上述三种社会力量,源自于支配阶层的文化形式被建构为社会主流文化,成为马克思所言的"唯一合理、普遍妥当的东西",以及葛兰西所言的"共同信念"。其社会后果是被支配群

---

① 姜添辉.资本社会的社会流动与学校体系——批判教育社会学的分析[M].台北:台北高等教育出版,2002:134—150.

体文化类型的边缘化,以及社会大众对意识形态的文化无意识。因此,我们看到,社会主流文化是社会力量建构的产物,客观中立与普遍适用的表象背后渗透着支配与权力的特性,其最终维护的是社会优势地位群体的利益。正是在这个意义上,社会主流文化也是一种意识形态。

其次,学校主流文化本身也是社会建构的产物。社会主流文化的上述建构部分地要依靠学校主流文化的建构来实现,同时也支配着学校主流文化建构的全过程。事实上,按照伯恩斯坦的观点,学校课程知识来源于专家学者与政策制定者对社会主导知识形态的再脉络化,而社会主导知识形态又来自于知识分子对社会主流文化的脉络化。① 然而,根据上文的论述,社会主流文化自身是支配阶级建构的产物,并且,参与学校课程知识的脉络化与再脉络化的专家学者与政策制定者基本上都是葛兰西所言的"有机知识分子",因此,学校课程知识的建构过程渗透着社会力量的支配,它们才会表现出阿尔都塞、鲍尔斯与金蒂斯所揭示出的经济结构决定性,以及布迪厄所批判的社会中上阶级的文化资本类型与伯恩斯坦研究中的"精密型"语言符码。与此同时,随着社会的高度机构化,学校教育逐渐充斥着官僚科层制,这给学校主流文化带来两个方面的后果:一方面,服从权威、效率最大化、技术化的系统管理成为学校道德行为规范的主要内容之一;另一方面,它使社会大众对繁复的学校机构产生了一种相对独立于国家政治力量支配的错觉,抱持一种教育独立(至少是相对独立)的幻想,这更加剧了他们对学校主流文化价值中立的误识。然而,根据哈贝马斯的观点,主导科层制的专家统治意识是物质与社会再生产的控制手段之一,在效率最大化与技术决定性等科层制特征背后关联的是某些社会优势群体的利益。因此,作为学校主流文化主要内容的课程知识内容、道德行为规范以及语言类型都是社会力量建构的产物,而不是

---

① B. Davis, 2003, Reading Bernstein, Researching Bernstein,转引自:姜添辉. 教师是专业或是观念简单性的忠实执行者? 文化再制理论的检证[J]. 教育研究集刊,2003年第49辑第4期,第93页.

它们所呈现出来的那样具有客观中立性、代表着社会发展的需求以及普遍的社会群体的利益。然而,正是通过上述从社会阶级到社会主流文化,再从社会主流文化到学校主流文化这一漫长的建构过程,社会建构本身将各个环节的社会性支配力量隐藏起来;相反,呈现在社会大众面前的是学校教育中高度“客观化、价值中立与普遍适用”的学校主流文化。

（二）学校教育与社会流动之间的关系:促进代际流动还是复制阶层结构?

教育是打破既有阶层壁垒、实现社会代际流动的阶梯,还是固化阶层边界、进行阶层再生产的工具?

结构功能主义者认为,工业社会的到来为社会民主提供了可能,而学校教育是实现“精英式民主的发动机”。一方面,传统社会转型为工业社会不但使社会整合方式从机械团结转变为有机团结,而且也使职业结构出现了阶层化现象,即不同的职业因为对社会有机体发挥的功能大小不同而形成报酬高低不等的职业体系。因此,转型后的社会结构所需的社会整合方式与职业技能分化愈发依赖于学校教育对下一代的社会化与选择分类。① 另一方面,西方社会在二战后进一步转型为成熟工业社会以后,其经济的持续与增长加深了对科学技术与专业管理知识的依赖,职业结构的重大变化产生了大量的新兴中间阶层职位,而无论是获取此类知识还是此类职位,皆需仰赖越来越多的教育训练以获得技术知识与教育文凭。② 社会结构的上述变化为学校教育发挥社会流动功能提供了坚实的社会基础,不但底层社会的下一代可以在学校教育中通过通过后天努力与公平竞争来获得教育成功并实行上向的社会流动,而且社会中上阶层的下一代也不因其出身高贵就

---

① T. Parsons, 1961, The School Class as a Social System: Some of Its Functions in American Society. In A. Halsey, J. Floud and C. Anderson (eds.). Education, Economy and Society. N. Y.: The Free Press, pp. 434—435.

② 姜添辉:《教师是专业或是观念简单性的忠实执行者? 文化再制理论的检证》,《教育研究集刊》,2003 年第 49 辑第 4 期,第 93—126 页。

注定停留在上流社会，相反，他们也需要通过自身的努力获得教育成功，以学历文凭为媒介间接地流向与其能力相匹配的职业阶层。因此，结构功能主义者进一步认为，学校教育中的课程知识与道德规范客观地反映社会分工的需求，为所有学生提供了一个开放、公平的竞争环境，并按功绩主义原则(the meritocratic principle)对不同能力的学生进行筛选、分类，进而选拔、分配到与其能力相适应的不同职业阶层的岗位上去。因此，在学校教育面前，所有学生都站在了同一起跑线上，其学业成功与否主要取决于他们的先天资质与努力程度，而与其社会出身、学校文化等社会因素关系不大。此派学者就此认为，学校教育是“精英式民主的发动机”，它可以打破原有的社会阶层限制，使所有学生能够凭借其后天的获致性因素(achieved factor)成功实现代际流动，从而铸造一个开放公平的社会。① 学校教育公正地发挥社会流动功能的具体过程如图 1－1 所示。

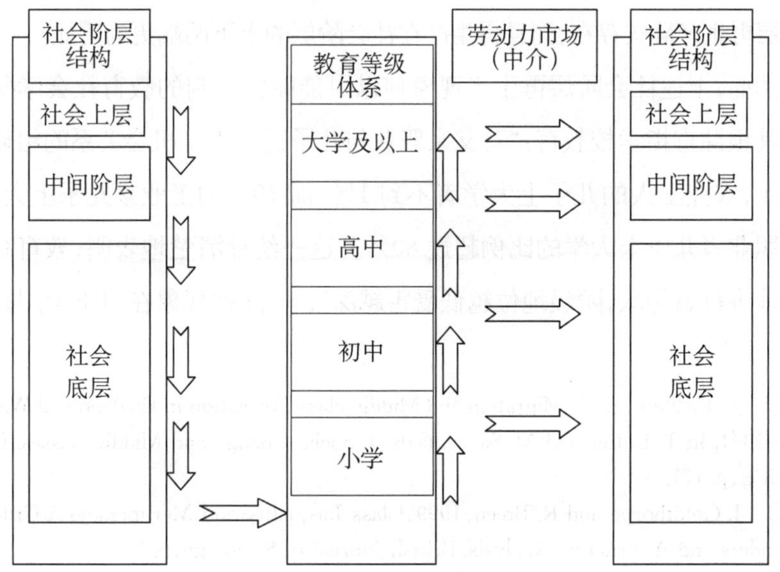

图 1－1 教育与社会阶层分化之间的关系

① K. Davis and W. Moore:《分层的一些原则》，转引自格伦斯基主编:《社会分层》，王俊等译，华夏出版社 2005 年，第 38—45 页。

然而后续的研究表明,学校教育并未有效地发挥促进社会代际流动的功能,相反,其在很大程度上复制了既存阶层结构,成为社会阶层再生产的工具,即社会中上阶层的子女通过接受学校教育仍旧进入中上阶层,而社会底层的下一代即使接受学校教育也还是流向底层,后者往往过早地表现出教育失败(具体过程见图 1)。学校教育产生了"马太效应"的迷思:社会中上阶层印证了来自传统社会的"龙生龙、凤生凤"的谚语,社会底层却面临着"先天不足、后天失调"的悲剧。例如,一项对英国 1981 至 1991 年之间社会流动的研究发现,既有劳动力的供给主要来自于原先相同的社会阶级背景,在专业技术人员、经理人员、小资产阶级、白领人员与蓝领劳工阶级中的再生产比率分别为 69.0%、51.1%、67.2%、54.9%、64.3%。① 另外的一些研究指出,出身于较高服务阶级并停留于原阶级的比率接近一半(48.3%),②而仅有 4%的蓝领劳工阶级来自于专业或经理家庭背景。③ 这些研究不但表明高比率的社会阶层再生产确实存在,而且再生产在社会阶层的上下两端更为明显。

然而,上述社会阶层再生产现象何以可能呢?批判的教育社会学研究者将其根源直指学校教育:"对父亲职业与儿子进入大学机会关系的粗略统计显示,农业工人的儿子上大学者不到 1%,而 70%的工业家儿子上大学,自由职业者儿子上大学的比例超过 80%。这一统计清楚地表明,教育系统客观地进行着淘汰,阶级地位越低受害越深"。④ 此种现象在当下中国社会

---

① T. Fielding, 1995, Migration and Middle-class Formation in England and Wales, 1981—1991. In T. Butler and M. Savage (eds.). Social Change and Middle-classes. London: UCL, p. 171.

② J. Goldthorpe and R. Breen, 1999, Class Inequality and Meritocracy: A Critique of Saunders and Alternative Analysis. British Journal of Sociology, p. 11.

③ J. Goldthorpe, C. Llewellyn and C. Payne, 1987, Social Mobility and Class Structure in Modern Britain (second edition). Oxford: Clarendon. 转引自姜添辉:《资本社会中的社会流动与学校体系——批判教育社会学的分析》,台北高等教育出版社 2002 年版,第 186 页。

④ 布尔迪约、帕斯隆:《继承人——大学生与文化》,邢克超译,商务印书馆 2004 年,第 5 页。

也悄然发生:我们发现社会中上阶层的子女极其顺利地通过中考而"合理地"进入重点高中,再通过高考而"合理地"进入重点大学,毕业后进一步"合理地"进入政府权力机关、国有垄断企业,成为"官二代"与"富二代";与此相反,社会底层的下一代或者在中考、高考中失败而过早地流向社会,或者被分流到职业教育轨道,即使有幸上大学也大多只能进普通高校、甚至冷门专业,毕业后依旧面临严峻的就业压力与生存困难,依旧处在社会下层。最近一项关于武汉市高校毕业生低收入聚居群体的调查表明,八成"蚁族"出身"穷二代"。① 这种严酷的社会现实迫使我们必须承认并反思学校教育承担社会阶级再生产功能的事实。

(三) 学校教育承担社会再生产功能的机制:各种社会再生产理论的争论

学校教育复制既存社会阶级结构、背离促进社会流动功能的原因与机制是什么? 对此西方左派社会再生产理论家们给出了各自的回答,彼此之间展开了激烈的争论。

1. 经济决定论与劳动力再生产

法国结构主义马克思主义(Structural Marxism)哲学家阿尔都塞(L. Althusser)认为学校教育是意识形态国家机器之一,学校教育通过再生产经济组织所需的知识技能与伦理规范,再生产出资本主义经济所需的劳动力与生产关系。② 在此过程中不同层级的学校把学生分为不同类别,不同的教育程度造就出资本主义经济所需要的各种人才:下焉者为工人、农夫;中焉者为技术人员、官僚、管理人员;上焉者则成为统治阶级的代理人,包括资本家、企业经理、专业的意识形态专家等。③ 在此基础上,美国批判社会

① 搜狐网:《武汉"蚁族"调研报告出炉,八成出身"穷二代"》,http://news.sohu.com/20100526/n272345045.shtml。

② 阿尔都塞:《哲学与政治——阿尔都塞读本》,陈越编,吉林人民出版社 2004 年,第 320—375 页。

③ 谭光鼎:《社会与文化再制理论之评析》,《教育研究集刊》,1998 年第 40 辑第 1 期,第 23—50 页。

学者鲍尔斯(S. Bowles)与金蒂斯(H. Gintis)将学校教育中的上述知识技能与伦理规范进一步明确为正式课程与隐性课程,认为学校教育与资本主义经济结构之间的关系遵从符应原则(correspondence principle)。[①] 这种符应关系不但有助于学校教育将年轻人整合到经济体系内,还使学生习惯于工作场所的纪律,并且培养出各种不同类型的行为态度、自我形象及阶级认同,以便使他们具备适当地执行工作所必需的素质。[②] 学校结构与经济结构之间符应的结果便是教育制度的双轨制,即来自劳工阶级的学生被灌输的是守时、整洁、尊重权威以及其他一些在习惯养成方面的规则,而来自更为先进阶级家庭的学生所接受的教育是在智力上的开放思维、问题的解决、灵活性以及其他他们在未来成为经理人和专家而非对技能要求不高的普通劳动者所需的技能和性情。[③] 学校教育正是通过这种双轨制将不同社会阶层出身的学生以不同劳动力的形式整合到经济分工体系之中,实现社会阶层再生产。

然而,后续的研究者批评上述理论缺乏对实际教育过程中正在发生什么的关照,把学校教育当作一个"黑箱",将学生从这一端输入,经过由经济结构决定的课程内容的处理,再从另一端输出高度分化的劳动力。[④] 因此,上述理论未能揭示不同社会阶层出身的学生在具体的学校教育过程中是如何取得成功或者遭遇失败的,因而是一种典型的机械决定论与

---

① "符应"关系具体表现在:教育制度内的社会关系重复了生产制度内的层序分工;教育制度内的权力结构均属生产体系中由上而下的垂直权威关系;生产制度中劳工的疏离感亦反映在学校内学生对自身教育(或学习)没有任何控制权;资本主义生产制度中,工作的割切与劳工的分化,亦反映在学生之间为了那些表面化的绩效级别而作的各种制度化及频密的破坏性竞争上。转引自罗云、曾荣光、卢乃桂:《新社会背景下教育与经济生活之关系——再思"符应原则"》,《北京大学教育评论》2005 年第 3 卷第 4 期,第 87—94 页。

② 鲍里斯、季亭斯:《资本主义美国的学校教育——教育改革与经济生活的矛盾》,李锦旭译,桂冠图书股份有限公司 1989 年,第 190—193 页。

③ 阿普尔:《教育与权力》,曲囡囡等译,华东师范大学出版社 2008 年,第 71 页。

④ 同上书,第 19 页。

化约论。

2. 文化再生产理论与社会阶层再生产

为了克服上述缺陷,法国社会学家布迪厄(P. Bourdieu)、英国社会语言学家伯恩斯坦(B. Bernstein)、以及以扬(M. Young)为代表的英国“新教育社会学”研究学派分别提出了文化资本(cultural capital)理论、符码(code)理论以及知识与控制(knowledge and control)问题,试图打开学校教育的“黑箱”,从微观的教育过程解释学校教育的社会阶层再生产功能是何以可能的。

布迪厄认为文化是一种资本,具有逐渐积累的性质,通过学历文凭等制度化形式的社会炼金术过程,可以转换为经济资本与社会资本。① 因此,文化资本的分布和财富的分布一样具有阶层化特征,不同社会阶层的人所拥有的文化资本总量与类型是不一样的。文化资本的稀缺性以及社会炼金术赋予它的转换功能也使它成为人们争夺的对象。在此过程中学校教育便成为社会中上阶层实现文化再生产、合理化既存社会秩序的主要场所。一方面学校场域中的课程知识与道德行为规范充斥着中上阶层的文化资本类型,课程知识表现出抽象、严密的逻辑性等学术特征,而道德行为规范也深具上流社会行动与交往的礼仪特点。另一方面不同社会出身的学生因为其早年极为不同的家庭社会化经历而具有不同的文化能力(cultural competence),②出身于中上阶层的学生在入学前已经做好了充分准备、蓄势待发,学校场域中的那一套早就为他们所熟知;而底层社会出身的学生携带到学校场域中的却是另外一套文化资本与惯习(habi-

---

① 布迪厄:《资本的形式》,载薛晓源、曹荣湘主编:《全球化与文化资本》,社会科学文献出版社 2005 年,第 3—22 页。

② 文化能力可以分解为三个基本部分:关于合法文化资本储备的知识,掌握与文化资本的消费和使用相关的知识技能和社会技能,以及有效地利用这些知识和技能以获取有利社会地位的能力。见默多克:《阶级分层与文化消费——皮埃尔 · 布迪厄(1977)著作中的某些问题》,载薛晓源、曹荣湘主编:《全球化与文化资本》,社会科学文献出版社 2005 年,第 98 页。

tus),①他们在学校教育中面对的是一个与他们的生活世界关系不大的另一个陌生文化世界。因此,在即将展开的学习马拉松过程之中,社会中上阶层出身的学生凭借自身的文化能力优势,在学校场域中乘风破浪、一跃千里;而底层社会出身的学生则需遭遇权力与文化的双重专断,面对教育与教师的双重权威,经受符号暴力经受符号与体罚的双重暴力,②因而他们不得不纠正早年错误的航行方向,并且时刻受到底层社会结构化了的惯习的约束,只能逆流而上,甚至举步维艰,在一次又一次的教育选择过程中很容易过早地退出比赛。这样,学校教育的结果便将社会中上阶层出身的学生承继自家庭的具体化文化资本以学历文凭等制度化文化资本的形式合法化了,他们被学校教育选择出来,理所当然地继续延续优势地位;而底层社会出身的学生在学校教育中遭受符号暴力的同时也接受文化霸权(cultural hegemony),即对学校教育产生误识(misrecognise),③并承认其教育失败完全是自己力不从心,却仍旧认为学校文化本身是客观中立的,学校教育本身是机会均等的。这种误识也使社会大众笃信学校教育的文化再生产功能的正当性,并对既存社会秩序产生了广泛的文化无意识(cultural reconnaissance)。④

在此基础上,伯恩斯坦从社会语言学的角度进一步指出,学校场域之所以充斥着社会中上阶层的文化资本类型,是由于学校教育的课程内容来源

---

① "habitus"是一个由布迪厄创造的极为复杂的概念,中文有"惯习"、"习性"、"生存心态"等不同的译法,本文沿用使用较为广泛的"惯习"一词,其含义是指个人在社会上取得的、但通常看不见的"位置",它是一系列方式的系统,这些方式包括人们在投入社会环境的全过程及其行动与操作的全套环境中所带有的知觉、思想、评价与行动。见摩尔:《文化资本、暴力符号与专制——布迪厄对制度文化主义的揭露》,载薛晓源、曹荣湘主编:《全球化与文化资本》,社会科学文献出版社 2005 年,第 280 页。

② 布尔迪约、帕斯隆:《再生产——一种教育系统理论的要点》,邢克超译,商务印书馆 2004 年,第 12—19 页。

③ 摩尔:《文化资本、暴力符号与专制——布迪厄对制度文化主义的揭露》,载薛晓源、曹荣湘主编:《全球化与文化资本》,社会科学文献出版社 2005 年,第 283 页。

④ 布迪厄:《知识场域与创作计划》,载扬主编:《知识与控制——教育社会学新探》,谢维和等译,华东师范大学出版社 2004 年,第 220—226 页。

于政策制定者与专家学者对主流知识形态的再脉络化(recontextualization),而主流知识形态又产生于社会主流文化。① 然而,社会主流文化却是支配阶层利用其手中握有的政治与经济特权建构的产物,将原本产生于社会各阶层的多元的、水平的文化结构建构为灌注了支配阶级意识形态的垂直文化结构,因此,源自于支配阶级的文化资本获得了主流文化的特权,将自身凌驾于其他文化形态之上。这种源自于社会主流文化的学校文化因而具有霸权特征,排斥社会底层文化,在语言上表现为精致型符码(elaborated code)与限制型符码(restricted code)之间的冲突。② 因此,社会中上阶层出身的学生所具有的精致型符码与学校文化的语言形式相契合,易于理解课程内容;而社会底层出身的学生因其限制型符码而在阅读、理解、表述上都存在极大困难,在学习过程中不断遭受学业挫败,易于在历次教育选择过程中过早地离开学校。因此我们看到,正是通过学生本人与学校文化之间在文化资本与语言类型上的趋同与差异,不同社会出身的学生经过学校教育的筛选机制最终流向了各自出身的社会阶层。

3. **文化生产理论与底层社会的再生产**

然而,一些文化研究学者与批判教育学家认为文化资本理论与符码理论忽视了底层文化的自主性与人的主体性,未能看到文化的生活性面相,将学校场域中的学生视为一种被动的存在,毫无反抗地接受符号暴力与文化霸权。通过民族志(ethnography)研究,③他们发现底层学生面对异于其生

---

① B. Davis, 2003, Reading Bernstein, Researching Bernstein. 转引自姜添辉:《教师是专业或是观念简单性的忠实执行者? 文化再制理论的检证》,《教育研究集刊》,2003年第49辑第4期。

② 鲍尔德温等:《文化研究导论》,陶东风等译,高等教育出版社2007年,第66—68页。

③ "民族志"是指对人以及人的文化进行详细的、动态的、情景化描绘的一种方法,探究的是一个文化的整体性生活、态度和行为模式,它要求研究者长期地与当地人生活在一起,通过自己的切身体验获得对当地人及其文化的理解。见陈向明:《在参与和对话中理解和解释》,转引自格雷:《文化研究:民族志方法与生活文化》,许梦云译,重庆大学出版社2009年,第1—2页。

活文化的学校文化时，他们普遍有一种疏离感与被剥夺感，因而积极寻求自身的文化认同来实现这一目的。为此他们不惜公然反抗学校的主流文化，进而建构一套专门属于他们自己的群体亚文化，即“反学校文化”(counter-school culture)。在此过程中，底层学生主动“自我放弃”了向上流动的资格，自愿从事工人阶级的体力劳动。① 因此，底层学生的这一文化生产以及相应的底层地位的主动再生产过程才是他们何以获得底层工作的真实机制。在此基础上，一些批判教育学者进一步发展出了“抵制理论”(Resistance Theory)，他们认为底层学生的“反学校文化”是对学校教育中支配阶级文化霸权的一种渗透，蕴涵着阶级意识的觉醒以及进一步采取有组织的政治与经济斗争行动的可能性。② 另外一些学者走得更远，把学校看作一个相对独立的场所，其中充满了各种矛盾、冲突与抵制，通过底层学生的主观能动性与文化创造，学校教育可以成为改造社会不平等、提高底层学生社会地位的利器。③ 然而，这一深具浪漫色彩的理论却忽略了学校教育承担底层再生产功能的严酷现实：即由于“反学校文化”本身是无序的、混乱的、不能控制的，正是底层学生的文化创造与挑战更加有利于支配阶级的文化控制，只不过他们是以一种主动、乐观、甚至悲壮的姿态走向底层罢了。

（四）文化冲突：学校教育承担底层社会再生产功能的深层机制

当我们把目光聚焦于底层学生经过学校教育何以仍旧流向底层位置时，上述社会再生产理论为我们揭示了一个共同事实：正是底层学生与学校教育之间的文化冲突使他们在学校场域中学习困难，易于在历次教育选择过程中过早地表现出教育失败，最终复制源自于社会出身的底层位置。不管学校文化是以阿尔都塞理论中的作为意识形态附庸的课程内容与伦理规范出现，还是以符应理论中的显性课程与隐性课程出现，或者是表现为布迪

① 吕鹏：《生产底层与底层的再生产——从保罗·威利斯的〈学做工〉说起》，《社会学研究》2006年第2期，第230—242页。

② 阿普尔：《教育与权力》，曲囡囡等译，华东师范大学出版社2008年，第105页。

③ 黄济：《教育哲学导论》，山西教育出版社2009年，第278—279页。

厄理论中的支配阶级的文化资本类型,以及伯恩斯坦理论中的属于社会中上阶层的精密型符码,甚至文化研究学者与批判教育社会学家们所关注的底层学生所反抗的学校主流文化,这些都是外在于底层学生生活世界的一种异文化,当学生在学校场域中遭遇到它们时,都会产生某种陌生感与疏离感,学校文化总是以一种霸权、规训的姿态出现,结果就会导致底层学生与学校教育之间产生文化冲突。只不过不同的底层学生在面对这种符号暴力时所表现出来的反应有所不同、程度有所差异,其中有一小部分学生付出艰巨的努力丢弃源自社会出身的底层文化,主动顺应学校文化,他们最终改变文化认同与行动模式,被学校教育选择出来,成功地实现向上流动。① 对于任何教育体制来说,这样的学生都是存在的,只不过数量不多,这是工业社会比封建社会更为民主的地方。然而,对于绝大部分底层学生来说,当他们在学校场域中遭遇文化专断与符号暴力时,往往产生文化挫败感,不断质疑自身的学习能力,却始终无法摆脱源自于底层社会结构化的习惯的支配,最终走向学业失败,复制父辈的社会阶层位置。这类底层学生中的绝大多数会对学校教育产生误识,他们与学校教育的文化冲突表现在具体学习过程中的无趣、困难与挫败,但是对于学校文化的支配性却处于一种文化无意识状态,即认为自己在学习上的困难是由于自身的天赋不够、努力不足与能力不强,却丝毫不去质疑学校文化本身,反而把后者当作客观、正当、甚至神圣与畏惧的对象。然而,也有少部分学生,尤其是那些在学校场域中过早地表现出教育失败的学生,他们会以一种主动的姿态公然抗拒学校文化,甚至表现出激烈的“反学校文化”。然而,这种“反学校文化”却是混乱的、碎片化的,不能对学校文化本身造成真正的挑战,相反,底层学生的这种自我放弃姿态也更加有助于学校教育承担底层社会的再生产功能,也进一步增强了学校教育本身的合理性,因为学生的主动抗拒与自我放弃行为恰恰为支配

① 怀特:《街角社会——一个意大利贫民区的社会结构》,黄育馥译,商务印书馆1994年,第153页。

阶级与社会大众将底层学生的教育失败理解为一套归因于学生自身的因素。因此，底层社会出身的学生与学校教育之间的文化冲突是他们教育失败的根源，是学校教育承担底层社会再生产的深层机制。

当我们进一步将学校教育中的文化冲突与具体的教育安排结合起来时，可以将学校教育承担底层社会再生产功能的逻辑链条勾勒如下(具体见图1-2)。

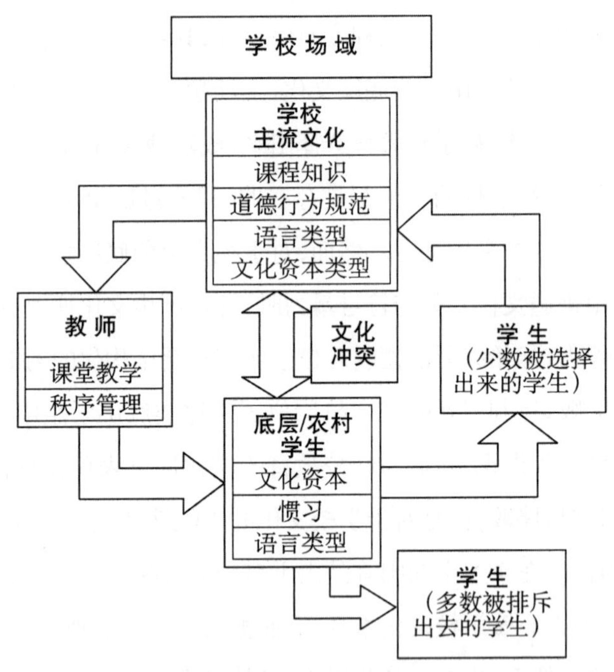

图1-2　学校教育承担底层再生产功能的逻辑链条

三　研究思路

目前我国仍然处于社会主义初级阶段，各项制度仍然不够成熟完善，不排除存在客观上造成的阶层再生产现象。产生这些现象的重要渠道是教育，其主要的受损群体是农村学生。农村学生身上大量存在的阶层再生产现象需要从农村教育过程中分析，而这种分析需要从文化的角度开展，因为随着农村义务教育的发展、农民收入的提高，以及高校助学贷款的完善，经济已经不是其中的主要因素了，社会主义国家也已经排除了政治的因素。文化的角度，具体而言主要指的是法国社会学家布迪厄(P. Bourdieu)的文化资本(cultural capital)理论、英国社会语言学家伯恩斯坦(B. Bernstein)的符码(code)理论。尽管这些理论未必完全适用于分析中国现实，但在我们的调查研究中发现，它对于分析农村学生获得精英高等教育概率低的现象是有借鉴意义的。这种解释与研究旨在提高我们对无意但客观的阶层再生产现象的自觉性和警惕性，通过此项研究掌握了阶层再生产的形成机制后可以增强预防和规避这种现象的针对性和有效性。

具体的研究思路如下。

1. 选择几所农村初中(初中阶段最能说明学生的学习与思想状态)作为案例，对其进行深入的人类学研究，以考察学生的学习状态。

2. 从文化吸引与冲突(排斥)的角度对学生学习状态进行解读。文化吸引指的是集中体现现代工业文明的城市文化和实证主义文化对农村初中生的吸引和诱惑；文化冲突(排斥)指的是体现社会中上阶层文化的学校文化对农村学生所携带的阶层文化和农村文化的排斥。

3. 出身于社会底层的农村学生，处于实证主义文化、城市文化的拉力与学校文化、学校规训的推力之中，受义务教育的约束和年龄太小不能出去打工的限制，导致他们虽然身在学校但已经无心学习也不愿服从教师和学校的管理，必然和学校处于一种紧张的冲突之中，这种冲突既体现在知识方面也体现在思想道德和行为规范方面。

4. 学生与学校之间的文化冲突对学生造成了什么样的后果？既有学业成就、思想道德也有毕业后的出路和职业岗位方面的后果。

5. 上述文化冲突产生的根源在于阶层文化之间的冲突以及支配性文化对边缘性文化的统治。源自社会中上阶层的自由奢侈品味文化总是会被建构成社会的主流文化，并最终成为学校中的支配性文化和教育内容。这样一来，不同家庭背景的学生所携带的阶层文化与学校文化之间的契合度就是影响学生学业成就的重要因素，这是学校教育承担文化再生产和阶层再生产功能的内在机制。在其中，中上阶层出身的学生学业成功的概率大、农村出身的学生学业失败的概率大，后者经由考试、教育分流以及就业渠道会导致阶层再生产。

6. 在上述文化吸引与冲突过程中，教师在客观上趋向于学校所代表的社会主流文化以及中上阶层学生的文化习性，排斥劳工文化与农村学生的文化习性。并且，教师长期处于应试教育体制中，受工具理性和绩效管理支配，对学生厌学的上述文化根源缺乏清醒的认识，因而处于一种文化蒙昧状态中。对于阶层文化之间支配性和学校文化的阶层偏向的蒙昧使教师不仅很难发现学生学业成就与阶层文化之间深层、隐蔽的联系，反而成为文化再生产和阶层再生产的重要推手。

7. 打破上述现象，除了需要打破读书无用论的观念之外，还需要平等对待各阶层文化、树立多元智能观和全面的学力观；教师还应走向文化觉醒，成为转化型知识分子。

四　研究设计

（一）研究方法

根据前述所明确的研究问题选择与此相适应的研究方法。本研究关注的是学校教育中农村社会出身的学生与学校主流文化之间是否一致的问题，涉及社会行动者对具体情境的解释与意义建构、彼此之间的理解与协调沟通，需要关注行动者的主观意义世界、语言与符号互动、对特殊事件的反应与具体行为，并考察日常生活世界中的行动者各种行动所导致的社会后果。为了达成这些目标，需要研究者以参与者的方式深入具体的学校场域之中，观察教育行动者遭遇各种教育安排的具体过程，考察引发文化吸引与冲突的具体事件与实际经历，以及行动者本人对此的解释与意义建构，以理解他们进行行动的理由。

事实上，国内学者将其表述为“质性研究”，即以研究者本人为研究工具，在自然情境下采用多种资料收集方法对社会现象进行整体性探索，（然后)使用归纳法分析资料和形成理论,并通过与研究对象互动以达成对其行为和意义建构的解释性理解。① 然而,西方马克思主义文化研究学者对此提出了批评,认为这种“质性研究”仅仅关注到行动者的主观意义过程与社会事件的微观面相,仅仅强调了社会事实的主观社会建构方面,因而深具现象学色彩,其后果导致了对社会事实进行结构性解释的缺失,因为“过分强调现实是社会建构的观点似乎已经导致了人们不去思考现实怎样和为什么被以某些特殊的方式建构而成,以及现实的特定建构怎样和为什么有力量抵制颠覆”。② 因此,他们倡导一种马克思主义人种学(Marxism ethnography)研究范式,提出文化研究的结构、文化与传记三位一体的研究方法,③力图将研究结构现象的社会—经济方法与研究日常生活的文化分析方法整合起来,④既深入地考察各种文化现象,又批判地审视主观行动所导致的意外后果以及符号与象征世界之所以如此的结构性根源。

为此,本研究也采用马克思主义人种学研究范式,既关注行动者在日常生活世界中的微观过程,又将其与各种宏观的结构性力量联系起来,考察微观行动所导致的社会后果以及各种社会事实的结构性根源。这样既避免了结构主义经济决定论,又防止了纯粹的主观现象学,力图描绘出社会结构对行动者的制约以及行动者对社会结构的挑战与创造,以实现对社会事实的“双重解释”(double hermeneutics),即寻求确立参与者已经为之确立了意义的事件的意义。⑤ 在此研究范式下选择各种具体的研究方法深入实际学校场域之中收集资料,主要包括对课堂、办公室的参与观察,对教师、学生与

---

① 陈向明. 质的研究方法与社会科学研究[M]. 北京:教育科学出版社,2000:12.

② 怀蒂. 社会学和激进主义教育变革的问题[M]. 转引自:阿普尔. 意识形态与课程[M]. 黄忠敬译. 上海:华东师范大学出版社,2001:30.

③ 克拉克等. 亚文化、文化与阶级[M]. 转引自:鲍尔德温等. 文化研究导论[M]. 陶东风等译. 北京:高等教育出版社,2007:346.

④ 阿普尔. 教育与权力[M]. 曲囡囡等译. 上海:华东师范大学出版社,2008:100.

⑤ 吉登斯. 社会学方法的新规则[M]. 转引自:沃特斯. 现代社会学理论[M]. 邱泽奇等译. 北京:华夏出版社,2000:52—53.

家长的深度访谈,对教师的教案、学生的作业、家校联络本等文本进行内容分析,以及对相关人员的问卷调查。

（二）研究对象

根据研究问题的性质以及上述对研究范式与研究方法的考量,本研究采用个案的方式选取部分学校作为研究对象。鉴于个案学校选择的限制,本研究采用机会取样(opportunity sample)的原则,选取三所以农村社会出身的学生为主的农村初中进行田野调查。

1. G初中K班

G中学位于武汉市某开发区内,生源以农民、城郊土地被政府征收后的临时性职业者、外来务工人员子女为主。学校有初中三个年级,学生总数约500人,教师60余人。该校教育水平(主要表现为升学率)在整个开发区十余所中学中处于中上游水平。该校的基本情况大体满足本研究对农村学校与农村学生的样本要求。我们所重点调研的班级为该校七年级唯一的快班(即K班)。能否成为该班级一员的标准是学生的小升初考试分数在全校前35名,因此K班承担了七年级未来主要的升学任务,任课老师皆为该年级的精英,相对于平行班的老师而言,他们一般只带K班一个班,工作量较少,但也承担着巨大的考试压力。以下表1-2与表1-3给出了我们所重点调研的K班中部分学生的社会出身情况。

表1-2 G中学K班部分学生的父母职业统计表

职业类别	父亲职业		职业类别	母亲职业	
	人数	百分比		人数	百分比
个体户(经营餐馆、副食品商店等)	4	22.2%	个体户(一般与丈夫合作经营)	3	18.8%
工人(某机械厂工人与园林工人)	2	11.1%	临时性职业(超市与专卖店销售员、做饭工等)	7	43.8%
临时性工作者(出租车司机、保安、送报员等)	9	50.0%	外来农民工	1	6.3%

（续表）

职业类别	父亲职业		职业类别	母亲职业	
	人数	百分比		人数	百分比
农民工（建筑工、车间检修工）	2	11.1%	家庭主妇	5	31.3%
公务员（警察）	1	5.6%			
合计	18	100%	合计	16	100%

表 1－3　G 中学 K 班部分学生的父母亲受教育程度统计表

教育程度	父亲的受教育程度		母亲的受教育程度	
	人数	百分比	人数	百分比
大专及以上	1	6.7%	0	0
高中	3	20.2%	2	14.3%
初中	5	33.3%	6	42.9%
小学	6	40%	6	42.9%
合计	15	100%	14	100%

2. X 初中 Q 班

X 中学位于中部某省一个地级市下属的小镇上，该镇一直以来都是一个农业大镇。随着中国社会转型时期的开始，工业化进程加速，现代工业逐渐取代传统农业成为中国支柱产业的大背景下，该镇也进入了半工业化时代，农民为了经济利益进城务工，大部分从事的是建筑行业。这里的孩子们获得了富足的物质生活，也不用像自己的父辈那样从小就要干农活，同时也换来了自己被留守的事实。

该初中有学生 800 多人（都是本地人），在编教师 100 多人，实际授课教师是 60 多人，大多是年纪比较大的教师，老师们都住在镇上，中午和晚上都会回家去休息。学校有初中三个年级，八年级是 6 个班，七年级和九年级各是 5 个班，学生在学校寄宿，每周三和周五回家，学生的家长多在城市的建筑工地上打工，少量父母在镇上做小生意。该校除了一些平房外，还有两栋教学楼，十年前就已经有的，里面包括学校的行政办公室和实验室。此外还有两栋新建的五层高的楼房，这是用“国家农村校舍改造工程”拨款新建的，两栋楼上面三层是学生宿舍，下面两层是教师办公室。这是一所典型的农村学校，很多学生无心学习，存在大量的隐性辍学现象，学校基本情况符合本研究的需要。我们选择的调查对象是七年级Q班，七年级没有快慢班之分，Q班共有60位同学，27位男生，33位女生。

3. Y初中

Y中学位于北部某省一个矿区的农村，是一所规模较大的农村初中。从2000年开始，该校的升学成绩一直处于所在矿区农村中学的首位。随着城镇化建设的逐步推进，学校规模大幅缩减，相当多的教师和学生流向城市，全校50多个教师中，95%都定居在县城，每天坐一个多小时的车程往返于县城和农村之间。目前全校共有12个班级，学生500多人。学校硬件较为落后，行政楼和教学楼各一栋，分别坐落在校园的南北两侧。教室灯光照明较为昏暗，冬季暖气漏水时有发生，今年11月上旬每个教室刚刚配备多媒体；操场仍旧是十年前的400米土路跑道，雨水季节路面十分泥泞，杂草丛生。电脑装备落后，运行缓慢，时常出现故障，但这成为教师们从网络中查找教学资源的唯一工具。教师们相互对坐在办公室，六个人共用一个办公桌，早晨8:00上班(有早自习则7:15就要走进教室)，下午5:40下班，并实行门岗签到制度。工作时间学校大门紧闭，师生一般禁止外出。学校内部设有简陋的食堂和教工休息室，一般是居住在城市的教师吃饭、休息之所。学生绝大多数为当地人，一般不留校住宿。

从上述对该校基本情况的介绍、分析可知，从物理环境看，农村教师经常往返于城镇和乡村；从文化环境看，他们往往游离于学校文化和现实的农村文化之间，深受城市主流文化以及弥漫于全社会的实证主义文化影响，也受乡村底层文化的影响和冲击，因此这一群体基本满足本研究对中学教师文化意识状况的样本要求。

（三）概念界定与变量的操作化

1. 概念界定

（1）文化与文化冲突。本研究沿用英国伯明翰学派对文化的界定，即“文化是一个层面——社会群体在这个层面发展他们自己独特的生活方式，并赋予其社会的和物质的生活经验以表达形式。因此，文化是一种方法、一种形式，通过这种方法和形式，群体‘处理’他们的社会存在和物质存在的原材料”。① 相应地，文化冲突是指农村学生身上所具有的底层文化、农村文化类型与学校主流文化之间的不一致而导致的矛盾与对抗，其中农村学生的文化类型依赖于他们的农村社会经验及其结构化（structuration）在主体身上的文化能力，学校主流文化则是支配阶层利用手中握有的政治经济特权所进行的对优势阶层文化和精英文化的选编与文化建构。

（2）文化资本。文化资本是布迪厄社会学理论中的一个核心概念，是在功利主义经济学的理性人假设与效益最大化原理的指导下将（经济或物质）资本的概念扩大到文化与符号领域所形成的概念。② 因此，文化资本具有累积的特性，行动者身上的文化能力通过教育制度客观化为学历文凭之后可以转化为其他资本形式以获得社会资源，这也使得文化资本成为社会各群体激烈争夺的对象。同时文化资本具有类型的区隔，不同社会阶层所拥有的文化资本在数与量上都存在差异，具体表现为语言类型、思维方式、艺术审美品位、甚至食物衣着用具等方面的区隔。③ 然而，在社会炼金术的作用下，只有那些源自于社会中上阶层的文化资本才被认可为合法的文化资本，它们也成了学校教育中主要的文化类型。因此，那些出身于社会中上阶层的人在进入学校前已经做好了充分准备，结构化在他们身上的惯习也

① 克拉克等. 亚文化、文化与阶级[M]. 转引自：鲍尔德温等. 文化研究导论[M]. 陶东风等译. 北京：高等教育出版社，2007：336—340.

② 特纳. 社会学理论的结构[M]. 邱泽奇等译. 北京：华夏出版社，2008：467—469.

③ 特纳. 社会学理论的结构[M]. 邱泽奇等. 北京：华夏出版社，2008：472—473.

使他们在学校场域中具有高度的适应性,因而易于取得教育成功,并通过制度化的学历文凭方式获得社会认可,并以此转化为其他资本形式,合法地继承既有的优势社会地位。相反,那些农村社会出身的人则在文化资本的类型与惯习上都与学校主流文化相背离,他们在学校场域中面临着权力与文化双重专断,与主流文化之产生激烈的冲突,并最终因为无法摆脱底层社会的结构性限制而过早地表现出教育失败。

(3) 农村/底层学生。本研究的研究对象是农村教育和农村学生,农村在本研究中被分为三种:X中学所在的完全意义上的农村,主要从事农业生产,该中学为镇上的初中,学生全部是当地农民子女;Y中学所在的农村为北部某矿区的农村,该中学所在的镇离县城大约80公里,所在的镇主要从事农业生产,部分人在矿上工作;G中学所在地原为城郊农村,近几年被划归开发区,学生家长主要是农民、城郊土地刚被政府征收后的新市民并且从事临时性职业、外来务工人员,这三种人都符合农村文化和农民阶层的文化,这三种学校教育基本上都符合农村教育的特点。

社会是分阶层的,我们把社会阶层分为上层、中间阶层和底层。底层学生在本研究中是指那些出身于底层社会的学生,他们的父辈处在社会阶层结构中的社会底层,包括农民、农民工、工人阶级与其他社会边缘群体。因此,底层学生不但包括那些出身于底层社会而面临着被学校教育淘汰的学生,还包括底层社会出身而学习成绩较好、有可能实现上向的社会流动的学生,因为后者也不可避免地会表现出与学校主流文化之间的冲突。相应地,底层学校是指那些以底层学生为主的学校,当然这样的学校往往在教育结构中也处于底层位置。本研究中有时使用农村学生,有时使用底层学生,是因为,底层的主体是农民,底层学生的主体是农村学生,底层虽不限于农村、农民但以农村、农民为主。本研究中的G中学,更适合用“底层”;X和Y中学更适合用“农村”。此外,介绍、分析、使用国外相关理论时,更多地使用“底层”。在和“出身”、“来自于”一起使用时,多使用“底层”。

(4) 显性辍学与隐性辍学。显现辍学是指学生还没有毕业就已经离开了学校的行为,这些学生在某个受教育阶段的中途就退出了学校教育,没有完成规定的学业。隐性辍学是指学生的身体虽然没有离开学校教育系统,但处于一个心理的不在场状态,他们不喜欢学习,完全的或者在某种程度上放弃了学习,不参与正常的课堂教学,不同的学生,或者同一个学生在不同的时间点表现出来的程度不一样。还有一点需要说明的是,离开学校的学生又包括两种情况:注销了学籍的和未注销学籍的。其中未注销学籍而离开学校的行为在最初被称为隐性辍学,但后来的一些研究者认为应该修改隐性辍学的标准,将"人在心不在"的学生也应该纳入到隐性辍学的范围之内。但由于本研究未将离开学校的学生的学籍问题纳入到讨论的范围,因此将学生中途离开学校的行为均称为显性辍学,这也符合国际上以是否完成规定课程和课时来界定学生的辍学问题,而隐性辍学则专指学生没有离开学校,但心思已不在学习上的行为。

(5) 实证主义文化和学校主流文化。实证主义文化是伴随着科学主义和理性主义的脚步而来的,它的产生是文化现代化进程的表现,倾向于让人们追求物质上的满足和促进个体理智的发挥,通过追求实用和效率来满足个体世俗性的需求。同时它也代表了城市的现代文明,与城市的商品文化和工业文化是相对应的,对任何事情都要做成本收益计算和精确分析。学校主流文化是指学校教育中所包含的心智类型、语言类型和经验类型,它们是由社会中上阶层的文化和城市文化建构而成的,表现为复杂、抽象的思维模式,精致型语言符码和城市的生活环境与生活经验。

(6) 文化意识觉醒与蒙昧。文化意识觉醒是指教师对自身所处社会文化的形成机制、文化特性以及给自身造成压迫的觉醒和反思,即:既能意识到存在于主流文化中的文化霸权,隐含于课程知识中的统治阶级意识形态、权力结构和筛选机制及其与教师、学生自身的文化习性、思维模式与主流文化的契合性;又能意识到科学主义取向的实证主义文化,教师文化的功利主义倾向导致的种种异化现象。并从批判教育学提出的"解放教育"、"转化性知识分子",结合中国国情和教育、教师实际状况,致力于教师教育的文化重建，探讨教师意识觉醒的可能性策略。缺乏这种觉醒的状态就是陷入蒙昧状态。

2. 变量的操作化

本研究将从农村学生与学校主流文化之间冲突的基本形式、社会后果与社会根源三个层面进行变量的操作化，具体如下。

(1) 文化冲突的基本形式。一方面，根据文献综述与研究思路中的学理分析，农村学生与学校主流文化之间的冲突表现为两种类型，一类为平和的、隐性的与沉默的冲突形式，另一类为对抗的、显性的冲突形式；前者通过农村学生在试图融入学校主流文化的过程中表现出来，具体表现为他们与课程知识内容、道德行为规范与文化资本类型之间的冲突；后者通过农村学生的"反学校文化"表现出来，具体表现为他们以公然的姿态挑战学校权威的各种"越轨行为"。隐性辍学包括了以上两种形式。

另一方面，教师是学校场域中主要的教育行动者之一，"由于任何实施中的教育行动本身都具有一种教育权威，所以施教者一下子就被认为有资格传授他们所传授的内容，从而被允许使用任何社会认可或保证的惩罚，强迫人们接受他们所传授的内容并且控制对这些内容的灌输"，①因此，学校主流文化需要借助于教师展现自身，文化系统首先要赋予教师以权威，教师便成为社会主流文化在学校教育中的代理人。在此情况下，农村学生与学校主流文化之间的冲突也表现为在具体的教育安排中他们与教师之间的冲突。

因此，综合上述两个方面的分析，对农村学生与学校主流文化之间的冲突所进行的调查可以按照以下两种方式进行操作化，其一为农村学生通过课程知识内容、道德行为规范、文化资本类型与"反学校文化"直接与学校主流文化之间产生的冲突。在此方式下往往没有教师在场，主要表现在自习

---

①　布尔迪约，帕斯隆. 再生产——一种教育系统理论[M]. 邢克超译. 北京：商务印书馆，2004：29—30.

课、考试、课外活动、家庭作业等日常生活的活动流之中。其二为农村学生通过与教师间接地与学校主流文化之间产生的冲突。因为正如上述所论证的，学校场域中的教师基本上是学校主流文化的代理人，农村学生与教师之间的冲突，背后的实质是他们间接地与教师身上所展现出来的学校主流文化之间的冲突。在此方式下，教师一般在场，主要表现在课堂教学、班级管理、个别辅导等教育安排之中。据此编订观察提纲（以及非正式的访谈问题）对上述两种方式下不同场合、不同层面的文化冲突现象进行田野调查；同时编订访谈提纲对教师进行深度访谈；以及编订调查问卷对学生进行调查。

（2）文化冲突的社会后果。按照英国社会学家吉登斯（A. Giddens）的观点，对于行动者来说，社会结构是他们行动的意外后果。① 也就是说，行动是一种日常生活中伴随着意图的流传或绵延（duree），行动者对自己的行动只是停留在话语意识（discursive consciousness）与实践意识（practical consciousness）层面，前者以语言为媒介通过反思性凝注使自己的行动产生意义，以及通过互动来实现对其他行动者的理解；后者是对附着在语言符号身上的、约定成熟的意义的不言而喻的理解，一般以"就是如此"的隐性方式存在，只有当行动者被要求对自己的行动给出一个说法或理由时，行动者才会从实践意识层面上升到话语意识层面对意义进行显性说明。② 因此，对行动者而言，他们意识到或关注的只是一些微小的、当下的具体行动，距离那些意外的社会后果却很遥远。但是，正是行动者这些只有当下意识或只关注当下的微观行动导致了宏观的社会后果，吉登斯将这一过程称为行动的结构化。③ 具体而言，这种结构化可以通过以下三种情景实现：其一，一

---

①　吉登斯．社会的构成．转引自：沃特斯．现代社会学理论［M］．杨善华、李康等译．北京：华夏出版社，2000：50.

②　同上。

③　吉登斯．社会学方法的新规则［M］．转引自：沃特斯．现代社会学理论［M］．杨善华、李康等译．北京：华夏出版社，2000：53.

个行动开启了一个行动序列，该行动序列共同产生了一个后果，而行动者并没有意识到这一行动序列(实际上他可能关注的只是一个个微小的行动)；其二，一个行动属于一个同期发生的行动复合体，该行动复合体共同产生了一个后果，而行动者并没有意识到这些活动的一般模式；其三，那些已经是意外后果的宏观结构又可能反过来成为未来行动未被认识的条件，由于在时空上相距甚远，行动者无法认识到后果变成了条件。① 据此，我们认为，学校教育的最终结果(即毕业分流)是教育行动者在学校场域中具体行动的意外后果，这个总后果是由一系列后果最终导致的，是微观行动累积的结果，但是在结果出现之前，行动者本人却无法对其进行预估。因此，我们可以将农村学生与学校主流文化之间冲突的社会后果操作化为以下一些渐进的层次，对每个层次分别进行考察，即教师对学生的责罚、班级中的两极分化(表现为教师对不同学生的态度与方式、班干部人选、座位排定)、能力分班、退学、毕业分流、以及最后的社会阶级再生产。

(3) 文化冲突的社会根源。从农村学生对农村社会父母文化的依赖性，与学校主流文化的社会支配性两个层面对他们与学校主流文化之间的冲突进行归因。根据英国伯明翰学派的观点，任何亚文化都依赖于他们生活于其间的父母文化，都从属于支配阶层的主流文化，两者统一在不平等的社会结构中。② 因此，对于农村社会出身的学生在学校教育中何以表现出与学校主流文化之间的冲突，我们可以从农村学生家庭与学校主流文化两个维度进行操作化，前者主要考察农村学生的家庭文化与家庭教育，后者主要对学校教育中的教科书、各种道德行为规范展开文本分析，以揭示出学校主流文化的社会支配性。

---

① 吉登斯.社会的构成[M].转引自：沃特斯.现代社会学理论[M].杨善华、李康等译.北京：华夏出版社，2000：55.

② J. Clarke, S. Hall, T. Jefferson and B. Roberts, 1976, "Subculture, cultures and class: a theoretic review". In S. Hall and T. Jefferson(eds): Resistance through Rituals: Youth Subcultures in Post-war Britain, London: Hutchinson, p. 15.

（4）隐性辍学的表现。根据对隐性辍学的界定:隐性辍学是学生正常缴纳相关费用、正常参加考试,基本没有离开学校,但整日游离于课堂和教室之外,基本上不参与到教学和课程作业中,静待毕业或者随时准备离开学校的一种非常态教育现象。需要对农村学生课堂上的表现和逃离于课堂之外的表现进行考察,其中课堂表现可以具体化为没有听老师讲课,没有与老师进行互动,在课堂上打闹、讲话,或者以某种其他的方式打发无聊的上课时间。而逃离于课堂之外的表现可以具体化为逃课、旷课,以及在课余时间对教育的逃离,包括中午和晚上的自习时间之前他们在教室中散漫的状态,不做家庭作业,以及在某个特定的时间发泄心中的不满。

（5）实证主义文化的吸引。实证主义文化的吸引首先表现为在它的影响下农村学生的家长对于教育的传统观念发生改变,将教育看作是能否提升社会地位、获取经济回报的手段,对其投入和产出也会作出理性的分析。其次表现为对农村学生自身的影响,使他们同样将经济利益作为最高导向,并促进了农村学生个体主观能动性的发挥,在事物存在的利与弊上,他们也有自己的思考和选择。另外,伴随着实证主义文化而来的建立在富足的物质基础之上的城市文明对农村学生具有强烈的吸引力,我们也可以将这种吸引力看作是实证主义文化由于与农村学生的生活性文化存在某种共通性而对农村学生的吸引,使他们放弃学习,希望尽快到城市中去追逐物质需要的满足,而不考虑生活的长远打算。要对以上的分析进行操作化处理,首先要对观念的转变进行操作化处理,因此需要通过访谈的形式直接了解家长和学生内心的想法和态度,呈现出在实证主义文化影响下他们建构起来的意义世界。由于老师平时与学生接触比较多,与学生家长也有一定的接触,通过访谈老师来间接获取家长和学生内心的想法和态度也是一个可行和必要的方式,而这种想法和态度是以诸如“读书是不是没用?”、“为什么对于学习没什么期望?”之类的问题来知晓的。除此之外,学生的有些不经意的话语和行为也能反映出他们在教育上的功利性考虑,而这需要通过深入细致的参与式观察才能实现,在他们的正常生活中去捕捉能够反映他们意义世界的话语。比如,他们与同学之间的交谈或者在与老师之间的交谈涉及的对于教育的看法,以及他们将受过高等教育和没有受过高等教育的人进行比较中所反映出来的个人态度。

(6) 学校主流文化的排斥。要揭示学校主流文化对农村学生的排斥,需要从心智类型、语言类型和经验类型三个方面着手。前两个方面是农村学校教育中体现出的语言的规范性、表现性和逻辑思维的严密性,与农村学生语言的口语化、生活化、不善于表达,以及逻辑思维简单之间存在冲突。这可以从获取资料的方式不同操作化为三种不同的方式:第一种是通过对老师进行访谈的形式,了解学校教育中具体的不同科目需要怎样的思维品质和语言上的沟通原则,以及农村学生本身存在什么样的思维品质和沟通原则,从而揭示出二者之间存在的冲突。第二种是以课堂观察的形式,考察农村学生在回答课堂问题时思维的灵活程度和语言表达上的表现。第三种是以内容分析的形式,从学生的作业、试卷和周记中发现思维上和语言上存在的冲突,包括变化了一下题型的题目是否就不会做了,语言表述上是否混杂着方言的表述习惯。由于城市和农村有不同的社会环境和生活环境,二者之间存在经验类型的差别,编写教材和教案的有机知识分子是生活在城市社会中的,他们占有知识,并且垄断了知识在学校教育中的传递方式,他们会以更利于自己的方式建构学校知识的传递过程,因此在教材和教案的编写上会立足于自己的生活环境,而忽视农村学生的生活经验。不仅仅是教学的内容上,有些即使是农村题材的内容在教学的组织上也走向了去农村化的道路,因此需要对教师的教学过程进行观察,对老师的教案和学生所用的教材进行内容分析。分析教材上的城市题材和农村题材的分布情况,同时观察教师在课堂上对农村题材的内容是如何讲授的。

五 研究实施

(一) 关于G中学K班学生与学校文化冲突的调查

本研究的田野调查在中部某省会城市郊区的G中学完成,主要调查对象为该校七年级 K 班的 30 余位学生及七年级教研室的部分老师。研究者以参与者的身份融入到学校各项教育活动中收集资料。正式的田野调查工作开始于 2010 年 9 月 5 日,持续到 11 月中旬该校的期中考试结束之后。由于该校将根据期中考试成绩对七年级学生进行了快慢班的重新分班,就此,我们可以将开学到期中考试的教育分流当作一个教育周期,这也是本研究的田野调查周期。在该校调查的具体情况如下:

1. 参与式观察

本研究主要的观察场所为七年级 K 班教室与七年级教师办公室。研究者于 9 月 5 日进入学校场域后首先进入 K 班,坐在教室中央的最后一排,观察教室中(包括走廊上)发生的一切,并及时记录观察笔记。研究者力图以“学生”的身份参与发生在 K 班学生身上的所有教育安排,每天与他们一起上八节课,从上午 8:00 开始至下午 5:25 结束,并参与他们的实验课、同他们一起看思想教育电影、观察他们做课间操以及排练国庆红歌比赛节目。在此过程中利用课下或放学等机会同他们深入交谈,与他们互动,了解他们对教育事件的真实想法。此外,研究者还以翻阅学生作业与学校文件的形式进入七年级教师办公室,观察老师在办公室中对待学生的方式,了解他们对学生的真实想法。整个观察、互动与非正式访谈过程一直持续到 11 月初,几乎每天都记录超过两千字的观察笔记,晚上回学校图书馆对白天的笔记进行整理与分析,检视所发现的问题,明确进一步观察与访谈的方向与内容。整个田野调查结束后累积观察笔记 80 余页近 5 万字。

2. 深度访谈

本研究对 7 位教师(以七年级为主)进行了深度访谈。访谈对象的选取尽量避免教龄、学科等因素带来的偏差,访谈前与老师沟通、说明来意,访谈过程中营造开放、真诚的氛围,并依据访谈提纲进行深入追问,为了进一步了解情况甚至进行二次访谈。访谈结束后将录音逐字转译成文字,并对其进行整理分析。表 1－4 给出了受访教师与访谈过程的基本信息。

表 1-4　G 中学受访教师与访谈过程的基本信息

教师姓名	任教科目	教　龄	访谈时间与地点
L 老师	历史	90 年代初开始从教	第一次访谈:10 月 19 日上午10:00 至 11:15,七年级教师办公室 第二次访谈:10 月 20 日上午10:00 至 11:30,七年级教师办公室
XU 老师	信息	2002 年开始从教	10 月 20 日上午 8:50 至 10:00,音体美教研室
S 老师	数学	中年教师	第一次访谈:10 月 21 日上午8:00 至 9:40,七年级教师办公室; 第二次访谈:10 月 22 日下午2:30 至 3:10,七年级教师办公室
J 老师	数学	2003 年开始从教	10 月 21 日下午 2:30 至 4:20,七年级教师办公室
X 老师	英语	2002 年开始从教	10 月 22 日上午 10:00 至11:30,七年级教师办公室
H 老师	体育	94 年开始从教	10 月 22 日上午 8:10 至 9:40,音体美教研室
HW 老师	物理	2010 年开始从教	10 月 23 日下午 3:00 至 4:30,八年级教师办公室

3. 问卷调查

本研究对 K 班部分学生进行了问卷调查。调查对象以两极学生(即成绩优秀的学生与成绩较差的学生)为主。为了了解学生的真实想法与主观意义世界,问卷内容以开放式问题为主。在整个填答过程中确保没有学校与教师权威干预,并在研究者已取得学生们充分信任的情况下还一再保证绝对不会将问卷内容泄露给校方,因此基本可以确保问卷得到了学生们真实的填答。本次问卷发放 25 份,回收 20 份,有效问卷 19 份。调查对象的基本信息如表 1-5 所示。

表 1－5　G 中学 K 班学生的基本情况

基本信息	类　别	人　数	频　率
性　别	男	5	26.3%
	女	14	73.7%
年　龄	12 岁	13	68.4%
	13 岁	6	31.6%
出生地	本市市区	6	31.6%
	本市郊区	8	42.1%
	外　地	5	26.3%

由上表信息可知，两极的学生以女生居多，七年级学生基本都为 12 至 13 岁，可以认为他们身上已经刻下了早年家庭社会化经历的印记。并且 K 班学生以出身于本地郊区学生为主，即使他们出身于市区，其父辈仍有长时间的郊区生活经历，同时 K 班也有一定数量的农民工子女(比表 1－2 中他们父辈为农民工的数量还多，这说明他们的农民工父母可能在从事个体户等职业)。

4. 内容分析

为了了解农村学生在具体教育过程中的自我呈现，本研究还对学校中某些类型的文本进行了收集与内容分析。具体涉及以下四个方面：其一为学生的作业本、作文本与考试试卷，从中我们可以发现农村学生在遭遇学校主流文化时所犯的错误与真实的想法等丰富的内容；其二为学校的各种文件，包括本学年各科的教学计划、德育计划、政教主任对上学年德育工作的总结报告、班主任绩效考核细则、学生的仪容仪表要求细则等，从中我们可以发现学校主流文化在道德行为规范方面的要求与性质；其三为课本与主要的辅导教材；其四为学生的家校联络本，从中我们可以检视学校与家长的互动，以及家长的教育观念与态度。

除了以上四种方法外,本研究还通过家访与班主任工作坊的方式对田野调查进行了扩展以进一步收集资料。对于家访而言,研究者集中关注了K班一名明显跟不上的女生,以个人辅导的形式进入她家,每周六下午骑自行车到她家所在的郊区农村,帮她辅导数学与英语,晚上留下来吃饭,同她父母交谈,深入了解他们的家庭教育方式、对学校教育的态度、工作与休闲情况,力图把握农村的家庭文化与家庭教育方式。对于班主任工作坊而言,每隔一周的周四下午研究者到达G中学去与班主任接触,间接了解该校的情况与班主任工作中的困难。这两种方式一直持续到2010年11月中旬该校期中考试结束之后。

（二）关于X中学Q班学生学习状态的调查

1. 参与式观察

考察农村学生隐性辍学行为的各种表现及其原因需要进入到农村学生参与教育生活的实际情境中进行观察。在此不仅需要以学生的身份入场,同时也要以老师的身份入场。研究者选择的主要调查对象是七年级Q班,该班共有60位同学,27位男生,33位女生,学校并没有快慢班之分,取样的过程中遵循了随机取样的原则。研究者自2013年6月至2013年12月进入X中学开展调查。研究者经常坐在Q班教室的最后一排,与同学们一起上课,认真听老师讲课,观察教室中发生的一切,并及时记录听课笔记和观察笔记,课后进行整理,课间的时候与同学们进行深入交流,了解他们在教育问题上的一些想法。同时研究者是以班主任助理的名义进入现场的,Q班的学生叫研究者“副班头”,在教师办公室里研究者有自己的位子,可以在办公室中观察老师之间的谈话和老师与同学之间的互动,午休和晚自习的时间研究者会以老师的名义进入教室,并处理班上的纪律问题,也会带领同学们处理学校里的相关事情。在此过程中,观察同学们的行为表现,以及可以为这种行为提供解释的老师和同学们的各种表情、动作和言语。其中观察同学们课堂行为表现的时候,涉及Q班60位同学在教室中的位置,因此在图1-3中画出了Q班教室的空间布局。

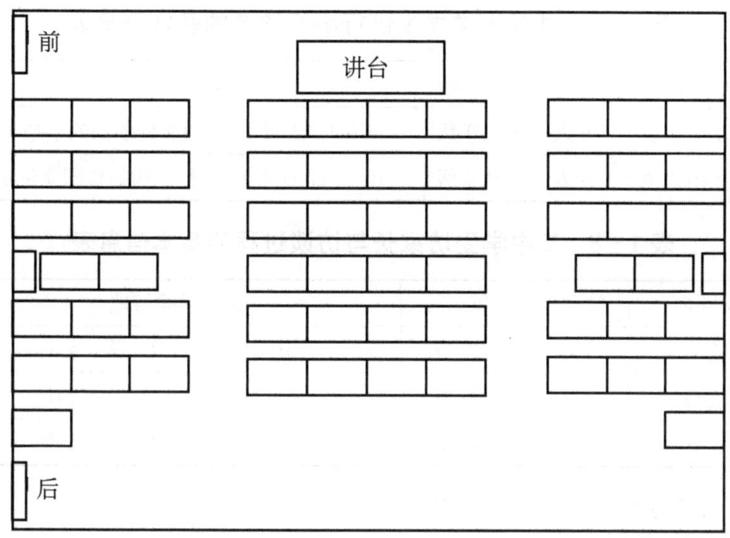

图 1-3 Q 班教室的空间布局

2. 访谈

通过访谈不仅可以挖掘表象背后的深层原因，而且可以追问行为背后的意义、态度和价值观。本研究对 6 位老师、6 位同学和 3 位家长进行了访谈，对于老师的访谈尽量避免教龄、学科等因素带来的偏差，选取了不同年龄和不同学科的老师作为访谈对象，对于家长和学生访谈，则主要需要避开性别、学习成绩带来的偏差。其中对老师和家长是以个别访谈的形式进行，而对学生是以小组访谈的形式进行。表 1-6 给出了受访者与访谈过程的基本信息。

表 1-6 X 中学受访教师与访谈过程的基本信息表

教师姓名	任教科目	教龄	访谈时间与地点
L1 老师	英语	19 年	2013 年 6 月 19 日上午，七年级教师办公室
C 老师	语文	9 年	6 月 19 日下午，七年级教师办公室
Y 老师	数学	32 年	6 月 20 日下午，七年级教师办公室
X 老师	政治	33 年	10 月 15 日上午，七年级教师办公室
L2 老师	地理	30 年	10 月 15 日中午，学校食堂
T 老师	体育	32 年	10 月 16 日下午，学校操场

表 1-7　对 X 中学学生进行小组访谈的基本信息表

访谈次数	参与人数	年级	访谈时间与地点
第一次小组访谈	6 人	七年级	6 月 21 日上午，政教处前面的小亭子
第二次小组访谈	6 人	八年级	10 月 17 日下午，学校南边的校园文化走廊

表 1-8　X 中学受访家长与访谈过程的基本信息表

家长姓名	性　别	年　龄	访谈时间与地点
家长 L	男	43 岁	10 月 19 日上午，学生家中
家长 Q	女	36 岁	10 月 19 日上午，学生家中
家长 S	女	37 岁	10 月 20 日下午，学生家中

3. 内容分析

隐性辍学的行为不仅表现在外在的实际行动中，也可以通过一些文本体现出来，比如学生的作业本、作文本和考试试卷，对这些文本进行内容分析，也可以看出农村学生在学校中的学习状态。在对这种学习状态进行原因分析时，也要借助对文本的内容分析。因为在文本中存在各种文化冲突的基本形式，比如学生所用的教材和老师所用的教案在文化取向上存在偏差，对教材和教案进行内容分析可以呈现出这种冲突，从而找出产生隐性辍学的深层原因；在学生的周记和作文中也存在这样的冲突。因此，对相关的材料进行内容分析，不仅对于考察农村学生隐性辍学的各种行为表现是必要的，对于挖掘行为背后的原因也是很有必要的。

（三）对 Y 中学教师文化意识状况的调查

1. 参与式观察

教师对主流文化和实证主义文化的觉知状况，更多地显现在教师的教学行为中。通过参与式观察，研究者能够更深入理解研究的完整情境脉络，可以开阔视野，并有机会搜集到研究对象不太注意或容易忽略的事情，观察到一些研究对象不愿在访谈中提及的事情。我于 2011 年 10 月 18 日正式进入班级场域进行参与观察，主要观察地点为八年级一班、七年级一班以及七年级办公室和八年级办公室，分别以听课、休息的名义进入这两个地点，观察教室、办公室发生的一切,并及时记录观察笔记。同时旁听了数学、化学、历史的三个教研组的公开课,参与教研组的研讨活动。至 2011 年 11 月 22 日结束观察,历时 30 个工作日。

2. 访谈

本研究对 5 位研究对象进行半结构式访谈。通过研究对象对问题的陈述,可进一步探查、追问研究对象行为事件背后的意义、内在价值信念、态度倾向、思维方式等,力求更加完整、全面地搜集资料(见表 1－9)。

表 1－9　Y 中学受访教师的基本信息表

教师编号	性别	年龄	教龄	最终学历	职称	任教科目	访谈日期
A	女	30	12	本科	中教二级	语文	2011—11—16 下午 3:30 至 5:00,八年级公室
B	男	58	40	大专	中教高级	历史	2011—11—21 下午 2:00 至 2:50,七年级办公室
C	女	37	16	本科	中教一级	政治	第一次访谈:2011—11—20 上午9:10至9:45,八年级办公室 第二次访谈:2011—11—22 下午1:15—2:00,八年级年级组办公室 第三次访谈:2012—1—19 晚上7:20—8:10,电话访谈,华中科技大学教科院
D	女	30	10	本科	中教二级	数学	2011—11—22 上午 11:10 至11:50,八年级办公室
E	男	30	8	本科	中教二级	物理	2011—11—22 下午 2:10 至 3:30,八年级办公室
F	女	32	11	本科	中教二级	历史	2011—10—28 下午 4:00 至 4:45,Y 中学多媒体教室(参与式观察)

3. 内容分析

为了对教师文化知觉状况进一步了解,本研究对教学中的一些文本也进行了搜集和内容分析,丰富资料的多样性,以求资料的整全和饱和。本文搜集的文本涵盖教材、教师教案、教师教学参考书、导学案练习题等。

第二章 课堂游离与逃离：农村初中生的隐性辍学现象

对于农村学生来说，要想通过学校教育实现向上的社会流动，必须获得学业成功，而后者的一个必备要求是作为文化主体的学生本人必须与学校主流文化一体化。学校主流文化体现在课程知识、道德行为规范等诸多方面，农村学生需要适应、融入、擅长这些文化才能取得学业成功。因此，我们对农村学生的考察便从教学开始。

第一节 X中学Q班学生的课堂游离与逃离

一 课堂上的喧嚣：讲话、打闹、制造声响

学生在课堂上的游离状态是指他们完全没有遵循老师的教学节奏，好像老师在讲台上做的事情与自己无关，囿于制度的规训，身体不得不呆在课堂中但心思却不在学习上。有些同学采取的是非暴力不合作的态度，也有些同学公然在课堂上讲话、打闹，或者制造声响，严重扰乱了课堂纪律。

已经上课了，教室里依然像下课一样闹哄哄的，L_1老师走进教室，大声

呵斥，让同学们安静下来，并且让坐在教室后面的一位同学到办公室去拿一个凳子给我。L_1老师是空着手来到教室的，做了近20年的七年级英语教师，除非讲新课的时候要带上课本，其它上课时间是不用任何书面材料的。尽管是班主任的课，但同学们在课堂上表现得依然不老实，教室里面一直都有不小的嗡嗡声，L_1老师几次提醒，让大家安静下来，但效果只是暂时的。教室最后面靠墙边的一位学生，没有凳子，一会儿蹲在地上，在课桌抽屉里面捣鼓一番，制造出很大的声响，一会儿站起来，在桌上、墙上写写画画，或者看看窗外的风景。我问他怎么没有凳子，他说凳子坏了，不能用，扔到垃圾堆里去了。看到其他同学颜色、形状各异的凳子，感慨于这里依然保持着学生自己从家里带凳子来学校上课的传统。有些同学虽然有凳子，但也坐得不规矩，CHJ① 把凳子平放下来，坐在上面，他的脑袋没有露出桌面，这为他在桌子底下做各种小动作提供了机会。尤其方便和旁边的YK打闹，他趁YK不注意，拿YK的东西，YK就去抢回来，双方就这样你来我往，一直持续了一节课的时间，有时候动作过大，引起了很大的声响。期间CHJ还离开座位，蹲着走到另一个同学旁边，趁其不备，拿走他的东西。L_1老师将练习题讲完，准备让同学们听一下课本上的听力的时候，没有像之前那样用眼神和语言提醒捣乱的学生，而是走下讲台，用书把CHJ和YK一人拍了一下。坐在我旁边的LZH同学，整节课桌子上都是空空如也，我问他的英语书在哪，他说在抽屉里面没拿出来，他似乎非常好奇我在笔记本上记的东西，一个劲地要求我把笔记本给他看一下。L_1老师放听力的时候，下面一直有叽叽喳喳的讲话声，其中尤以CHJ和YK两位同学更甚。下课铃声响起，我走到CHJ身边揪住他的耳朵，想教训一下这个上课调皮捣蛋的学生，L_1老师也过来踢了YK一脚。都没有很用力，他们两个面带笑容，躲躲闪闪，引起了其他同学的哄笑，我和L_1老师就是在同学们高分贝的欢呼和哄笑声中离开了教室。

---

① 本文提到的学生姓名都是化名。

图 2-1　X 中学 Q 班同学们在上课期间打闹

同学之间似乎永远有讲不完的话，课外的时间对于他们来说是不够的。互相打闹是一件充满乐趣的事情，而在课堂上打闹会更让学生们觉得新鲜。在班主任的课堂上，Q 班的同学们就提供了造成课堂喧嚣的各种元素，在其他老师的课堂上他们又呈现出怎样的游离状态呢？

LZH 以自己为圆心，和周围的同学形成了一个打闹圈，尤其是和他前面的两个女生。由于打闹产生的声响很大，严重扰乱了课堂纪律。C 老师走下讲台，走到他们身边，让其中的一位女生起来回答问题，但这位女生站起来，支支吾吾地翻开语文书，显然不知道老师问的什么问题，也不知道老师讲到课本的哪里了，C 老师只好让她坐下来，自己则返回讲台，看到第一排有位同学将身子转动九十度而坐，并且和后面的同学讲话，提醒他将身子转过来面对黑板。那位被老师提问的女生，没有因为老师的提醒而有所收敛，刚坐下就开始和 LZH 打闹，而且比之前更凶的样子，似乎觉得刚才明明是 LZH 的错，自己却受到了惩罚。当 C 老师从讲台走到教室中间的时候，坐在前排中间位置的一位同学趁机把一个空饮料瓶扔向左边靠墙的一位同学那，引起了一阵不小的骚动。上课已经十几分钟了，右边靠墙边的四位同学还没有进教室，同学们在齐读课文，突然“咚”的一声，他们很用力地把关着的后门敲了一下,发现里面被锁上了,就径直走向前门,直接走进教室,C老师让他们出去,他们可能明白了老师的意思,返回到门口,有气无力地说了声报告。回到教室后,他们一刻也没闲着,一直在讲话,有时候讲到兴起,突然就笑出很大声。

下课后C老师和我一起走向办公室,跟我说这节课与平时相比,纪律稍微要好一些。这让我非常诧异,第二天,我就见识到了比这更糟糕的课堂。

C老师说话的声音比较小,因此上课的时候身上带有一个小型的扩音器。昨天的课堂上,证明扩音器是有用的,不管下面的同学怎么讲话,坐在教室后面的我,还是能够听见C老师讲课的,但今天下面同学讲话和打闹的声音有时候甚至盖过了老师讲课的声音。教室左边位置倒数第三排的三位女生打闹产生的声响很大,C老师让她们站起来,但即使这样,也没有阻止她们的打闹,她们站着还互相疯打,有时候还转身与后面的同学打闹,有时候用腿故意挪动凳子,制造出很大的声响。LZH和他前面的两位女生今天转变为骂战,双方都将骂人的话写在纸条上,然后扔给对方,LZH将其中一张纸条扔给我,叫我看看那两位女生写的脏话。我右边的两位同学一直在不停地讲话,CHJ和YK则一如既往地有他们自己的课堂活动,他们两个多次互换位置,然后在对方的课桌里捣鼓一番,好像在寻找什么东西,其中有一次CHJ在YK的抽屉里找到一副扑克。在这节课堂上,YK左边的那位同学也加入到他们的阵营,一起讲话、打闹、玩扑克。由于觉得CHJ他们几个的行为实在是肆无忌惮,我小声提醒他不要讲话,他竟然离开座位,蹲在地上,慢慢走到我旁边,问我有什么事。一节语文课上,C老师偶尔两三次走到教室后面,每当这时候,前面有些同学会抓紧时间讲话,或者报复刚才趁老师不注意冒犯自己的同学。快下课的时候,同学们都开始收拾东西,收拾东西所发出的声响,夹杂着讲话声,让处于上课状态之中的教室变得异常喧闹,完全与下课无异。铃声响起,后面很多同学像脱缰的野马一样冲出教室,而此时C老师还在讲台上面布置家庭作业。

之前一节课是体育课,没有固定体育教学项目的他们在校园中尽情释放自己的野性,并把这种余热带到了这一节语文课堂中。而语文课后就可以放学回家了,不用上晚自习,这对于一所农村寄宿制学校的学生来说也是一件令人兴奋的事。但不管现实的情境性原因是什么,至少这些农村学生本身已经存在课堂游离的主动倾向,他们在课堂上讲话、打闹、制造声响,公然挑战课堂秩序,这些是课堂上的最大游离状态,也是一种主动的游离行为,是隐性辍学在课堂上最重要、最直接的体现。这些学生对老师所讲知识表现出强烈的不屑,并且以一种干预正常课堂的粗暴行为游离于老师的课堂教学之外。老师会选择性地对这些课堂上的游离行为进行压制,可能会选择课堂中的某个时刻采取行动,不同的老师又会选择不同的行动方式。比如 L_1 老师在练习题讲完,正在给学生放英语听力的时候,采取的行动是用书打学生的脑袋,学生会本能地用手去挡,并在其他同学们的哄笑声中结束惩罚;C 老师则是在讲课过程中,以让学生站起来回答问题的方式,或者直接让捣乱的同学罚站,这是一种更温和的方式,更多的仅仅只是象征性意义。面对课堂上过分的游离行为,为了完成正常的教学,老师不得不采取一定的措施,他们也不想自己被赋予不负责任、任由学生扰乱课堂的头衔,但从学生面对老师惩罚的反应来看,显然他们对老师早已有所了解,并且知道该采取怎样的应对方式。

在现代社会中,老师真正能够直接使用强制手段来使学生遵守课堂纪律的权利是十分有限的,在每一次曝光的老师体罚学生的事件中,都是以老师的赔礼道歉,甚至遭教育管理部门开除而告终。因此,越来越多的老师,尤其是像 C 老师这样的年轻老师,希望用一种说教而非强制手段来维持其权威,说教主要是基于老师对知识与文凭之间的关联,文凭与工作报酬之间的关联等利害关系的陈述,用知识的重要性、权威性与有用性来换取学生的尊敬。但农村学生在课堂上对老师所讲的知识表现出明显的不屑,也没有表现出对知识的渴望,缺少了这些条件,在同学们看来尊敬老师也就不像以前那样是理所当然的了。尽管如此,在课堂上讲话、打闹、制造声响这些公然破坏老师正常教学秩序的明显不尊敬老师的行为始终集中在班级中少数同学的身上，他们人数虽少，却足以在课堂上产生影响。相对于这些课堂之中处于积极游离状态的学生所表现出来的制造课堂喧嚣的激烈行为之外，还存在一种比较温和的游离状态，他们会用一种替代方式来打发时间，不会公然挑战教师的权威。

二　课堂上打发时间的方式：折纸、睡觉、涂鸦

在农村教育场域中，农村学生的身体要受到来自课堂教学这一教学组织的基本规训，教师依旧要显示出自己的权威，一些学生过分的游离状态会受到老师的惩罚，并暂时性地压制住扰乱课堂秩序的行为。虽然他们停止了在课堂上制造声响，但并没有将自己转移到正常的教学轨道上来，转而处于一种短暂性的温和的游离状态。此时，他们会和一些没有在课堂上讲话、打闹、制造声响的同学一样，没有在课堂上搞破坏，但是也不会改变无心学习的状态，而是用一种替代性的方式来打发无聊的上课时间。

在教室后面两排学生中，至少有十个人的课桌上是空的，他们都没有听 L_1 老师讲课，都以各自的方式来打发时间，不过都表现得很安静，L_1 老师也无视他们的存在。有两个同学虽然拿出了作业本，但显然也不是因为老师在讲练习题而拿出来的，因为作业本上没写一个字。他们将本子一页一页地撕下来，然后折出各种奇形怪状的东西，可能连他们自己都不知道自己在折些什么，不过他们似乎很享受这个过程。

从上课开始，教室中间位置的三个女生就一直趴在桌子上，他们没有睡觉，但从表情上来看，似乎想别的什么事去了，完全没有听 L_1 老师讲课。上的是英语课，坐在我右边的一位同学拿出的却是语文书，他撕下一页，折出一种形状，然后又打开折成另一种形状。仔细看他的语文书，发现书上没有记下任何笔记，但书却弄得很脏，书是从第十五页开始的，前面的都被撕掉了。

C老师让同学们一起读课文《观舞记》中的一段话，全班60个学生中只有不到一半的学生在配合老师读课文，而且听到的读书声都是女孩子的声音。有的学生语文书都没有拿出来，有的学生语文书拿出来了，但没有翻开，有的学生将语文书拿出来又翻开了，但没有张嘴。正当同学们在齐读课文的时候，教室右边第三排靠墙位置的一位同学和左边倒数第二排靠墙位置的同学拿起笔在墙面上写写画画。其实教室内的墙壁上，只要同学们够得着的地方，已经没有多少空间可以让他们写点什么，或者画出什么东西了。左右两边的墙壁上，全是同学们的涂鸦，大部分都是随手乱画的一些不规则的图案，也写有一些字。我向离我最近的涂鸦望去，只见上面写着"我本不是读书材，爸妈硬是要我来"。

其实不仅仅是墙上，课桌上也被同学们划得乱七八糟，各种钝物的划痕，以及用各种笔留下的各种图案和字迹。对于枯燥的上课时间来说，这些是极好的打发时间的方式。同学们经常在墙壁和课桌上涂鸦，却鲜见于书本上，在他们看来，书是可以用来撕的，并且把撕下来的书页折成各种各样的连他们自己都不知道的图形。在书本上写写画画，容易让人联想到记笔记这种学习行为，面对来自老师权威的压制和惩罚，他们会排斥任何与学习相关的行为，哪怕是貌合神离的学习行为。

在课堂上，个体性的折纸、睡觉、涂鸦等行为是一种更为温和的游离状态，它不像在课堂上打闹、讲话，以及突然的制造声响那样会严重扰乱课堂纪律。老师对班上扰乱课堂的破坏分子的压制和惩罚会让他们产生的暂时性的消停状态，有些学生采取的是非暴力的形式，他们不会在课堂上公然挑战教师的权威，但采取的是一种不合作的态度。教师的态度也是很关键的因素，传统型的资深教师从一开始就在学生们面前建立起绝对的权威，在这样老师的课堂上，很少有学生搞破坏，教师可以维持基本的课堂教学秩序，这个时候，一些学生会很有预见性地在课堂上采取一种相对温和的不合作行为，避免因为自己在课堂上的过分行为而招致惩罚，比如Y老师的课堂要比其他老师的课堂安静得多，但是睡觉的同学明显要多，这是学生面对不同老师的应对策略。

数学老师Y老师刚走进教室的时候，教室里面还是闹哄哄的，在Y老师一脸严肃地站在讲台上，并大声说“看哪个还在讲话”的时候，同学们就慢慢安静下来了。Y老师这节课讲的是多项式的运算，主要采取的是直接讲述和自问自答的方式，没有同学与老师互动，可能是下午第一节课的原因，很多学生都趴在桌子上，显得无精打采，有些同学则直接趴下睡觉。YD和WTX的讲话引起了Y老师的注意，刚开始用眼神提醒了几次后，在两个人讲话、打闹期间，一次无意识制造出来的声响，让Y老师发火了，他大声呵斥，让他们两个站到教室后面去，其他趴在桌子上的同学也抬起脑袋看看发生了什么事。……在快下课的时候，Y老师在黑板上出了三个多项式运算的题目，并让三位同学到前面去做，自己则拿着一叠试卷，下来一张张发给同学们。这时趴着的同学几乎都坐起来了，但LZH还在睡觉，Y老师把试卷放在他的课桌上后，用手使劲地拍了一下他的头，并问他是否在趴着想问题，LZH也被这突然的一击惊醒。

图2-2　X中学Q班上课期间睡觉的同学

在不管是制造课堂上的喧嚣还是通过某种替代方式来打发无聊的上课时间的学生们看来，老师在课堂上所讲授的知识对他们的生活来说并不是不可或缺的，知识不再是权威的代表，老师也会丧失凭借知识建立起来的权威性。通过知识这一纽带建立起来的教育交换的道德基础发生了动摇，在这样的情况下，这些学生似乎很难让自己成为一个规矩的学生，转而以制造声响的方式来扰乱课堂，或者以其他温和的方式来打发时间。这些不同的隐性辍学行为，一方面来源于学生们的个性特点，另一方面，很多学生似乎已经很清楚地把握了不同老师驾驭课堂的形式，他们倾向于运用一些非正式的技巧来应对正式的课堂教学秩序及老师在维持正常课堂教学秩序时采取的各种不同的方式。就像威利斯所说的，“家伙们”似乎比教师更了解非正式世界的本质，尤其深谙如何用非正式的技巧来对抗正式机构及其弱点。①

三　不参与课堂“表演”

教育生活的经历从本质上来看就是一次演艺经历，课堂生活就是在进行一次表演。每一次的课堂教学都是在上演一幕幕微小的舞台剧，教室就是舞台，师生共同组成了参与表演的演员，只有师生共同参与了表演，表演才是完整的，教育生活也才是完整的。但是我在这里所看到的是不完整的教育表演，表演只是教师的独角戏。学生似乎不是演员，作为教育生活整体中的一部分，也更不可能是观众，他们更像一个游离的群体，游离到了教育的表演生活之外。

L_1老师讲到“The post office is next to the bank”这一句子的意思是邮局在银行附近，其中有一个词组 next to 意思是“靠近……、在……附近”，next to 后面接地点。根据这一词组，L_1老师在黑板上写下了 next to the school，并用英语 What’s mean? 问同学们这个短语是什么意思，结果没有

① 威利斯. 学做工——工人阶级子弟为何继承父业[M]. 秘舒，凌旻华译. 南京：译林出版社，2013：107.

一个同学回答，L_1老师又说了两次 What's mean？依然没有同学应声，L_1老师显得有些生气，质问道“怎么没有同学应声啊?”，这时候才有两三个同学有气无力地回答道“在学校附近”。

C老师这节课给同学上的是《口技》这篇文言文，在正式进入课文的学习之前，他给同学们出了一个判断题，“《口技》选自《虞州新志》，作者是张桥，对还是错”，C老师连续问了三次，这三问期间，都没有一个同学与老师互动，回答老师提出来的问题，最后C老师不得不自己说出答案。

问题很简单，课文标题的注释已经给出了明确的答案，即使是不知道答案，对该问题的回答，也只是“对”还是“错”一个字而已，但这些学生一如既往地表现得十分淡定与矜持，对老师发起的表演邀请没有兴趣。

L_1老师站在讲台上，用汉语说出一些简单的句子和介宾短语，点到谁的名字，该同学就站起来将其翻译成英文。但站起来回答问题的同学，无一例外都是吞吞吐吐的，根本就听不清在说些什么，L_1老师多次提醒他们，让他们大一点声音说，只要他们回答得差不多，大概是那么回事，L_1老师就会让他们坐下来，然后自己再很清楚地将刚才的句子翻译成英文。而不会纠结于同学们回答得是否完整，发音是否正确。

C老师针对课文中一些具体的描写方式对同学进行提问。说出文中的一个句子，问同学们运用的是哪种描写方式。C老师走到哪，就会让自己身旁的同学起来回答，但站起来回答问题的同学说了什么，我一句都没有听见，也可能什么都没说……对人物的描写可以从四个方面着手，C老师将这四个方面写在了黑板上，并且讲课期间也多次强调这四个方面，但当C老师让第三排的一位女生站起来回答一下，对人物的描写可以从哪四个方面着手时，这位女生站起来后什么都没说。

C老师喜欢针对学生个人进行提问，提出来的问题都很简单，来源于课文中的某段文字，而答案就紧接着这段文字。但被点起来回答这些问题的同学，不管是坐在教室前面还是教室后面，都表现得很吃力，说话吞吞吐吐，有时候C老师提示得很明显，但有些同学还是回答不出来。在语文和英语课堂上,老师们还是希望通过与学生的互动将他们纳入到正常的教育表演生活中来,在数学以及其他的副课上,则更多的是教师的独角戏。Y老师在上课的过程中,以一种自问自答的形式来完成个人表演,可能他已经知道了,即使给同学们提出问题,他们也不会配合,唯一能做的就是在新知识讲完后,让几位同学到黑板上做一做习题。

通过对农村学生课堂行为表现的考察发现,Q班多数学生身处于教室之中,却不参与正常的课堂教学,将自已视作来观看教师一个人表演的观众。这些学生会在课堂上讲话、打闹、制造声响来造成课堂上的喧嚣,会用折纸、涂鸦、睡觉的方式来打发无聊的上课时间,也很少参与到正常的课堂教学生活中。不管是在课堂上制造喧嚣、打发时间,还是不参与课堂生活,都是隐性辍学在课堂上的具体表现。农村学生在课堂上所表现出来的各种各样的行为取决于不同程度的游离状态,表明他们正倾向于远离农村教育场域,而课堂上外在身体的表现也可以反映出他们内在的心理诉求,就是时时刻刻想着快点下课、快点放学,希望尽快逃离课堂。

四 逃离于课堂之外

课堂之外的表现也是认识农村学生隐性辍学这一现象的重要方面。

(一)课堂上的空座位

本该是属于上课的时间,教室里却经常出现空座位。

已经上课四、五分钟了,但还有三位同学没有进教室,地理老师也没有问其他的同学他们去哪了。……,快下课了,这三位学生一直没有出现。

下午第二节课是体育课,之后是语文课,我在第二节课的时候就来到了教室,有几个女生没有下去上体育课,在教室里面聊天。我正在欣赏同学们的墙上作品时,她们叫我不要看墙上面写的东西,并且跟我说墙上写的有些话少儿不宜。……第三节课上课了,满头大汗的同学们陆陆续续地走进教室,C老师来到教室后,还有将近一半的同学没有进教室,因此,在C老师上课的前几分钟里,就不断有同学在门口喊报告。……,课已经上了将近一半的时间,有五位同学的座位上还是空的,估计他们也不会来上课了。

后来知道,这五位同学上完体育课后就直接溜出校门了,他们也不用带任何东西往返于家与学校之间,对他们来说,背上书包是不可想象的事情。遇到有同学们逃课的情况,老师们似乎表现得很不以为然,他们不会问其他在座的同学为什么有人没来上课,也不会将这种情况跟班主任反映,因为课堂上少几个人跟晚自习的时候少一群人相比,根本就算不上什么。

今天下午放学后我没有回家,想看看Q班的同学们上晚自习的情况。在学校食堂吃完免费的晚餐,我到操场上逛了逛,操场上有的同学在打篮球,有的在打乒乓球,更多的同学三五成群地在聊天、相互追逐,这和同学们上体育课的情况差不多。这里的体育课几乎是同学们的自由活动,体育老师偶尔让他们围着操场跑两圈,或者拿几根跳绳让他们跳一跳。……,快上课了,我走进办公室,L_1老师让我数三十五份英语试卷,到教室去发给学生们做,我很诧异,班上不是六十个同学吗,怎么就拿三十五份试卷,L_1老师告诉我,只有三十五个人上晚自习,其他的人都回去了。我拿着试卷走进教室,教室里面确实有一大批的空座位,我把试卷发给同学们,还多两份。……,L_1老师告诉我,今天晚上有两个同学请假了。

Q班有一部分同学是不用请假的,但这本来就是一所农村寄宿制学校,晚自习的时候出现在课堂上是应该的,哪怕只是自习课。这里的老师、学校领导和家长却共同给予了这些学生这一权利,按照L_1老师的说法,与其说是别人给予的,不如说是他们自己争取到的权利。对于这些完全放弃学习的学生来说,任何多余的呆在教室里的时间都是负担,对学校来说也是如此。学生们的主动行为换来了学校的被动认同,他们僭越到学校的权利规训之外,并且促使学校对他们做出了让步。

其实不仅仅是课堂上偶尔的逃课行为,有些学生连续几天不来学校也是经常发生的事。

在今天上午的上课过程中,有两位同学的座位上是空的,……,已经到了中午的午休时间了，我走进教室，发现教室里还有学生在打扫卫生，其他的学生也没有安静下来休息，我问YX今天谁值日，YX说是CHML和SHQ，并且告诉我他们今天没有来上学，才知道上午在教室听课的过程中一直没有出现的是他们两个，我叫同学们安静下来休息，让YX值日。回到办公室后，我把教室的情况跟老师说了一下，L_1老师才想起来，今天没来的两个学生都是今天中午的值日生，并且说SHQ已经两天没来了，以前也有值日生没来上学的情况，但两个值日生恰好都没来的情况比较少见。

LJH今天又没有来上学，……，她跟L_1老师请假说，她妈妈生病了，自己要留在家里照顾弟弟。

今天又来到教室听课，发现YK还没有来上学，星期一我来听课的时候他就没有来上学，期间因为有一些事情，我回到了自己的学校，今天再次到这里来听课，发现他的座位还是空的，而且不仅仅他人不在座位上，他的凳子和书也全都没有了①。

不去上学的原因是多种多样的，但从课堂上一连几天都出现空座位的普遍性程度来看，似乎任何微不足道的原因都可以成为不去学校的理由。偶尔几天不去上学是很正常的事，家长也保持一种无所谓的态度，在与该校众多老师的交流过程中，他们都表达了这样的看法，家长都不重视，又如何保证这些学生每天老老实实地来上学，认认真真地在课堂上听课，这就不可避免地制造了课堂上的空座位。除了在课堂上听课的过程中，发现有些空座位而知道了有些同学逃课或者没来上学外，没有听课的时候，也发现有些同学会寻找和抓住每一次机会逃离课堂。

（二）逃离课堂的机会主义者

尽管任课老师很少去过问为什么有同学没有来上课，但那些无缘无故

① 刚开始我还以为他辍学了。后来我问L_1老师，L_1老师说他请了两天病假，但已经有四天没来了，我也问了CHJ，CHJ说他在家玩游戏，不想来上学，并告诉我他的凳子被其他的同学拆了，书也被其他的同学撕了，最后都扔进了垃圾桶。

逃离课堂的同学们也并不是处于一个绝对的安全状态,如果他们被班主任看到了,免不了会有一顿批评,如果被政教处的老师看到了,则会被叫到政教处接受质询和罚站,如此看来,他们还不如坐在教室里打发时间。但任何把他们强行编入区隔的行径,对他们来说都是束缚,尤其是当他们觉得固守显得毫无意义的时候。因此,抓住可能的机会逃离课堂就成为他们维持二者动态平衡的不错选择。

……下午第一节课是英语课,我没有去教室听课,在办公室里整理我自己的东西。突然 LZH 等七位同学走进办公室,我问他们上课的时间跑这里来干什么,他们说因为上课讲话,L_1老师让他们到办公室来抄第六单元的单词,说是来抄单词,大部分的时间是在聊天,翻看老师办公桌上的一些东西。……,下课了,他们都停止自己不合规矩的行为,围拢到 L_1 老师的办公桌前,L_1老师走进办公室,看到他们糟糕的抄写情况,把他们赶到走廊上去抄写。第二节课上课了,他们还没有抄完,L_1老师催他们快点,但是他们故意边抄边玩,期间我还听到 HZHH 跟其他几个人说抄慢点,这样可以多耗一点时间,不用上生物课了。……,一直到第二节课已经上了十多分钟,才开始有人进办公室交他们抄写的单词,交给 L_1 老师的都是一张纸,HZHH 和 YZH 本来是写在本子上的,但是他们交的时候都将那页抄单词的纸撕下来了。其他的同学都走了,就剩 LZH 还留在走廊上,我到走廊上想看看他抄写得怎样的时候,看到已经交差的同学一人手里拿着一瓶饮料,还有一些吃的,在楼下校园围墙那边的树荫下聊天,LZH 也看到了他们,他马上改变之前抄写一分钟玩两分钟的节奏,快速地抄写完,交给 L_1 老师后,拔腿就跑出了办公室,加入到其他人的逃课阵营。

其实他们抄写在纸上的单词很多都看不清,尤其是 LZH 交上来的,但L_1老师也没有让他们重抄,这只是一次象征性的惩罚而已,但这次惩罚却给他们提供了一次逃课的机会。从他们每天在学校里散漫的状态和自由自在的心态来看,他们可能从来不会筹划或者有计划地去做任何其它的事情,却时刻准备着抓住机会逃离课堂。即使没有可利用的机会,他们也会自己去寻找这种机会。

明天镇教育组的相关人员要来学校检查工作,校领导要求今天下午各班必须把破了的窗户玻璃用新的玻璃填补上。中午的时候,学生们利用午休的时间在打扫校园和教室的卫生,老师们也在整理教案,来办公室的饮水机里倒水喝的 CHJ 听到老师们在讨论划玻璃的事,并自告奋勇地让 L_1 老师把这个任务交给自己,但 L_1 老师不放心他一个人单独去学校外面,于是让我在下午的第一节课期间带他出去。卫生刚打扫完了的时候,也差不多上课了,三班的班主任 P 老师让我也给他们班划两块玻璃,我欣然应允,并带着 CHJ 往学校外面走。YK 在打扫卫生的时候一直都和我们在一起,见我们要出去,他也要跟着出去,在他的坚持下,我只好同意他的要求。但寻找机会的人并不是只有他一个。当我们还没有走到学校门口的时候,远远看见 YCH 等六名同学等在学校门口,我走近问他们要去干什么,他们竟异口同声地说去划玻璃。……,其实门卫阿姨当时不在门口,他们完全可以自己偷偷跑出去,但深知自己需要寻找一个溜出学校的借口。出校门后,我们就分开了,有五位同学走进了一个巷子,CHJ 说那是去网吧的路,CHJ、YK 和 YCH 则跟着我在镇上的主干道上寻找五金玻璃店,最后我们找到了两间店,其中一间店的门锁了,另一间店门是开的,但老板不知道去哪了。我们就坐在门口边聊天边等,下第一节课的时间已经到了,老板还没有出现,他们要求再等会,并且说第二节课是他们最不喜欢上的数学课,我还是决定带他们回学校。快到学校的时候,看见其他五位同学在一间奶茶店里,YK 和 YCH 也跑进去了,只有 CHJ 跟我一起回到了学校。到办公室后,我把情况告诉了 L_1 老师,L_1 老师匆忙走出办公室,走到楼下,想出去把他们弄回来,但还没有走到校门,那七位同学就进来了,L_1 老师也就返回了办公室。

不知道其他的同学是如何知道我和 CHJ 会一起出去划玻璃的,显然他们对这类信息非常敏感,寻找并抓住任何可能的机会逃离课堂,在对这种机会的把握上,他们可称得上是不折不扣的机会主义者。

L_1 老师要我陪同外出和匆忙出去寻找,表明在学生们的安全问题上,老师是非常重视的。如果有学生逃课,可能会引起老师的注意,但不会使他们产生焦虑,如果是逃课逃到了学校外面,老师的焦虑就显露出来,并采取了相应的措施。当看到逃课的同学安全走进了校园,老师也就放心了,对他们没有任何批评,至于因为逃课而漏学的知识则不是老师们关注的问题。因为从学习知识的角度来说,游离在课堂之中和逃离到课堂之外并没有本质的区别。因此,在师生之间的关系上,老师既在场又不在场,在场是因为对学生的安全问题时刻保持警惕,这也是家长送孩子到学校来的基本期望,甚至是唯一期望。不在场是因为师生之间以知识为纽带建立起来的联系越来越远,老师真实的角色期望被遮蔽,也会和学生一样产生角色混乱。

(三)课堂之外的教育逃离

一个人只有在完全自由的情形下,才能根据他的行为表现反映出更真实的内心诉求,在课堂之外,这些没有受到约束的农村学生的行为表现同样可以反映出他们在农村教育场域中更真实的存在状态。那么,缺少了约束的环境,他们远离教育的存在状态是以怎样的隐性辍学行为表现出来的?下面就以三个具体的画面展现出来。

……,刚走上三楼,就看见走廊上有Q班的同学迅速跑进教室,我走进教室,才知道他是进来报信的。教室第一排那里围了很多同学还没有散开,CHJ手里拿着一副扑克正从教室前面回到自己的座位。打扫卫生的同学没有履行自己的职责,扫帚和拖把变成了战斗的武器,男生和女生之间相互追逐打闹。没有参与打斗的同学,或者在聊天,或者在看漫画书,教室后面的空地上有一摊水,上面覆盖了一张白纸,纸上写着“狗屎,么①踩”,才知道GJH把家里的狗带到教室来了,正蹲在她的课桌底下。我在教室里转了两圈,没有发现一个学生做作业,也没有看到一个学生看与学习相关的书,呈现在眼前的是一副混乱的景象。

正在批改我布置给五班学生的作文《我的父亲母亲》的时候,办公室外

① 当地方言,是“不要”的意思。

走廊上的吵闹声引起了我的注意，我出去后看到五班的十一位同学在走廊上一字排开，正在写什么东西。我到隔壁C老师的办公室想问一下什么情况，C老师看到我后给了我一叠作文本。原来上个周末布置的作文在今天上午上语文课时交上来的同学不到一半，在C老师的强烈要求下，下午上课时又有一部人交上来了。但还是有十一位同学没有完成，被C老师拉到办公室来写，我看了看他们正在写的作文，发现他们写的已经不是作文了，而是在回答“爸爸妈妈是做什么工作的，爸爸妈妈对我有什么期望”等几个问题。

明天就是期末考试了，今天下午的最后一节课用来布置考场，由于考试的时候同学们不能坐在一起，所以学校把几个空教室和食堂大厅也作为考场，但是里面没有桌椅，需要每个班按指定的要求，搬一些桌椅到这些考场去。L_1老师要求一组的同学将桌子搬走后，就开会去了，由我来安排五班考场的布置和考号的粘贴。布置考场的过程中听到楼下有老师大声吼叫，走出教室一探究竟时，眼前的景象让我大吃一惊，走廊、楼梯以及教学楼到食堂的路上全是同学们扔的书和各种纸屑，我也看到有的同学把桌子搬出教室后，就把抽屉里的书本往外一倒，轻轻松松地搬往食堂，尽管政教处的几位老师正在严厉地批评这种行为。

第一幅图景中的混乱场景是他们每天中午时间课后生活状态的真实写照。在这里的每一天中午我吃完饭后就会到教室里去，一方面是想更多地了解一下他们，另一方面是想作为一个老师去解答一些他们在学习上遇到的问题，但很不幸的是我没有获得这样的机会。课堂之外的时间是自由的，他们可以做自己喜欢做的事情，与学习相关的事情显然不是他们想做的，这个时候他们才把教室当成了舞台，但参与的不是教育表演，而是生活世界的真实表达。家庭作业是课堂之外本应该学习的任务之一，但实际上有没有完成或者完成的质量怎样又是另外一回事了。第二幅图景不是经常可以看到的，不是因为平时他们都认真地完成了家庭作业，而是即使他们没有完成，老师也不会找他们。C老师考虑到我会通过这篇同学们以周记的形式完成的作文中了解一些信息,要求每个学生必须完成,虽然没有给他们添加额外的负担,但完成的情况很糟糕,很多学生只写了几句话,最后被带到办公室走廊上写的十一位同学因为平时从来不写周记,没有周记本,都写在一张纸上,他们也不知道该怎么写,C老师不得已把一篇作文拆解为几个问题,下面就是其中一位同学最终交上来的东西。

我认为父母是属于哪种类型的:好类型的

父母对你的要求:不高

父母对你的态度怎么样:很好

父母对你怎么样:很好

父母要求你的哪些可以做到,哪些不能做到:学习不能做到,其它的都能做到

第三幅图景只是在特定的时候才会发生,比如即将期末考试了,没有面临考试的压力,却想到了放假后的狂欢,终于可以长时间地逃离学校是一件令他们兴奋的事情。一方面,对学校教育传授知识的不屑,也让书本变得毫无价值,留下它们已没有任何意义;另一方面,即使有政教处的老师在场,也没能阻止他们对学校纪律集体式的公然违抗,这是一次集体发泄的机会,在这种情况下,老师们也显得毫无办法①。因此,随意丢弃书本的集体行为,不仅仅表明他们抛弃了学校教育,也抛弃了学校教育制度。按照布迪厄的说法,这种集体行为是心智结构的同质性联系在一起的合理的随大流,某种一致性支撑着彼此极为协调的无意识的反映性默契。② 不仅仅是同学们内

---

① 我到这来调研的第一天的上午,学校举行了一次演讲比赛,全校800多个学生自己带凳子坐在足球场上,足球场上的草坪是天然的。当参加比赛的同学在主席台上演讲的时候,下面坐着的同学绝大部分没有听,而是随手在地上拔一些杂草,攻击自己班上或者其它班的同学,从而出现了杂草漫天飞舞的壮观景象,校长在主席台上提醒了三次,没有奏效。各班班主任也试图阻止这种行为,但队伍的前后不能兼顾,而且班主任能做的只是批评或者惩罚,却不能制止行为本身。

② 布迪厄.国家精英——名牌大学与群体精神[M].杨亚平译.北京:商务印书馆,2005:132.

在的一致性让他们产生了无意识的集体行为，学校物理分布的空间格局也给予了他们一定的自由，学校总共有四栋楼房，其中教学楼、学校领导办公室、政教处、教务处和普通老师的办公室分别位于四栋楼房中，其中离教学楼最远的那栋楼就是政教处的所在地，除了上课时间以外，整栋教学楼就是学生们的天地，他们与教育的互动关系在此期间也表现得淋漓尽致。尽管他们被安排进了农村教育的场域之中，也没有想着要脱离这个场域，但他们在这个场域中的角色和位置发生了错位，产生了一系列与应然的学习状态存在很大偏差的隐性辍学行为，或许是农村教育场域中内部的文化、权利等各种因素的冲突与博弈造成的，或许是来自农村教育场域之外的不可控因素。

图 2－3　考试前一天 X 中学同学们扔在楼梯上的书

第二节　G 中学 K 班学生与课程之间的冲突和课堂游离

G 中学那些出身于社会底层的绝大部分学生似乎难以达到课程知识的

目标与要求,他们身上所具有的心智特征与文化习惯似乎与课程知识对其的要求格格不入,这些不一致之处时刻准备将他们牵引到学习的轨道之外,这种情况即使在七年级唯一的快班也不例外。

一 失序的学习图景

在K班的一节生物课上,我看到了如下课堂情景:

上午第四节课,生物老师抱着华硕笔记本电脑走进教室。同前一次上课一样,她头戴话筒、腰挎音箱,以便使自己的声音更大一些。她进来许久,但教室里迟迟安静不下来。在进行完上课、起立、问好的例行仪式之后,老师开始复习上节课的主要内容。她首先让一位学生站起来说生物系统的概念,……接着让学生说生物系统的主要组成。学生们很活跃,吵吵嚷嚷,很多学生相互之间说话,嗡嗡之声不绝于耳。教室右后角的ZHW同学与前面的女生相互打闹,他把桌子拖向后面,远远地离开前面的同学。第五组第四位女生用桌子撞前面男生的凳子,发出沉闷笨重的撞击声。第一组最后一位DG同学则斜着身子向左边的两位女同学说话。班长LJY则向坐在她后面的女生重重地跺脚。教室前方的JCQ与ZHML回答问题特别大声,CHJY则歪着身子,对身边的同学指手画脚、摆头说话。

……

老师此时已是第三次向HSH同学发出警告:"我如果再发现你说话,你就给我站到前面来!"他这才安分下来,两手托着头,身体斜靠着墙壁。教室第五组与第六组的后半部分已经形成了自己的说话圈子,远远地离开了课堂。

……

此时老师遇到了一段总结性的文字,她想叫一位同学起来朗读,却引起了全班的一阵混乱。第六组第一排的CHZA以看不见黑板为由把凳子搬到中间的JCQ旁边坐下,他替JCQ举手,老师以他举手为名叫他起来朗读，全班即刻响起了混乱、响亮、幸灾乐祸的掌声。CHZA也不站起来，只是说："老师，我是替JCQ举手！"老师只好作罢。此时第一排的HXD对着左边的WR大声说："老师，那个矮子朗读不错！"老师说："你说话礼貌些撒！"全班又一次哄笑不已。LCH举手，老师以为他要朗读，他却建议说："老师，让女生朗读！"这引起了一阵男女同学对阵的骚动。最后，老师只好让班长起来读。但是班上有一男一女两位班长，他们之间相互推诿，男班长说："老师，我已经不是班长了！"女班长说："老师，我看不清黑板！"老师让她走到前面来。最后她在讲台上读完了两段百余字的小结，全班同学又一次响起稀稀拉拉的掌声。整个朗读过程中学生们乐开了花，教室里老师由音箱传出来的声音早已经被学生们的吵闹盖过了。

朗读完了之后，多数同学仍是相互交谈，各做各事。ZHW来回推着铝合金窗户，他前面的YQ先玩了一会儿粉笔，又拿起手表等时间，趴在桌子上看别人说话，不时也成为主角。她右边的ZHTT一直是说话的得力人员，斜靠在椅子上，笔直地伸着双腿。DG同学则把门打开，被老师喝令关上后又接着同身边的学生说话。班长LJY一直站着，翘着屁股，躬身趴在桌子上，把身体伸向前面扎着辫子的女孩。当老师放出一张两手捧着密密麻麻的虫子的PPT时，几位学生发出呕吐的声音。

……

下课铃一响，学生们爆发出撕心裂肺的叫喊，顿时夺门冲出了教室，冲向了食堂。（2010年9月28日，观察笔记）

上述图景可以代表那些严厉与权威程度不够的老师在课堂上的一般情景。除非老师本人具有足够的权威或者他们可以借用班主任的权威（例如体育老师让班干部记名字，再将名单交给班主任处理），课堂才能保持学习的必要秩序。至于那些无教师在场的自习课等自由学习的时间里，K班的学习秩序就更加难以为继了，学生们可以无所顾忌地将自身本来的样子展现出来。这些活生生的经验表明，底层学生在学习过程中的确与学校课程知识存在着冲突，并总是有意或无意地试图游离到课程知识的学习轨道之外。下面我们将深入剖析冲突的各个面相，以及学生们试图游离的具体图景。

二　K班学生与学校课程知识之间的冲突

作为评价教育活动效果的主要标准，考试既注重知识的积累又强调逻辑与抽象思维的训练，这要求学生们必须具备初中以前的知识以及精确与形式化的思维方式。在此基础上，学生们为了跟上学习的每一个环节，他们必须具备明确的学习目标，拥有快速的学习效率，并保证知识学习的精确性。这些进一步要求他们对学习持续地保持兴趣，并且在具体的学习过程中具备良好的学习习惯，以及具备“谈学习”的根本前提——做人，即道德与人格的养成。在此我们将考察思维形式与做人要求之外的所有面相，这两者将留到文化资本与道德行为规范的章节中分别考察。

（一）断裂的知识链条

初中的课程知识是筑基于小学的知识环节基础之上的，只有在小学时期打好了相应的旧知识基础，新知识才能顺利地进入学生的知识结构之中，才能找到扎根的土壤，否则它们就成了无根之木，即使勉强植入学生的头脑中，也很容易枯死与遗忘。正如一位数学老师所强调的：

任何知识都要有扎根的地方，没有扎根的地方它就不会生长。我们每天都教新知识对不对？如果把新知识单独拿出来，那（它们对）学生就像浮萍一样没有根系。它无依无靠，它无依无靠学生是不能接受的。（2010年10月21日，数学孙老师）

尽管该数学老师强调，初中时期学生们的课后自学能力（包括课前的预习）以及教师在课堂上联系旧知识与学生们的生活经验为学生学习新知识找寻根基至关重要，但是不可否认初中之前的知识积累是关键。然而，学生们在这方面却存在着重大缺失，这在数学老师对学生知识欠缺的愤怒与抱怨中可以明显地看出来：

今天的数学课讲科学记数法。……老师在强调了如何省略、如何保留有效数字后，CGZA 同学被叫起来回答问题，可是他从第二题就开始犯错误。数学老师随即愤怒地说到："你脑袋进水啦？连讲到哪一页都没翻到！"接着她难以抑制地用武汉话吼道："你哪个小学毕业的？小学数学老师没教你四舍五入呀？再来！"……而数学老师一向气质高雅，打扮入潮，不太愿意发火，在课堂上也一般不会用武汉话。（2010 年 9 月 30 日，观察笔记）

这样的情形在 K 班的数学课堂上比比皆是，对于学生们的出乎意料的无知以及由此导致的幼稚的错误，老师们时常难以克制自己的愤怒，抱怨学生小学学习的欠缺。此外，学生早期知识的欠缺在我对英语、甚至历史老师的访谈中亦不可避免地表现出来：

这个话就要从小学说起了，小学英语就是一个副科，又不参加什么考试，就是老师带着他们玩。所以，这就对学生的心理造成了一定的影响，学生认为英语就是一个不重要的科目，但是在初中它是一个重点科目。……，在学生心目当中，只有语文、数学是重要的，那我们的工作就不好展开。（2010 年 10 月 22 日，英语 S 老师）

（对于我们历史来说）作为刚刚升上来的七年级（学生）的话，他们在小学本来就没有进行有心的积累。小学的课堂上老师应付语数外了，根本就没有上这个学科，了不起就是政治视频里有一点常识，很零碎，甚至老师把课挤掉了根本就没上。这样的话，他们在小学这个方面就基本是空白。（2010 年 10 月 19 日，历史 L 老师）

在这种情况下，老师们就不得不花费大量的时间去弥补学生早年知识积累的缺失，甚至降低教学与考试要求的标准：

在这个情况下，要适应这个学科的考试和要求，那必须尊重学生的事实，在课本上面起点不能过高。你像我现在的话，基本上就是起点蛮低。在我的指导下把问题或者是课本尽量讲得浅显易懂一些，图片呀，这个多媒体的色彩多一些，更形象、直观一些。课本上很抽象，不好懂。（2010 年 10 月 19 日，历史 L 老师）

然而，毕竟初中有自身的教学要求与考试标准，不太可能给老师多余的时间去补历史欠账，他们还需完成教学任务，还需达到学校对分数的要求。在一次英语老师极为失望的考试之后，她在班上明确地表明了这一态度：

第一节英语课，老师脚一踏进门口就说："这次考试是(准备)最充分的一次，也是考得最差的一次。以前没及格的名字不念，是为了照顾你们。但是教研室的老师已经分不清重点班与平行班的试卷，所以我必须念分数了。"她接着念了全班所有人的分数，然后说："大家的基础真是不行，只有那几个上了110分的人基础还可以。小学上了三年英语，不知道在做什么！"她随即指着一个女生说："HSH，到现在am/is/are还不会？作文有6、7处错误！平行班的学生都没有！"她接着指出了对K班学生的要求："学校分这个班，是为了考X大学、省实验(即华中师范大学第一附属中学与湖北省实验中学——引者注)，不是为了普高。基础差的人也是那些平时态度不好的人，听写不行，完成作业也不行，相互对，相互抄。天资又不好，又不努力，你跟着这个班很难，马上就要期中考试了，不等着你们主动退出就可能要分出去了。""我不想老念那些基础题，没有那么多时间，我也要讲难题。那个老问题(即He与His之间的区别)大家还分不清，我当时讲的时候大家觉得好笑，这次又出现了！"……(2010年10月15日，观察笔记)

这样，老师们一般就只能盯着那些能够跟得上的学生，而不得不放弃那些跟不上步伐的学生，班级也就不可避免地产生了两极分化。这种早年知识欠缺的结果进一步导致了学生们后续知识积累的断裂并加剧了分化，一位初二的班主任告诉我：

(班上)完全不学的有，……，也不是完全不学，但是有的科目学得确实是太差了，基本上讲根本就是没有基础，东西丢了，比方说英语，他听不懂，现在就是听不懂(问：八年级上学期就已经听不懂了？)现在他们七年级就没跟上来呀！所以这个问题对这个学生非常大。……，关键是某一学科上的问题非常大，基本上已经是全部听不懂了。(2010年10月23日，物理H老师)

甚至一位刚刚上七年级的学生就表明了上述情况,在问卷中他写到:

英语我完全听不懂,作业就是抄别人的。语文数学还好。上语文和数学课注意力一般集中,上英语课时根本不想听,就等着下课铃声。①

由此我们看到,早年知识积累的欠缺进一步影响到初中知识环节的积累,这样在一环扣一环的课程知识体系中学生的知识链条便以加速度的形式一节一节地断裂,到最后甚至被甩到课程知识积累的链条之外,丧失了进一步学习知识的可能。

(二)"坏习惯"的牵引

有趣的是,与早年的知识积累不足相反,G中学初中一年级学生身上却附着了太多的学习"坏习惯"。这些"坏习惯"像离心力一样将他们从课程知识学习的轨道上牵引出来。因此,学生的学习"坏习惯"也就成为老师们最头疼的问题之一,纠正这些"坏习惯"也就成为他们工作的第一要务。这些学习"坏习惯"涉及课程知识学习过程中的所有环节,从课堂上不合规矩的互动、没有起码的听课纪律,到课后懒得做家庭作业,不一而足。这些学习"坏习惯"使得学生们总是有意识或无意识地脱离学习的正常轨迹,不经意间就游离到课程知识的学习之外。下面我们对此分别进行考察。

1. 不合规矩的互动

在老师们看来,这些学生在课堂上总是难以以"适当的"的方式与老师互动,他们要么回答问题"太积极"、要么"太沉默",总之就是难以达到老师认为的"恰到好处"。首先这群学生非常喜欢接嘴:

比方说在课堂上面喜欢接嘴,接老师的嘴,老师在上面说一句,他马上把下一句话说出来,就是那个嘴巴管不住自己,这是我们这一带孩子的特点。(2010年10月22日,英语老师)

除了接嘴之外,他们还喜欢插嘴与相互指责,不懂得以正确的方式回答老师的提问:

---

① 来自于本人主持的《中学生文化调查问卷》(2010年10月)。

最开始的时候喜欢插嘴，相互指责。……，以前上课动来动去，特别是有一些问题，争执起来的时候，就像吵架一样，争着抢着回答啦。如果对方观点不对呀，马上就说出来，不对不对，怎样怎样，像吵架一样。(2010 年 10 月 21 日，数学 J 老师)

……，不遵守课堂纪律，就是规矩，一点规矩都没有。就是老师一问问题，点某个人起来回答问题的话，很多同学就说："老师，我……"，"我……"，"我……"，就是这样一种习惯，他手里面举着，但是嘴巴里面还在说。这样感觉课堂不太好。(2010 年 10 月 22 日，英语 X 老师)

然而，当他们被老师单独点起来回答问题时却一改上述积极踊跃的姿态而变得异常沉默，表现出不自信与害怕：

就我的英语课堂来说，我不太喜欢让学生一起回答问题，就是我不喜欢有些学生在那里滥竽充数。我想多方面的、范围广的检查的话，我就一个一个点，但是点起来一些同学他哪怕是错了，他也会开口说话，但是绝大部分的学生他自己有一个正确的答案他都不肯开口说，那可(能)就是说这个孩子对自己的英语成绩不太自信。……，但是大家一起说的，他倒是觉得(很自信，很大声)……(2010 年 10 月 22 日，英语 X 老师)

欠缺的话，在我的学生方面，……，有些学生不敢表达自己的观点和思想。(问：不敢表达?)对，有时候我总是引导，随便谁说，错了没关系。他随便说，也许总能有一点是对的。但是学生总不说，他怕。(2010 年 10 月 21 日，数学 S 老师)

学生们的沉默与害怕在一次语文课的提问上也清楚地表现出来：

老师提问，举手的人很少，先后只有 CHYJ 与 LCH 两个人举手。老师点起 HXY，HXY 的回答只有一阵嗡嗡之声。老师不满地说："说话大声点，表达清晰，像我一样!"之后尽管 HXY 的回答有些改进，但仍不太大声，不太清晰。老师接着提问："作者(指鲁迅)当时被封建礼教打下了烙印没有?"全班学生默不作声。老师厉声说："你们看着我干嘛？打下了没有?"学生们这才集体回答："打下了。"(2010 年 10 月 14 日，观察笔记)

最后，他们在学习中遇到问题与困难时也很少主动问老师：

像我一般的话从来不喜欢中午到教室去给学生辅导，我觉得他们需要自己学习。有的学生可能需要喝杯茶，但是好学生可能要吃的更多一点。老师不可能直接告诉学生哪些是难点，一是效果不好。差的学生呢，你要讲出来学生有逆反，那么难的东西你讲它干嘛；有的好学生他主动问啊老师就要给他讲，就促进了他的发展，所以好学生发展多一点。（问：您就是非常鼓励学生去问，但是还是……）有蛮多学生不敢去问，……，有些学生他就是永远不会问的。有时候你随便说一句话，可能就影响学生。说话要很小心，因为有时候你一句话也许就打击到他。（2010 年 10 月 22 日，数学 S 老师）

更进一步，即使当这些学生们遇到不懂的问题要问老师时，他们也不能以适当的方式提出来：

这就是课堂习惯，现在的孩子有时候还无缘无故上课就……打个比方，比方说这道题他不会做了，我在上课讲这个练习讲得很好的时候他没听懂，他不会举手说："老师，你能不能再讲一下？我听不懂，你再讲一下。"他那就会起身、拿着书本，然后下课之后跑到讲台上问："老师这里怎么做？"他会这样问。（2010 年 10 月 22 日，英语 X 老师）

因此，在老师们看来，无论是学生们积极踊跃地接嘴、插嘴或相互指责，还是他们出于害怕与不自信的沉默、不敢问，或者以走到讲台的方式向老师请教问题，都显得很不适当、很不合规矩。这种不合规矩的互动方式不但引起了老师们的强烈反感，而且成为他们必须力图纠正的当务之急。

2. 突破课堂底线

如果说上述不合规矩的互动方式仍然是底层学生在试图融入课堂时表现出来的偏差的话，那么在听课过程中的不守纪律则表明他们在有意无意地脱离课程知识学习的轨道。学生们这些突破底线的行为经常让徜徉在课程知识海洋之中的老师大为光火，时常不得不中断知识的传授来将那些偏离者重新导入课程知识的学习轨道之中。一次在七年级办公室对一位数学老师的访谈过程中，S 班的一位男生过来交作业，老师指着他对我说：

比如这个班,S班,男生很多,比较调皮,就是那个(指着该学生,向他怒斥:“还在笑,还在笑?一巴掌过来,或者是让你爸过来!”)比较好动,他们班有好几个这样的,好动……(2010年10月21日,数学J老师)

事实上,在我的访谈过程中,几乎所有的老师都提到学生们在听课过的程中比较好动、喜欢说话、甚至传纸条:

其实我们开始第一堂课的时候就强调一下,就是听课习惯,要认真听讲。一开始学生没有这个习惯,喜欢边听边玩,和别人说话。……,强调(听课)必须和老师一起转,但是过一会儿就坐不住了,听不进去了。(2010年10月21日,数学J老师)

说话,小动作,老是讲话呀,上课传纸条呀,这个多得很……(2010年10月21日,数学S老师)

在课堂上,你要他端正坐,他非歪着个脑袋、斜着个肩膀,很随意的样子。你要他认真听,不说45分钟吧,老师讲重要问题的时候你(要)认真听,(但)动不动在下面搞些小动作。板书的时候注意不到,他在下面搞些小动作。这些都是些坏毛病、坏习惯。……,多得很,你(指研究者本人)听课的时候也应该关注到了,不用我再说太多了。(2010年10月19日,历史L老师)

听课过程中学生们这些举动的后果就是注意力难以集中:

你比方说,有的老师布置这个作业,他做那个作业,他连哪个题目都不知道。有时候我在课堂上提问题,我提这个问题,他回答那个,他瞎读,读一读搪塞你。……,他根本注意力不集中,不跟着你思考呀!(2010年10月19日,历史L老师)

这样就使他们的听课效率大大下降,当老师看到自己在讲台上的苦口婆心被学生们这种嬉戏冲走时,自然难以控制胸中的怒气。以下是我在课堂上观察到的几段场景:

老师开始讲第二题时,她叫起第一排的第二位女生(一位各科学习成绩都很好的女生),她先回答了一个单词,但是老师讲的是一道选择题。身边的同学赶紧提醒她,他们低声说"第 8 页","第 8 页"。英语老师愤怒而不耐烦地说:"你上课了没有? 我上到哪儿来了你都不知道? 也不知道你在干什么?""坐下来,坐下来……"(2010 年 9 月 29 日,观察笔记)

因此,面对学生们这些频繁地突破听课要求底线的习惯,老师们必须采取严厉的方式将偏离者重新导入课程知识传授的轨道之中。学生们的表现也击碎了教师们从书本上得来的各种所谓的"新教育理念"的乌托邦,而只能以一副刻板的面孔出现在课堂之中。在一次访谈中,一位年轻的英语教师向我描述了她的这一无奈且坚决的转变:

(问:那您有没有采取什么措施使得这些学生对英语感兴趣呢?)我以前曾经做过,以前我试验过一次,但是效果是失败的。因为我个人的个性不是很强的那种,对于管理学生这个方面我可能能放得出去,但是我要收,就很难得收回来。所以我做了这个试验之后是失败。(问:那您曾经做的是一个什么样的试验呢?)就比方说,在课堂上面,我可能让学生去做一些游戏,当然做游戏的话可能会有点乱,课堂效果可能会乱一点。但是,然后让他们通过游戏来慢慢地改变对英语这一学科的恐惧和惧怕吧,就是对英语这个兴趣要慢慢改观,就是让他们知道,学英语其实是非常具有乐趣感的,可以在玩的过程当中可以学英语知识,在学的过程中又可以玩。因为小孩子天生都爱玩,这样对小孩子是很有帮助的。……,这个试验是我在大学毕业之后工作的第一年做的,但是效果很不好,因为我高估了这些学生们,高估了他们的习惯。因为我觉得,既然是初中生的话,习惯应是非常的好,应该是非常有家教的,就是说孩子们能够约束得了自己,能够控制得了自己的嘴巴和行为。这就是我高估了他们这一点。所以从 2002 年我做了那个试验之后,效果不好,从此之后,我就再也不做这样的试验了。只能是以严厉的态度来对待他们。(2010 年 10 月 22 日,英语 X 老师)

这就是说,只要老师们在课堂上稍微松开听课要求的弦,学生们就像离弦的箭一样迅速突破听课要求的底线,以至于老师本人也难以将箭收回来。因此,对于绝大多数老师来说,课堂基本上可以和严厉同态共变。事实上,

K班班主任Z老师在一次教训学生的严厉话语中深刻地表达了为何要对学生们“严”的原因：

上午第三节课，语文老师走进教室，书夹在手臂下，厉声说：“你有缺点别人还不能批评你，那你来当班主任！你们哪像快班的学生，天天有问题！ZHML、ZHW，中午写完作业再吃饭！只要你不会就到办公室来问，不来问还不会就该死。”随后她接着说：“《晏子使楚》会背的举手，不会背的都给我站到后面去！”此时教室后面陆续地站满了两排二十几个人。班主任说：“你们说我管严了对吧？你们看看后面？这么严都有这么多人站到后面去，说明你们不怕我！对你们这么严还这样，要我怎么管？要是松一点你们还不是要疯掉！”“老师是干什么的？天天陪你们玩的？陪你们疯？没有教学任务？”“别以为你们现在快班，你们小学是怎么过来的我清楚！你们小学在班上是什么名次你们心里清楚！”(2010年10月13日，观察笔记)

因此，附着在学生们身上的这些好动、喜欢说话、传纸条等学习“坏习惯”使得他们在听课时难以集中注意力，从而大大降低了听课效率。面对学生们这些频繁地突破听课要求底线的习惯，老师们不得不一次又一次中断课程知识传授的过程，将这群偏离者重新导入课程知识学习的轨迹中。更进一步，他们彻底划清了书本与实践的界限，远远地躲开“玩中学与学中玩”的乌托邦教育理念，而改以一副严厉、刻板的面孔出现在几乎所有的课堂之上。

3. 保持“懒惰”

对于老师们来说，学生们上述课堂上的学习“坏习惯”已经令他们倍感棘手，但是，更让他们头疼的还有底层学生课堂之外的学习“坏习惯”。因为此时学生们已经远离了教师与教育权威，他们身上的“坏习惯”也可以更加淋漓尽致地表现出来。对于底层学生课堂之外的这些表现，老师们冠以其“懒惰”的称谓。这样我们看到，学生的家庭作业就成了一个经久不衰的敏感问题，带回家的作业一般很难达到要求。首先他们不太容易按时完成：

……你今天让他交作业，他非拖到明天后天，他不及时呀，不能按时完

成作业。（2010 年 10 月 19 日，历史 L 老师）

即使许多同学表面上完成了，他们也经常采用“特殊”的手段。在 K 班的一次家长会上，英语老师向家长们盘点每位学生的缺点，她指出：

YDM 抄 YQ 的，DG 抄 HSH 的，主观题开始抄了。书面表达不是难题，是懒，比较懒……

ZHML 上课注意力不集中，作业有一次作文没写，作业没做完。以后英语要蒙老师……（2010 年 10 月 15 日，观察笔记）

不但书面的家庭作业如此，其他一些需要在家里完成的预习、背单词等作业也很难达到要求：

我赶到 K 班教室时刚好响起了下早自习的铃声，教室后站满了一排人，包括 ZHHX、YDM、WR、FH、ZHML、ZHL 等。罚站的同学在班主任走了以后仍不敢离开原地，直到数学老师过来上课才回到各自的座位上去。罚站的原因是：FH、ZHML 没有预习新课文《风筝》；ZHL 只写出了每段的大意，而没有给生字注音，也没有解释重点词汇的意思；YDM 则预习太过，将参考书上的答案往书上抄得太多了……（2010 年 10 月 13 日，观察笔记）

这样，学生们每天早自习后的学校生活就是从交家庭作业开始的。每天上午第一节课之前我到 K 班班上时，看到的都是一幅交作业的情景：各科课代表在前面撕心裂肺地喊话，学生们忙乱地把自己的作业递过去，那些没有做完的学生便拼命地“补”，教室里作业本、试卷、报纸纷飞，像赶集一样热闹。催缴与检查家庭作业也往往成为各位老师每天的第一件教育大事：

上午第一节课，数学老师迟到了几分钟，进门后她喊了“上课”，班长喊了“起立”之后，老师冲着 ZHML 说：“作业呢？”答：“在包里。”老师说：“不交，你上多少年学了？不交作业我怎么知道你做了没有？”她接着说：“其他同学坐下去，你站着，下课交给我，我看看你到底做了没有！”（2010 年 10 月 13 日，观察笔记）

尽管 ZHML 同学这次是因为不小心的遗忘而仅仅站了一节课，但是在另一堂数学课上，他却没有这样幸运：

上午第三节课,数学老师抱着笔记本电脑和上次测试的计算竞赛试卷走进教室。她开始检查家庭作业,她本人只看小组长的,然后让小组长代查各组员的作业情况。此时坐在最后一排的 LXF 和 ZHML 都非常紧张。组长 WR 说:"老师,ZHML 没做!"老师问:"为什么没做?"答:"忘记了。"数学老师说:"忘记了?"……结果当同学们第四节生物课兴高采烈地到实验室去时,ZHML 却被数学老师半途截住,他被单独叫进了办公室,到数学老师那里补作业。(2010 年 10 月 12 日,观察笔记)

然而,学生们不仅在这些外显的作业上面"懒惰",更重要的是他们在思维上面也非常"懒惰"。同样是在上述那次家长会上,班主任兼语文老师在集中指出学生们的缺点时,将"思维懒"列在学生们一长串缺点中的第二位,她说:

孩子思维懒,没有探索的欲望,这样是走不远的。要有学习自主性,全班只有 HML 一个人做得很好,ZHXY 成绩进来时跟 QNN 一样,现在退步了。……每一个错误都表明孩子思维上的障碍,……,机械性的(题目)不会不要紧,记忆性的问题(不会也)不要紧,这样的孩子没有潜力,关键是思维。(2010 年 10 月 15 日,观察笔记)

这样,尽管表面上学生们都必须将家庭作业完成,但是与在学校课堂上的作业相比,家庭作业的效果往往难尽人意。一位数学老师带着失望与愤怒向我说道:

包括你布置的课堂作业回去,也做得效果很差,家庭作业就不用说。你看这个资料(指着一份练习给我看),如果难的话,……让他们自己做,不起作用,乱七八糟的,几乎都是叉。你看这效果,在家里写的,几乎都是叉。还有几个学生,几乎都是这样的。这说明什么问题呢?做的时候呀,第一个没有思考进去,实际上题目,你看,不难的嘛!……,但还有一个问题,就是什么呀,就是目前还不习惯这样的形式,不习惯动脑,就是没思考进去。回家这个环境呀,松懈了,随便应付……(2010 年 10 月 21 日,数学 J 老师)

因此,老师们就不得不对家长们提出要求,将自身与学校的教育权威通过家长会等形式转移到家长身上,力图通过家长的监督将这群课后松懈下来的、懒惰的孩子导入课程知识的学习轨迹之中。

因此,家长必须监督,家长必须坐在他们旁边陪着他们写。然后有基础、有条件的要辅导。这个辅导,就是(作业)做完了以后,你要签字。(2010年10月21日,数学J老师)

事实上,除了每次重大考试之后的家长会、学生出现了严重问题时同家长的电话沟通之外,另一个将家长"同化"为孩子监督人员的常规性渠道就是家校联络本。前两者毕竟属于学校与家长之间间歇性的沟通,后者则每天对家长进行持续性的强化。家校联络本的主要内容即为家长监督孩子完成家庭作业,即学生首先分条列出每天回家后他们需要完成的家庭作业;然后家长对着各条一项一项地验收,验收完了以后签字认可;班主任每天早自习后将家校联络本当做一件极为重要的作业收上来,各科任老师将不合格的情况反馈给班主任,班主任再据此批复家长的签字,并对家长提出新的要求。以下是K班一位学生某次家校联络本的情况:

今天要完成的家庭作业:

(1) 语文:课堂练习;

(2) 数学:"超级课堂"4、5、6题;

(3) 英语:字帖两页;课堂练习;听写单词。

家长签字:经检查语文、数学作业已完成,英语单词听写全对,今天的学习任务完成得较好,望保持。(家长姓名:×××,9月18日)

老师的批复:每天要看3篇语文作文,写出每篇作文至少一个优点。英语听力得坚持。①

然而,由于某些深刻的社会原因(我们将在第五章重点分析),家长的表现往往比学生更加令老师失望:

但是我们这个签字,就这学期吧,就这几个签的。……,现在都不怎么

① 来自于K班某学生的家校联络本。

重视,因为家长都没有这样子。学生……,上一级,就是几个家长签字。(问:很少啊,少到什么程度呢?)就这几个嘛,目前做得好的就这几个嘛!这个家长,他天天辅导,就很好。就是一些家长,对学生要求比较高的家长,他可能会比较多地(监督、检查与签字)。但是大部分家长是什么,他们可能比较忙;然后还有一些家长就是做自己的事情去了,也不怎么管学生,这样的家长很多……(2010年10月21日,数学就J老师)

因此,我们看到,在学校权威之外的时间里,学生们不太容易达到学校对家庭作业的要求,不但书面作业如此,其他预习、记单词等功课亦不例外,更加令老师们苦恼的是,他们不但在这些外显的功课上懒惰,而且在思维上也非常懒惰。为此老师们只有持续不断地保持检查、催缴,以及必要的责罚,甚至运用家长会、电话与家校联络本等渠道赋予家长必要的教育权威,将家长们同化到家庭作业的监督流程之中。然而,对家长们所进行的各种努力往往让老师大失所望,因为家长们或者因忙于生计而没有时间管孩子,甚至他们更喜欢去做自己的事而不愿意管孩子。这样,在老师与学校教育权威之外的时间里,学生们就可以持续地保持"懒惰"。

4."被确定"的学习目标

由于客观上早年知识积累的断裂,以及学习"坏习惯"的牵引,G中学那些出身于底层社会的孩子们在意识层面上也往往不能根据外在的社会条件确立自己未来的利益所在,更不能将这些遥远的目标操作化为一个个具体的目标序列,也不能为这些目标寻找到可供实现的有效手段。更进一步说,他们不能依据已经握有的客观社会条件通过工具化的理性计算来实现自身利益的最大化。学生们理性计算的精神向度的这一缺失被K班那些承担了学校未来主要升学任务的老师称为"没目标"。在期中考试前的一次家长会上,老师们在强调了学校将根据期中考试成绩对K班的人选进行重新调整之后,突出强调了学生的"没目标"状态。班主任Z老师指出:

老师压力太大,老师的神经天天都绷得紧紧的,上面也经常要求。我自己也有个面子问题,我又不是教几年就退休,还有很长的路要走。……,很多孩子不知道自己要干什么,到现在为止,孩子还没有想过自己三年后要上什么高中,家长也没有。……,没有目标就没有动力。老师也有定位,每个学生都有定位。……,班上基本上没有学生知道自己要干什么!我这么严格都有这么多问题,不严行吗?(2010 年 10 月 15 日,观察笔记)

就在 Z 老师讲这席话的前一个环节中,数学老师在家长会上也指出了学生们这种"没目标"的虚无主义状态:

大部分孩子没有任何压力,大多数学生都不知道自己要干什么。很多学生就是在教室的前面后面晃。……,快班的学生要么休息,要么写作业。快班的学生应该有老师、无老师都是鸦雀无声的。(2010 年 10 月 15 日,观察笔记)

因此,在此次家长会之后班主任 Z 老师进行了一次"确定"学习目标的动员。她首先要求学生每人以"我的学习目标"为题写一篇作文,接着要求家长在同孩子沟通后最终确定中考目标,最后她还要求每位学生把自己将来要考的那个学校的名称用大字写在白纸上,然后贴在教室后方的墙壁上。这样一来,这些学习目标就可以天天盯着学生们在教室里的一举一动,老师也可以借此来更加严厉地批评与要求学生。表 2-1 给出了部分学生在此次动员之后为自己所确定的学习目标。

表 2-1　G 中学 K 班学生的学习目标

学习目标			是否上 X 大学附中		
学校层次	人数	比率	学校层次	人数	比率
省重点	13	68.4%	是	7	36.8%
普通高中	1	5.3%	否	12	63.2%
其　他	4	21.1%	总　计	19	100.0%
没有目标	1	5.3%			
总　计	19	100.0%			

表 2-1 的数据显示,在笔者所调查的 19 位学生中有 13 人将自己未来中考的目标定为省重点高中,并且有 7 人立志三年后要考上武汉市最好的

高中——X 大学附中。颇为奇怪的是，尽管经过了“确定”学习目标的动员，仍然有学生表示没有目标。然而，在一份宣传性文件中，该校校长宣称“学校的教育质量有口皆碑，2009 年中考更创佳绩，中考成绩一次性合格率达 95%，省重点升学率达 19%，普通高中升学率达 42%，过 X 大学附中 1 人”。① 这就是说，G 中学能够考上 X 大学附中的人数是几年才能一见（例如，2010 年就没有出现）。然而，在笔者的调查对象中，尚有一大部分学生的成绩处在中下游水平。因此，经过班主任的动员而“确定”起来、并贴在教室后墙上的学习目标远远高于客观现实水平，学生们对未来的畅想一下子从虚无主义上升到了漂浮状态。这种偏高的状况在表 2－2 中可以更加明显地看出来。

表 2－2　G 中学 K 班不同学习水平学生的学习目标

	学习目标					是否上 X 大学附中		
成绩水平	省重点	普通高中	其他目标	没有目标	省重点比率	是	否	X 大学比率
上游	4	0	0	1	80.0%	4	1	80.0%
中游	5	0	3	0	62.5%	2	6	25.0%
下游	4	1	1	0	66.7%	1	5	15.7%
总计	13	1	4	1	68.4%	7	12	36.8%

依据表 2－2 的数据，成绩处于 K 班上游的 5 名学生中确定以省重点为目标的比率为 80.0%，并都以 X 大学附中作为自己努力的方向。成绩处于中游水平的学生也有 25.0%的人确定以 X 大学附中为奋斗目标。令人奇怪的是，那些成绩下游的学生中也有高达 66.7%的人以省重点高中为奋斗目标，并有 1 人选择 X 大学附中为努力方向。

这种普遍偏高的目标定位既来源于学生自己对现实的模糊理解，也来自于班主任动员所激发起来的从无到有的热情，并且与他们家长的心态密

① 来自于 G 中学的文件：“校长寄语”。

切相关。因为从上述班主任对学生学习目标的动员过程中我们发现，实际上学生为自己“确定”学习目标的过程也是家长为孩子“确定”学习目标的过程，家长们与学生们一样在学习目标上经历了一个从无到有的过程。实际上，正如一位履历丰富的老师所指出的，这种老师与家长的合力所导致的漂浮于客观现实条件之上的目标定位在G中学的学生中普遍存在：

（没有目标的）家长有，可能不多吧。可能由于家庭背景呀，或者家长的素质呀，决定了他，可能是忙于生计呀，没有时间去辅导学生，更不用说在以后的人生路上给他确定一个什么样的目标。但是我想，更多的家长肯定有对孩子的期望值过高，望子成龙、望女成凤。孩子一旦犯了错误不是以那种恰当的方法（对待），而是打骂、比较粗暴的行为，反而对孩子不利，容易引起孩子的逆反心理。所以现在有一部分学生厌学，就在这个地方。可如果当初正面引导的话就会好一些。但是这个过程中，可能我们老师也有一些，恨铁不成钢呀，对学生期望值过大，对学生犯的错误惩罚有一点严厉。导致学生产生逆反。这种也有，老师呀、家长呀都有这种现象。（2010年10月19日，历史L老师）

因此，我们看到，不管学生们的学习目标是被老师们的热情动员起来的，还是由家长们的“望子成龙、望女成凤”的期望从高处赋予他们的，对他们自身来说，这些目标都是“被确定”的。因为早年的社会化经历使他们不能够依据客观社会条件来展望未来，不能利用理性计算的精神向度来确定适于自身利益最大化的目标。这样，这些“被确定”的学习目标就不可能真正转化为学生自己的学习目标，学生们也不可能找到实现该目标的有效手段；相反，极有可能在一次又一次的学习挫败中感到目标遥不可及，甚至渐行渐远；更可能在教师与家长以目标为准绳的严厉惩罚下走向目标的反面，最终实现目标不能实现的自证预言。

综上所述，农村学校中存在着学生陷入隐性辍学、厌学和消极应付课程学习任务的现象，这种学习状态上的游离和逃离，背后是学生与课程之间的冲突。课程知识是学校主流文化的核心内容，融入其中并与其一体化是底层学生获得教育成功、实现上向的社会流动的先决条件。上述农村学生不但表现出早年知识积累的断裂，而且在课堂上不能以“合规矩”的方式同老师互动，并且时刻力图突破听课要求的底线，当他们离开老师与学校教育的权威之后也持续地保持“懒惰”，同时他们还“被(老师与家长)确定”了不合理的学习目标。断裂的知识积累状况为他们进一步积累以一环扣一环为特征的后续课程知识带来了困难，而附着在他们身上的学习“坏习惯”也时刻准备将他们牵引到课程知识学习的轨道之外，不合理的学习目标更增添了他们实现不能实现该目标的自证预言。这样，我们看到，以上三种力量各自从自己的方向将学生们拉到课程知识学习的轨道之外，其合力便是试图将他们从学校权威笼罩的课程知识学习的场域中离心出去。

第三章　融入与区隔:农村学生与学校课程知识之间的冲突

以上考察仅仅停留在底层学生与学校课程与课堂之间冲突的外围,还没有深入到认知层面这一课程知识的内核之中。前者代表一种附着在学生身上的结构性力量对他们在课程学习过程中的束缚、牵引与离心力,后者则表明了课程知识的主动出击,它作为一种异于农村学生文化习性的陌生文化而在认知层面对他们施加着符号暴力。如果说前者表明了农村学生自身有意无意的主动逃离,那么后者则是课程知识对农村学生力图主动融入其中的排斥。

依据法国社会学家布迪厄的定义,文化资本具有广博的面相以及与(经济)资本类似的诸多特性。一方面,它不但包括不同社会阶级之间在语言类型、思维模式与艺术审美品位之间的区隔,甚至也表现在饮食态度、穿着方式、生活用具等方面的差异;①另一方面,文化资本具有与(经济)资本类似的继承、积累、交换等特性,不同社会阶级所拥有的文化资本类型与数量不同,并且特定类型与制度化之后的文化资本可以同其他资本相互转化。②

---

① 乔纳森·特纳.社会学理论的结构[M].邱泽奇等译.北京:华夏出版社,2008:472—473.

② 皮埃尔·布迪厄.资本的形式[M].载薛晓源、曹荣湘主编.全球化与文化资本[M].北京:社会科学文献出版社,2005:3—22.

因此，文化资本随社会阶级而分化，并在支配与剥削模式的再生产中发挥效力。① 这里，我们将集中关注文化资本中的语言类型与思维模式两个面相，考察农村学生在课程知识学习的认知层面与学校文化资本的这两个面相之间的冲突，以检视后者施加于农村学生心智结构上的符号暴力以及对他们的外在排斥。下面我们就从语言类型开始展开这幅隐蔽的冲突图景。

第一节 简单的重复性错误：农村学生与学校语言类型之间的冲突

语言是个极为复杂的概念，从组成单位上说它是语音、语调、语义与语法的多重组合；从结构模式上说它由经验性的、可感的日常言说(utterance)与一套未书诸笔端的语法规则所构成，后者即语言(langue)，它以一种隐蔽的模式决定前者(即言语，parole)。② 在笔者所重点调研的 G 中学 K 班的课堂上，农村学生与学校语言之间在上述所有层面都表现出了广泛而激烈的冲突，这种冲突在作为外来文化的英语以及作为科学之符号化、精确性与体系化之王冠的数学课堂上表现得尤为明显。

一 简单的重复性错误之一：农村学生与英语语言之间的冲突

对于初中生来说，英语首先是作为一种语言对学生提出要求的，只有掌握了基本的语音、语调、语义以及语法规则，才能进一步谈以语言为媒介所

---

① 马尔科姆・沃特斯. 现代社会学理论[M]. 杨善华、李康等译. 北京：华夏出版社，2000：186.

② F・索绪尔. 普通语言学教程[M]. 转引自：马尔科姆・沃特斯. 现代社会学理论[M]. 杨善华、李康等译. 北京：华夏出版社，2000：101.

承载的西方文化内容的学习。英语X老师明确表明了这种语言学科观，她告诉我，对于初中生来说：

肯定是培养(学生)学会交际、听说读写方面的能力，要学会用英语跟别人表达、跟别人说，就是听说读写这四个方面的能力。……，就是(要学生)去学去写去听，因为我们的英语就是一个听说读写。听，要听懂磁带里面的内容；说，要开口说英语；读，要读得懂阅读，就是读懂一篇文章写的什么；写，就是能够写得了一篇文章或是能够做得了题。(2010年10月22日，英语X老师)

然而，实际的状况却与上述要求相距遥远，学生们在英语学习过程中的每一步都走得步履维艰。

(一) 语调

首先，他们不太习惯外国人说话要改变语气或语腔语调：

下午讲新课，老师首先让大家熟悉单词，接着领大家读单词，然后在PPT上以对话或段落的形式展示单词，并特别以红色字体标出单词。……，老师接连叫起两位同学来读"Is that your watch?"他们都读成了降调。为此X师进一步将其读成疑问式的升调，为了强化，她又领着全班同学读了好几遍。……，课上到一半时，班长LJY与另一位同学被叫起来练习对话，由LJY提问，她仍然将那句"Is that your watch?"读成了降调。尽管课的前半部分练习了多次，但她仍然读成了降调。她需要纠正，纠正后方能读正确。(2010年9月27日，观察笔记)

这就是说，对于英语中那些(有时是故意地)表示疑问、惊叹的特殊句子所需的语腔语调很难在农村学生既有的语言结构中找到，也很难在他们脑海里扎根，一旦离开了课堂上那个特殊语境，这些"怪腔怪调"便同时离开了他们。

(二) 语音

不但如此，他们还在语音上存在普遍化的错误，突出的表现就是单词不容易读准。这在K班英语课上的几个语音片段里明显地表现出来：

X 老师特别注重单词的拼写，口里经常一遍又一遍地问学生："How to spell it?"然后学生们便一个字母、一个字母地拼写开了。但是当学生们单独重复老师那句话时，总是不经意地将"spell"读成/斯佩尔/，只有当老师即时纠正了之后全班才能准确地读出来。可是没过多久，又恢复到了/斯佩尔/。(2010 年 9 月 27 日，观察笔记)

练习课上，YQ 同学被英语老师叫起来读一道选择题的几个读音相近的选项："coat，bout，rope"。无一例外，她全部读错，本来是长音，她却读得非常短促。(2010 年 9 月 29 日，观察笔记)

因此，学生们既不知道在英语的语音规则中辅音遇到元音要爆破，也不清楚哪些音该长、哪些音该短。这样一来，他们就很容易在单词的记忆上持续不断地犯一些在英语老师看来难以原谅的错误，而且始终难以运用老师再三强调的根据音标记单词的单词记忆捷径。在一次英语课上，我记录下了如下场景：

第一节英语课，X 老师继续放晨读时未放完的听力磁带。听完后叫学生到黑板上写答案。老师讲到 CHYJ 所做的那道题时，厉声说："这个错误太低级了，太蠢了，'t'读/t/，怎么会写成'd'?"因为在黑板上，她将"friend"写成了"frient"。(2010 年 10 月 12 日，观察笔记)

几天之后上述错误再一次出现在英语课堂上，这次英语老师再也不能仅仅是发几句牢骚与纠正读音了，而且采取了一些"硬"的措施：

英语老师逐一念每个学生的分数，并不时对一些"重大错误"进行问责。……，"朋友'friend'这个单词没对的举手!"在举手的几个人中我们又发现了 CHYJ。英语老师问道："这个单词在班上写了多少遍？大家说他们要写多少遍?"学生们答："100 遍"，"200 遍"，"600 遍"……，他们幸灾乐祸地喊出了自己的数字。最后，英语老师定下来："先让他们抄 100 遍，大家监督，下次错了再往上加!"(2010 年 10 月 15 日，观察笔记)

因此，罚抄英语单词就成了多数学生的例行性功课，每个人都备有一本专用的英语单词罚抄本，每次听写、作业或考试中犯了不该犯的单词错误便要增加一份作业,罚抄单词的数量从 100 遍到 1000 遍不等。不少学生甚至从开学到现在已用去数本单词罚抄本,并且在课下向我传授各种快速写单词的方法。在英语老师的意识里,学生的英语单词听写或其他场合一犯再犯的那些低级错误一般被认为是他们课后没有花时间去记去背,因为在老师们看来,这些机械性的工作只要你花时间了就不太可能犯错误。只是老师们不太容易意识到,学生们单词错误的背后有一套语音规则对他们进行着隐蔽的排斥。只有碰到某些明显的错误时,例如将"friend"写成"frient"时,老师们才会觉察到,原来是学生们分不清/t/与/d/的读音。不过,相对于对单词的每个字母的精确记忆来说,这套语音规则很少成为英语教学的重点。

（三）语法

然而,如果说上述根源于农村学生对语音规则的无意识而导致的单词记忆错误在老师们看来是由于他们的懒惰而部分地可以通过勤奋来弥补的话,那么,发生在学生英语学习过程中的另一类错误就足以让老师们发出"你们真难教"的感叹了,后者就是由英语语法所导致的另一类"简单的重复性错误"。在结构主义语言学的著作中,语法规则(即语言(langue))是一套未书诸笔端的潜在决定模式,对它的掌握取决于生物传承的心智机制,这些机制一般以无意识状态存在,并支撑或建构着日常言说,即言语(parole)。① 因此,我们看到语文学习对 G 中学 K 班的学生而言并不十分困难,因为汉语作为母语,它的某些一般规则已经通过早年的社会化经历而内化到他们的心智结构中,以一种无意识的状态支配着他们的日常汉语言说。但是,当英语课堂上把那套原本隐蔽存在的语法规则显性化,并要求学生内化到已经基本定型的心智结构之中的时候,我们便看到学生们普遍存在的重重困难,哪怕是一些在老师们看来最为基本的语法规则也不例外。这里,我们将

① 马尔科姆·沃特斯.现代社会学理论[M].杨善华、李康等译.北京:华夏出版社,2000:101—102.

考察七年级伊始的K班学生与最为基本的三种英语语法规则之间的冲突：词性、单复数与句子的基本结构。

1. 词性

对于K班的学生来说，在词性方面，他们最基本的错误是分不清与人有关的名词和形容词。这一基本错误从我进入K班教室听课伊始就出现在英语课堂上，并持续不断地向后推延，直到我离开那一天他们中的一大部分人仍旧没有从该错误的泥潭中走出来。9月28日下午第一节英语课，我看到以下情景：

英语课先听了10分钟左右的磁带，接着讲练习。老师颇为失望地说："这次练习远没有我预期的那么好，全对的只有ML和JCQ两个。"接着她气愤地说："从开学到现在，大家还分不清'you'跟'your'！"她继续说："'your'与'my'和'her'一样，是形容词，后面接名词；对应的单词'you'、'I'、'he'与'she'为名词，直接用。""肯定有些同学初中三年毕业这两个词还会混掉，但我希望本班的学生在月考之前解决问题。"(2010年9月28日，观察笔记)

可是，就在英语老师上完那堂课的后一天，不少学生就忘记了英语老师那番苦口婆心的话：

英语老师抱着两叠作业进来，外带一把黑色戒尺，怒气冲冲地说："今天的作业改得我气得不得了，我要开始打手啦！"接着她便一个一个地把学生点上去，共点了十多个人，每个人被打的数量不一样，从1下到4下不等。"啪啪"的打手声过后，老师开始进行责备，她说："上课再交头接耳我就毛了啊！到黑板上写时一个个牛得不得了，可是一做作业，全班严格地说只有ML一个人对！"……，接着她开始讲解那些错误，她说："哪些人写了'your'的站起来！"此时站起了3位。老师厉声说："怎么会写成'Nice to meet your'？"她接着说："再说一下这两个词'your'与'you'，'you'可以单独用，'your'不可以单独用，一定要接名词！""前面讲过了还不会，这就是我为何要打你们的原因！"(2010年9月29日，观察笔记)

然而,学生们对名词与形容词的区分似乎“江山易改,本性难移”,半个月后同样是一次令英语老师极为失望的考试上,该错误又一次浮上了水面:

“这次考试是(准备)最充分的一次,也是考得最差的一次!”英语老师一进门就说了一大堆抱怨的话,……在指责学生们所犯的那些不可原谅的错误时,她指出了其中最为严重的一个:“那个老问题大家还分不清,我当时讲的时候大家觉得好笑,这次又出现了!”“‘He’是代词,就等同于名词,还能接名词吗?”“‘his’是形容词,后面才能接名词!”老师接着布置了一份相关的作业:“今天的作业,用这两类词造句！名词‘I’、‘you’、‘he’与‘she’,对应的形容词‘my’、‘your’、‘his’与‘her’,用它们造句!”随后她还不放心,点起DG,让他用“I”造句,他却沉默不语。这时坐在他旁边的LCH被叫了起来,他说:“I am Lichang!”……(2010年10月15日,观察笔记)

这样,尽管英语老师一遍又一遍地强调名词与形容词之间的区别,尽管她动用了严厉的责罚形式(例如用戒尺打手)以及布置作业让学生们专项训练,但是上述错误仍旧可能会在未来的某个时候蹦出来,再一次引来英语老师激烈的消极强化措施。不过,当面对潜存于学生心智结构上的无意识语言规则支配模式时,这套外铄力量的效用可能并不像行为主义心理学家斯金纳所肯定的那么有效,正如上述英语老师所说的,“肯定有些同学初中三年毕业这两个词(即‘you’与‘your’)还会混掉”。

2. 单复数

如果说上述关于词性的区分与用法的规则比较抽象,例如名词必须单独使用、只有形容词后面才能接名词等等,因而它们比较容易陷入一种同义反复,那么关于单复数的语法规则则明确得多,似乎学生们只要将那几条规则记住便不可能犯错误。在K班的一堂英语课上,X老师非常明确地向学生列出了这些规则:

在一节考试课的前半部分,老师先处理了一些练习。她说:“以后欠我的作业单独给我,不要占用上课的时间。把罚抄本拿上来,快点、快点……”接着她说:“单数变复数,我发现还有七、八个同学不会。要动脑筋,太死

了!”接着她回顾了单数变复数的法则:

1. 直接加“s”;

2. 以“s”、“x”、“sh”、“ch”结尾加“es”;

3. 辅音字母加“y”结尾,把“y”改“i”,再加“es”;

4. 以“o”结尾直接加“s”,例如“photos”;

5. 以“f”、“ef”结尾,把“f”、“ef”改成“v”,再加“es”;

6. 几个特殊的词:“this”变“these”,“that”变“those”,“he”变“they”,“I”变“we”。

她接着强调:“这几条要记,记在脑海里!不记做题时怎么能想得到呢?牢记在心!”(2010年10月13日,观察笔记)

尽管这些法则在英语老师看来是那么明确,只要学生们牢记在心就不可能在做题目时出现问题,但是K班的学生却仍旧出乎意外地犯错误。他们首先不能在形式上将单词的复数形式写对,以下是几个从众多此类错误中挑出来的例子:

“that”的复数“thats”;“this”的复数“thises”。(2010年10月12日,观察笔记)

如果说上述形式上的错误可以归因于学生们没有把规则记牢于心,老师可以通过不断地重复规则来达到必要的复数正确形式的话,那么,当学生们在具体的句子中遭遇单复数法则时,则完全是另外一番效果。在一次一大批学生被英语老师叫到讲台上去打手板之后,我从他们的作业中找到了责罚的原因,以下几条在老师看来是不可原谅的错误:

1. Frank **are** a good student.

2. The watch and ring **is** on the desk. (2010年9月29日,观察笔记)

更进一步说,如果上述句子中单复数形式的误用是来自于学生们的规则无意识,是他们“不经意”导致的。那么,当学生们在做题之前被明确提醒应用该规则时,上述错误也不能例外。在上述错误发生半个月之后的某次课间,教室里重新出现英语老师的抱怨:

课间英语老师抱着一大堆作业进来，说："CHH、CHYJ，你们做作业动动脑筋，一辆车怎么用复数呢？"……，这是一道单复数之间变换的题目，我随意翻看了身边几位学生的作业，发现被老师点名的那两位同学所犯的错误在全班非常普遍。以下是从他们作业本上随意摘抄下来的此类错误：

1. This is an English car. 变为复数形式：These are **an** English cars.

2. Those are apples. 变为单数形式：That **is apple.**

3. Those are apples. 变为单数形式：That is an **apples.**（2010 年 10 月 12 日，观察笔记）

因此，即使是在做题目之前被特意地提醒单复数规则，学生们还是不可避免地犯错误，并且持续不断地一犯再犯。这就是说，这些明确的规则作为一种外在的支配言语的隐性存在，始终游离在农村学生的心智结构之外。

3. 句子的基本结构

对于 K 班的大部分学生来说，错误的泛滥区在句子的基本结构上表现得尤其明显。他们既不理解为何英语中的句子需要主语、谓语、宾语全部齐全才能称得上是一个完整的句子，也不明白这些不同的成分之间需要以什么样的顺序排列才算合乎语法规则，更不清楚为何当一个陈述句变为否定句或疑问句时需要对句子本身做出那么大的变化。这样，他们在基本的句子结构中最容易犯的错误就是增加一部分或减少一部分。此类残缺或多余的"句子"在他们的作业本或试卷中比比皆是，以下是从中挑出来的几个例子：

1. That is apple.

2. I am brother.

3. It is not is English book?（2010 年 10 月 8 日，观察笔记）

更加普遍的是，他们不理解何谓主语、谓语、宾语，也不知道这些成分怎样排列才算合乎语法规则。例如，他们会将一句常用的问候语写成"Nice you meet to!"（2010 年 10 月 8 日，观察笔记），在一次连词成句的练习讲解课上，我看到了以下情景：

DWK被老师叫起来回答问题，他将词语连成了这样一句话："In the lost and found case is the white watch."老师在指出了他的错误后试图将他引向正确的句子结构，她把句子的一部分写了出来"In the lost and found case"，对DWK说："这部分你先不管。"现在只剩下"the watch"、"is"、"white"三个词了。老师接着说："你把这几个词连成一句话！"DWK却站在那里沉默不语，直到老师走到他身边逼问，他才小声地说出了一个"white"单词，顿时引起了全班的哄堂大笑。此时，同样是在后排的HSH同学很活跃，被老师叫了起来，她回答道："Is the white watch?"老师随即说："你翻译一下看，看看这成不成句子？"……随后老师在教室里转了一圈，极为失望地发现75题（即本题）的连词成句没有一个同学对。……（2010年10月8日，观察笔记）

更进一步说，句子的基本结构这种对成分与语序的要求，在学生们被要求将一个陈述句变成一个否定句或疑问句时，他们的错误就愈加普遍化了。这在K班的英语课堂上屡见不鲜，在一节让英语老师频频愤怒的课上，我看到：

下午第一节英语课，老师显然中午没有休息好，脸上爬满倦容，容易愤怒。……，YQ同学被叫到黑板上回答第2题，她的回答果然给了英语老师这样的机会。老师先指着她所写下的前一个句子（"Is isn't good ruler?"），说："英语的句子同汉语不同，一定要有主语！"老师指着她所写下的另外一个句子（"It is a not good ruler."），用更加强烈的语气说："变否定句，'not'直接接在'be'动词后面，细心一点！"……（2010年9月28日，观察笔记）

就在英语老师怒气冲冲地强调了将肯定句变成否定句的基本格式之后的一天，学生们又出现了上述错误，而且将否定句的语序错误扩展到了疑问句之中。为此，老师不得不动用"硬"措施来警告学生们的遗忘。她在用戒尺打了十余位学生的手后指出：

"（否定句中）把'is not'写成'not is'，还有几个同学写成这样！你说错成这样怎么考试？！"……，下课后我从学生的作业本里摘录了部分他们被打手的错误：

1. That is a not book!

2. Her is in the ruler case?

3. Tony is that my uncle?（2010 年 9 月 29 日，观察笔记）

因此，英语中基本的句子结构作为一套固有的语法规则从句子成分的完整性、语序的适当排列等层面都提出了自身的要求，而那些底层社会出身的孩子则难以理解支配各个单词“适当地”组合成句子的法则，他们要么给句子的基本结构增加一部分内容，要么减少一部分内容，要么将不同成分的顺序弄错。尽管英语老师持续不断地强调这些语法规则，并对学生们提出了记忆与动脑筋等要求，甚至动用了各种责罚手段(包括某些“硬”的措施)，多数学生们仍旧是云里雾里，仍旧是面对着一堆杂乱的单词组合，对于潜藏在言语背后的那套隐蔽的语言法则，他们不但在意识层面难以理解与掌握，而且在无意识层面亦与他们的心智结构不相关。

通过上述对农村学生与英语语言各个面相之间的冲突的检视，我们发现，当学生们遭遇到外在于他们心智结构的言语与语言时，将不可避免地表现出一种有意识或无意识的持续不断的错误。面对这种困境，英语老师要么归因于学生们太懒，没有将规则牢记于心，要么责备他们脑筋太死，不会灵活变通。为此，老师们不得不动用各种责罚手段，力图将这套外在的英语语言规则外铄到学生既有的心智结构上去。在此过程中，学生本人也试图融入其中，试图记忆并理解规则。然而，双方的努力换来的却是令双方都失望的结果，即学生在英语学习过程中绵延不绝的简单的重复错误。这样，我们就看到了一个符号暴力过程，英语语言以语调、语音、语法等规则持续不断地否定、排斥学生们的试图融入，这就是上述那幅简单的重复错误现象背后的深层机制。然而，对农村学生来说，这幅简单的重复错误图景与符号暴力机制并不仅仅存在于英语语言之中，它们在被称为科学之冠的数学语言中亦难以避免，只不过后者以另外一副面孔出现。我们接下来就转入对后者的检视工作。

二 简单的重复性错误之二:农村学生与数学语言之间的冲突

数学语言之所以成为科学语言之冠,源于它本身的精密性表达与公理化体系特性。数学的精密性表达是指任何数学语句或命题都有明确的意思,不能模棱两可或含糊不清。用结构主义语言学的话来说,就是任何数学语言的所指都是明确的,并且所指本身能够与能指高度一致。数学的公理化体系则表明,任何数学判断或结论都有明确的根据或来源,也就是说任何结论都是建立在条件的基础上,而条件本身是不容置疑的。这样,数学命题就构成了一环扣一环、后者以前者为基础的逻辑链条,逻辑链条的最前端是那些尽管没有被证明、但被普遍认同的公设。① 因此,一旦某个公设被怀疑或驳倒,整个以公设为基础而建立起来的公理化体系就要倾塌,数学就要发生一场革命。其中,数学史上最重要的革命之一是俄国数学家罗巴切夫斯基对欧几里得几何学第五公设的驳倒,在此基础上,他提出另外一条公设代替欧几里得几何学中的第五公设,并与前四条公设结合,创立了著名的非欧几何学。正是凭借数学语言的上述两条特性,数学才得以追求一种简洁美与对称美,前者力图用最简洁明了的符号语言来明确地表达一个意思,后者在论证了充分条件之后仍然追求必要条件的证明。以此为基础,数学本身才能给予那些以自然为研究对象的科学以持续不断的影响,并屹立于科学的王冠之位。

数学语言的精密性表达与公理化体系的基础分别是语言的符号性与法则性,符号性是指尽量用远离现实生活中具体事物的抽象符号作为数学语

---

① 例如,欧几里得几何学中五条公设分别为:1. 由任何一点到任何一点可以作直线;2. 一条有限直线可以继续延长;3. 以任意点为心及任意的距离可以画圆;4. 凡角都相等;5. 同一平面内一条直线和另外两条直线相交,若在某一侧的两个内角的和小于两个直角,则这两条直线无限延长后在这一侧相交。

言，以使语言自身满足形式逻辑或数理逻辑的要求，在此基础上组成用来进一步推理的命题或条件；法则性是指数学的推理、计算、结论都是依据既定的规则进行，只有这样，数学判断或结论才能从既有的条件或公设中推导出来，才能让静止的数学命题动起来、前后命题彼此逻辑性的关联起来，才能形成一套一环扣一环的公理体系。①

数学语言的上述特性及其基础在中等教育开端的七年级伊始就明显地表现出来，它们主导了 G 中学 K 班数学课堂的主要言说方式，并持续不断地冲击着学生们的心智结构。然而，对于那些出身于社会底层的学生来说，他们与数学语言的相遇却并不是一场愉快的旅行，相反，同上述英语语言一样，展现给我们的是一幅持续不断地冲突图景。

（一）作为符号的数学语言

对于刚刚开始七年级生活的 K 班学生来说，数学语言的符号性主要表现在两个方面，其一是由形象化的图形向抽象化的数字符号的转化，即学生们需要用小学学过的数字语言来表达图形中的各种关系，这是他们未来进一步学习解析几何的基础。其二是从可感的数字向抽象的字母符号的转变，即学生们需要将小学时所学的对于数字的概念与运算法则迁移到字母符号上去，使字母符号具有数字的功能，这是他们未来学习代数的基础。例如，在小学时，数字 1、2、3 等之间可以进行加减乘除四则运算，到了初中以后，这些运算规则就不能再局限于“具体的”、“可感的”数字了，它们必须迁移到字母身上，这样，在初中数学中，字母 a、b、c 等之间也可以进行四则运算。

1. 图形的符号化

对于数学语言的图形的符号化而言，一位数学老师告诉我：

---

① 关于法则性的一个例子是不同的数学空间具有不同的运算法则。例如，欧氏空间的法则即我们所熟悉的加减乘除四则运算，但是，我们可以在空间 R 中定义另外一套运算法则，例如，我们可以定义加法为各项先与自身相乘、再相加。因此，同样是加法运算，但由于在两个不同的空间中所遵循的法则不同，所得的结果也不一样。例如，在欧氏空间中 $1+2=3$；但是在 R 空间中 $1 \oplus 2=5$。

我们小学学的是数，中学学的是形、数形结合。……，但是学生从数到形，这是个小波折。这个形当然很重要，高中也是形，因为解析几何呀、向量呀，都是这个。这是个转变过程，要是转变得好，将来可以终身受益，对不对？……，几何里面涉及一个语言，你要把图形转化成语言。（问：图形转化为语言？）符号语言呀！（2010 年 10 月 8 日，数学 S 老师）

但是在这个转化过程中学生们往往“很吃力”，在 S 老师看来：

不是很简单的事。我们一般的把知识教到就可以了，但是你要中考、你要想达到考大学的训练，那就不是一般人能掌握的。比如圆吧，它里面有很多知识，圆可以考察的东西太多了，你可以以角的方式、边的方式考察相似，解析几何可以考察线性知识，这些东西太多了，对不对？所以我们数学是有难度的，你要把每个知识都慢慢地教会，但是由于你长期地在……，学生们不愿学，……（2010 年 10 月 21 日，数学 S 老师）

在 K 班学生最初的中学数学学习阶段，图形的符号化对他们提出的第一个要求就是利用形象化的数轴来表示数字之间的大小关系，即对数轴上的距离关系予以符号化。这一图形符号化的要求突出地表现在绝对值的运算过程之中，即学生们先要将绝对值的关系转化为数轴上的图形距离关系，然后再将距离关系符号化为数字的大小关系，从而将绝对值符号去掉以进一步进行四则运算。然而，学生们在此类题目上却遇到了重大困难，表现出集体性的普遍错误。在一位学生的“数学超级课堂”练习本上，我摘录下了以下几道此类习题：

a）已知 $a<b<0, c>0$，化简绝对值 $|a-c|+|a+b|$。

b）已知 $|x|>3, |x+y|<3$，试判断 xy 与 0 的关系。（2010 年 10 月 23 日，家访笔记）

对于那些能够将数轴语言符号化的学生来说，上述两道关于绝对值的题目是非常简单的。因为对第 1 道习题而言，在数轴上，a、b 与 $(-c)$ 都在原点 0 的左边，那么 $(a-c)$ 以及 $(a+b)$ 也都在原点的左边，它们都小于 0，其绝对值直接就是它们自身的相反数，因此，$|a-c|=-(a-c)$，且 $|a+b|$

$=-(a+b)$。同样，对第2道习题而言，在数轴上 x 到原点的距离在3的外面，但题目已知当 x 加上 y 时，它们到原点的距离之和却在3的里面，因此我们可以立即判断，x 与 y 肯定不在原点的同一侧，即它们的符号是相反的，这样就很容易看出它们的积小于0了。然而，用K班数学老师的话说，绝对值是初中数学最难的题目之一。因此，即便是上述简单的绝对值题目在K班（即G中学唯一的快班）班上都能发现大片、大片的错误，那么对于那些需要在数轴上变换、反复比较量与量之间的关系的绝对值计算问题，学生们便更不能胜任了，其后果就是数学老师在班上发出的那句无奈的感叹："不知道是你听不懂，还是我教不了你！"（2010年10月12日的观察笔记）这样一来，我们便可以预见，在未来那些要求将图形符号化的复杂的解析几何的学习过程中会有怎样的错误伴随着学生们了。

2. 数字的字母化

如果说学生们会在上述图形的符号化中的绝对值计算问题上普遍地、重复不断地犯错误，是由于绝对值本身戴着一副符号枷锁（即"| |"）而面目可憎的话，那么，对于那些需要将字母"当成"数字、需要将数字字母化的问题，除了需要必要的抽象思维外，就显得形式直白、简单易懂了。然而，K班的学生们依旧会犯一些在老师看来实在是不应该犯的错误。在一节练习课上，数学老师将这种从数字抽象到字母的转化称为"代数"，她说到：

"代数"是什么意思？就是用字母代替数字。在这道题中，整式为"$ax^2y^3+bx^2y^2+c$"，其中 a、b、c 都是常数。要进行思维转换，它们（即 a、b、c）不再是字母，而是数，这就是"代数"。（2010年10月14日，观察笔记）

然而，学生们不太容易理解为何这些抽象的字母可以代替具体的、一个一个的数字，他们还是习惯于诸如"$2x^2y^3+3x^2y^2+4$"这样系数都是常数项的式子。他们的这种"不解"最直接的表现就是分不清一个含有字母常数项的式子是几次几项式，尽管老师不断地提醒学生如何判断一个整式是几次几项式的法则，学生们还是在无意间犯错误。例如，在强调了字母 a 为常数之后,老师点起学生回答 ax^3y 这一单项式的次数是几次时,学生们还是会将其回答为 5 次,而不会将字母 a 当作数字看待而正确地回答出 4 次。这样,学生们在一些需要把字母当成常数的较为复杂的整式题目中犯错误就不足为怪了。事实上,更为基本的情况是他们甚至连题目都读不懂。在上述那次练习课上,数学老师指出了这一点:

老师接着讲练习,她说:"'关于 x 的多项式 mx^2+nx+1'与'mx^2+nx+1(其中 m 与 n 为常数)'这两句话是相同的。唯有理解了(题目的意思)才能继续往下做。"(2010 年 10 月 14 日,观察笔记)

然而,对于多数学生来说,上述式子中的字母 m 与 n 为何能成为常数、以及它们成为常数以后对该整式意味着什么,都是难以理解的事情。在数学老师讲完上述练习之后,为了全力备战期中考试,老师又进行了为期一周多时间的复习,其中整式一章是复习的重中之重,学生们也进行了无数道关于整式题目的练习。然而,就在期中考试之前的一次数学模拟测试中,这种无法理解字母"代数"的状况在许多学生那里依旧没有发生任何好转。在一次家访过后,我记下了如下笔记:

此次给 YYD 补习数学,讲解刚考过的数学试卷上的错题。我发现她读不懂数学语言,表现为看不懂题目,不清楚已知了什么,要求什么。例如,关于 x 的多项式 mx^2+nx+6,问她是几次几项式,她都答不出来。她不能从"关于 x 的多项式"这句话中理解出 m 与 n 是常数,仍然把它们当成与 x 一样的未知数,因而发生错误。这表明她在文字语言和符号语言之间的转换存在困难,也表明她的抽象思维能力存在障碍,不能完成由数字到字母的抽象。(2010 年 10 月 23 日,家访笔记)

因此,对于 K 班的大多数学生来说,无论老师如何强调从数字到字母的思维转换,他们的心智结构却始终游离于那套字母化的代数语言之外。在一份调查问卷中,当我问道"你在学习中遇到了哪些困难与障碍"时,一位学生这样回答:

在数学中那些算式、符号、字母令我很苦恼,脑袋都蒙了。遇到它们时,我会有些粗心。因为不熟悉，上课时也会做些小动作，才会让我不集中。①

（二）作为法则的数学语言

数学语言公理化体系的基础是语言的法则性，即任何建立在已知条件上的推理、计算都是按照一定的法则进行的。这样，对于K班的数学老师来说，只要将法则牢记于心，并且用足够的习题来练习这些法则，学生们就能杜绝那些“低级错误”。

1. 数学课程讲授的一般模式

事实上，数学老师每堂课的一般模式就是，首先回顾上堂课所讲的法则，然后讲本次课的新法则，接着讲例题来练习这些新法则，并以课堂作业的形式要求学生再次练习这些新法则，最后还要布置家庭作业来强化这些法则。在每堂课上，老师都会一条一条地将法则整齐地、几乎是一字不漏地写在黑板的一侧，以便在随后的例题或练习讲解的过程中随时引用。这样一来，尽管每堂数学课下来黑板都要来回擦好几次，但是这些黑板一侧的法则却可以在课堂的整个过程中岿然不动。

对于刚刚开始中学生涯的K班学生来说，他们在数学中遇到的最重要的法则就是有理数的混合运算。在一节数学课中，老师按照上述模式进行了她的讲解：

今天讲有理数的混合运算，老师首先回顾了各种运算法则。她点起第五组的第一位学生（即FH），让他说出加法法则；然后让他后面的学生依次回答减法法则、乘法法则和除法法则。接着老师自己在黑板上又写出了这些运算法则。从学生们的回答来看，他们似乎已经记住了这些法则，老师也要求他们确实应该记住它们。她在回顾了这些法则后说：“这些理论是做题的基础。”接着老师开始讲新课，即混合运算法则：“有括号的运算括号内，再先乘除，后加减”。……，然后老师开始讲例题，她说：“混合运算应该多做几道计算题来熟悉运算法则。”她先讲了一种错误地运用法则的方法，在对错

① 来源于本人主持的《中学生文化调查问卷》(2010年10月)。

误进行批评之后，她又讲了一种正确的方法。……(2010 年 9 月 27 日，观察笔记)

在接下来一天的数学练习课上，老师更加详细地强调了一遍上述法则，并且指出掌握法则是运算正确的基础和唯一途径：

老师抄出了几道含有乘方的混合运算例题，她接着强调："计算步骤要记住，也就是法则要记住！"她随即在黑板的左侧用三个方框分别写出了三条法则：

1. 先乘方，再乘除，后加减；

2. 同级运算从左到右运算；

3. 有括号先括号内运算。

老师接着说："有同学说，我看漏了，忘掉了，其实是你的运算能力和法则不行。应该掌握它们，先学会走再学会跑！"(2010 年 9 月 28 日，观察报笔记)

2. 简单的重复错误

K 班的数学老师是个严厉而果断的人，对学生一视同仁，在课堂上一般随机点起学生回答问题，并且越是成绩差的学生越有较高的被点频率，她不像有些老师那样特别喜欢听到好学生对问题的回答，因此学生们对数学老师普遍有很高的评价，也乐于去记忆那些数学法则。尽管如此，在计算过程中，学生们还是不可避免地犯一些简单而重复的错误。就在上述接连两次强调了混合运算的法则之后，学生们的错误开始大面积地堆积在作业本中，这引起了数学老师的不解、焦虑、甚至恐慌。为此，她在当天下午又上了一节课，她在课上说：

"我特意向你们班主任要了一节课，着重讲计算题。我现在就讲计算题，翻开你们的家庭作业。一会就练，再错我就找你！"(2010 年 9 月 28 日，观察笔记)

在接下来的讲解过程中，数学老师重点指出了学生们所犯的错误，边列举毛病边愤怒地表示对这些错误的不理解。在讲到计算题"$-1^2-3\times($－

1)^2”时,她以强烈的口气说:

“$-1^2=-1$,$(-1)^2=1$。昨天的家庭作业有十几个同学错了!”“我现在再讲一遍,我讲得那么大声,要是再错了,我绝不饶你!”……“我说了多少遍?! 这么简单一道题,错一大堆!”(2010 年 9 月 28 日,观察笔记)

她接着再次强调:

“拿到题以后不要慌,该做什么做什么,心里要清清楚楚。而且我现在讲得这么大声,着重强调了,有括号的,括号里面都是底数;没有括号的,只有数是底数。我不知道为什么会错那么多!”(2010 年 9 月 28 日,观察笔记)

以下是接下来课堂上发生的事情:

老师进一步强调做题目的总的原则,她说:“一会儿(计算)比赛时,一定要按步骤做,不要跳步,没有学会走就不能跑。跳什么步,没轮到它就照抄!”她随即说:“集体把混合运算法则背一遍!”此时教室里就齐声背起了法则。话音刚落,老师接着说:“每一步写得清清楚楚,哪一步错了,自己也可以看出来,也可以检查出来!”……在讲到另外一道错题时,老师看到靠墙坐着的 CHZA 在那里发笑,于是便冲着他说:“我感觉你不是在听课,听课应该是一副很紧张的样子,何况一会儿要考试!”她接着转过头对全班说:“不说话不一定在听课,从昨天的家庭作业就可以看出来,我反复讲还是错。不让你们举手,举手羞你的人! 你们不听课在干什么? 干什么……”随后老师又一次强调:“你为什么做得慢? 做得慢的、粗心的都反映出一个问题:计算能力不强,法则不熟悉! 数学从来就没有什么粗心,我就是个粗心的人,在生活中我也经常丢东西。但是我做这种题怎么也不会错,只要法则熟悉,掌握技巧就不可能错,不可能粗心!”(2010 年 9 月 28 日,观察笔记)

由此我们可以清楚地看出,在数学老师看来,法则是计算能力的基础,法则的缺位是粗心、做题慢等毛病的根源,也是学生们那些简单的重复错误的根源。因此,对于有理数的运算法则来说,她在课堂上已经三令五申地强调过了,学生们之所以仍旧在作业中出现大片、大片的简单的重复错误,只可能有两个原因，其一是他们根本没有听课或听课不认真，没有将法则牢记于心；其二是他们做题时不会按照法则规定的要求一步一步清晰地往前走，而是不顾法则对步骤的约束而混乱地进行跳跃。在数学老师看来，将题目做对的唯一方法就是掌握法则，这不但要求学生将其背下来，还要求他们做题时按照法则的规定一步一步地前行。为此，数学老师主要的方法就是让学生练习，通过大量的计算题来将法则套到学生的心智结构之中去。

上述那节令数学老师颇为痛心疾首的课之后，为了加强对学生掌握法则的训练，她采取了两个有力措施，其一是进行一场数学计算(题)竞赛，所有题目都是关于混合运算法则的计算题，并且其中不少题目是她在竞赛前几分钟故意在课堂上讲过的，讲的时候还提醒学生它们会出现在未来的那次竞赛中。其二是占用学生午自习的时间，让学生每天中午做十道计算题，然后及时地给予反馈、批评。然而，一直到近一个月后我离开 K 班的那天，学生们仍旧未能从混合运算法则的泥潭中走出来，只不过随着课程知识向后推延，他们在有理数混合运算法则中的错误也迁移到了整式的混合运算法则之中。

3. 错误的基本类型

学生们关于混合运算法则的错误主要表现为两种类型，其一是出乎意料地犯错，即数学老师所指出的粗心；其二是对法则本身的麻木，或者说迟钝的反应。首先，粗心是 K 班所有学生普遍存在的一种错误，在一份调查问卷中，K 班的学生对“做题目时你会不会很粗心？是哪些原因导致了你的粗心?”这一问题的肯定回答的比率高达 100%，好生差生概莫能外。以下是前几名学生对该问题所做出的回答：

我做题时粗心是常事，因为我在写数学题的时候只追求速度，忽略了正确率。

数学有些题目不是听得很懂，计算题因为粗心而丢了很多分。

我在学习中遇到了粗心、不会做这两道障碍。粗心会使我的分数降低，不会做又会使我心烦意乱。做题目时有时会很粗心，不是掉数字就是写错符号。有时是为了图快就让我粗心地掉了数字或其他。

数学要么不会，要么过几天就忘了。……，我做题目的时候很粗心，就是想快点做完去睡觉啊！

……，做题时我很粗心，我也不知道原因。

做题时我很粗心，是自己的自以为是导致了粗心。①

因此，我们看到，学生们对该问题的回答出乎意料地几乎都将粗心指向了数学领域，并且主要集中于计算题，他们要么将自己的粗心归因于自身的"图快"，要么归因于"自以为是"，甚至有的人还找不到粗心的原因。事实上，学生们在数学计算题中的粗心总是以一种出乎意料的方式出现的，只有等到他们的作业或试卷发下来，大大的红叉画在纸面上，学生们回过头去检查时，他们才恍然大悟、后悔莫及，甚至痛心疾首。因为，正如他们自己所说的，"要么掉数字，要么掉符号"，并且"其实并不是不会，是看错或算错的原因吧"，②基本上都属于数学老师所严厉指责的"低级错误"，也就是那些不该犯而犯的错误。因此，粗心是以突然的、无意识的方式出现的。以下是我从某学生的上述数学计算竞赛试卷中摘录下来的两个关于有理数混合运算的粗心的例子，它们似乎可以说明学生们粗心的一般状况：

1. $(-6)^2\times\left(-\frac{5}{6}\right)-\left(-\frac{1}{8}\right)\div\left(-\frac{1}{2}\right)^2$

$=36\times\left(-\frac{5}{6}\right)-\left(-\frac{1}{8}\right)\times 4$

$=(-30)-(-2)$

$=-28$

2. $\left(-\frac{5}{2}\right)^2\times(-1)^{2009}-\left(-\frac{1}{2}\right)^3\div 0.5$

$=\left(-\frac{25}{4}\right)\times(-1)-\left(-\frac{1}{8}\right)\times 2$

---

① 来源于本人主持的《中学生文化调查问卷》(2010年10月)。

② 同上。

$$=\left(-\frac{25}{4}\right)-\left(-\frac{1}{4}\right)$$

$$=-\frac{24}{4}$$

$$=6$$

在第1题的倒数第二步那里,$\left(-\frac{1}{8}\right)\times 4$ 的结果突然之间就变成了(−2),而该学生在此前的一步与之后的一步都未犯任何错误。第2题就在胜利在望的时候,该学生突然在最后一步将负号丢掉。其后果就是,该学生在这两道题中一分都不可能得到。然而,学生在当时具体的计算过程中每一步都是那么“自然”,并且一般都对自己信心满满,比较“自以为是”。诸如此类的错误自然足以令老师暴跳如雷,甚至捶胸顿足,并且上述两道题来源于学生经过反复的有理数混合运算法则训练之后的那次计算竞赛试卷,而且极有可能是老师上课曾经讲过的原题,因此,老师更没有原谅此类错误的任何理由,她唯一能做的就是采取“硬”的措施进行责罚。不出所料,就在试卷改完的那一天,我观察到了如下情境:

数学老师抱着上次测试的计算竞赛试卷走进了教室。她一踏进门就说:“ZHHX、ZHTT,到前面来拿试卷,中午十二点在教室等着我,打手。”教室顿时陷入一片犹疑与恐慌之中……(2010年10月8日,观察笔记)

其次,除了上述出乎意料的粗心之外,学生们因混合运算法则所表现出来的第二种错误类型就是对该法则本身的麻木或迟钝的反应。在一节关于整式运算新课的法则复习部分,我们可以清楚地看到这一点:

数学老师先让大家回忆上节课讲的概念:整式、单项式、单项式的系数与次数。ZHW被点起来,老师指着他说:“你,就是你!”他的回答停停顿顿,老师说:“磕磕巴巴,在老师的带领下才勉强回答了问题。不流利,说明你思维不清晰!”接着点起ZHTT回答“多项式”的概念,老师说这是个很简单的概念,可ZHTT却回答不上来。老师愤怒地说:“你上课时注意力很不集中,记忆力又不好,而且没准备。我明天还会点你,你回去准备。”然后

WCHY 被叫起来辨认单项式与多项式,她的回答让老师极为不满,她不但将"$5x^2y$"与"$-2x^2y$"都回答为多项式,而且认为"$2xy^2-x^3y-x^2y^2-2-2y$"的次数为 3 次,"$2x+y$"的次数为 2 次。而就在她的回答之前,老师已经多次重复过判定系数的法则。老师带着一种无奈说:"数学怎么就这么难学呢? 你这么大的个子站在这里不好看。你连最基本的问题都不懂。为什么要点你们? 就是上课听讲注意力太分散了。"(2010 年 10 月 12 日,观察笔记)

因此,我们看到,对于 K 班坐在后面的绝大多数学生来说,他们连混合运算的入门法则(即几个关于整式性质的判断规则)都难以理解,即使当法则本身对学生们进行当下的自我呈现时,他们也难以对此做出必要的反应,更不用提快速的反应了。这样,对学生们来说,他们一直处在一种法则麻木或迟钝状态。其后果除了上述普遍的简单重复错误之外,就是缓慢的学习进程,这在他们的家庭作业与考试的过程中清楚地表现出来。在我家访的时候,YYD 的母亲告诉我,孩子每天晚上从七点一直做到近十一点还没将作业做完。在家校联络本上,我也看到了该孩子的家长与老师关于她的作业(尤其是数学作业)的"缓慢"的互动:

家长:"作业完成的速度特慢。"

老师:"好,要加快速度。"

……

家长:"作业也做得很慢,英语单词用了半天的时间都听写不出来。数学作业不怎么会,想了半天才做出来,我不知道对与错。"

老师:"好的,阅。"

……

家长:"作业十点才完成"……①

学生们不但作业如此缓慢,考试也不能例外。在上述那次数学计算竞

---

① 来自于某学生的家校联络本。

赛的考试现场，我看到了如下情景：

美术老师抱着笔记本电脑和数学试卷走进教室。她随即强调："自己做自己的，看不清可以举手问。"……下课铃响了，老师抱着电脑离开了教室。学生们多数仍在拼命地算，数学课代表则马不停蹄地收试卷，他边收边喊："快交，不要对答案……"并且像个卫兵一样大声而响亮地喊出了那些对答案的学生的名字。试卷交完后，坐在我前面的 ZHML 同学告诉我："所有题都会，就怕没有时间。"……(2010 年 9 月 29 日，观察笔记)

这样学生们就不可避免地陷入了缓慢的做题进程与快速的知识讲授之间的矛盾之中，即使他们身处 G 中学唯一的快班也不能例外。在一次问卷调查中，学生们以他们自己的语言表达了数学中的这一矛盾：

太快了，烦……

老师上的很快，没听懂……①

在一次数学课上，老师也向我们深刻地展示出了这一矛盾：

数学老师一进门就说："刚才让课代表带的那几个本子，赶紧上午改正，下课给我拿过来，错得太多了！"她接着说："第一章计算都过不了关的同学，后面怎么学？"然后以一种不解的语气说："'$(-10)^3+[(-4)^2-(1-3^2)\times 2]$'，这道题错得最多，不知道为什么！你如果严格按照老师说的运算步骤来，怎么会错？这道题比我出的题简单得多，书上的题都过不了关！""按照步骤做哪有那么难？老师没花五分钟，你们却花了半个小时，还到处贴、到处涂。"在批评完学生之后，老师接着说："今天讲新课，在这个班的同学，我们的进度要远远快于其他班的学生，因为你们的接受能力要远远强于他们。我在这里讲课会非常快，你们要适应。所以上课注意力要高度集中。"……(2010 年 10 月 8 日，观察笔记)

因此，我们看到，一方面是学生一方缓慢的学习进程，另一方面是教师一方快速的授课进度及其对学生超出常规的要求。这样，随着课程知识的

① 来源于本人主持的《中学生文化调查问卷》(2010 年 10 月)。

向前推进，矛盾两极之间的张力便会越拉越大。为了填补矛盾两极日益巨大的鸿沟，数学老师采用的一个办法就是让学生反复地计算，以便将法则导入学生的心智结构之中。为此，便有了上述提到的利用午自习进行计算的措施。经过一段时间的训练之后，在学生们的意义世界里，午自习基本上等价数学计算，他们每天中午几乎都是伴随着哈欠与各种数学符号度过的。然而，结果却并没有多少好转，在训练了很长一段时间以后的一次家长会上，数学老师仍旧在向家长倾倒苦水，她说：

"“-2^2”与“$(-2)^2$”读法不同，结果也不一样。你们问问坐在教室后面那位华工的研究生（指研究者本人），我至少讲了十遍，还在错。……（2010年10月15日，观察笔记）

因此，通过上述这番略带冗长的考察，我们可以明晰地看到作为数学公理化体系之基础的法则所具有的结构性力量，它不但支配着数学课程讲授的一般模式，并导致了学生普遍的简单重复性错误，使学生不自觉地陷入出乎意料的粗心之中，以及对法则的麻木与迟钝状态，其后果是学生缓慢的学习进程与教师快速的授课进度之间不可避免的、日益拉大的矛盾。然而，这种结构性力量的支配模式却在数学老师们的意识之外，他们仍旧信仰掌握法则是学生保持计算正确与效率的唯一基础。当他们的课堂讲授与学生掌握法则的目标相距遥远时，他们仍旧将学生们的简单重复错误归咎于学生本人在学习过程之中的缺失，为此，老师们一方面经常对学生上课走神提出批评，要求他们高度集中精力，并时刻保持“紧张状态”；另一方面，他们也将法则的导入过程延伸到课堂讲授之外，力图通过午自习计算等方式提高学生对法则的熟悉与应用水平。然而，当这些措施都难见成效时，数学老师本人也在某种程度上表现出一种无助与绝望的态度，发出“不知道是你听不懂，还是我教不了你”的慨叹。

我们以上展开了一幅底层社会出身的学生与学校语言之间的冲突图景，后者以英语的语音与语法规则，以及符号性与法则性的数学语言隐蔽地决定着教师的一般授课模式和他们对教育事件的基本解释模式，并持续不断地向农村学生的心智结构施以符号暴力，使学生们在学习过程中表现出简单的重复错误和缓慢的学习进程。行文至此，我们可以结束对学校语言类型的检视而进一步深入到学校课程知识的“精神内核”之中，即考察农村学生与学校思维模式之间的区隔(distinction)，后者作为一种无形却客观存在的抽象的基本力量不但支配着语言规则的运作模式，而且决定着学校课程知识的一般统合方式以及教师对课程知识的一般讲授模式，并以独特的抽象形式对学生的心智结构提出了要求，使学校课程知识的“精神内核”彻底地远离农村学生的日常生活经验。因此，我们将要展开的是一幅学校场域中的断裂图景，其中一方浓墨重彩，贯穿着学校场域的大幅空间；另一方则“草色遥看近却无”，只能隐蔽地存在于某些角落，两者之间横着一条巨大的鸿沟。只有在某些特别的时候，两者才会产生些微的关联，此时，引导学生沟通鸿沟两侧的教师被西方批判教育学者称为“跨越边界的转化型知识分子”。不过绝大多数时候，教师们还是有意或无意地处于文化权威的一侧，坚定不移地承担着学校主流文化代言人的角色。下面我们就来展开这幅学校场域中最为隐蔽的、断裂的区隔图景。

第二节　看不见的城墙：农村学生与学校抽象思维模式之间的区隔

一　保持抽象：统合学校课程知识的一般思维模式

前面关于英语语音、语法规则以及数学语言的符号性、法则性特征的考察其实已经暗含了学校课程知识的某种一般思维模式，即通过符号、命题、法则等逻辑性的关联来保持思维的抽象性特征。事实上，正是作为一种基本力量的抽象思维本身，以一种无形却客观存在的方式穿梭在各种知识论述之间，将彼此分散的知识点、知识模块以及各种论述整合起来，来实现学校课程知识论述的模式化。这也是英国社会语言学家伯恩斯坦(B. Bernstein)提出课程知识的强分类与弱分类的知识组织模式、以及强架构与弱架构的教学分类模式的基本思想。① 他深受法国社会学家涂尔干(E. Durhkeim)的影响,后者认为在社会中存在一种类似于磁场一样的无形却客观存在的社会力量将社会的各个组成部分整合起来,并决定着人类的行动模式和对世界的解释模式,这种基本的社会力量在集体性的宗教狂欢中表现得愈加明显。②

因此,我们看到,这种类似于磁场或电场的无形却客观存在的抽象力量是学校课程知识的"精神内核",是统合各类知识论述的最深层次的基本力量,因而也是最为隐蔽的结构性力量的容身之所。因此,正如任何放置到磁场中的小磁针都要受到磁力的牵引而转向前者规定的方向,以及任何通电后的导体中的电子都要以固定的方向流动一样,课程知识中的任何符号、概念、命题、模块等也都要受到该抽象的基本力量的支配而按照某种规定的基本形式进行论述。然而,正如我们看不到磁场或电场存在一样,我们也看不到该抽象的基本力量的物理形态。尽管如此,这种无形却客观存在的力量还是要通过某些外在的"抓手"呈现自身,正如人们可以通过观察铁屑的基本运动模式来把握背后的磁场这一决定性力量一样,我们也可以通过观察知识的某些特定组合或传递模式来检视背后的抽象思维力量本身。这样,寻找抽象思维力量呈现自身的"抓手"就成了我们的基本任务。我们发现在以严密的逻辑性而著称的数学知识中普遍存在着这类"抓手",令人惊异的是即使是在以文学为母体的语文知识的讲授过程中我们也发现了此类"抓手"。正是背后决定这些"抓手"的隐蔽力量将课程知识的组织模式与讲授

---

① B. Bernstein. 论教育知识的分类和架构[J]. 转引自:麦克·扬主编. 知识与控制——教育社会学新探[M]. 谢维和、朱旭东译. 上海:华东师范大学出版社,2004:62—65.

② 爱弥儿·涂尔干. 宗教生活的基本形式[M]. 渠敬东等译. 上海:上海人民出版社,2004:1—30.

模式拉向农村学生日常生活世界的另一极，并导致了两者之间巨大的、难以跨越的鸿沟。

二　隐蔽力量的自我呈现：抽象思维力量的“抓手”

我们将从代表了自然科学严密的逻辑性的数学知识、代表了情感表达方式的语文讲授模式中检视抽象思维力量的“抓手”以及抽象思维力量本身，并考察它们与农村学生社会经验之间的区隔。

（一）思辨的张力：数学的思维模式

抽象思维力量贯穿着数学知识的每个角落，形成了数学各种独有的思维模式，并通过具体的题目或知识点显现自身。对于G中学K班那些刚刚开始中学数学生涯的学生来说，最先遇到的最为重要的两种数学思维模式是“逆向思维”与“换元法”。

1. 逆向思维

首先，逆向思维是指依据某种固定的形式从结果回溯原因的一种思维方法，它是利用各种数学规则的必备思维条件，对于那些力图在变幻莫测的数学题目中得心应手的学生来说至关重要。在一次数学课上，老师利用一个简单的例子对此进行了强调：

> 老师讲到一道填空题，题目是“已知一个数的相反数是最小的正整数，那么这个数是________”。老师说：“这道题目的关键是逆向思维，你要从结果那里找原因。”她接着说：“既然那个数的相反数是最小的正整数，那么最小的正整数的相反数是不是那个数?”……(2010年9月29日，观察笔记)

也就是说，学生们只有能够对“一个数的相反数是最小的正整数”中的“一个数”与“最小的正整数”之间的“相反数关系”进行逆向，才能理解题意，才能把这道被老师称为“一般的同学也要知道”的题目做对。因此，在这种逆向思维过程中，我们捕捉到了抽象思维力量本身在条件与结论的两极之间来回穿梭。

2. 换元法

其次，K班学生遇到的另一个重要的数学思维模式是换元法，它一般与难题一起出现，经常是考试题目中拉开分数差距的题目。这一方法要求学生能够把一大堆数学符号当成一个整体，再用一个简单的字母代替那个整体，然后将简单字母代回到题目中去进行计算，最后再将简单字母还原为它所代替的那堆数学符号。在一节“奥赛题”的习题课上，数学老师着重讲解了这种方法：

老师讲到一道难题，涉及奥赛的换元法。题目是：

$$\left(\frac{1}{2}+\frac{1}{3}+\frac{1}{4}+\cdots+\frac{1}{2006}\right)\left(1+\frac{1}{2}+\frac{1}{3}+\frac{1}{4}+\cdots+\frac{1}{2005}\right)-\left(1+\frac{1}{2}+\frac{1}{3}+\frac{1}{4}+\cdots+\frac{1}{2006}\right)\left(\frac{1}{2}+\frac{1}{3}+\frac{1}{4}+\cdots+\frac{1}{2005}\right)$$

老师说：“请同学们观察式子中的相同之处。”然后老师用粉笔与粉笔盒作为例子讲解了换元法的基本思想。她把粉笔盒中的所有粉笔都倒在讲台上，然后说：“这么多东西是分别拿着方便还是装在一个盒子里方便？……”接着她在黑板上写出了这道题的解法：

解：令

$$A=\frac{1}{2}+\frac{1}{3}+\frac{1}{4}+\cdots+\frac{1}{2006}$$

$$B=\frac{1}{2}+\frac{1}{3}+\frac{1}{4}+\cdots+\frac{1}{2005}$$

写到此处，老师说：“这里的 A 与 B 就是粉笔盒子，装了一大堆零散的东西。”她接着写下了具体的解题过程：

$$=A(1+B)-(1+A)B$$

$$=A+AB-(B+AB)$$

$$=A-B$$

$$=\frac{1}{2006}$$

在讲到最后一步时，老师说：“再把盒子里的东西倒出来。”整个题目讲完之后，老师又做了总结，她说：“这道题体现了我们数学中换元的思想。与

我们现实生活中很多例子相同，例如卡片与卡包……”(2010 年 9 月 28 日，观察笔记)

因此，我们也看到，换元法本身所具有的抽象思维力量，它导引着思维从一大堆零散的数学符号到一个简单的整体，然后又导引着简单的整体归复到零散的符号，在这一合一张的过程中彰显了思辨的张力。

在上述题目的讲解过程中，老师举了许多现实生活中可感知的例子来给抽象的换元法作注解，学生们当时可能能够听得明白。但是，老师更多的时候仅仅是用换元法做题目，而不会像上述那道题目那样用现实生活中的例子来帮助学生理解抽象的换元法本身。这样，学生们就不得不每次都直接同这种抽象的思维力量打交道。果然，在另一次讲难题的过程中，尽管题目用到的仍旧是换元的思想，但数学老师却只字未提现实生活中的例子，甚至未提换元法本身，而只是专注于符号之间的来回抽象，只是讲题目而已。以下是该题目的具体讲解过程：

数学老师说：“这节课讲的题目很有难度，但也是重要考点。”随即老师在黑板上抄下了两道题目，她说：“从题目的已知条件出发，先找系数比，再找系数差。”这两道题目及其解法分别是：

1. 已知 $x^2+2x-1=0$，求 x^4+2x^3+2x-2。

$=x^2(x^2+2x)+2x-2$

$=x^2+2x-2$

$=-1$

2. 已知 $3x^3+x=1$，求 $9x^4+9x^3+3x^2+2009$。

$=3x(3x^3+x)+9x^3+2009$

$=3x+9x^3+2009$

$=3(3x^3+x)+2009$

$=3+2009$

$=2012$

(2010 年 10 月 14 日，观察笔记)

上述这两道题的解法的实质即为换元法本身,也就是说,在第1道题中要把(x^2+2x)当成一个整体,在第2道题中要把$(3x^3+x)$当成一个整体,在具体的计算过程中要把一堆分散的符号持续不断地向该整体转化并将整体的值代入题目的式子中进行运算。然而,在整个讲解过程中,数学老师却只字未提换元法本身,也未提与换元法相关联的具体生活中的例子;相反,她只是强调"先找系数比,再找系数差"这一抽象的符号语言。这样一来,学生们的思维就必须始终保持抽象状态,利用思辨的张力来理解数学符号与符号之间的关系。

3. 抽象思维力量支配的后果

这样,对K班学生来说,抽象的思维力量通过逆向思维与换元法等"抓手"便导致了两个不可避免的后果,其一是学生对逆向思维与换元法本身的不能胜任,其二是"数学感"的缺乏。对于前者而言,绝大多数学生向我表示,他们订的那本与"奥数"相关的"数学超级课堂"上的题目基本不会做,甚至在老师讲解时连听都听不懂。对于后者而言,数学老师的不断抱怨对此进行了有力的说明。在一次习题课上,针对学生们所犯的可笑的错误,数学老师重点强调:

计算题的结果出现复杂情况,什么几万分之一,肯定是错误的,自己要有这种错误意识。(2010年9月29日,观察笔记)

然而,学生们一般会把此类复杂的计算结果"自然地"写上去,"错误意识"很少会成为他们反思性凝注的对象。在半个多月之后的一次家长会上,数学老师将对学生的抱怨转向了家长,她说:

快班要加快基础知识的脚步,留出时间来学别的东西。但是我不得不放慢脚步,很多学生一点都没有数学感,做题非常死板,出现一些非常可笑的答案,例如几万分之几万。所以只好用中午的时间去补……(2010年10月15日,观察笔记)

"数学感"代表了一种对数学的非理性直觉,它以某种先验的方式为学生提供必要的数学判断,并以迸发灵感的方式为学生提供解题的基本方法。

数学感的缺乏折射出学生们在数学世界中思辨的张力的缺乏，因为对于任何知情意统一的主体来说，对某物知性投入的同时必然伴随着某种情感的投入。这样，以逆向思维、换元法等“抓手”显示自身的抽象思维力量本身便可以持续地存在于学生的心智结构之外，并且在必要的时候对后者进行排斥与打击。

（二）工具理性：语文的讲授模式

如果说抽象思维作为一种无形却客观存在的力量支配着以数学为代表的科学知识的组织分类方式，从而导致了上述“抓手”远离农村学生的日常生活经验，是由于科学研究对象本身与人的情感世界的二元对立的话，那么，以表达人的情感为主要内容的初中语文知识也受该抽象思维力量的支配就足以令人惊异了。事实上，这种抽象的思维力量是通过语文知识的讲授方式这一“抓手”来呈现自身的，后者表现出典型的工具理性传递方式。在一篇感情丰富甚至颇为沉重的语文课文的讲授过程中，我们可以清晰地看到工具理性的支配痕迹：

接下来讲新课，鲁迅的《风筝》。语文老师首先点起 HML 读了全文，接着叫学生概括文章的大意。老师说：“要用最简略的词最完整地概括出来。”为了达到这种简略，老师先后点起了 JCQ、NMY、QNN 这几位成绩突出的学生，在他们的回答过程中不断地强调：“主要人物、主要事件以及主要心理活动概括出来就行了。”

……之后老师接着提问：“围绕着标题‘风筝’写了哪几件事情？”……“1.（作者）自己不喜欢，且不让小兄弟喜欢，并毁了小兄弟的风筝。”“2.（作者）长大后知道（玩）风筝是儿童的天性，（感到）懊悔。”“3.（作者）补过不得，心情愈加沉重。”几位被点起来的学生依次回答。

……最后老师问：“读完文章以后你有什么感受？你对作者和小兄弟有什么评价？”……“作者很霸道！”“小兄弟很可怜！”学生们哇哇地说开了。接着老师说：“课文里哪些句子说明了鲁迅的霸道？哪些句子说明了小兄弟的可怜？”于是学生们接着开始念课文中那些最精确的句子……（2010 年 10

月 13 日，观察笔记）

上述语文课文的讲授模式专注于用最简洁的语句概括文章或每一段落的大意、按照逻辑顺序排列出文章所讲的主要事件、精确地引证文中的句子来说明某些作者所表达的“感情”。事实上，上述讲授模式几乎是所有与感情有关的课文的基本讲授过程的核心部分，在此之前的必备工作是生字生词的讲解、文章段落的划分等，在此之后的工作是相关段落的背诵、从文章中找寻答案的练习等等。因此，我们看到，正是这种对有感情的文章的讲授方式排除了感情本身在课堂中存在的可能性，讲授的目的是以最简洁有效的方式达到文章的“骨架”，即大意、事件、以及被规格化了的感情，这是此类文章讲授的一般模式。至于那些感情色彩比较淡的文章，例如说明文或中国古文，老师的讲授便愈加工具化了。在 K 班的一次讲授《晏子使楚》的课堂上，我看到：

老师先点起学生翻译上节课讲的内容，一有错误就厉声呵斥。然后讲第二段新课，她先让学生读课文，全班学生将“徒”读成了“徙”，老师暴怒，说：“字词完全靠书够不够？有一本字典就够了，还超不超纲？预习不是家庭作业，是常规事，还要布置吗？”她接着说：“你们玩撒，疯撒，下课还跑到其他平行班上去。要玩到平行班上去玩！”……

老师强调：“重点词是在上面打圈，在下面划杠！”……，讲到“橘生淮南则为橘，生于淮北则为枳”时，老师叫起 ZHXY 来翻译，结果她将本来是第四声的“枳”读成了第三声，老师呵斥道：“我刚才就听到你读成‘zhǐ’（即第三声）！”（这个读音好像是第三声）……，在讲“其”字的用法时，有学生说：“代人！”老师又一次呵斥道：“橘子是人呀？”

……讲完翻译后，老师要求大家快速地、流利地读一遍。她强调：“你们预习了一遍，我讲了一遍，翻译了一遍。不是让你们读翻译，是读课文掌握翻译。”于是学生们便哇哇地读开了。几分钟后，老师说：“把全文背下来，谁先背完的举手。”学生们又开始背开了。

……十几分钟后，老师问：“会不会背？会背的举手！”有五六个人举起手来,她叫起CHZA,他却背得磕磕巴巴,只背了五六句就打住了。老师接着让全班同学一起背,全班便大声、流利地背开了。

……背完之后,老师让大家做课后的一、二、三题。随后下课铃响起……(2010年10月12日,观察笔记)

由此我们可以更加明晰地看到,对于那些感情性淡一些的课文来说,课堂讲授的目的既不是情感,也不是“文以载道”的“道”,而是字词的意思及其用法的掌握、课文的背诵以及据此完成必要的练习。为了达到这些工具性的目的,学生们必须通过课前预习来解决基本的字词问题,通过全心全意地听课解决翻译问题,并且通过投入大量的记忆力解决课文的背诵问题。

因此,无论是那些感情充沛的文章,还是那些感情较淡的文章,一旦它们以课文的形式出现,在语文课堂的讲授模式中便成了运用各种有效的手段征服的对象。在此过程中,我们看到了抽象思维的基本力量如何以工具性的讲授方式为“抓手”来呈现自身,以便将知识远远地抽离开农村学生的日常生活经验。

三　难以跨越的边界:农村学生的社会经验与课程知识之间的区隔

上述对数学知识的组织分类模式以及语文课文的讲授模式所进行的考察表明,无形却客观存在的抽象思维将一条巨大的鸿沟横在学校的课程知识与农村学生的日常生活经验之间,它构筑起学校课程知识的边界。下面我们就来考察一个这样的例子,从反面来验证由抽象思维的基本力量所导致的农村学生与学校课程知识之间的区隔。在一次访谈中,G中学的一位出身于农村、执教不满半年的班主任兼物理老师告诉我:

他们(即班上那些不能学的十余位学生)每天来了坐到教室里什么都不搞,上课也什么话也不说。你想呀,你是个人,坐着每天一句话都不说,你是不是憋得难受呀?……他们可能还是有一种想去说话的这种愿望。我上课的时候,我就不是很严肃,我就扯一些生活上面的比较实际的例子,然后他们就会叽叽喳喳地都在说,就这样。就是说明他们就是很想去说一些东西的。比方我说,我说(光线传播)的时候,(说)702,他们就说702(公交车)可以坐到哪里去,他们觉得很有意思。他们听的时候,觉得这个(跟)自己有关联的、感兴趣的东西,他们这个时候就说得比较多。或者说,我说你们看什么电影呀,这个电影有什么内容,跟我们今天学的有什么关系呀,这个光里面的,看电影什么的,这个时候也一样的,你说什么、什么,他们也说很多东西。(问:就是说只要跟他们生活有关的,他们就有话说?)对,他接触的东西,有兴趣的东西,他们还是比较乐意去说这些东西的。(2010年10月23日,物理HW老师)

因此,我们看到,对于很大一部分学生来说,课程知识及其讲授模式一般与他们不相关,他们在课堂上也一般“不说话”。可是,当老师讲到与他们日常生活经验相关的“702公交车”或“电影”时,他们的兴趣立即被调动起来,一改惯常的沉默状态而叽叽喳喳起来。学生们之所以如此的原因在于,在这些短暂的时刻,教师从抽象的课程知识一侧跨越到了学生的日常生活经验之中,用学生的经验本身沟通了鸿沟两侧的边界。然而,相对于漫长的课程知识传授过程来说,这种沟通毕竟异常短暂,多数教师在课堂上也是一副严肃的面孔,也不会去提及那些农村的社会经验,因而也基本上停留在抽象的课程知识的边界之内。这样,每当回复到严肃的课堂状态时,上述那位老师告诉我:

这个时候不管你怎么去强调,他就会吸收起来也比较慢,他们理解起来也很困难。(2010年10月23日,物理HW老师)

之所以如此,是由于作为一种基本决定性力量的抽象思维对课程知识的统整、对讲授模式的规定以及对教师角色转变的束缚,进而对农村学生日常生活经验的排斥。上述那位老师的话清楚地表明了这一点:

你(指学生)把书打开一看就大致知道什么标题,然后老师来了之后接着就讲什么、什么东西,什么是个什么东西,然后这个东西是怎么得到的,然后这个东西得到之后它又有什么用。(上课或课本)基本上就是这样一套东西。所以学生他如果这样想的话,他觉得比较容易,关键是有时候学生没有这样想,他没有这种思维,他不会这样去想这个东西它怎么定义的,它是怎么得出来的,这个东西它怎么用。他没有形成这样的一个思维。老师告诉他以后,要经过反复、反复地告诉他之后,他才会摸索出一点点的东西。(2010 年 10 月 23 日,物理 HW 老师)

因此,决定着课程知识的组织分类与老师的讲授模式及其角色的是一套关于"这个是什么东西、它如何得到、有何作用"的逻辑抽象思维模式。然而,那些出身于社会底层的学生却"没有这样想",也"没有这种思维"。这样,他们就经常被排除在课程知识的思维模式之外,只有在老师反复的强调与灌输之后才能勉强"摸索出一点点东西"。因此,从上述那位带领学生进行短暂的沟通的例子中,我们愈加确证,在表面的老师讲、学生听的课堂图景之下隐藏着课程知识与农村学生思维模式之间的巨大矛盾与裂痕,统整彼此"精神世界"的是两套完全不同的思维模式,前者以抽象思维为"精神内核",后者则停留在浑然一体的日常生活层面,彼此之间横着一条难以逾越的巨大鸿沟。

这样,在考察了作为一种无形却客观存在的抽象思维力量如何通过数学知识的组织分类模式与语文课文的讲授模式这些"抓手"呈现自身,以及老师如何艰难地带领学生短暂地跨越知识边界之后,我们就此可以得出更为基本的结论:底层社会出身的学生与学校课程知识之间在思维模式层面存在着一条巨大的鸿沟,鸿沟的一侧是由抽象思维支配的知识组织分类模式与教师的课程讲授模式等教育论述;另一侧是由日常推理组织起来的学生的底层社会经验与日常知识库存。① 正是这种无形却客观存在的抽象思维力量向农村学生筑起了课程知识的城墙,造成了学校场域中农村学生与

① H. Garfinkel. 常人方法学研究[M]. 转引自:马尔科姆·沃特斯. 现代社会学理论[M]. 杨善华、李康等译. 北京:华夏出版社,2000:41—42.

课程知识之间思维模式层面的区隔。这就是学校教育中农村学生与课程知识之间冲突的最为隐蔽的、断裂的区隔图景的全貌与实质。

然而,对于那些出身于底层社会的学生来说,两种基本的结构性力量制约着他们难以达到上述课程知识的要求。一方面,农村学生受到下向的结构性力量的离心与掣缚。这种结构性力量通过农村学生早年的社会化经历将自身结构化在他们身上而形成特定的文化能力与惯习,使得农村学生在早年知识准备不足、缺乏明确的学习目标的同时却拥有一身各种学习坏习惯。早年的知识链条断裂增加了他们进一步积累以一环扣一环为主要特性的课程知识的困难,附着在他们身上的不合规矩的互动方式、好动、懒惰等学习坏习惯随时准备将他们牵引到课程知识学习的轨道之外,并且从目标虚无主义状态被动员起来的悬浮目标更增加了他们实现不能实现该目标的自证预言的可能性。附着在学生身上的这些文化能力与惯习既从各自的层面又形成一种合力使学生有意或无意地试图游离到课程知识学习的轨道之外。

另一方面,农村学生还受到上向的结构性力量对他们的符号暴力与外在排斥。它通过英语语言的语音与语法规则,以及数学语言的符号性与法则性对农村学生实施符号暴力,致使他们在学习过程中表现出简单的重复错误和缓慢的学习进程。更进一步,上向的结构性力量还通过抽象思维这一无形却客观存在的基本力量支配着课程知识的组织分类模式与教师对课程知识的讲授模式,导致了农村学生与学校课程知识在思维模式层面的区隔,两者之间横着一条难以跨越的巨大鸿沟,贯穿于学校课程知识的抽象思维基本力量对农村学生任何以日常推理为思维方式的试图逾越鸿沟的努力进行打压。

这样,我们就展开了学校场域中农村学生与课程知识(包括文化资本)之间隐蔽的冲突图景,一方面各种结构化在农村学生身上的文化能力与惯习时刻准备将他们离心到课程知识的学习轨道之外,另一方面课程知识本身具有的语言规则与思维模式也不断对农村学生的试图融入施以符号暴力与外在排斥,甚至对农村学生筑起了难以跨越的知识边界。填充图景的主要内容是农村学生身上的学习“坏习惯”、学校课程知识的语言规则与思维模式、农村学生在学习过程中表现出来的简单的重复错误和缓慢的学习进程,以及老师对此的愤怒、责罚与机械训练,他们共同衬托出冲突与区隔的主色调。

第四章　规范与抗拒:农村学生与学校道德规范之间的冲突

第一节　核心与边缘:学校道德规范的基本结构

在访谈过程中,G 中学的一位班主任告诉我,除去各科任老师所教科目之外,班主任需要负责与学生有关的所有“杂事”,这些“额外工作”包括纪律、座位排定、协调科任老师催缴作业、卫生、做操、班会、家长会、收费以及学校安排的各项活动等等。

在所有这些例行性事务中至关重要的是“重塑”学生的行为习惯,这不但是以政教主任为代表的学校领导的要求,同时也是各科任老师对班主任提出的首要要求,还是班上那些成绩好的学生及其家长对班主任提出的最基本要求。这就将学生的思想品德、身体与心理健康、爱国主义教育等德育活动推向了道德规范的边缘,因为它们既不是学校对班主任工作考核的重点,也不是考试要求的内容。对此班主任只需完成上面要求的活动就行,除非班主任个人想表现自己的优秀或者有学生在这些方面出现了重大缺失(如生命安全、校外闹事等)才需他们投注心力。①

因此,对学校道德行为规范进行关注的实质是对班主任额外工作的关

---

①　来自于 G 中学的文件:《G 中学班主任绩效考核方案(试行)》。

注，而后者的核心又是与学生的行为习惯相关的管理工作，因为学生的行为习惯是其学业成绩的必备条件，后者直接决定着学校的考试成绩与升学率，而升学率则关联着老师与学校领导的各种客观物质利益，包括老师的绩效工资、教育质量奖金，以及学校领导的政绩与升降等，这就是中国应试教育体制下道德教育的深层逻辑。更进一步说，班主任对学生行为习惯的“重塑”主要表现在文明礼仪与班级纪律两个方面，这在一份直接关联着教师客观物质利益的绩效考核文件中被清楚地标示出来。该文件规定，学校政教处将从以下方面对班主任的工作进行考核：

(1) 上学无故迟到(7点30分)，每人次扣1分。

(2) 自习(早自习、下午自习)室内吵闹扣1分；讲话、走动等不学习行为，每人次扣1分。

(3) 早、午、晚卫生清扫不及时、不彻底，卫生保持不好扣1分。

(4) 上课预铃响后教室吵闹扣1分。上课迟到、中途离班(特殊情况除外)每人次扣1分。

(5) 课间走廊没有右侧通行，在走廊讲话、跑跳、追赶、疯闹、搭肩、挽手、逗留、吃零食、坐窗台等每人次扣1分。

(6) 课间教室内大声说笑、追赶、疯闹、踢球等每人次扣1分。

(7) 课堂做与学习无关的事情，如听MP4、随身听，玩游戏机、扑克、棋类等，看课外书等每人次扣1分；上课睡觉，每人次扣1分；旷课每天扣2分。

(8) 在校园内用手机(家长和班主任达成协议的除外)，发现一律没收，每人次扣2分。(课堂玩手机属于严重违纪并扣5分。)

(9) 发型(怪发、烫发、染发)不合格，配戴饰物、化妆、染指甲等每人次扣2分，并按学校要求做相关处理。

(10) 课间操教室留人没有假条，每人次扣1分。

(11) 午间分餐秩序混乱、吵闹扣1分；浪费现象每人次扣1分。

(12) 午间清扫不及时、不彻底扣1分。

(13) 午间教室不安静扣2分;午间迟到,中途离班扣1分;午间期间纪律要求同课堂。

(14) 一般性打架,抽烟、喝酒,无故旷课,每人次至少扣2分。

(15) 放学后在校门口逗留欲寻衅滋事或有其他违纪行为,根据情节轻重扣2分以上。

(16) 不尊敬老师,不虚心接受老师批评教育,无理取闹,顶撞老师根据情节轻重扣2分以上。

(17) 学生乱扔垃圾,如往操场、楼内(包括厕所)、窗外等,每人次扣2分。

(18) 考试违反"三不准"(不准提前交卷、扒桌、空卷),每人次扣1分。①

上述这些林林总总的绩效考核细则基本上可以概括为两个方面,其一是对学生文明礼仪的要求,包括卫生、行走方式、仪容仪表等内容;其二是对学生纪律的要求,包括说话、打架滋事以及与课程知识学习相关的纪律,例如作息时间、尊敬老师、不做与学习无关的事等等。更进一步说,这些需要班主任逐一落实的礼仪与纪律要求主要集中于关联着课程知识学习的行为习惯领域。

因此,我们可以归纳出G中学道德行为规范的基本结构:它的形式类似于哲学形而上学中的逻各斯(Logos)中心主义,即核心—边缘结构,其核心是一套以重塑关联着学生课程知识学习的行为习惯为主要目标、以文明礼仪与班级纪律为主要内容的规范体系;与核心相对的是学生的思想品德、身心健康以及爱国主义教育等边缘性道德要求,后者有意或无意地为前者提供辅助性服务。在此基本结构中我们看到了一种双重依附关系,即行为习惯目标及其礼仪与纪律规范内容依附于课程知识的理想要求,而其他辅助性道德教育内容则依附于行为习惯规范本身。因此,我们对农村学生与

① 来自于G中学的文件:《G中学班主任绩效考核方案(试行)》。

学校道德行为规范之间冲突的检视就集中于关联着课程知识学习的行为习惯及其规定的礼仪与纪律。我们发现，对于那些出身于底层社会的学生来说，固着在他们身上的行为习惯不但难以达到上述礼仪与纪律的要求，因而很自然地成为校方、尤其是班主任重点“重塑”的对象，而且一些学生甚至走得更远，他们不但不接受这套“重塑”，还从对道德规范本身的抵抗走到了对课程知识权威的抗拒，因而出现了中国式的“反学校文化”。下面我们就来依次展开这幅学校道德规范领域中的冲突图景。

第二节　文明与脏乱：农村学生与学校礼仪、纪律之间的冲突

G中学道德行为规范的基本结构表明了一种双重依附关系，即以行为习惯为主要目标以及以礼仪与纪律为主要内容的核心规范依附于课程知识的理想类型对学生“做人”的要求，而以思想品德、爱国主义等为主要内容的边缘辅助性规范则依附于行为习惯本身。依据学校道德行为规范这一独特的基本结构，我们将从三个层面依次考察底层社会出身的学生与学校道德行为规范之间的冲突：首先深入结构的核心部分，考察农村学生与学校要求的礼仪与纪律之间的冲突；接着检视农村学生与边缘性德育活动之间冲突的实质；最后扩展到农村学生对课程知识权威的反抗，考察他们的“反学校文化”。

在G中学的老师眼里，学生的行为习惯并不局限于行为本身，而是包括学生在学校中所表现出来的属于个人的所有活动。按照其表现出来的场合与方式的差异，我们可以将其粗略地分为两个基本面向，其一为课程知识学习直接对学生提出来的参与要求，此时教育权威一般在场，学生本人也试图参与到课程知识的学习过程中，我们将其称为“学习习惯”；其二为课程知识学习间接对学生提出来的要求，此时教育权威一般不直接在场，学生本人

也不想主动参与到课程知识的学习过程中，我们将其称为“生活习惯”。然而，在老师们看来，G中学的学生无论是学习习惯还是生活习惯都显得很“不合规矩”，因而需要“重塑”。在第二章中我们其实已经集中检视了学生的“学习坏习惯”，包括课堂上不合规矩的互动、试图突破听课要求底线的各种不合纪律的行为、以及完成家庭作业时的懒惰。这里我们将考察附着在学生身上的“生活坏习惯”，尽管它们不直接与课程知识的学习参与要求相关，但它们是学生做人的基础，因而也是课程知识学习的功能必备项。在一份题为“强化礼仪教育，打造文明校园”的德育训话报告中，我们再次看到了生活习惯对课程知识理想类型的上述依附关系：

事实上，良好的行为习惯是保证我们顺利学习的前提，也是树立健康人格的基础。在学校没有良好的行为习惯的同学就可能目无纪律、不讲卫生、扰乱班级的学习环境。相反，如果我们养成了文明的行为习惯，学习环境就一定是良好的、有序的。①

上述报告随即指出，学生“不文明的行为习惯”主要集中在礼仪与纪律两个方面：

文明其实是细节构成的，在我们身边，在一部分同学身上，还存在着一些不文明的行为。例如，在我们的校园内、楼梯上总能见到与我们美丽的校园极不和谐的纸屑；在教室里、校园内食品袋经常可见；甚至有的同学认为，反正有值日的同学负责打扫，扔了又何妨？再例如，有的同学在教室内、走廊上追逐打闹，走路推推搡搡习以为常；还有部分同学课间大声喧哗，出口成“脏”，故意在洁白的墙壁上“涂鸦”，甚至还有个别同学故意损坏学校的公共财物或者从楼上随意将垃圾往场外扔。②

因此，文明礼仪与纪律要求便成为校方力图“重塑”学生行为习惯的焦点，以及农村学生与学校道德行为规范之间冲突的核心区域。令人惊异的

① 来自于G中学的文件：《强化礼仪教育，打造文明校园》。
② 同上。

是，附着在学生身上的这些“坏习惯”并非一直处在“脏”与“闹”的状态，而是随着教育权威的变化而游走于“脏”与“美”、“闹”与“静”的两极之间。

一 礼仪的两难：肮脏与爱美之间

上述德育训话报告指出，部分学生出口成“脏”、不讲卫生。在我的田野调查中也确实证明学生们的此类习惯屡见不鲜。然而，假如我们就此认为G中学那些出身于底层社会的学生是一群“肮脏”的孩子也是不恰当的，因为我还发现他们还很爱美，极力想引起他人的注意，只不过是以赶时髦这种出格的方式进行追求。这构成了“脏习惯”的对立面，形成了学校场域中学生行为的矛盾，也折射出农村学生与学校道德行为规范之间的冲突。

（一）讲脏话

首先，出口成“脏”对K班的学生来说是件很自然的事情，课上课下无不如此。这一坏习惯也成为老师随时纠正的对象。在一次访谈过程中，一位数学老师言辞激烈地告诉我：

（学生）骂人，这个他骂人就真是在骂人！……（2010年10月21日，数学S老师）

在一次有老师在场的课堂上果然出现了“骂人”的一幕：

JCQ被历史老师叫起来回答问题，话音刚落，坐在他旁边的HXD冲着他说：“放屁！……”老师赶忙纠正说：“唉，上课怎么这么不文明！”（2010年9月29日，观察笔记）

如果说有老师在场时学生们说脏话还有所顾忌的话，那么在那些未被教育权威笼罩的时空里，脏话便顺其自然地流露出来。例如，当我课间坐在K班的教室后面与学生聊天时，经常听到他们在打闹过程中发出的方言对骂。K班的QQ群主一直不想让我加入该群，原因是里面尽是些脏话，让我看到了不好。在一次两节自习课的课间，我听到了两位学生的如下对骂：

上节自习课，HXD同学因为下座位、说话等错误被班长记下了名字，并曾经被她关在教室门外。一下课,他就跑到教室门外向教室内喊:“操你妈!”班长随即应声:“你操谁?”回答:“操你!”……(2010年10月12日,观察笔记)

然而,老师对他们的要求是即使没有说脏话,也应该礼貌一些。在一次英语课上,老师如是提醒学生:

英语老师首先拿出一块橡皮与一个尺子,分别找学生寻找它们的主人,练习句型“Is that your eraser/ruler?”在寻找的过程中,老师不断对学生说:“You should more polite.”,“应该更礼貌一些,打扰别人应该先说‘Excuse me’,打扰完了以后要说‘Thank you’。”(2010年9月27日,观察笔记)

这样,在学生自然而然地出口成“脏”与老师严格的礼貌要求之间便形成了一种张力,学生们的脏话总会不时地蹦出来,成为老师随时纠正的对象。

(二)不讲卫生

其次,G中学的学生还很不讲卫生。一位老师告诉我,学生们连基本的卫生习惯都没有:

让他们注意卫生呀,这是日常必须保证的,每天早中晚都要打扫。完了以后就是扫把的摆放呀,黑板擦呀,就是一些细节,学生就不会注意,这个也要强调。就是卫生习惯,就是勤洗手呀,然后就是教室卫生的保持。你不强调的话,他就会有一些纸屑乱丢。(2010年10月21日,数学J老师)

不但如此,学生们还有吃“垃圾食品”的恶习,并且很随意地将食品袋乱扔:

就是像小学生一样喜欢买东西,那些商店的东西都是很便宜的,都是一些垃圾食品。叫他们少买、不买,可还是……(问:我也注意到了,有好多女孩子买。)男孩子也有,下课就买东西吃,喜欢买一些零食。(2010年10月21日,数学J老师)

你(指研究者)也看到了,学生在这方面就不是很注意卫生,特别是吃的零食、袋子呀,可能有时候会到处乱扔……(2010年10月20日,信息X老

师）

更进一步，学生们将这种不讲卫生的坏习惯延伸到学校安排的大扫除之中，他们在劳动过程中：

做事都不认真，马马虎虎，老师让你扫个地，这里弄一下，那里弄一下，搞完了。（2010 年 10 月 20 日，信息 X 老师）

事实上，我也躬身领教过一回学生们在大扫除中的马虎与懒惰：

……，全班进行大扫除，第 4 组 6 个人留下来打扫教室，其余人打扫行政楼一楼。我跟随大部队来到行政楼，地面范围很大，两块地面加两条走廊。要求一些人扫，一些人拖。但是安心干活的仅有 YDM、ZHW 与 LN 少数几个人。多数人则围着墙壁看图片，或者相互追打，拖把笤帚像写行书一样在地上乱涂。直到快放学了，才匆匆扫了一下。……我被班主任 Z 老师指派监督他们干活，但我根本没有指挥权。CHYJ、CHZA 等人拿着拖把却不干活，我想让他们交给其他人，他们却不肯交出来。我想把他们分成几个小组，让他们各自完成自己的任务，他们却乱成了一锅粥。（2010 年 10 月 14 日，观察笔记）

学生们的上述不讲卫生的坏习惯让一位刚从武汉某重点中学调过来工作的老师极为愤慨，他对我说：

这个学校的环境卫生，说实话，我对这个学校的环境卫生其实是最不满意的。（2010 年 10 月 20 日，信息 X 老师）

因此，面对学生们如此"肮脏"的卫生习惯，校方必须采取强硬措施纠正。主要措施就是不断地进行大扫除，并把卫生与大扫除工作同班主任的客观物质利益联系起来，通过制定绩效标准对此进行硬性规定：

不积极组织学生开展大扫除活动扣 2 分，检查未达标扣 1 分。

早、午、晚卫生清扫不及时、不彻底，卫生保持不好扣 1 分。

学生乱扔垃圾，如往操场、楼内（包括厕所）、窗外等，每人次扣 2 分。①

---

① 来自于 G 中学文件：《G 中学班主任绩效考核方案》。

但是,如果我们就此得出学生们喜欢肮脏的卫生环境、经常故意乱丢乱扔的结论就犯了严重的错误。因为一位班主任告诉我,学生们之所以持续不断地保持“肮脏”的坏习惯主要是由于他们没有卫生意识,并且他们只是不经意地乱丢乱扔。他说:

有时候我去(教室的)时候,他们座位下面总是会有纸、有吃的那些零食的袋子。但是,你说的时候,他就会说:老师这不是我的,我不知道从哪里跑过来的。……,他说这个不是我的,不知道别人哪里弄过来的。所以他们首先自己就没有这方面的意识,没有养成起来。就是对自己的这个卫生的事情很不敏感,就是觉得老师来了就说一下,没来的话就无所谓。

……

有(乱丢乱扔的现象),但不是(故意)乱丢乱扔,就是他们不经意的。比方说,这个纸用了之后,他就放在桌子上面,他也不知道怎么在写作业的时候,或者是有人从那里一走,不是有一阵风吗?把它吸过去了,就丢到地上去了,他就不知道。当你看到的时候地上有纸,他就觉得好像不是我弄的呀。(2010年10月23日,物理HW老师)

根据上述考察,一般会得出这样的结论,即G中学那些出身于底层社会的学生是一群“肮脏的”孩子。事实上,G中学的绝大多数老师是这样认为的。对G中学那些出身于底层社会的学生而言,无论是出口成“脏”还是乱丢乱扔或大扫除中的偷懒,都是一种自然而然或者不经意就表现出来的行为,当他们这样做的时候并不会对自己的行动进行对与错的反思。然而,校方对学生们表现出来的上述“肮脏的坏习惯”却极为敏感,老师们对此也异常愤怒,各自都采取了有力措施试图将这群偏离者导入文明礼貌的正轨。由此我们看到,农村学生与学校礼仪规范之间的张力与矛盾,并可以得出一个基本结论,即农村学生的实践意识(practical consciousness)中那套关于如何行事的理所当然的知识与学校教育中所要求的礼仪规范并不一致。然而,正如吉登斯所指出的,行动者的实践意识中那套关于如何在世界中行事的规则是外在的宏观结构结构化在人的意识之中的“记忆痕迹”,它一般以无意识的方式存在，促进并约束着行动者的具体行动，只有在行动者本人被要求给出一个说法时，实践意识才能提升到话语意识(discursive consciousness)层面，成为行动者反思性凝注的对象。① 因此，只要学生的心智结构没有改变，一旦远离教育权威，他们依旧会持续不断地保持上述“肮脏的坏习惯”，这就是G中学的“文明程度”在各种大张旗鼓的大扫除下仍旧保持在一个很低水平的原因。

(三) 赶时髦

然而，学生们出口成“脏”与不讲卫生的“脏”习惯却只是他们在文明礼仪上面表现出来的不合学校规范的一个方面。令人颇为惊异的是，在我的田野调查中还发现这些孩子还很爱美，主要表现为赶时髦。然而，它同样以某种出格的方式突破了学校的礼仪规范，成为校方重点整治的对象。一位数学老师告诉我：

倒是一些、特别是女生搞得很时髦。男生里面也有，像烫头都有一些。(学校)当时不管，但是越来越那个，爱美。……，爱美呢，比较严重。有两个女生烫头，还染了颜色。特别是过年一来那个时候，穿西服啦，做头发啦，一搞，(但)还是要来学校嘛。我们就让她们回去染回来，着装朴素一点，只要干净大方就行。(2010年10月21日，数学J老师)

甚至有一位女生因为赶时髦而选择退学。在一次访谈中，该女生的班主任告诉我：

她的头发染得像玉米穗，发型也像。两个耳朵各打了几个耳洞，还戴着塑料耳环。学习成绩很不好，是那种仅仅能坐在教室里，以及到操场上做操的人。……，她的这番打扮也经常遭到各位科任老师的当堂批判与非议，他们经常向我(即班主任)反映，我也多次说过她。……，前几天碰到学校仪容仪表大检查，她被查出来了。但她认为，学校里还有许多其他学生也像她一

① A. 吉登斯. 社会的构成[M]. 转引自：马尔科姆·沃特斯. 现代社会学理论[M]. 杨善华、李康等译. 北京：华夏出版社，2000：54—55，113—115.

样,但偏偏查出她,这是针对她。我于是在周四批评了她,对她说你再这样就不要来了。周五她果然没有来……(2010 年 11 月 11 日,班主任工作坊笔记)

对于学生们赶时髦这一举动,老师们进行了心理学化的解释。上述那位数学老师告诉我:

这个时候已经开始发育,开始注意这个,很正常,正常的青春期的一些表现。喜欢表现,喜欢老师注意他(或她)。(2010 年 10 月 21 日,数学 J 老师)

然而,不正常的是这些学生的爱美并不能以符合学校规范的"正常"的方式表达出来。然而,对于学生们为何做出如此"出格"的爱美举动,我们可以给出另外一种解释:因为他们赶时髦的目的是为了引起别人的注意,而之所以如此,是由于他们的学校生活淹没在平淡无奇、甚至默默无闻之中。因此,既然在课程知识的学习过程中得不到别人的认同与自我成就感的满足,那就只好通过其他途径来达到这一需求,以补偿学校教育对他们的剥夺所带来的缺失。

这样,我们就看到了农村学生行为习惯的复杂面相,他们既是一群出口成"脏"与不讲卫生的"脏"孩子,又是一群赶时髦的爱美的孩子。然而,无论是作为结构化在他们身上的无意识行为,还是作为学校教育剥夺的补偿行为,都波动于学校礼仪规范的标准线上下,都与学校的礼仪规范相冲突,两者之间构成了持续的矛盾与张力。

二　纪律的两难:吵闹与沉默之间

G 中学那些出身于底层社会的学生不但无意识地"肮脏"、出格地"爱美",而且还过分地"吵闹"。这里我们集中关注的是当教师权威不在场时学生们的吵闹行为,它既包括自习课的喧嚣,又包括课间的疯打,还包括教育权威突然消失后的某种集体性喧腾。然而,假如我们就此给他们贴上吵闹的标签同样可能会犯错误,因为我们将要展开他们异常沉默的一面。不过,无论是过分吵闹还是异常沉默,都偏离了学校的纪律规范,两者之间形成了持续不断的激烈冲突。

(一) 吵闹的图景

自习课上的喧嚣图景即使在G中学唯一的重点班也不例外。在K班的一节自习课上,我看到了如下情景:

本节是劳技课,HXD同学告诉我:“这节课一直自习。”不过劳技老师还是来了,她说:“劳动工具还没到,因此给你们时间自习。我在机房还有事,下课前还过来。班长到讲台上来,有谁讲话就把名字记下来,取消他们下次上机的资格。”临走的时候,老师特意叮嘱:“我是高度地、深度地信任你们,不要辜负老师的信任。你们班是快班,是七年级最好的班,我希望你们能做到!”

老师刚走便有同学换位置,站在讲台上的班长立即发挥了权力,她先一个接一个喊着换位置的人的名字,直到他们各自不情愿地回归自己的位置才罢休。随后她又接连喊着各位说话人的名字,语气坚决,“CHYJ”、“CHZA”、“DG”……一长串名字在班上持续不断地飞扬。

在喊名字失效的情况下,班长便走到他们的座位那里一个一个地纠正。她先盯上了LOU,LOU向后转着,趴在后面学生的桌子上写作业。班长花了好几分钟才让LOU坐正。她又盯上了DG,发话让他站到后面去,几经拉扯终于作罢。DG一副老油条的样子,对班长说:“人要有感情!”班长回复:“那你下课怎么不坐在位置上?”……,此时HXD下了位置,ZHW也下了位置。班长立即要求两人连同DG一起站到教室后面去。班长说:“快点,站到后面去,快点!……”在她反复、严厉地要求下,三个人终于被拉着站到了墙后。他们三个在教室后面并不老实,先是蹲在一起,后来终于被班长拉开,靠墙站立。不久后DG比较老实,班长让他回去,另外两个人也自动相继回去。班长大声喊了一句:“回来,快点!”他俩却不再回来。班长终于忍无可忍,说:“给脸不要脸!”接着愤怒地把他们的名字记在本子上。班长再次回到讲台上,大声喊着说话、动作较大的人的名字。ZHW 和前面的 ZHL 开始了开关窗户之争。外面风很大,像是马上就有倾盆大雨,ZHW 将窗户拉开,ZHL 则用窗帘挡风。……一节课下来,教室里仅有短暂的几次间歇性的安静。(2010 年 9 月 28 日,观察笔记)

尽管 K 班学生的上述表现足以让劳技老师深感失望,但自习课毕竟还有班干部的权威在场,因而学生们的吵闹与动作还比较克制。但是当课间学生们暂时远离了教育权威时,他们的吵闹顿时升级为"疯疯癫癫"、他们的动作也升级为"推推打打"。这在我的田野研究中已经司空见惯,以下是我刚到 K 班听课时所见到的课间情境:

一下课教室便成为学生们的乐园,有的学生在教室后面跳绳,有的在追打,有的在走廊上挤在一起……其中第一排最后一位学生今天穿布鞋、黑色牛仔裤,他一下课就和同学打打闹闹,在教室的桌椅之间飞快地穿行,一个女孩子把他的椅子放倒在地。随后追打的范围扩展到教室内外,穿梭于教室的前面后门之间,女孩子气急之下把他的书包甩在地上,追了几圈后又在他的椅子面上踏上一个脚印。追打完毕后他又和一群男生拥成一团,挤来挤去。……(2010 年 9 月 28 日,观察笔记)

对于学生们课间的喧嚣,老师们也无可奈何。一位老师对我说:

一般的学生都喜欢玩嘛,不让他们课间打呀、闹呀,那个学生就跟小学生一样,有趴在地上的,有拉拉扯扯的,男女之间追打呀……(2010 年 10 月 21 日,观察笔记)

上述自习课与课间之间吵闹程度的张力在教育权威突然消失时顿时完全释放出来,每当此时,经常会引起整个年级集体性的喧腾:

下午第一节课后,广播里播出一则消息:"全体七年级老师请注意,请于第六节课到办公室开会……"此消息一出,七年级所有教室爆发出一阵撕心裂肺的沸腾。喧腾之声震动了整个学校,此时我正在八年级办公室,一位数学老师对我说:"都是七年级学生! 八年级以后会好一点,七年级的学生还没教化过来。"……

当我随后回到七年级K班教室时，发现里面已经混乱不堪。CHZA与班长来回顶嘴，甚至发展到叫骂的程度。CHYJ将修改错误的纸带拉得很长，套在自己的脖子和脑袋上，纸带像软绳一样到处缠绕，众人齐争纸带的另一头，引起了一阵大混乱。ZHW、ZHML、ZHXT相互用纸条砸来砸去，不久之后动起手来，甚至手脚交加，相互打闹。WCHY与LXF争着看我编写的问卷，彼此不愿给对方看，又想看，于是相互打闹起来，甚至打翻了椅子。DG是另一个活动圈子的中心，先后和几个人打闹，动用起了矿泉水，相互泼水，还把门关上……，整个班级坐在座位上的不足十人。……(2010年10月20日，观察笔记)

因此，在老师们看来，学生们在教育权威之外的各种吵闹已经成为他们身上深入骨髓的痼疾，并由此成为老师对学生们学业不佳进行抱怨的直接归因。在一次语文课上，一位学生错将“徙”字读成了“徒”字，引来身兼班主任的语文老师一顿痛骂，并将此类错误归因于学生们平时的吵闹之上，她说：

昨天我在办公室里和英语老师讨论，全班至少有十五个人要分到普通班。你们自己掂量一下，你在不在这十五个人里面。你们玩撒、疯撒！下课后还跑到其他班去。要玩(直接)到普通班去玩！(2010年10月12日，观察笔记)

这样，校方就不得不动用强制性手段对这群吵闹的学生予以“教化”和“重塑”。在一次班主任会议上，主管教学的副校长当着全校班主任的面点名批评七年级，他说：“整个学校，七年级学生纪律最差，最缺乏管理！……”(2010年11月11日，工作坊笔记)学校政教处对班主任工作进行绩效考核的标准中有近十条涉及学生的吵闹纪律，其中的几条是：

自习(早自习、下午自习)室内吵闹扣1分；讲话、走动等不学习行为，每人次扣1分。

上课预铃响后教室吵闹扣1分。

课间走廊没有右侧通行，在走廊讲话、跑跳、追赶、疯闹、搭肩、挽手、逗留、吃零食、坐窗台等每人次扣1分。

课间教室内大声说笑、追赶、疯闹、踢球等每人次扣1分。

午间分餐秩序混乱、吵闹扣1分；浪费现象每人次扣1分。

午静教室不安静扣2分；午静迟到，中途离班扣1分；午静期间纪律要求同课堂。①

校方所有上述措施的唯一目的就是将这群桀骜不驯、毫无纪律观念的吵闹的底层学生导入符合学校纪律要求的轨道之中。然而，在这种表面目的之下却是课程知识学习对学习秩序要求的规定性，因为一个安静的、严肃的学习环境不但是促使那些不想学习的学生进行学习的条件，更是保证那些想学习的学生进行学习的条件。然而，校方这些"教化"或"重塑"措施的效果却不明显，直到我离开G中学的那一天，K班学生的自习课、课间以及其他缺乏严厉的教育权威在场的时空里依旧是非常吵闹。在此过程中，我们看到了一个的事实，即农村学生通过不断地说话、吵闹、疯打而与学校纪律、校方严厉的规训措施之间展开了持续不断的激烈冲突。

（二）沉默的图景

然而，假如我们通过上述考察就给G中学那些底层学生贴上一个歇斯底里地吵闹的标签就可能会犯错误，因为我们发现，当严厉的教育权威在场时，他们却显得异常沉默。这一点在班主任的课上或有其他更高的外在权威在场时表现得尤其明显。以下是一节语文课的前奏：

（下午第八节课）打铃后语文Z老师没来，但全班却异常安静，鸦雀无声，几乎每个学生都在写第六节课（也是语文课）老师布置的作业。近十分钟过去了，语文老师还没有来，隔壁班的学生却在追追打打，一女生跑到K班的走廊上来，随即被同学拴在门外，在K班可以清楚地听到她"砰砰砰"的敲门声。此时K班发生了一阵小小的骚动，不过很快就自动平息下去了。不久之后，英语老师提着录音机过来，不少同学向外松了一口气，坐在

① 来自于G中学的文件：《G中学班主任绩效考核方案（试行）》。

我前面的ZHML说:“耶,终于可以不上语文课喽!”……(2010年10月13日,观察笔记)

在另一次历史公开课上,K班学生也一改往常回答问题时积极踊跃、相互争吵的热烈场面而变得异常沉默起来:

历史公开课,教室后面坐着几位其他年级的陌生老师。今天讲商鞅变法,老师在导入课程之后说:“我给大家三分钟看书,看看大家能找出哪些‘变’来。”几分钟过后,老师提问,全班学生却很沉默,只有LCH一个人举手。……,讲到都江堰时,老师再次提问:“我们把‘都江堰’当作一个例子,谁能将它上升到一个领域?”全班学生依旧没有一个人能够“上升”。最后老师颇为尴尬地自己说:“水利工程嘛!”……(2010年10月13日,观察笔记)

因此,我们同样看到,底层学生在学校纪律层面也游走于吵闹与沉默的两极之间,固着在他们身上的行为习惯很难使他们达到学校纪律要求的恰到好处,而是随教育权威的强弱程度而激烈地膨胀或收缩。在这一起一伏的波动曲线之间,我们更加明晰地看到底层学生身上的行为习惯与学校纪律之间的冲突。

第三节 威严与嬉戏:农村学生与辅助性德育活动之间的冲突

在G中学的德育文件中,爱国主义教育经常占据着显赫的位置与大量的篇幅,它一般包括这样一些活动:观看中央电视台第二套节目播出的《开学第一课·我爱你中国》以及新中国建立历程的专题片,并要求学生写观后感;开展“革命故事大家讲”的主题班会;学唱革命经典歌曲;开展《祖国在我心中》征文活动;组织毛主席诗词朗诵比赛;进行爱国卫生运动等等。学校力图通过这些活动激发学生的民族自信心和自豪感,培养学生的集体主义、社会主义、革命主义思想品德，以及促进学生的心理健康。① 然而，在具体的实施过程中，上述的爱国主义目标以及其他思想品德、心理健康等目标难免流于形式，在实质上被"重塑"学生的行为习惯这一道德行为规范的核心领域所架空。这种"被架空"的现象不但在德育文件中以文字的形式自相矛盾地表现出来，而且在具体的实施过程中通过反客为主地"重塑"行为习惯来旁落爱国主义等高尚的道德目标。

在另一份德育文件中，在高举了"大力开展爱国主义、集体主义教育"的旗帜之后，突然流露出了该校德育工作的真正重点，它包括学习宣传、检查落实与行为养成三个方面，具体内容如下：

1. 学习宣传。明确文明学生标准（即衣着整洁、举止文明、遵纪守法、勤奋学习、生活俭朴、尊敬师长、孝敬父母、团结同学、关心集体、热爱劳动），通过班会学习，力求做到人人明白，个个自觉执行，提高学生修养。

2. 检查落实。新学期，政教处将加强督促，对学生自行车、卫生打扫、两操、黑板报、学生就餐等情况，坚持检查评比，及时公布，利用升旗表扬先进，鞭策落后。

3. 行为养成。各班结合宣传《中学生守则》、《中学生日常行为规范》，学习《G 中学学生管理条例》，抓紧、抓实一日常规，教育学生从点滴做起。②

因此，该德育文件的上述内容揭示出隐藏在 G 中学德育工作中的深刻矛盾，一方面是政党与政治权力要求的国家合法性目标，另一方面是校方的客观物质利益对升学率、进而对学生的行为习惯的要求，两者之间以"务虚"与"务实"的面相同时出现在同一份德育文件中。对于该文件中力图"重塑"学生行为习惯的"务实"措施及其与底层学生之间的冲突，我们在前文已经

① 来源于 G 中学的文件：《2009—2010 年上学期 G 中学德育工作总结》。

② 来源于 G 中学的文件：《武汉市 G 中学 2009—2010 年学年度下学期政教工作计划》。

进行了详尽的考察,此处不复赘述。这里,我们将进一步深入到戴着“爱国主义”、“思想品德”、“心理健康”等帽子而展开的辅助性德育活动之中,检视这些德育活动的具体实施过程及其实质目的,以及底层学生在这些活动之中表现出来的与学校道德行为规范之间的冲突。根据田野调查经验,我将从G中学众多的此类活动中选取两个个案来完成这一检视工作,它们是一场教育电影的观看现场与一次革命歌曲的排练现场。

一 两个个案:辅助性德育活动的现场

诚如上述第一份德育文件所言,G中学的辅助性德育活动形式多样,不过大体上可以分为常规性活动与间歇性活动,前者为教育当局所规定、需对历届学生年复一年地开展,例如观看固定类型的教育电影,以及定期开展主题班会等等;后者则与国家重大事件结合起来,配合国家将事件的影响力深入到年轻一代的集体意识之中。我在G中学调研的时间正值国庆节前后,该校为了庆祝这一盛大节日,举全校师生之力开展了一场红歌比赛,正式比赛之前进行了为期半个多月的充分排练。因此,教育电影与红歌排练就成了我关照辅助性德育活动的重点。

(一) 教育电影的观看现场

一个周四的下午,我与七年级全体学生和部分老师一起在该校的大礼堂看了一场名为《信天游》的教育电影。以下是对电影观看现场的一份素描。

下午第六节课,Z老师突然宣布到大礼堂看电影,K班学生顿时沸腾起来。K班先得到看电影的消息,在班主任的带领下提前坐到了大礼堂的中间位置。随后其他班级陆续到场,T班到的最迟,坐在礼堂的后方位置。美术老师、各班班主任也到场维持秩序。电影开始前,会场一直喧嚣不止,身为团委书记的K班班主任Z老师拿着话筒在主席台上强调:“不要随地吐痰,不要随手丢垃圾,一会儿看电影保持安静,我要看这个年级谁最调皮!”……

电影主要讲述西北某县城的一位纪委书记(郭达饰)帮助农民处理各种案子的事迹,尤其以长期上访案件为多。电影的主人公共同强调了一个事实,即农民头上的官都坏了,但是你要相信共产党,你要相信当官就要为民的道理。影片接连放映了该纪委书记如何艰难地解决农民上访多年而未果的冤案后,坐在我前面的几位女孩子感动得哭了起来。可是其他多数学生却是另外一番景象,他们远没有投入到影片之中,只是对一些搞笑的情节感兴趣。例如,当一位腐败透顶的警察局长在不同的场合接连利用他的权威发出“嗯?!”,“嗯?!”,“嗯?!”……的声音时,学生们也一浪高一浪地“嗯?!”了起来。……

坐在礼堂后方的T班学生一直吵吵闹闹,年轻的班主任兼英语老师(她几个月前刚从某大学硕士毕业)有点招架不住。班上一会儿有学生说要上厕所,然后就从人群中挤出去;一会儿相互之间丢东西,打打闹闹。老师最常用的一种方法就是坐到说话最为厉害的学生旁边去。……

E班的班主任则把班上的苏同学和另一位高个学生单独从人群中挑出来,让他们单独坐在礼堂左侧那片空着的位置上,并且她坐在他俩的中间。我身边的JCQ告诉我,苏同学是他们班有名的难管的人,曾经打过老师。随后他给我讲了苏同学的那次在学校广为传颂的事情的经过……

电影放映完毕之后,Z老师极为不满,她拿着话筒在主席台上咆哮:“现在全校都认为纪律最差的是七年级!”……“看教育片都嘻嘻哈哈,有什么可笑的!你们父母不就是这个样子!”……“公共场合衣服都不整齐!”……,“像一群哗众取宠的动物一样。”……,Z老师接着怒斥:“是谁把四楼(即七年级所在的楼)男女厕所的牌子换了?是谁?抓到了一定严肃惩处!”……,最后Z老师说:“七年级是一个整体,一个人做得不好,就是在给这个年级抹黑。你违反纪律时要想到自己属于这个整体!”……

长长的一阵痛骂过后,七年级的学生们依旧兴高采烈地离开了大礼堂……(2010年10月14日,观察笔记)

因此，我们在电影观看现场不但看到了被电影内容感动得掉眼泪的几个小女孩，也看到了学生们如何说话、吵闹、从人群中挤往厕所、甚至为影片的台词"呐喊"，还看到了班主任老师维持纪律的辛苦以及团委书记对学生礼仪与纪律的咆哮、讽刺与劝勉。

（二）红歌的排练现场

国庆节前夕，K班班主任为了在即将进行的红歌比赛中得到与该班作为七年级唯一重点班的身份相称的成绩，K班学生被动员起来，全力以赴排练参赛歌曲《红星歌》。为了达到排练的效果，班主任甚至不惜牺牲几节语文课与数节用来备战期中考试的自习课。尽管比赛的结果满足了班主任老师的虚荣心（据说她所带的上一届学生连续三年的所有活动都是第一），K班创造了七年级第一的佳绩，但是排练过程却不那么一帆风顺。这里我们考察比赛前两天与比赛当天的两次排练图景，对比班主任在场与不在场时学生们的真实表现，以及在红歌排练过程中班主任老师关注的重点。

比赛前两天下午的第七节课，七年级所有老师都去开会了，K班班主任Z老师临行前特意到班上嘱咐本节课练歌。我记录下了学生们练歌的图景：

上课铃一响，HXD与DG分别把教室的前后门关上，教室里顿时乱成了一锅粥，吵闹声铺天盖地。此时班长用她最尖锐、最大声的嗓音歇斯底里地喊了长长一声，教室里才有所平静。ML乘此间隙，起头唱歌。起头两遍，大家声音高亢地唱了两遍，歌词如下：

"红星闪闪放光彩，红星灿灿暖胸怀，红星是咱工农的心，党的光辉照万代，红星是咱工农的心，党的光辉照万代；

长夜里红星闪闪驱黑暗，寒冬里红星闪闪迎春来，斗争中红星闪闪指方向，征途上红星闪闪把路开；

红星闪闪放光彩，红星灿灿暖胸怀，跟着毛主席跟着党，闪闪的红星传万代，跟着毛主席跟着党，闪闪的红星传万代。"

唱完两遍之后有一个简短的停顿,第三遍在混乱中开始。此时 CHYJ 用笔敲打着一个饮料瓶作为伴奏。唱到中间一段长歌词时,男女分开唱,走调特别厉害,甚至每次到这里都要停顿、甚至停止,混乱由此产生。CHZA、CHYJ 那边唱起了周杰伦的歌,班长只好下座位维持秩序。有几位同学边唱歌边写作业。……

唱歌时 CHZA、CHYJ 最为积极,他们放开嗓门喊,并在歌词的间歇处蹦出几句流行歌曲,引得全班哄堂大笑。……

后来班长要求一组一组地唱,从第一组开始。试行了三遍,第一组没唱几句就没了声音。在班长的极力要求下,第一组终于像念字一样唱完了一遍。……,当轮到某组唱歌时,其他组纷纷幸灾乐祸,催促取笑。班长则一直在发挥她的权力,维持着班级秩序与轮流唱歌的形式。……

各组唱完了一轮之后,班长点出了几位一直没有积极唱的同学到讲台上去唱。最后 DG、HXD 等人被拽到前面,他们就在那里跟着哼调。……(2010 年 9 月 28 日,观察笔记)

然而,学生们在上述红歌排练现场的自由、吵闹、混乱与兴高采烈在比赛当天上午的排练过程中却荡然无存,班主任 Z 老师以严厉的姿态开始了赛前的最后一次排练:

Z 老师抱着笔记本电脑进入教室,本节课练歌,为下午的比赛作最后准备。Z 老师在前面调音箱,学生们被要求把桌椅全部靠到教室后方,留出空间来排队练歌。在桌椅的搬动声中,他们的情绪放开了,练歌前扎堆在教室后侧密集的桌椅之间吵吵闹闹。……

唱歌前是排队,男生站前面,女生站后面。学生们却显得混乱而笨拙,班主任在前面大声呵斥,不断发火。她一边说:"闭嘴,连个队都排不好!"一边不断地指挥,要求这个学生站在这里,那个学生站在那里。在美术老师的帮助下,学生们被分成中间高、两端低的四排。……

刚刚开始唱时,走调很厉害,美术老师想让大家跟上伴奏节拍,但她试了很多次,学生们要么快半拍、要么慢半拍。最后她不得不放弃,对学生说:

“你们没有朝气，你们是很有力度，就像鬼子进村一样。”……

美术老师大体把大家教得能唱整齐便离开了教室，剩下的排练工作由班主任Z老师进行。她使用决绝的命令口气让大家一遍又一遍地练习，期间不断地训斥学生，特别要求学生站立笔直，声音洪亮。学生们却似乎一下子就进入疲惫状态，Z老师反复强调要唱出年轻人的朝气，但学生们像是进入了高原，只是干燥地唱着……（2010年9月30日，观察笔记）

上述两次排练因为教育权威的缺席与在场而形成了极大的反差，学生们总是想使排练现场充满自由、欢笑、吵闹、甚至混乱；而老师却喝令他们保持严肃、站立笔直、声音整齐与洪亮。

二　“重塑”行为习惯：农村学生与辅助性德育活动之间冲突的实质

因此，在描述了上述两个个案之后，我们可以进一步考察G中学辅助性德育活动的实质目标及其与农村学生之间的冲突关系。我们可以以形式逻辑三段论的方式得出基本结论。

首先，在此类德育活动的进行现场，学生们总是将他们最不合礼仪、最不守规矩的一面呈现出来。无论是在教育电影的观看现场，还是在教育权威缺席的红歌排练现场，他们都表现出吵闹、混乱、欢笑与自由。与刻板的课程学习相比，此类德育活动是他们在学校里最为开心的时光。

其次，正是因为学生们上述不合礼仪、不守规范的表现，代表教育权威的老师们不得不对活动现场的秩序进行维持。他们不但对学生们的嬉戏、吵闹、混乱等行为施以严厉的批评，甚至将学生们的表现比作像动物一样没有教养，而且教师们随时准备将这群不守礼法的学生导入学校道德规范要求的标准之下。

因此，我们可以得出以下五条基本结论：

1. 农村学生并不有意识地抵抗此类德育活动及其爱国主义、集体主义、革命主义等崇高目标。我们甚至看到,学校的教育电影可以使不少女孩子掉下眼泪,在红歌排练中他们也尽量使自己表现得更好,以便获得一个好名次,满足班主任老师的虚荣心,以及为班级争光。

2. 在此类德育活动中,农村学生与学校道德行为规范之间冲突的实质为他们身上携带的行为习惯难以达到学校的礼仪与纪律要求。

3. 因此,在此类德育活动过程中,老师们所针对的并不是学生们的爱国主义、集体主义与革命主义等思想品德面相,并不埋怨他们在这些方面水平太低与提升困难。相反,老师们所集中关照的核心是学生们不合礼法的行为习惯,并力图通过呵斥、辱骂等手段将学生的行为习惯导入学校规定的礼仪与纪律要求的标准之中。

4. 这样,辅助性德育活动本身那些崇高的目标就被农村学生身上的行为习惯与学校礼仪与纪律要求之间的冲突架空了,"重塑"学生的行为习惯就成了辅助性德育活动的实质目标,后者也退到了学校道德行为规范结构的边缘位置。

5. 但是,我们不能就此低估爱国主义、集体主义与革命主义等思想品德对学生政治思想意识的塑造作用。因为我们看到,不少女孩子为教育电影流下了真诚的眼泪,学生们也在尽最大努力学会传递着革命主义、集体主义等政党合法性的歌曲。因此,此类德育活动是在学生们极为开心的情境下实施的,它们面对的是农村学生一颗颗年轻、真诚而又毫无反抗的心。因此,即使学校的德育重心不在思想品德方面,学生们也没有有意识地把心思放在提高自己的思想品德上,但是思想品德却可以就此乘虚而入,无意识地积淀在学生们未经启蒙的心智结构中。这样,"重塑"学生的行为习惯这一学校道德行为规范的核心在架空辅助性德育活动那些崇高目标的同时恰巧帮助了后者完成自身的使命,因为前者已将学生们可能拥有的反抗情绪悄然引开了。

这样我们就证明了本节力图论证的三个基本问题:其一,G 中学道德行为规范的基本结构确实是核心——边缘结构,学校的礼仪与纪律要求居于核心位置,而各种辅助性德育活动则被前者边缘化了。其二,农村学生与学校辅助性德育活动之间冲突的实质是他们身上携带的行为习惯与学校礼法之间的冲突。其三,在以课程知识学习(或应试教育)为目标的教育体制中,对学生进行政治思想意识塑造(或政治社会化)具有自身独特的模式,它通过校方对学生行为习惯的"重塑"将学生与教师的注意力引开,这刚好消解了农村学生可能对官方政治思想意识的任何有意识的抵抗,间接帮助了它在农村学生身上的积淀。

第四节　权威与抗拒:农村学生与学校教育权威之间的冲突

在考察了底层社会出身的学生与学校道德行为规范的核心——边缘结构两个面向之间的冲突之后,我们需要进一步将考察的范围扩展到道德结构本身与其依附的对象之间的关系,检视农村学生与课程知识对道德结构的规定性之间的冲突。此类规定性具有微妙而模糊的角色定位,它们派生于课程知识对学生的行为习惯、性格或做人的要求,以某种道德规范的形式固定下来,但它们本身又对道德规范的结构进行规定。但是,正是此类规定性架通了课程知识与学生的行为习惯、性格或做人要求之间的关系,从而规定了学校道德规范独有的结构特征。此类规定在G中学具体化为某些不平等的教育秩序与教育权威,它们刚性地存在于学校场域之中,规定了学生行为的边界。然而,那些出身于底层社会的学生还是会不时触碰此类模式化为教育秩序或教育权威的规定性,由此导致彼此之间持续不断的冲突。这里我们将集中考察存在于G中学的三种此类模式化了的规定性,即快班与慢班的分班秩序、教师的权威、课程知识的权威,检视农村学生与这些架通课程知识的理想类型与学生的做人要求并规定道德规范的基本结构的模式化了的规定性之间的冲突。尽管三者都以权威的面相出现，但是G中学那些出身于底层社会的学生还是会不时对其提出挑战，表现出僭越分班秩序、抵抗教师权威以及远离课程知识的行为。学生的这些抵抗权威的表现被西方文化研究者称为"反学校文化"。下面我们就来依次展开农村学生与此类模式化了的规定性之间的冲突图景。

一　僭越分班秩序：农村学生的"闯入事件"与"敲门事件"

为了将最优秀的师资尽早集中在最优秀的学生身上以提高未来中考的升学率，G中学一改往年从初二开始分快慢班的传统，本年度按照学生的小升初成绩对七年级的学生进行了快慢分班。三十几位成绩较为优秀学生被单独挑出来组成七年级唯一的快班即K班，并与其他四个平行班一起建构了学校不平等的分班秩序。这种分班秩序不但在物理环境中树立起学生之间的边界，而且K班的几乎所有老师在课堂上都力图在学生的意识中树立起分班的精神边界。在我刚刚进入K班的第一天就听到主科老师流露出来的分班区隔，在一节数学课上：

老师强调："上我的课，要么盯着黑板，要么在做作业时盯着作业。"……，"今天的课在上一节课的基础上提高，因为对这个班的学生要求要高一些。"(2010年9月26日，观察笔记)

不仅主科老师如此，副科老师也不例外：

劳技老师说："劳动工具还没到，因此给你们自习的时间。我去机房有点事，下课前再过来。"她接着说："我是高度地、深度地信任你们，不要辜负老师的信任。你们班是快班，是七年级最好的班，我希望你们能做到。"(2010年9月28日，观察笔记)

尽管分班的秩序在物理与精神世界双重存在，并规定了不同类型的学生行动的边界与模式，但是那些平行班的学生还是会有意或无意地破坏这一不平等的分类秩序。这种情况在K班学生正在努力学习或认真听课，而其隔壁的S班学生在不受教育权威管束的情况下尤其容易爆发出来。在我的田野调查过程中就不断经历此类“破坏”事件，这里将重点考察其中两个，一次是S班的学生对K班学生自习空间的闯入，另一次是S班的学生在K班学生上课期间敲门。

（一）闯入事件

一天下午的自习课，我经历了一次S班男生对K班学习秩序的闯入，事件的经过如下：

……，S班的一位男生突然从教室前面闯入，大摇大摆地向第一排的DG走去，向他借已经考完的数学试卷，并用武汉话和DG对骂，然后从后门出去(后经了解，该男生为章同学，与DG小学为同班同学，是哥们)。此时班长宣布：“DG，已被记一次名！”接着CHZA开始和班长算起了上节课的旧账，他隔着一排座位和班长对话：“把我的名字划了，我明天叫你美女！”班长说：“名字加重点！”CHZA接着说：“把名字划了，明天叫你大美女！”这引起了全班学生的哄堂大笑。

此时S班的另一位男生直闯讲台，似乎也是过来借试卷，他用武汉话向K班的某位同学说话(因为学生们都已活跃起来，看不清楚)。待他出去之后，班长LJY愤怒地把前门关上，DG却乘此将后门打开。……

接着S班的章同学再次进来，大摇大摆地走到DG那边借练习本，又问坐在教室中央的JCQ以及靠墙而坐的NMY借，操着一口武汉话。班长LJY站在教室门口看着他，一脸无奈与愤怒。……

……，之后S班的章同学开始敲教室的前门，坐在门口的LZHX不敢替他开门。此时班长LJY打开后门，他便再一次大摇大摆地走到DG座位那边，把之前借的那份试卷重重地拍在他桌子上，之后又大摇大摆地出去，把后门重重一摔。……，不久以后他又过来一趟，还之前借的练习本。……

经过S班学生的几次来回之后，K班的学生渐渐将注意力从英语试卷中转移出来并开始喧闹追打起来。不久后一位巡逻的老师恶狠狠地从后门上的玻璃向教室内盯。班长LJY赶忙跑过去替他开后门，老师带着恶狠狠

的眼神向教室里走了几步,然后依旧恶狠狠地背着手走出去……(2010年10月12日,观察笔记)

因此,我们看到,S班的学生会以借试卷、找同学或哥们的方式突然闯入K班,打破K班平静的学习环境,将他们从枯燥的学习过程中解放出来,进而引发K班自习秩序的大混乱。

(二) 敲门事件

如果说上述S班的学生在自习课对K班的闯入是因为借试卷、借练习本等"客观原因"促成,因而不能算作对K班学习秩序的故意破坏以及对学校分班秩序的有意挑战,那么,当K班老师正在上课时S班学生的故意敲门就更加流露出破坏与挑战的意味了。因为学校已将三年后升学的赌注全部压在K班学生身上,K班的老师们承担着沉重的压力,因而拖课或占用自习课来上课对K班学生来说便是极为常见的事情。每当这些时候,隔壁的S班已经从教育权威的笼罩下解脱出来,该班男生较多,经常拥在两个班级交界地带大声说笑、打闹,有时甚至故意敲K班教室的前门,等老师愤怒地开门去追究责任时,敲门的学生早已不知所踪,留下老师一脸的愤怒和S班男生脸上得意而灿烂的笑意。然而,有一次S班的几位男生却没有那么幸运。那天我因找不到访谈对象,便到七年级教师办公室翻看学校文件,却看到了这样一幕:

大课间,办公室里集中了好几宗老师批评学生的"案子",英语X老师在批评S班的章同学,L班的班主任在批评两位学生,数学S老师身边也站着学生。突然,K班的英语X老师手拿黑色戒尺,拖着S班的一高一矮两位学生进来。刚进门就对S班班主任X老师大声喊:"X老师,你看看你们班的学生,我在K班上课,他们拍我们班的门!"其中一位矮个学生低声说:"不是故意的……"这使X老师更加愤怒,她说:"不是故意的?就是故意的,敲、拍!"她指着那个高个学生说:"他第一个从人堆里跳出来,说:'没人敲门!'",然后她又指着矮个学生说:"你看见了,是他敲的,是不是?"矮个学生两眼噙满泪花,哽咽着说:"我什么都没看见,什么都没做……"高个学生接着说："不是我……"X老师说："不是你，不是你为什么第一个跳出来？……"

S班的班主任X老师反应有点冷淡。X老师只好扔下两个学生，仍旧怒气冲冲地走了。X老师不紧不慢地对两位学生说："没事跑到别的班上去玩什么？"她接着说："是不是章同学？"（其实章同学课间一直在办公室被英语X老师训斥）X老师接着说："再想一想，还有哪些人在K班玩？""再想一想，谁喜欢在别人班玩？"她开始带着警告的口吻对两位学生说："快说，是小事，不要把小事变成大事……"可是两位学生一直都不承认是自己干的，也始终不说出是谁做的。这样一直耗到打了第三节上课铃数分钟以后，班主任老师才给出了解决办法，她说："你们第三节课后盯着走廊上，看谁到那边玩，把名字记下来。"……（2010年10月25日，观察笔记）

从上述敲门事件，我们看到，当K班的老师和学生们正在上课时，S班的学生经常会突然以敲门为乐趣，这样他们不但可以转移K班学生的注意力，还可以在老师抓不到他们的前提下幸灾乐祸地看老师气急败坏的样子。

因此，无论是S班的学生因为借作业、找哥们等客观原因闯入K班的自习空间，还是他们为了找乐趣故意在K班上课期间敲门，本质上都导致了破坏K班学习秩序的后果，间接挑战了学校不平等的分班秩序。尽管S班的学生在闯入或敲门时，学校不平等的分班秩序并没有显现在他们的意识之中，构成他们行动的动机或理由，但是他们行动的后果确实打乱了K班学生学习或老师知识传授的进程，从而间接触碰了分班秩序的边界。学生一旦如此，必然会带来不平等秩序对自身的维护，上述英语老师的气急败坏以及力图向S班的班主任讨个说法即是明证。事实上，为了维护本班的学习秩序，K班班主任甚至对走廊上S班的学生进行辱骂，"你们要死呀！滚，滚回你们班上去！"是她对S班学生的口头禅。在此过程中，我们看到农村学生与模式化为不平等的分班秩序的规定性之间的激烈冲突，并表现出农村学生独特的“反学校文化”模式，即农村学生以无意间或找乐趣的方式破坏K班的学习秩序，从而间接地挑战了存在于他们意识之外的不平等的分班秩序。

二　抗拒教师权威：农村学生的“逆反心理”

农村学生的反抗并不止于上述不平等的分班秩序，他们的抗拒有时会升级为对教师权威的抵制。不过，按照法国社会学家布迪厄的理论，“由于任何实施中的教育行动本身都具有一种教育权威，施教者一下子就被认为有资格传授他们所传授的内容，从而被允许使用任何社会认可或保证的惩罚，强迫人们接受他们传授的内容并且控制对这些内容的灌输”，而且“接受教育的人一下子就准备承认所传递的信息的合法性以及实施教育的人的权威性，从而准备接受并内化这种启示”。① 这种情况在G中学的班主任以及其他一些以刻板面孔出现的老师身上表现得尤为明显，因而G中学的老师对学生一般具有绝对权威，几乎可以左右学校场域中学生的所有教育行动。然而，对于G中学的某些学生而言，当教师的权威使用太过激烈时也会遭到他们的抵抗。用一位老师的话说，此时学生们一般“就跟你对着来，不做，你让我干什么我就不干什么”(2010年10月22日，体育H老师)。在我的田野调查过程中也确实发现此类学生抗拒教师权威的现象。根据反抗的程度与方向，我们可以将其大体分为三个层次，最轻微的一种是沿着权威方向轻轻对其一挑，它通过一些搞笑行为使老师生气或引起别人对自己的注意；居间的是对教师权威的消极抵抗，让教师权威就此中断，即老师要他做什么他偏偏不做；最严重的是对教师权威的公然反抗，让权威往回收缩，这既有语言上的顶撞又有肢体上的顶撞。

---

① P·布尔迪约，J·帕斯隆．再生产——一种教育系统理论［M］．邢克超译．北京：商务印书馆，2002：29—30.

首先，一些学生喜欢以一种嬉戏的态度故意让老师生气或引起他人对他的注意。一位老师告诉我：

就是故意让老师生气呀，做一些事情让老师生气。（2010 年 10 月 22 日，英语 X 老师）

另外一位老师接着说：

（他们）还有出风头的时候，……就是说做些动作呀，引起别人的注意什么的。……，那肯定是一些搞笑的动作，怪异的呀，这些方面的。比如说，像什么做操之类的吧，模仿一些动物呀……（2010 年 10 月 22 日，体育 H 老师）

其次，学生们还经常采取消极抵抗的方式让教师的权威“戛然而止”，他们可以对老师的权威熟视无睹，还敢于对此说“不”。在访谈过程中，一位历史老师向我描述了课堂上对他的权威“熟视无睹”的一位学生，他说：

最近在二班上课，就这个礼拜遇到个学生，打了上课钟，我都宣布上课了，他还不能安静。我一边上课一边用手指头点了他，我就提示他，不要说话认真听讲。他还没有注意到，也可能是他觉得我这个没有严厉批评，他有点无所谓。过了一会他犯了更严重的错误，他整个人呢，蹲到下面去了，我完全看不到了。在下面搞什么呢？捡东西！后来我就过来严重地批评他、批评他！他是个男生，可能觉得伤了他的面子、一点自尊。后来呢，虽然按照老师的要求勉勉强强地做到了认真听讲。后来呢，我转到后面，他又在前面跟别人在做小动作。后来我就确实有点恼火，我就说，既然你不来学习的话，那你就站在外面（去）。我就把他弄到教室外面站着，站了大概半节课。下课之后，我就让他跟我到办公室去，我就问他，他也说了他怎么、怎么，后来我就跟他提些要求，都是一些小要求，他也不在乎这些，那我就算了。（2010 年 10 月 19 日，历史 L 老师）

不过，一些学生可能会走得更远一些，对于教师的权威他们还敢于说“不”。一位英语老师颇为气愤地向我讲述了她曾经遇到这样几个学生：

我以前教的一个班上的学生，老师说不得他，一说他，他马上就离开教室,他就不上课了。……,就是不能说他,一说就翘课,就离开教室。(其他一些)比较平常的(学生)就是,像你一说他,他马上就把英语书拿到抽屉里面去,就不学了。(2010 年 10 月 22 日,英语 X 老师)

最后,一些学生甚至走到了教师权威的对立面,竟然敢于公然顶撞教师权威,不但包括语言顶撞,还有肢体顶撞。一位体育老师告诉我:

语言顶撞呀,明明他是错的,还是要跟你顶撞。就是我说他,他明明错了,他就是有点不服,然后就故意顶撞。(2010 年 10 月 22 日,体育 H 老师)

此外,在七年级学生中一直盛传着一件学生"打老师"事件,主事者 E 班的 S 同学也就此成为学生们景仰与侧目的对象。在田野调查过程中,我也经常看到该学生在大课间时在篮球场上"称老大",放学回家时身边围着一群"兄弟"。K 班的一位同学在一次教育电影的观看现场向我讲述了 S 同学的"光荣事迹",他带着神秘的口气告诉我:

那次英语老师打了他(即 S 同学)两巴掌,老师正要接着打第三巴掌,手在半空被苏同学截住,他对老师说,你打我的手可以,但是不能打我的脸……(2010 年 10 月 14 日,观察笔记)

然而,教师们一般将上述学生抗拒他们权威的行为称为"逆反心理",并提醒我对此类行为不必大惊小怪,因为这些行为发生在初中学生身上比较普遍、比较正常。在他们的解释模式中,学生们之所以如此,主要是出于性格、情绪或年纪太小等心理原因。因而当学生们确实表现出此类"逆反心理"时,他们偶尔也能够宽容学生,给学生一些自由的空间。一位经验丰富的老师告诉我:

产生这样的情况,就要对学生的具体情况进行了解,有些时候是学生的性格;有的时候可能在这之前有个什么事情使他情绪低落,他本来不好受,在你的课堂上由于什么错误一下子遭到严厉批评,他就恼火了。这样的情况就要具体情况具体分析,如果说这个学生本身的思想有问题,那就请班主任配合和家长教导;要了解清楚,不要对学生太严厉,原谅他的过错,正面教育为主。就是这样的,你像现在的孩子,虽说是七年级，读了七年，现在也就十二三岁，还是个小孩子，不可能像成人那么懂事，所以就要原谅他的错误，你不要动不动（就说他）犯错误，本来他本质是好的、无意识的，你不要一下子对他定性，认为这个孩子思想有问题啊，无可救药了怎么、怎么的，对他定论，正面为主。（2010年10月19日，历史L老师）

这样，我们便展开了一幅底层社会出身的学生对教师权威的抗拒图景，其中既有学生们对教师权威的调侃以追求嬉戏或引起他人注意，又有他们对教师权威的熟视无睹以及敢于向教师说“不”，还有他们用语言或肢体对教师权威的公然抗拒。然而，对于学生的上述行为，教师却从心理面相做出解释，认为学生们如此出格的原因是年级太小、性格不好或情绪不稳定等“逆反心理”。这样一来，当农村学生以这种颇为激烈的手段与教师权威之间产生冲突时，教师们除了对自身的权威进行极力维护之外也会给予“逆反心理”时期的学生一定的宽容度与自由空间，避免他们就此走向极端，采用更加激烈的手段同自身的权威对抗。由此形成了G中学独特的“反学校文化”模式，即学生对教师权威的抗拒总是在教师权威过分的时候从权威的末端零星地爆发出来，此时教师一般会将权威向后收缩，以便将抗拒行为消化在权威容许的框架范围之内。不过，仍然有一些学生突破教师权威的框架，将抗拒行为进一步升级到对整个教师权威的否定。每当此时，学生一般会动用社会力量到学校闹事或将学校告上上一级主管部门。此类事件在G中学也时有发生，不过校方却对老师施加了巨大压力，力图避免冲突事件的升级。这种情况在一份班主任绩效考核文件中极为明显地表现出来，该文件规定：

出现以下严重事故，班主任工作绩效考核津贴全部扣除（一学期），实行一票否决：1. 重大伤害事故是指因管理不善造成学生人身伤害如死亡、伤残等事故。2. 重大责任事故是指因管理不善造成学生心理、生理的伤害，如产生心理障碍、与学校发生纠纷引起诉讼产生不良影响等事故。3. 因教育方式方法不当（如打骂、体罚等），造成家长严重不满，而班主任又没有做好后续工作,并因此到上级教育行政部门等进行投诉的。①

三　疏离课程知识:农村学生的兴趣爱好

G 中学那些出身于底层社会的学生不但表现出上述对不平等分班秩序的僭越以及对教师权威的反抗,而且他们的抗拒行为还直接深入到学校道德规范所依附的课程知识的权威本身,表现出对后者的疏离,进一步加剧了第三章中所详细论述的农村学生与课程知识之间的巨大鸿沟。只不过在第三章中我们关注的重点是课程知识在语言规则与抽象思维方面与农村学生的冲突及其所带来的符号暴力与排斥,此处我们将集中考察农村学生自身对课程知识的主动疏离。根据笔者的田野调查经验,农村学生的这种疏离感(或对课程知识权威的抗拒)主要通过他们的兴趣爱好表现出来。然而,农村学生的此类兴趣爱好一般被课程知识的权威所否定,面临着老师与家长的双重封杀,两者之间产生了广泛而持久的冲突。在此过程中,农村学生通过保持或耽溺于自身的兴趣爱好来抗拒学校课程知识的权威,产生出独特的“反学校文化”。下面我们就从兴趣爱好切入这幅冲突图景。

(一) 农村学生的兴趣爱好概览

学生的兴趣爱好是指那些对他们最能产生意义的东西或事情,直接联结着他们的本性,代表了他们对自由、快乐的真诚向往。这就要求我们在考察学生的兴趣爱好时必须排除外在权威的干扰,以便了解学生们真实的心灵面相。为此,在一份调查问卷中,笔者设计了这样一个开放性问题:“如果可以选择不学习的话,你会去做什么?”这样一来至少可以排除课程知识权威对他们本真状态的干扰,了解到他们课程知识学习之外真正的兴趣爱好所在。

---

① 来源于 G 中学的文件:《G 中学班主任绩效考核方案(试行)》。

表 4-1 K 班部分学生的兴趣爱好

成绩	身份	兴趣爱好
上游	货车司机的儿子	如果可以不学,我打算去帮我叔叔看店。我叔叔也想我去,我也有点想去,因为去帮他看店还有电脑玩
	机械厂工人的女儿	如果可以选择不学习的话,我会去饲养动物,卖钱为生
	园林场工人的女儿	如果可以选择不学习,我会去大自然中体会生活的乐趣
	食堂主管的女儿	如果可以选择不学习,我会去在书桌上拼命地画(画),画下许多东西,然后去投稿
	个体户的女儿	我会去玩
	个体户的女儿	如果不学习,我会去看一些人物故事的书或电视
	个体户的女儿	如果可以不选择学习的话,我仍会选择学习
中游	临时送报员的儿子	如果可以不用学的话,我也不知道干嘛
	临时出租车司机的女儿	不知道
下游	工人的女儿	我会帮父母做事
	保安队长的儿子	如果可以选择不学习,我会去上网
	保安的女儿	不学习的话,我依然学,因为这个时代不能落后
	临时出租车司机的儿子	我会去玩电脑
	个体户厨师的儿子	如果可以不学习的话,我会去上网

数据来源:笔者主持的调查问卷:《中学生文化调查问卷》(2010 年 10 月)。

从表 4-1 的回答中我们看到,K 班学生的兴趣爱好主要集中于与课程知识关联甚少的领域,他们最想做的事情或者直接与他们的农村社会生活相关,例如帮父母做事、看店、养宠物卖钱等;或者是一些力图从课程知识学习的权威下解脱出来的活动,例如去上网、玩、看电视等;甚至还有一些学生的精神世界几乎被课程知识的权威垄断了,因为除却学习,他们竟然不知道自己要做什么。只有少数几个学生表示他们仍旧愿意学习,或者做一些与课程知识相关的事情,例如看课外书等。由此我们可以得到一个结论,即那些出身于底层社会的孩子的兴趣爱好确实与学校的课程知识存在区隔,并且他们在自己支配的时间里力图保持与课程知识权威的疏离状态。

（二）躲进网络世界

事实上，对G中学的很大一部分学生来说，从学校退到网络世界中去，用玩游戏、聊天等方式摆脱课程知识对他们的束缚是件很普遍的事情。表4－2给出了K班部分学生每周上网的次数、时间与玩游戏的状况。

表4－2　K班部分学生每周的上网状况

上网次数			上网时间			是否玩游戏		
项目	频数	比率	项目	频数	比率	项目	频数	比率
不上网	1	6.7%	0小时	1	5.3%	不玩	4	21.1%
1至2次	8	53.3%	1小时	3	15.8%	玩QQ游戏	12	63.2%
3至4次	6	40.0%	2小时	2	10.5%	玩网络游戏	3	15.8%
总计	15	100.0%	3小时	2	10.5%	总计	19	100.0%
			4小时	5	26.3%			
			5小时	4	21.1%			
			8小时	2	10.5%			
			总计	19	100.0%			

数据来源：笔者主持的调查问卷：《中学生文化调查问卷》(2010年10月)。

对于G中学七年级的学生来说，他们已经是极为忙碌的一个群体了。学生们每天六点多就要起床并保证自己在7:20之前赶到学校，然后在学校待一整天，直到下午5点多结束第四节课后放学回家(期中考试之后，七年级的学生被要求上第九节课至6点多)，而且晚上还有大量的作业等着他们，周六周日还需参加培优、家教或其他辅导。用K班一位成绩优异的女生的话来说，就是“每天的放学时间太晚了，每天回家已是天黑，写完作业就已经熬到了10、11点多钟。真辛苦啊！学习时间太长了，内容也多了，每天的压力很大。”①尽管课程知识的学习对学生自由支配时间的侵占已经接近他们可能承受的极限，但仍然有不少学生每周都要上网，甚至有些人至少上网3次以上；并且有超过一半的人平均每天都要在网络世界中呆将近一个

① 来源于本人主持的《中学生文化调查问卷》(2010年10月)。

小时的时间。学生们上网的主要活动包括聊天和玩游戏，其中玩游戏更是绝大多数人的上网必备项。他们所玩的游戏种类比较单一，主要集中在QQ炫舞、QQ飞车等几款腾讯公司开发的游戏中，不过也有少数学生玩魔兽、穿越火线等升级游戏。① 至于玩与不玩网络游戏的理由，他们在表4-3中给出了令人惊异的回答。

表4-3　K班部分学生玩与不玩网络游戏的理由

	理由类型	具体理由
玩网络游戏的理由（人数：15人）	1. 乐趣、刺激、放松（人数：11人）	它可以给人带来快乐和刺激感。
		我觉得很好玩，很刺激。
		喜欢玩它们的原因是刺激，还可以升级，得到更好的装备。
		因为腾讯的游戏很有意思，比如QQ炫舞、QQ飞车，无聊时……
		我喜欢它们是因为能够让我放松，还能让我放开视野，了解一些东西。
	2. 练手指的灵活度（人数：2人）	我经常玩炫舞，因为按上、下、左、右可以练手指的灵活度。
		因为QQ炫舞可以体验人的手速度，玩起来也很开心。QQ飞车因为玩起来也很刺激。
	3. 跟上潮流（人数：2人）	因为大家都玩，为了跟上潮流。（一位个体户的女儿，成绩优秀）
		我也不知道为什么玩这些游戏，可能是同学们玩，我也跟着玩。（一位货车司机的儿子，成绩优秀，数学课代表）
不玩网络游戏的理由（人数：2人）	我不玩网络游戏。我觉得网络游戏的发明是为人类服务的，但是有些同学，为了升级，天天玩网络游戏，变得本末倒置，为游戏服务了。我觉得玩网络游戏还不如看电子书。（一位个体户的女儿，成绩优秀，语文课代表）	
	我不爱玩网络游戏，我觉得网络游戏玩多了就很无聊，而且网络游戏对孩子的身心影响很不好。我爸爸妈妈也反对我玩，说："一旦上瘾，那孩子就已经完了。有些孩子玩了几天，觉也不睡，结果死在网吧里！"我觉得网络游戏不是个好东西。（某大学附属机械厂一位工人的女儿，成绩优秀）	

数据来源：笔者主持的调查问卷：《中学生文化调查问卷》（2010年10月）。

① 来源于本人主持的《中学生文化调查问卷》（2010年10月）。

因此,根据表4-3中学生们的回答,多数学生认为玩网络游戏很刺激、充满乐趣,并可以使自己得到放松,同时还锻炼了手指的灵活性、放开了视野。也有少数学生玩游戏是为了跟上潮流,不使自己落后或被排除在同辈群体的活动之外。至于支撑着少数学生不玩游戏的理由基本上是一套来自于父母或老师的"大道理",这使他们提前看到了游戏的危害,并据此对其他玩游戏的学生表示出轻蔑态度。然而,那些跟随潮流或不玩游戏的学生都具有一个共同特点,即他们是K班成绩最优秀的几个学生,也是老师心目中未来最有希望冲刺重点高中的学生。因此,从学生玩网络游戏及其对此的理由陈述中我们可以愈加断定,农村学生的兴趣爱好与学校课程知识的权威存在着普遍的疏离,因为他们玩游戏的主要原因不但出于寻找乐趣与刺激以弥补枯燥乏味的课程知识学习对他们童趣的剥夺,而且他们还力图通过玩网络游戏的方式放松一下,以便将自己从沉重的课业负担中解脱出来。

（三）权威与抗拒:沉溺于网络游戏的孩子们

然而,学生们从课程知识的权威中挤出来的玩网络游戏这一短暂、微小且不太正常的乐趣却遭遇到双重困境,一方面他们的这一兴趣爱好受到了老师与家长的双重封杀,两者之间形成了游击战式的冲突与张力;另一方面不少学生就此陷入网络游戏中而不能自拔,就此彻底摆脱课程知识权威的约束,并走向了后者的反面,升级为抗拒课程知识的权威。

首先,无论是老师还是家长都认为玩网络游戏应该"适可而止"。学生们在问卷中写道:

我父母知道我玩,他们就是说"玩游戏我们不反对,但也要把本身作业写完、做好,多看课外书。"(一位园林工人的女儿,成绩优秀)

(爸爸妈妈说)如果你所有事做完了,玩一下没有(关系),但要有自觉性。如果没有做完分内的事,最好别玩。(一位个体户的女儿,成绩优秀)

他们叫我尽量少玩网络游戏,不要过多地玩,稍微玩一下可以。(一个临时送报员的儿子,成绩中游)①

① 来源于本人主持的《中学生文化调查问卷》(2010年10月)。

尽管如此，一些父母还是坚决反对孩子玩网络游戏，学生本人也对此胆颤心惊。一位女孩子在问卷中写道：

爸妈不知道我玩网络游戏，知道了我会很惨的。他们坚决不让我玩网络游戏，说："玩游戏容易耽误学习。"（一位建筑民工的女儿，成绩下游）①

其次，不少学生受到了网络游戏这枚"糖衣炮弹"的引诱与攻击，最终陷入其中不能自拔，走向了课程知识权威的对立面。一位老师告诉我：

每届学生玩电脑的都很多，而且还有沉迷于网游（的）。目前我们S班就有四个，玩游戏，厌学。这个现象目前比较普遍，不管他的话会越来越严重……（2010年10月21日，数学J老师）

一些陷入其中的学生由此走向了恶性循环，因为沉迷于网络游戏而成绩不好，而成绩越不好越痴迷于网络游戏。另一位经验丰富的数学老师告诉我：

越是成绩差的越玩，学习好的这方面差一些。这个他玩电脑呀，这个他也是（为了寻求）一种自豪感。他说我学习不好，我这方面、我玩电脑玩得好。他也是一种自豪感。实际上是他对学习失去了兴趣，实际上是他在学习上（被）一棍子打死了，学习上没动力了，他就玩这个呗，实际上是他达成了他心里的一种平衡。（2010年10月22日，数学S老师）

既然学生们因为深陷网络游戏而厌学，并公然抗拒学校道德规范的结构所依附的课程知识权威，那么为了防止这种无视一切的行为扩散，挽救或处理这样的学生便成为班主任及科任老师最为重要与棘手的任务之一。在老师们手中一般有两套"利器"，其一是请家长，其二是批准退学。在我的田野调查过程中，恰巧遇到这样一前一后两个学生。他们的情况分述如下：

前者为S班刚入学就陷入网络游戏而无法自拔的毛同学。在我行将结束对G中学田野调查的前几天，在一次大课间的走廊上遇到了被班主任叫到学校的毛同学的家长。接下来发生的事情是：

① 来源于本人主持的《中学生文化调查问卷》（2010年10月）。

那位家长心神不安地站在S班后门外的走廊上，两手插在裤子的口袋里，弓着背，一件浅蓝色衬衣土气地围进腰带里，不时左右走动两步，并回头望一望教室最后一排的儿子（S班班主任将一大堆不学的男生单列在教室后方，紧靠墙壁，与前方教室之间隔出一条宽阔的通道）。此时我刚从七年级教师办公室走回K班，便与他攀谈起来。他说这次被叫过来是因为孩子沉迷于网络游戏。我问他："孩子哪来的钱玩网络游戏呢？"他说："一般是早点、午餐的钱，他宁可不吃饭，省下钱来打游戏。"随后和他进一步谈了些孩子学习的问题，他告诉我，他在附近的一个公司当保安，因为孩子在这边读初中，而换到这边工作。……，我问他："那孩子现在这个样子，他打游戏，该怎么办呢？"他显得有些束手无策，对我说："我们读书少，小学没毕业，也没办法呀，看看班主任怎么管一管吧。"……，他是个纯朴、真诚的外来农民工保安，却对孩子的教育束手无策。等S班的学生下课一出来，他就带着儿子去找班主任了。（2010年10月25日，观察笔记）

后者为T班一位沉迷于网络游戏而"无可救药"的男生。在一次班主任工作坊活动结束之后，T班班主任满含无奈地向我述说了该学生的情况：

"我们班上的学生，才初一，家里住在植物园那边，离学校非常远，是流动农民工子女。因为离家里太远，晚上经常不回家，到网吧包夜。白天在教室里睡觉，醒来后无所事事，经常挑起身边的同学说话，作业、上课基本上荒废了。而且很不讲卫生，浑身就像个垃圾桶，远远地就能闻到臭味。……"

她说："我多么希望他提出退学，只要一提，我马上就答应！……我是从心底里希望他退学，这个学生不会再有希望了，留在班里只会添乱，我已经无法教育他了。"……

她还告诉我，她曾经给学生家里打过几次电话，想让他父母来学校，但是电话第二次就打不通了。她进一步推测说，该生之所以不愿回家，除了住得远以外，可能是家庭没有温暖，家庭破裂了。……（2010年11月12日，班主任工作坊笔记）

这样我们就看到，尽管许多农村学生沉溺于网络游戏的原因复杂，既有社会不良环境对他们的引诱,又有家庭破裂、学校离家太远等客观条件的助推,但是一个不能否认的最主要因素是学生与课程知识之间的疏离。因为课程知识学习过程中的外在排斥、枯燥乏味与沉重负担,学生们一旦尝到了网络游戏乐趣的甜头便不能自已,一步一步深陷其中,陷入学习越学越差与游戏越玩越好的恶性循环之中,最后彻底与课程知识决裂,走向课程知识权威的对立面。这样一来,作为道德规范的结构本身所依附的最终权威,课程知识权威为维护自身,必然会对这群彻底的疏离者与抗拒者施以激烈的制裁。因为此类学生已经不把课程知识的权威放在眼里,进而扩展到对教师权威、分班秩序、学校礼法等道德规范的蔑视,致使班主任发出"我已经无法教育他"的无奈感叹。此时班主任便动用手中的"利器",先请家长到学校,督促家长严加管教。但是家长往往读书很少,本身对孩子教育束手无策,他们唯一的指望是把班主任踢给他们的球再次抛还给班主任。这样一来,随着学生在网络世界越陷越深,他们在教室里也表现出违反各类教育权威的行为,到达这样的程度之后,班主任老师便会毫不吝惜地动用起最后一项"利器",尽快以某种自己不用负责的方式将学生扫地出门。

经过上述考察,我们展现了一幅农村学生与课程知识权威之间疏离与抗拒的图景。我们看到,即便是 K 班的学生,他们的兴趣爱好也尽量疏离课程知识学习,并集中于能给他们带来乐趣、刺激与放松的网络游戏之中。然而,即便是网络游戏带给学生们课程之外的这仅有的一点快乐也受到了父母与老师的双重封杀,他们力图将课程知识的权威笼罩到学生所有的生命时空之中。更进一步,对农村学生来说,网络游戏很大程度上是一枚"糖衣炮弹",它在给他们甜头的同时也将其深深拽入其中,使他们不能自拔,进而走向课程知识权威的反面,扩展到抗拒学校教育中的一切权威。由此我们便可以归结出 G 中学农村学生的另一类"反学校文化"行为,他们从与课程知识疏离的兴趣爱好出发,一步一步借助网络给他们的乐趣而积攒在身上的力量,最后将课程知识的权威"一棍子打死",进而以一种迷幻的方式抗拒学校的一切权威。

作为上一章的延续,本章将冲突图景的卷轴从课程知识(及文化资本)领域延展至学校道德行为规范之中。依据田野调查经验以及德育文件分析,我们揭示出G中学道德行为规范具有核心——边缘的基本结构,其核心以关联着课程知识的理想类型对行为习惯的要求为主要目标,并以文明礼仪与纪律要求为主要内容;与此相反,官方垂直规定的爱国主义、思想品德等德育内容却被边缘化为辅助性德育活动。学校道德规范的这一基本结构表明了一种双重依附关系,即结构的核心依附于课程知识的理想类型对学生行为习惯的要求,而结构的边缘则依附于学校对学生的行为习惯目标及其礼法内容。

以此为基础,我们分三个层次依次考察了农村学生与学校道德行为规范之间的冲突,并揭示出中国式"反学校文化"的三种模式。首先,我们深入学校道德规范结构的核心区域检视农村学生与学校礼法之间的冲突,发现这群底层社会出身的孩子不但在文明礼仪方面通过说脏话、不讲卫生等"脏"习惯与赶时髦等出格行为表现出肮脏与爱美之间的两难,而且在纪律要求方面通过自习课的吵闹、课间的疯打、教育权威突然消失之后的集体性喧腾以及严厉教育权威在场时的异常沉默表现出喧闹与安静之间的两难。附着在农村学生身上的上述行为习惯在学校礼法要求的标准曲线上下波动,两种之间形成了巨大的张力与持续不断的冲突。

其次,我们将考察的视角从道德结构的核心移向边缘,检视农村学生与学校辅助性德育活动之间的冲突。通过深描以教育电影观看现场为代表的常规性德育活动以及以红歌排练现场为代表的间歇性德育活动这两个个案,从中归结出以下基本结论:即农村学生与辅助性德育活动之间冲突的实质是附着在他们身上的行为习惯与学校的礼法之间的冲突,它一方面架空了爱国主义、思想品德教育等崇高目标,将学校德育工作的重点导向"重塑"学生的行为习惯的领域之中;另一方面却恰好将农村学生可能存在的对政治思想意识的抗拒引开,间接帮助了后者在学生心智结构之中的积淀。

最后,我们将考察的范围扩展到学校道德行为规范与学生之间的冲突。

根据田野调研经验，我们以学校不平等的分班秩序、教师的权威以及课程知识本身的权威为此类规定性的代表，考察农村学生与三者之间的冲突并检视他们的“反学校文化”模式。结果表明，农村学生不但通过无意识地闯入重点班的自习空间以及为找寻乐趣而敲重点班的门，从而破坏了重点班的学习秩序，间接挑战了学校不平等的分班秩序；而且他们还通过戏谑、消极抵抗与公然抗拒的方式挑战教师权威；他们还通过自身的兴趣爱好来保持与课程知识权威之间的疏离，尤其是将其兴趣爱好集中在能够给他们带来乐趣、刺激与放松的网络游戏世界之中以便将自身从枯燥乏味、负担沉重的课程知识学习之中解脱出来，进而一些学生就此陷入网络游戏之中不能自拔，并彻底与课程知识的权威决裂。农村学生与上述模式化了的规定性之间的冲突分别对应着三种“反学校文化”模式，即通过无意识地闯入与找寻乐趣的敲门间接挑战学校不平等的分班秩序，通过戏谑、消极抵抗与公然抗拒等方式在教师权威的框架内挑战教师权威，以及通过自身的兴趣爱好来保持与学校课程知识权威之间的疏离状态，进而通过借助于网络的迷幻力量来抗拒课程知识的权威。

上述冲突图景与“反学校文化”模式的背后也暗含着两种结构性力量的支配，一方面，底层社会的结构性力量将其自身结构化为农村学生身上的各种“坏习惯”（此处尤其是“生活坏习惯”）以及远离课程知识的兴趣爱好；另一方面，社会支配性力量通过规定学校课程知识的理想类型进而间接规定学校道德规范的基本结构，并通过学校的礼法、辅助性德育活动以及各种模式化了的教育权威来“重塑”学生的行为习惯，积淀他们的政治思想意识。当农村学生在学校场域中遭遇上述异于自身的道德结构时便产生了本章所展开的激烈冲突图景与独特的“反学校文化”模式。

第五章　文化吸引与排斥：学生游离与抗拒的文化阐释

第一节　必须高度重视农村义务教育中的隐性辍学现象

一　我国农村义务教育发展过程中外延层面的发展与内涵层面的下降同时存在

（一）外延增长：农村义务教育实现了普及、资源配置改善、解决了显性辍学问题

2000年以来我国农村义务教育受到越来越多的重视并取得了显著进步，到2011年，中国“普九”人口、地区实现全覆盖，成人文盲率下降到4.08%，小学净入学率99.7%，初中毛入学率100.1%，中国全面实现九年义务教育，基本扫除青壮年文盲。① 此外，农村学校硬件建设也有明显改善，

① 钟曜平.25年全面完成“两基”目标：奠基中国的千秋伟业[N].中国教育报，2012—9—7(1).

经费投入逐年增加，增加了师资人数，解决了农村教育中存在的显性辍学问题。但这不是深度的、内涵层面的义务教育发展，只是浅层次的、外延层面的义务教育发展。

（二）内涵下降：初中阶段隐性辍学大量存在

农村义务教育普及率的提高只是表面上的量的增长，只是意味着义务教育的适龄儿童在学的比例很高，但是这种"在学"指的是在籍（即从学籍上看他们是在学校的）和在校（学生实际上是在学校里的，不经常缺席），也就是说他们没有显性辍学。从学生学习状态的角度看，如果他们有学籍且坚持到校但没有主动、努力去学习，人在心不在，那么他们就是一种隐性辍学。

外延层面的增长，只是农村教育发展中的量变而不是质变。外延增长只能解决办学条件和显性辍学的问题，解决不了隐性辍学的问题，因为隐性辍学反映的是教育的内涵和质量。学习效果和教育质量都必须经由学生主动的自我建构才能形成，如果学生失去了学习与发展的主动性，外部教育力量很难在学生的身心造成预期的结果，较低的教育质量便不可避免。所以，学生的学习状态实际上可以从教育过程的维度体现教育质量，而隐性辍学作为对学生极端负面学习状态的表征，可以反映教育质量。2011 年"两基"任务完成，但农村初中阶段大量存在的隐性辍学现象也浮出水面。实际上，农村学生特别是初中生厌学现象很普遍，隐性辍学率很高，"农村初中生的隐性辍学和潜在辍学的人数平均占 40%……并且，在各种辍学的原因中，因教育质量低下而辍学者占 56.3%"①。不少学生丧失学习积极性，身体在教室但心已不在，在学习与发展上投入的时间与精力很少，这种隐性辍学状态是农村义务教育内涵与质量下降的体现。以上似乎很有讽刺意味地表明：我国农村义务教育在外延增长的同时，质量和内涵事实上在下降，农村教育的发展过程是一个解决显性辍学问题和产生隐性辍学问题的过程。

---

① 邬志辉.农村义务教育质量至关重要[J].教育研究，2008(3)：31.

二　高度关注农村义务教育阶段学生的学习状态和教育质量

农村义务教育发展面临着这样的矛盾，一方面，对农村教育的投入越来越大，教学条件明显改善，解决了显性辍学问题，从这个角度上看，农村教育是处于一个发展的状态；另一方面，隐性辍学问题大量存在，农村学生上重点大学的机会越来越少，从这个角度上看，农村教育处于发展停滞甚至倒退的状态。目前人们更多的是关注前者，从而在他们的头脑中形成了一个农村教育大发展的印象。但教育质量和学生发展才是更应该关注的。我国农村义务教育发展的下一阶段任务，应当在巩固普及率与继续改善办学条件的同时，高度关注农村学生的学习状态改善、教育质量提高这个深层次的、内涵发展的层面。

隐性辍学是在义务教育“两免一补”、国家不断加大对农村义务教育的投入和农村家庭收入提高的情况下产生的。它不是学生家庭贫困上不起学造成的，而是教育价值观存在问题。所以，我们将从文化的角度挖掘造成农村学生隐性辍学的根源。将农村初中生隐性辍学现象置于整个社会发展特别是城乡二元分化的大背景下，从学生隐性辍学的主动性（不想学习、认为学习没用）和被动性（基础差、成绩差、学习困难、在学校找不到存在感和价值感）这两个方面分别挖掘成因，从工具理性思维、功利主义价值观以及现代城市文明对农村学生的熏染与吸引这个角度解释其隐性辍学的主动性，从学校主流文化对农村学生文化习性的排斥这个角度来分析其隐性辍学的被动性。

第二节　农村初中生隐性辍学的主动性：对现代城市文明的向往

通过对X中学学生、老师和家长的观察、访谈，我们发现农村学生的隐性辍学存在着主动性和被动性。主动性指的是他们不喜欢学习更喜欢玩耍、更喜欢享受城市生活；认为自己上学就是为了多挣钱，但上学不如早出去打工挣钱多，所以不想学习。好像有一种力量牵引着他们离开课堂，这种力量就是文化的熏染与吸引。

改革开放以来，在城乡二元分化的社会发展理念和政策驱动下，现代工业文明、商业中心、社会配套集聚于城市，农村荒芜和空心化。因为年龄限制不能进入城市打工而仍然生活在农村的青少年学生，在工具理性思维方式和功利主义价值取向的熏染与诱惑下，受现代城市文明的吸引，厌恶农村、向往城市。多数农村初中生已经预见到通过刻苦读书在城市扎根、拥有城市户籍并过上体面的生活对于自己来说基本上不可能了，但又没有到进入城市打工的年龄，学校对于他们来说成为在各种条件约束下不得不去的地方，于是隐性辍学就很难避免了。

一　受“新读书无用论”影响主动放弃教育

X 中学附近的 L 村最近 5 年接受过高等教育的有 7 人，但读的多是高职高专和地理位置不好的二、三本院校（在农民看来以上都是大学，但不是好大学）。现在高中毕业的人上这种大学特别是高职高专难度不大，L 村这几年的高中毕业生每个人都收到了几个高职的录取通知书，但读这些大学毕业后找工作很难。

他堂姐去年从一个水货大学毕业了，现在在卖东西（做销售），也很辛苦，东西卖不出去就不发钱，现在也只能养活她自己，工资还不如村子里那些去广东工厂里打工的女孩。以前考上大学的人好像读的都是好大学，都在城市安了家，真的变成了城市人。现在很难啊，找个工作都难。要读就读好大学，读一般的大学没有用，要他（CJ）将来能读好大学是不可能的，对他也不会有这种指望。（10 月 19 日上午，CJ 的母亲 L）

现在要读好大学才有用，我家 YL 肯定是没有希望啊，所以对他在学习上也没什么指望,如果最后读得不上不下,还不好搞。我们村去年有个学生大学毕业,他小时候学习成绩很好,总是前几名,后来还是考不过城里的孩子,读的是三类大学,四年的时间估计花了有十万块钱,读出来也没有找个好工作。他家现在房子也修不起,媳妇也没有找到。如果不上这个大学,省下这 10 万不说,还可以打工挣不少钱,房子也修起了,找媳妇也不用愁。(10 月 19 日上午,YL 的母亲 Q)

对于孩子特别不听话的情况,不得已我们才请家长到学校来,但请家长也起不了任何作用,有些家长当着老师的面说就是让孩子到学校来混两年的,在学校读书还不如去打工,读书还要花钱;读出来了又能怎样,看看你们这些当老师的,挣的钱还不如我们村出去打工没几年的那几个女孩子多。读书不就是为了考大学、找个好工作,钱可以赚多点嘛,但现在不读书也可以赚钱,而且赚的钱比我们这些读了书的还多得多,当然也就没有人愿意读书了。学生在学校不学习不做作业,家长也不管不问,尤其是教室最后面的那十二个,来学校跟没来学校一样。(10 月 15 日中午,L_2 老师)

中国历史上一直都有尊师重教的传统,中国的乡村在这种思想的影响下也出现过教育上的辉煌时期。费孝通和潘光旦统计了清代 915 个贡生、举人和进士的出身,从地域分布来看,城市占 52.50%,农村占 41.16%,乡镇占 6.34%,后两者加起来几乎和前者相当,而且其中鲁、皖、晋、豫四省的同类人员,来自乡间的比例大于来自城里的。① 那时候乡绅在农村社会中具有很高的地位,这与农民对教育的重视形成了良性循环。另外,在传统的农业社会里,也不存在打工可以比读书挣钱更多的情况,人们是不会产生读书无用的思想观念的。

传统观念余脉未尽,今天人们通常还会认为读书是有用的。在市场化和工业化大潮的影响下,人们受功利主义价值观和工具理性思维影响,非常

① 费孝通. 乡土重建[M]. 长沙:岳麓书社出版社,2012:58.

强调实用性，并且是近期可见的、可以用钱衡量的实用性。很多农村家长对孩子接受教育的投入与产出作出了理性且功利的思考，形成了新的教育观念，这种教育观念常常被笼统地认定为“读书无用论”，但实际上是一种理性的、注重短效实用的“读书无用论”：读书读得好才有用、读不好就没用；读得好就读，读不好就不读。人们判断“读得好”新标准是：读书就是为了在城里安家落户，成为真正的城里人、公家人，或者将来能挣更多的钱成为人上人；通过读书如果能成为真正的城市人、能挣更多的钱，这就是读书读得好，这样的读书才有用。

家长们显然不希望看到在浪费了大量时间金钱以后，孩子依然为找工作而发愁。当他们看到那些读比较差的大学的人不能找到好的工作时，便认为读差的大学没有用，读好的大学才有用。当家长们发现村子里那些当初成绩很好的孩子最后也只能上一个差的大学、找不到好工作的时候，对自己孩子将来能上“好大学”也不抱任何希望。当通过打工可以获取不错的经济利益时，对教育的依赖程度也越来越低。尤其是近年来打工环境越来越好，工资待遇持续提高的情况下，读书的“有用”成分呈越来越弱化的趋势，这是打工经济对教育的挤压。

因此，在这里对教育不是一个简单的肯定或者否定、“有用”或者“无用”的问题，而是对优质的、高层次教育的需求问题。毕竟高等教育大众化以后，人们竞争的高等教育机会在上移，移至一本甚至“211”工程大学。而意识到只有接受优质的高等教育才有用，自己的孩子却又明显无望的时候，他们便产生了一种读书无用的想法。受此影响，孩子们也会走向一种隐性辍学的学习状态。

在农民身上体现出来的更加实用的读书观，并没有打破教育的人力资本理论，反而是逆向地体现了教育的人力资本理论。这种理论认为，通过教育获得文凭和高效、复杂的劳动能力，进而交换更多的商品和服务以及更高的社会地位，投资教育是值得的。只是其中的教育指的是应试教育意义上的优质的、精英的教育。当农村教育沦为应试教育体系下低质量的教育的时候,农民从中预见到自己孩子接受的教育和学业成绩无法获得那些回报,对这种教育不再抱有期望,于是主动放弃接受教育。其中既有农村教育质量不高和异化的问题,也有高校扩招带来的文凭贬值的问题,更有社会的收入分配不合理的问题。不管是什么原因造成的,在客观上,农民及其子女对隐性辍学的主动选择,实际上就在无意中为农民工的再生产和农民阶层地位的再生产做好了准备。

二　农村初中生不愿意上学但又不能显性辍学

虽然家长们已经知道了自己的孩子考上好大学无望,但并没有让他们立即终止学业,而是让他们继续到学校去"混两年"。首先,义务教育作为每个公民的义务是必须要完成的。其次,就像一些家长们所说的,现在干任何事都需要有一定的知识,多读几年书是必要的。而且,孩子年龄太小,出体力去打工还不行,除了呆在学校里面,也不能做其它的事。最后,当农村学生看到那些与自己学习成绩相当的同学仍然身处于教育系统中时,自己也会倾向于留在该系统中。因此,虽然那些隐性辍学的学生在学校中处于人在心不在的状态,但是也并没有退出场外,而是以隐性辍学的状态混迹于农村学校场域中。

对他在学习上没什么期望,不过初中还是要混过去的,这么小出来也干不了其它的事,要是跟他爸到工地上去,一桶水泥都提不动。现在就算出去打工,也还是要先在学校喝两年墨水,喝的墨水多一点,在外面到处跑也方便一些。(10月19日上午,家长Q)

没有想过不读书,你看学校那么多人没有搞学习,还不是都没有离开学校,我们村里跟我同龄的人也都在上学,如果我一个人不读书,连一起玩的人都没有,在学校里还有这么多人一起玩。(10月17日上午,第二次小组访谈)

三 逃避枯燥的应试教育与向往现代城市文明

农村教育没有像城市学校那样彻底实施新课改,一直在顽固地贯彻着应试教育,甚至走向了越来越封闭、僵化的道路。在应试教育模式中,学生学习与发展的主动性无法体现,很难得到快乐的学习体验,对于学习成绩不好的学生尤其如此。一方面是在学校教育中找不到积极愉悦的体验,另一方面是受传媒影响十分向往城市现代商业文明和娱乐消费文化。

(一) 避僵化的农村学校教育模式

“春风不度玉门关”,近年来在城市学校特别是城市优质学校里开展得如火如荼的新课改和一些新的教育变革并没有延伸到农村学校,即使到了农村学校也已经变成了“强弩之末”。所以农村学校实行的多是僵化的应试教育模式。这种教育模式一味地强调知识点的反复操练和记忆,让农村学生得不到快乐的学习体验,慢慢地也会对学习失去兴趣,隐性辍学的学生身处其中更感煎熬。

农村学校不仅没有广泛开展丰富多彩的课外文体活动和探究活动增加学生们快乐的学习体验,没有引导学生将课程学习与日常生活、乡土文化结合起来,而且将本来可以引起学生兴趣、给学生带来快乐体验的音乐、美术、信息技术等课程排除在课程体系之外。

“劳工阶级学生所寻求的是‘实务运用导向’的知识与技巧,而非学校所要传递给他们的‘学术性知识’。因为在劳工阶级学生的眼中,学校显然是一个无趣的地方,而且,劳工阶级学生在学校所感受到的与他们的生活经验并无直接的关联性。”①隐性辍学的学生对课程学习的厌倦和恐惧,实际上是对一味地强调对认知-智力的追寻而脱离农村生活经验的应试教育的

---

① 姜天辉.资本社会中的社会流动与学校体系——批判教育社会学的分析[M].台北:高等教育出版社,2002:229—230.

		星期一	星期二	星期三	星期四	星期五
	早自习	英语	政治	英语	语文	历史
上午	1	英语	英语	数学	数学	英语
	2	数学	数学	语文	语文	数学
	3	政治	语文	地生	语文	语文
	4	语文	数学	英语	英语	地理
下午	5	数学	美术	体育	历史	历史
	6	生物	语文	数学	数学	英语
	7	班会	英语	语文	体育	政治

图 5-1　X 中学 Q 班的课程表

反叛。

（二）城市文明对农村学生的诱惑

功利主义与工具理性思想强化了农村学生以更有效率的方式追求物质生活和物质利益。城市现代文明,是建立在丰厚的物质基础和追求效率的生活方式基础之上的。城市快速积累起了丰厚的物质条件供人们消费。农村学生更倾向于到城市中去快速追求经济利益和即时的消费,更希望尽快融入、畅享城市物质文明和享乐文化;而对于需要做长远投资,却又只能换来低回报的教育越来越不重视。

我:你们为什么都不喜欢学习?

CJ:学不进去。

YCH:搞学习没意思,我喜欢玩,我觉得玩比学习有意思,我想天天到大城市玩,那里玩起来也方便、花样也多,农村真没意思。

YDY:学习没什么用。

YB:太累了,每天都要写那么多作业。

MYL:反正学也学不好,干脆就不学了呗。

HZHH:太难了,学不懂。

我:但是如果好好学习,将来考上大学,不就可以找个好工作了吗?

CJ：我不是读书的料，肯定不会考上大学的，但这样可以早点出去打工挣钱。

YCH：读了大学也不一定会找到好工作（追问：为什么？答：听说现在读大学的人太多了，很多人读了大学也找不到工作）。

YDY：不读大学也可以找到好工作，现在搞泥巴架的①，比很多大学生工资都高（追问：但搞泥巴架不是很累吗？答：我觉得读书更累）。

YB：我觉得学习太累，如果一直到大学，那要写多少作业，背多少书。我想早一点去城市打工，这样可以早一点赚到钱。

MYL：我没想过将来的事，但我现在只想着玩，最想像电视里城市人那样玩。

HZHH：我也是。

（6月21日，第一次小组访谈）

当前的中国社会，工具理性思维、功利主义价值观正深入、广泛地影响着每一个个体，它们和城市文明对农村学生产生的诱惑、打工的较高收益对教育意愿的挤压一起往外拉走学生；而农村教育却在应试教育的主导下保持着僵化、枯燥，这实际上是在往外推走学生。这些因素使我们不难理解存在于大量农村学生身上的隐性辍学现象。

第三节　农村初中生隐性辍学的被动性：学校主流文化的排斥

农村初中生隐性辍学的被动性指的是，他们由基础差、成绩差所一直累积起来的学习困难阻碍了接下来的知识学习，所以学不会、学不进去；他们在课堂之外的日常生活中活力四射、积极主动、侃侃而谈、轻松自如，但在课

① 指在建筑工地上打工。

程学习特别是课堂教学中却不仅找不到这种感觉,反而有陌生、隔膜、疏离、不自在、紧张局促之感,怕上学。好像学校特别是课堂中有一种力量把他们推离学校,这种力量就是文化的排斥。

一　不同阶层的人因为不同的工作与生活方式而产生不同的阶层文化类型

中上阶层会形成自由奢侈品味文化,而劳工阶层会形成实用需求品位文化。中上阶层从事的多为心智型工作,生活于人工环境、工作于符号世界,脱离实际的物质生产过程,依托符号与抽象开展工作,在此基础上形成了"学术性知识"系统,以及以逻辑与抽象为特征的思维方式、以复杂的语法和文句为特征的精密型言说系统、以高雅文化为特征的教养与审美品位。劳工阶层从事的多为体能性、机械性的非心智类工作,工作于具体实在的物质劳动过程中,这种劳工事务形成了"实务型知识"系统,以及以日常理性为特征的思维方式,以简单、直接、非结构为特征的限制型语言系统,以流行、畅快和实用为特征的教养与品位①。英国教育社会学家伯恩斯坦就把劳工阶层的语言特点概括为限制型符码,把中上阶层的语言特点概括为精制型符码,②这两种风格语言的地位和优劣被人们认为是不同的。"参观艺术博物馆的大多数游客来自于非体力劳动者阶层,而且他们不止接受了最低限度的学校教育……工人阶级觉得博物馆是一个陌生的环境,他们觉得不自在、不舒服。……电视观众在偏好模式上也存在着明显的阶级分层。"③

---

①　朱新卓,王欧.教师的阶层文化与教育的文化再生产[J].教育研究,2014(12):135.

②　伯恩斯坦.教育传递理论之建构[M].王瑞贤译,台北:联经出版事业股份有限公司,2007:17—21.

③　格雷厄姆·默多克.阶级分层与文化消费[A].薛晓源、曹荣湘.全球化与文化资本[C].北京:社会科学文献出版社,2005:100—101.

这些文化类型之间本来并无高低优劣之分，理应呈现出多样化的水平结构和平等、互动的文化生态。但是中上阶层的自由奢侈品味文化由于与优越的物质条件、生活方式相联系，往往被认为代表着文明和进步的方向，最终会被建构成社会的主流文化。因此，社会主流文化与价值观深具中上阶层文化的烙印，表现出以精英文化为代表的“自由奢侈品位”，把文化结构体系中的其他文化类型推向边缘①。于是，各阶层文化因而也呈现出垂直结构和阶层化现象。按照伯恩斯坦的观点，学校课程知识来源于专家学者与政策制定者对社会主流文化的选择与建构。② 这里的主流文化主要是指社会中上阶层的文化，包括抽象的思维模式、精致的语言类型、城市的生活经验，这种社会主流文化被建构成了学校的主流文化。

从阶层文化的角度看，农村学生所携带的阶层文化与学校主流文化之中上阶层文化面相之间存在差异甚至冲突；从地域的角度看，农村学生所携带的农村文化与学校主流文化之城市文化、现代工业文明面相之间也存在差异甚至冲突。有冲突就有排斥，因此农村学校主流文化对该场域内的农村学生有一个向场域外的推力。

二　农村学生的文化习性与学校主流文化之间的冲突

（一）劳工文化带来的文化冲突

C老师让同学们找一找文中自己最喜欢的一句话，然后想想为什么喜欢这句话。站起来回答问题的同学都无一例外地吞吞吐吐，课文上的原话都读不清楚，而且声音都很小。对于为什么的问题，尽管C老师已经提醒可以从修辞手法或者描写方法来说，但他们只是断断续续地说出了一些词

① 朱新卓，王欧. 教师的阶层文化与教育的文化再生产[J]. 教育研究，2014(12)：135.

② B. Davis，2003，Reading Bernstein，Researching Bernstein. 转引自姜添辉. 教师是专业或是观念简单性的忠实执行者？文化再制理论的检证[J]. 教育研究集刊，2003(4)：93.

语，很难组织起一句完整的话来回答。

下面是X初中Q班XCW和SL的两篇小作文，它们真实地反映了劳工文化中限制型符码的特点。

父母的工作

父母在外打工，我和妹妹在家念书，父亲母亲在外打工，还在外晒大太阳，父亲工作在外面做事，那太阳晒得人受不了。母亲在里面倒灰，送灰给父亲。父亲在外面粉墙，父亲要把墙粉得很厚很厚，父母亲休息的时候只能在下雨天休息，或者过节时休息。

父母亲工作的这么厉害，我和妹妹在家中更要好好读书了。有时候父母还会在工作时给我们打几分钟电话，问问我们生活得好不，谢谢爸妈的关心。

父　亲

父亲，父亲总是让着我宠着我，我的父亲和我的关系很好，我们总是相互让，他让我，我让他。2012年有一次，我生病了，我的父亲连忙去一个医生家，不知道的人啊！唉！不知道怎么弄，我的爸爸夜里3点钟给我去找医生，医生终于找到家了，那时，我的那个病啊！……，晕死发烧了，医生马上给我打针，打完就走，我的爸爸把电脑打开放电视剧，一天没有开门。

在与C老师的谈话中，C老师也表达了对语文学习的看法。他认为阅读和作文两大块几乎占语文考试的全部，因此良好的语言理解和表达能力是学好语文的关键。良好的语言理解与表达能力是建立在良好的思维、语言能力之上的，而学生们的思维、语言主要受家庭生活环境的影响。

就像布迪厄所说的，“初学过程使在家庭中得到的习性成为接受和掌握学校信息的本源，使在学校得到的习性成为接受和掌握文化工业生产和传播的信息的程度的本源”①。学生最终的学业成败与最初的家庭初始教育

① 皮埃尔·布迪厄.再生产——一种教育系统论的要点[M].邢克超译.北京：商务印书馆，2004:54.

过程已经建立起了很强的联系，这个联系的纽带就是惯习①，惯习更多地是通过初级生活环境特别是家庭环境养成，主要来自于父母的文化水平和家庭生活方式、教养方式。惯习可以提前影响农村学生思维的抽象程度、语言的精致程度以及对学习的重视程度。而现实中几乎所有的农村学生的父母都没有受过良好的教育，文化水平都不高，思维模式、语言也倾向于简单性，很难做到刻意回避专制型家庭教养方式而转向民主型教养方式，他们有些只能应付孩子小学阶段的一些学习问题，这些通过农村孩子最初的生活环境和教养方式形塑了他们的阶层文化习性，他们的思维也倾向于具体的思维模式，语言粗糙简单、较少运用长句子和修饰词。

X初中Q班同学在课堂上回答问题时非常胆小，不敢大声说话，与课后他们那种疯跑打闹的状态相比，完全是判若两人。笔者在课后与他们交流的过程中，他们没有表现出任何的畏惧和拘谨，说话的声音不仅很大，而且还滔滔不绝，但在课堂上要让他们回答与课程知识相关的问题时，又变得没话说了，或者是想说又说不出来。在这里不能说他们课上与课外就像换了一个人，或者存在两面性。其实他们更像是存在两套语言系统，一套是生活的语言系统，主要是来自家庭和农村生活环境潜移默化的影响，它是来自于生活经验的一种表达形式；另一套是学习的语言系统，主要运用在学校教育中，并且与学校主流文化相适应。从实际的调查来看，他们的生活的语言系统明显强于他们学习的语言系统。而他们在学校中所表现出来的学习困难，除了基础差的原因外，还可以归因于其自身持有的生活语言系统与学校的学习语言系统不一致，前者甚至在课堂情景中被后者贬低、排斥，在正式的学习中如果使用了生活语言系统会被笑话、被老师批评甚至被扣分。基础不好、生活习惯、学习习惯不好、对学习不重视等常常成为老师对这些隐性辍学学生的主要归因，其背后的阶层文化与学校主流文化不一致（农村学

① Habitus，布迪厄提出的内涵复杂的概念，指个体经由长期的直接经验所养成、携带的品性和习惯。

生携带的“实务型知识”系统，以日常理性为特征的思维方式，以简单、直接、非结构为特征的限制型语言系统，以流行、畅快和实用为特征的教养与品位，与学校代表的中上阶层的“学术性知识”系统，以逻辑与抽象为特征的思维方式、以复杂的语法和文句为特征的精密型言说系统、以高雅文化为特征的教养与审美品位不一致）这个根源被遮蔽了。基础不好、生活习惯不好、学习习惯不好、对学习不重视、懒、笨等常常成为老师对这些隐性辍学学生的主要归因，其背后的阶层文化与学校主流文化不一致这个根源被遮蔽了。上述文化冲突带来的是在学校教育特别是课程知识学习中找不到自我，如同到了陌生人家里或者异域，不自在。这会增强出现隐性辍学状态的可能性。

（二）乡村文化带来的文化冲突

来自不同生活环境和文化背景的孩子在早期生活中会发展出不同的思维倾向和语言符码。农村学生与城市学生具有不同的原初生活环境。农村学生大多生活在由血缘和地缘建立起来的亲戚和邻里文化中，与自然界和生产劳动亲密接触，这种原初的日常生活、邻里关系以及在其中积淀起原初的直接经验都是初级、原始、朴素的，这种乡土生活与直觉行动思维具有更加密切的联系，也使他们产生独特的语言表达形式。在这种环境中，共同的生活经验和知识基础支撑起了某些理所当然、无需通过语言表述的观念和规范准则，这是与他们所处社会阶层的语用习惯和言说方式相对应的。城市孩子特别是中上阶层孩子的原初生活因为脱离了自然、生活的原初面相，所以是精致、抽象的，抽离了初级生活，获得的间接经验比直接经验更厚重、更多，语言精致，文化脱离原初的生产、生活、自然性以及实用品味。

农村学生在家庭语言社会化的过程中，倾向于以限制型符码作为主要的沟通原则，它需要依赖说话时的具体情景，听话者才能理解话语所表达的意义，这种语言表达的范围有限且指向特定的含义，包含很多直接、简单的信息，体现的社会关系以集体为主。这容易出现在社会成员具有相同生活模式、相似思考方式的社会团体里，语句自然倾向简约而范围自然降低，语义可以经由说话者的共同背景来理解。① 生活在同一个地方的农村群体的同质化程度非常高,他们以血缘和地缘为纽带紧紧联系在一起,建立在共同的生活背景基础之上,他们形成了被伯恩斯坦称作限制型符码的自己的一套言说方式和表达技能。这种语言形式容易产生“我们”的心理现象和次文化。② 限制型符码更适合基于共同生活背景的实际经验的沟通,而不适合一些抽象概念、事物的发展过程及其相互关系的探讨。而出身于城市中上阶层社会的学生拥有的是一套精致型符码,这种语言形式因为缺乏共同性集体关系,无形中凸显出个人的内在经验,以适应专门情景要求的说话风格,这使得他们说话时必须选择更多的词语和运用更复杂的语法,来表达概括性和抽象性的概念。

关键的问题在于,学校教育系统所要求的思维和语言具有明显的阶层倾向性:它是与中上阶层的抽象思维、精致型符码相适应的。城市孩子的城市生活本身就是抽象的,所以与课程教学中抽象、精致的面相具有一致性;农村孩子则相反。这是现代文明对农村文化和劳工文化的固有排斥。学校系统——无论是教材的书面表达还是教师的教学语言——都与农民家庭的日常用语大相径庭,这导致他们的文化解码能力明显弱于城市同龄人。③ 伯恩斯坦也认为,虽然限制型符码是一种通俗语言,有其独特的文化特性和语言美感,但是在工业化社会里,这种语言与职业工作缺乏直接的关系,同时也不受学校教育所欢迎。④ 就像上面两位同学的那两篇小文章,里面夹

---

① 伯恩斯坦.阶级、符码与控制[M].王瑞贤译.台北:国科会经典译注计划出版社,2007:18.

② 柯林斯.冲突社会学中的迪尔凯姆传统[M].戴聪腾译、亚历山大主编《迪尔凯姆社会学》.沈阳:辽宁出版社,1988.转引自:伯恩斯坦.阶级、符码与控制[M].王瑞贤译.台北:国科会经典译注计划出版社 2007:18.

③ 熊易寒.当代中国的身份认同与政治社会化——一项基于农民工子女的实证研究[D].上海:复旦大学,2008:125.

④ 伯恩斯坦.阶级、符码与控制[M].王瑞贤译,台北:国科会经典译注计划出版社,2007:20.

杂着很多方言和方言的表述习惯，在学校教育看来，是明显不合格的。笔者在调研的过程中，经常翻看同学们的作文、周记等文本材料，发现大量存在这样的现象，他们因这种语言类型冲突和被排斥而形成的存在感缺失使他们在接受教育的过程中产生挫败感。

家庭文化资本以惯习继承的形式在农村学生身上形塑的文化习性和次文化，其实都受控于来自社会结构的支配力量，同时又会反作用于社会结构，它们之间建立起了社会结构——文化结构（包括思维形式和语言类型）——教学范式——心智结构的对应关系。学校教育尤其是教学范式在其中扮演了重要的角色。实际的教育过程，无论在时间、标准还是在节奏上都对学生的学业活动做了严密的调节与控制。从效果上看，学校教育环境潜移默化地传授的东西比课堂上明白无误地传授的知识更重要：人们所传递的内容的主要部分不是存在于大纲、课程之类的表面材料中，而是存在于教学行动本身的结构之中。① 来自于中上阶层文化的学校主流文化，与农村学生携带的文化习性、限制型符码之间的冲突，使学生在学校教育中遭遇文化不适应和被排斥，进而造成他们学习上的种种困惑，使其逐渐偏离学校教育的中心，形成了隐性辍学现象。

三　农村教育中的城市化倾向和中上阶层倾向

城乡文化是存在很大差异的，那么，农村学校教育是如何对待这种差异的？

（一）教学内容上的城市化取向

下面首先以英语教学为例来说明这一问题。这里之所以以英语教学为例来进行分析，是因为对于一门纯粹外来语言的学习来说，农村学生似乎比

---

① 布迪厄.国家精英——名牌大学与群体精神[M]杨亚平译，北京：商务印书馆，2005：132.

其它科目遇到更多的困难。学习者在学习新知识时，不是通过简单的重复和强化，而是凭借学习者已有认知图式中存在的适当观念，在新知识与旧知识之间建立起同源性的联系，这些适当观念能对新知识起“固着”或“拴住”的作用。

在这节课上，L_1老师给同学们复习了第二单元的内容，第二单元的大标题是 Where is the post office? L_1老师首先告诉同学们这一单元讲的是问路，然后带领大家复习了这一单元的一些新单词，主要有 post office、hotel、library、park、supermarket、avenue 等一些单词，复习了问路的固定句式 Where's the...?、Is there a...? 重点复习了对问路的各种各样的回答，包括沿着……直走、穿过……、在……前面、向左拐或右拐等，L_1老师在讲台上说汉语，让同学们用英语翻译，但配合老师的学生很少，大多数情况下，需要在 L_1老师的带领下，一些学生才会勉强张口挤出几个单词来。

本单元学习的是问路的内容，这是每个英语初学者必须要学习的，学过的人多年以后可能依然印象深刻，但是我们可能从来不会想到过，城市和农村问路的差异问题，也不会去想公园、图书馆等这些东西并没有出现在农村学生的生活中，以及它给农村学生的学习带来的特别困难。如果我们回想一下学过的英语课本的插图，好像展示的都是城市的生活场景，即使是在描述天气的单元中，也是以城市生活为叙说方式的。因此英语教学的内容主要是以城市学生的生活经验建构起来的，体现的是城市文化，对农村学生来说，这实际上就意味着：语言形式是外来的，语言的内容也是外来的，这就造成了农村学生在学习英语上的双重阻力。在学习英语的过程中，农村学生拥有的直接经验很难有用武之地。举一个简单的例子，烟囱是农村家家户户都有的，而鲜见于城市中，英语教材中没有哪一单元是讲农村的社会生活的，更没有讲烟囱的，烟囱的英语表达也自然不会列为学习的对象；但如果农村学生学习了烟囱的英语单词，傍晚时分当他们看到炊烟缭绕的时候，可能会回想该单词怎么读怎么写，已有的经验会对其产生了“固着”或“拴住”的作用，这部分内容的学习就会变得有趣和容易。

农村教育本应联系着农村的生活经验和农村文化,但在目前整齐划一的教育形式中,农村教育更多地迎合了城市文化,导致在农村学生身上出现的状况是,在比较直接的联合中所获得的经验和在学校所获得的经验之间,有产生不良的割裂现象的危险。① 割裂的其实是农村学生正常接受教育的过程,表面上看他们似乎仍然处于教育的生产线上,但内部的关键组件已经缺失,机器无法正常运转。其实不仅仅是教学内容以及内容的呈现形式与农村文化不符、脱离了农村学生的生活经验,在教学方法上也有趋向于城市文化的倾向。

（二）脱离乡土经验的教学方法呈现出城市化取向

在上朱自清的《春》这篇课文的时候,X 初中 Q 班语文老师按照参考资料提供的模本,也就是完全按照图 5－2 的板书分析了课文结构、修辞和写

写作手法：①抓特点
②用修辞
③精炼词语
④虚实结合
⑤多感官体会

盼春：　急切、喜悦

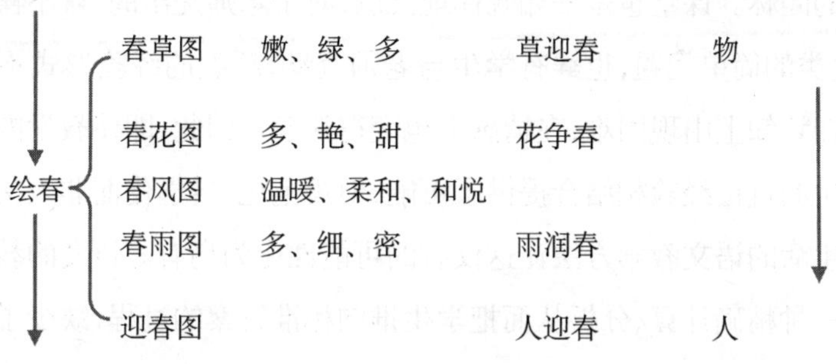

赞春：　新、美、力

图 5－2　在上朱自清的《春》这篇课文时老师的板书

① 杜威.民主主义与教育[M].王承绪译,北京:人民教育出版社,2001:15.

作特点。课后我翻看了老师在上课的时候用的教案，发现老师的板书教案上都有，老师整个的上课流程都是按照教案上提供的顺序依次进行。我突然想起来有一次另外一个班的语文老师 L_3 问我是否想上课，当我表达自己缺少教学经验的时候，L_3 老师直接说这不需要什么经验，并让我按照教案上讲就行了。在我听了《春》这篇课文的上课情况后，也确实发现教案是老师最大、甚至是唯一的法宝，当然，机械、僵化地照搬教案也带来了抛弃农村学生乡土经验的问题。

在课堂教学快结束的时候，为了让同学们对春天有更直观的感受，老师利用投影仪给同学们展示了几幅江南水乡和带有亭台楼阁的园林式风景。

农村学生对于春天有更丰富、更直观的感受，这篇文章也主要是描写一种乡野的春天，本可以依托农村学生的直接经验引导他们体验文章中的描述带给他们的感受，激发对农村生活、春天、自然的赞颂和向往。但在教案的主导下，本来可以作为重要素材并且与新知识建立有机联系的农村文化和农村学生的初级生活经验完全被弃之不顾。在这里，优美的课文变成了字词句篇章结构中心思想的讲解和科学化解析，春天变成了江南的水乡和城市中的园林。课堂也是一如既往地沉闷，对于老师提出的“喜不喜欢”“好不好”之类的简单问题，也鲜有学生与老师互动，断裂的经验形式不仅让农村学生在认知上出现困难，在情感上也变得淡漠。因此，即使教学内容为与农村学生的直接经验相结合提供了可能，但规范化、科学化而非人文化的脱离乡土生活的语文教学方法让这仅有的可能性化为乌有。语文的教学过程变成了一种精确计算、分析从而把学生推向标准答案的过程，缺少了人文性和文学性，也就缺少了与乡土文化之间的联系。应试教育模式是凌驾在农村环境、农村文化之上的，无意中与城市生活环境、城市学生的生活经验，与城市文化、中上阶层文化形成了“合谋”，使现行教育体系更有利于城市学生。“渗透在课程中的大规模的思想政治教育指向的是国家体制内的生活，而广泛的自然科学教育与精确的语文知识教育指向的是城市与工业体系内的生活。”①

农村教育中一直存在着城市中心主义和精英化取向,其背后是中国的城乡二元结构。如果说在阶层文化的区隔上,建立起了社会结构(阶层结构)——文化结构(包括思维形式和语言类型)——教学范式——心智结构的形塑机制,那么在城乡文化的差异上就建立起了这样的联结:社会治理上的城市中心——城市中心主义的教学范式——学生价值观上的城市中心主义——贬低、疏远农村——农村学生在教育中找不到自我——隐性辍学和学业失败。城乡二元的社会结构是最初的决定性因素,结构性的决定因素之所以能够发生作用,是借助于文化层面的干预,正是在文化层面上,结构性决定因素特有的关系成为了各种形式的解释所指向的主题。② 依托农村的自然和社会环境而在农村学生身上形成的文化形式,一方面包括农村学生的直接经验,这构成了他们的知识库存;另一方面包括农村学生的情感指归、价值养成和自我认同的源头。结构性力量下的文化干预主要是对学校文化和教学结构的干预,使农村教育具有明显的城市取向,城市生活的文化形式被建构成了学校的主流文化,农村学生的阶层文化和经验结构被忽略了。在认知层面上,新知识与已有知识库存发生断裂,使农村学生在学习新知识时面临重重困难。在自我认同层面上,农村学校的教育过程其实是对农村学生的阶层文化和经验结构的矮化过程,进而形成农村学生的自我矮化和对教育的主动放弃,这其实已经形成了一种将农村学生推向教育系统边缘和再生产农民工的力量。但很多农村学校没有认识到问题的根本所在,仍然希望依靠一种强力管制的方式来完成教学任务、维持正常的教学秩序和皈依应试教育,学校的组织、纪律、课堂方式,以及学生的模仿、背诵与重复都是这些非常方式的一部分。③ 在 X 镇初

① 李书磊.村落中的“国家”——文化变迁中的乡村学校[M].杭州:浙江人民出版社,1999:120.

② 威利斯.学做工——工人阶级子弟为何继承父业[M].秘舒、凌旻华译,南京:译林出版社,2013:224.

③ 李书磊.村落中的“国家”——文化变迁中的乡村学校[M].杭州:浙江人民出版社,1999:81.

中经常发生的事情是,政教处和班主任需要不断地在学校大会上和班上强调纪律,并且在特定的时候利用权威、处罚甚至体罚的方式维持纪律,学生的学习也需要经过主动放弃原初经验和不断地背诵、重复"别人"的文化。但这些方式都是为了维持既定的教学结构,或者其本身就是教学结构的一部分,学生在学习上会产生枯燥、厌烦之感,并且产生面对权威的抵触心理,最终只会进一步将农村学生推向隐性辍学的状态。

第四节　隐性辍学的负面影响及其解决措施

一　隐性辍学反映了农村义务教育质量在下降

受工具理性思维方式和功利主义价值取向的熏染与诱惑,农村学生和家长计算着读书是否合算,发现读书只有读得好才是有用的,自己读不好不如放弃;农村学生同时受现代城市文明的吸引,向往着城市,进入城市既可以早打工早挣钱,又可以享受城市里的现代物质文明、消费与娱乐文化。这种外部力量的吸引增加了农村学生专心致志读书的难度和隐性辍学的主动性。其中的读得好指的是上 211、985 大学;其中的有用指的是真正成为城市人而不是外来务工人员。他们为什么不努力学习通过取得好的成绩进而考上"好大学"呢？文化冲突作为内部力量对其产生了排斥与外推作用,使他们意识到取得好的成绩是很难的。学校教育作为社会主流文化的折射和传承机制,体现出了对城市文化、精英文化、抽象思维、精制符码、得体的言行举止、高雅的修养等的偏爱,也体现出了对劳工文化、具体思维、限制型符码、粗糙粗鲁的言行举止等的排斥,体现出了对农村文化、农村环境和农村生活的疏离,这种文化倾向客观上产生了对农村学生的外推和排斥作用,使其在课堂上中很难找到存在感、价值感,很难形成对课堂、学校的认同感,很难在学校教育中找到愉悦、快乐和自我实现的积极体验,于是,厌学不可避免,在未到外出打工年龄的情况下隐性辍学也不可避免了,这构成了他们隐性辍学的被动性。

隐性辍学作为学生的一种极端的消极学习状态,表明教育质量很低。农村初中阶段大量存在隐性辍学现象,也就意味着农村义务教育的质量不高。农村义务教育的这种内涵上的下降,被外延上的增长与提高遮蔽了。农村义务教育的发展现在迫切需要从对普及率、经费投入、办学硬件等外延层面的关注扩展到对学生学习状态、教育质量等内涵层面的关注上。

二　农村大量存在的隐性辍学现象成为农民工再生产的渠道

农村学生实现阶层地位的向上流动主要依靠教育。本文调查的初中在农村大量存在,其中的隐性辍学现象较为普遍,在中考和高考中获得成功升入优质普通高中进而享受优质高等教育的机会较小,这意味着通过接受教育实现阶层攀升的通道受阻,继续父辈的人生轨迹成为农民工的可能性增强,阶层复制很难避免。隐性辍学的学生实际上成为了农民工的蓄水池。其中既有主动放弃学习所带来的阶层再生产的主动性,也有城乡二元分化、农村教育异化、学校主流文化排斥所带来的阶层再生产的被动性,这都体现了阶层再生产定程度上的必然性。在这一点上,隐性辍学和显性辍学的结果是一样的。

三　转换农村教育发展的重心和思路才能拯救和真正振兴农村教育

进入 21 世纪之后,我国农村义务教育在入学率、办学条件、经费投入等外延层面发展迅速,但在教师专业水平提高、教育理念与模式更新、学生学习动机提升、学生学业成就以及综合素质全面提高等内涵层面的发展并不显著,教育质量未见明显提高。“在农村基础教育发展中落实科学发展观,就是要求我们不能以外延均衡代替内涵均衡,以形式均衡代替实质均衡。”①如果说奠基中国千秋伟业的普及义务教育的目标已经实现，农村义务教育中学生的显性辍学问题已经成为了过去式，现在要做的是必须把农村学生的隐性辍学问题纳入到国家教育政策视野中。农村义务教育普及之后，农村教育改革与发展的重心需要转换，转到内涵提升和质量提高上。但教育质量不能过分依赖分数和升学率这些结果方面的质量，更要着力于学生学习与发展的动机、状态、方式方法，师生时间精力投入情况，师生互动生生互动，学生在其中的情感体验等过程方面的质量，后者作为过程不仅能够深刻、本真地反映教育质量而且能够指引着正确的办学方向。

在发展农村教育的思路上，首先要通过城乡一体化发展、各有特色的均衡发展、城乡均等享受全社会的公共服务和社会进步成果，来拯救农村教育。如果城乡发展程度存在着较大差异，城市高地就会持续对农村洼地产生吸附作用，城市中心主义和农村荒漠化也就不可避免；进而，农村教育洼地和农村学生大面积的隐性辍学也就不可避免，农村教育质量也就很难提高，农村学生也就会持续集中在中职和非重点高校中接受生存教育而非地位教育②。其次，要树立各阶层文化、城乡文化之间平等、和谐共生的生态关系，要对农村教育的扶持和对农村学生的补偿，要运用无差别地反映各阶层文化、城乡文化和以学生为中心的思想重构学校文化、开展教育改革，才能真正振兴农村教育。最后，要让农村学生生发于农村情境的原初直接经验和阶层文化特点可以投射到学习对象上和选拔性考试中，要让农村学生在学习与发展中找到自我，要让农村学生在课堂教学和丰富多彩的课外活动中获得积极、愉悦的情感体验和成就感、自我实现感。

---

① 柳海民.农村基础教育发展的拐点:由普及外延转向提升内涵[J].教育研究,2008(3):34.

② 生存教育是一个人为适应某一社会的基本生存而必须接受的教育，地位教育即指超出基本生存所必须的、以获取更好的社会职位地位为指向的教育类型，人们接受教育的这种形式上的差异成为一个社会中教育不平等的重要来源。详见刘精明:《国家、社会阶层与教育——教育获得的社会学研究》，北京:中国人民大学出版社，2005年，第77页。

第六章　阶层文化支配:学校教育中文化冲突的社会根源

统治阶级的思想在每一个时代都是占统治地位的思想。这就是说,一个阶级是社会上占统治地位的物质力量,同时也是社会上占统治地位的精神力量。支配着物质生产资料的阶级,同时也支配着精神生产资料……占统治地位的思想不过是占统治地位的物质关系在观念上的表现。

——K. Marx & F. Engels①

……进入学校的知识是对较大可能范围的社会知识和原理进行选择的结果。它是一种来自某个方面的文化资本形式,经常反映我们社会集体中有权势者的观点和信仰。在公共经济商品(如书籍、电影、资料等)的生产和分配过程中,它通过意识形态和经济责任对之进行反复过滤。因此,社会和经济的价值已经渗透于我们工作的机构设置之中;渗透于我们保存在课程内的"学校知识的形式主体"之中;渗透于我们的教学模式和评估原则、标准与形式之中。

——M. Apple②

---

① K. Marx & F. Engels. 德意志意识形态[M]. 转引自:马尔科姆·沃特斯. 现代社会学理论[M]. 杨善华、李康等译. 北京:华夏出版社,2000:187—188.

② 迈克尔·阿普尔. 意识形态与课程[M]. 黄忠敬译. 上海:华东师范大学出版社,2001:8.

前面章节的陆续考察表明，底层社会出身的学生与学校主流文化之间在课程知识、文化资本与道德规范等方面存在着紧张而激烈的冲突，此处我们要进一步拷问：农村学生与学校主流文化之间冲突的社会根源是什么？具体而言，我们要回答以下三个问题：首先，学校教育中课程知识的语言类型为何受一套独特而隐蔽的言语规则支配？抽象思维何以能够作为一种基本力量统整课程知识的组织分类方式并决定教师的课程讲授模式？是什么决定了课程知识的学习与道德规范的礼法对特定学习与生活习惯的要求？其次，农村学生有怎样的语言类型与思维模式？他们在学校教育中为何会表现出为前者所不容的学习与生活“坏习惯”？最后，在确定了学校主流文化的文化形态与农村学生的文化能力与惯习的社会根源之后，我们必须追问，农村学生与学校主流文化之间冲突的本质是什么？以上述三个问题为基本逻辑线路，对应地，我们将从支配学校主流文化形态的社会根源、决定农村学生文化模式的社会基础以及学校教育中文化冲突的本质三个层面展开论述。

第一节　中上阶层文化主导着学校主流文化

追索学校主流文化的思维模式、语言类型、习惯与礼法要求何以呈现出前述独有的文化形态，实质上是要考察这些文化面相各自的社会基础及其社会建构过程。我们将会看到，学校主流文化与社会中上阶层的文化形态之间存在一种独特的*符应关系*(Correspondent Relationship)，后者构成了前者的社会基础。然而，这种符应关系并非如庸俗的马克思主义者所宣称的那样，认为学校文化等“意识形态上层建筑是经济基础的附生物”，并由“生产方式直接决定”。与此相反，我们发现，学校主流文化与社会中上阶层所特有的文化形态相符应不但有工业社会的职业分工体系作为其必然的经济基础，而且它是一种社会建构的结果。下面我们就来寻找学校主流文化的社会基础并揭示其社会建构过程。

一　符应关系：从权力支配到文化支配

晚近的工业社会发展表明，马克思在一个半世纪前所描述的资本家与劳工之间二元对立的社会阶层结构已难以适用于分析**后工业社会**(Postindustrial Society)的职业分工体系。随着科学知识的繁荣与生产技术的进步，在资本家与劳工的二元阶层结构之外突生出一个数量庞大的“新中间阶层”。它由一系列心智型(intellectual)职业群体共同组成，包括掌握技术知识并控制劳动过程的工程技术人员，随着产业升级从农业与制造业流动到服务业中的白领人员，随着企业向股份制转型而实际管理公司日常运作的经理人员，以及随着科层制的扩展而日益庞大的官僚行政人员。对于这些突生的“新中间阶层”，不同研究者冠以其不同的称谓，例如“服务阶级”、“白领”与“新小资产阶级”等。① 尽管研究者在“唯名论”上存在诸多争议，他们在“唯实论”层面却保持高度统一，即认为该新兴群体具有如下共同特征：他们不但受过长期的学校教育与专业培训，拥有各种技术资格证书，而且他们主要从事非体力的心智型工作，具有较高的经济收入与较广的升迁机会，他们所占有的职位还赋予其可观的管理下属或调动资源的权力；与此同时，他们却不直接拥有或只拥有少量的生产资料而处于被雇佣地位，进而“天然的”与传统意义上的资本家结成牢固的同盟关系。

这些特征使前述被米尔斯(C. Mills)称为“白领”的新兴群体成为西方后工业社会的中坚力量，使其社会阶层结构呈现出“橄榄型”特点，更因其“天然的”与传统资本家、权力精英等结盟而共同构成了工业社会的中上阶层，成为主导社会秩序的支配力量。与此相对应，在中国，随着上世纪中叶

① 姜添辉.资本社会中的社会流动与学校体系——批判教育社会学的分析[M].台北：台北高等教育出版社，2002：63—76.

共和国的建立，各种原本属于市民社会的组织被统合到国家机构中，随后的"三大改造"在使生产资料国有化的同时也将经济系统官僚化。改革开放三十余年的结果使部分经济资源外溢，在政治系统外开始西方式的工业化和市场化，市民社会重新诞生，进而使我国从事新兴"白领"职业的人员占16—60岁城市人口比例的44.2%。① 尽管该比例仅占我国人口总数的22.1%，但是随着中国工业化与城镇化的推进，他们在中国社会的兴起已是毫无疑问的事实。② 这些新兴的"白领"职业群体与前述"体制内"的官僚行政事业单位人员一起共同构筑了中国社会的中上阶层，部分高级"白领"职业者更与体制内精英在中国社会独有的权力与宗法关系下结盟为总体性精英阶层，共同影响社会秩序及社会的运作模式。

然而，正如马克思所言，如果一个社会形态在生产的同时不再生产出生产的条件，那么它一年也持续不下去。③ 因此，这些已经握有经济资源、享有权力优势的社会群体必然进一步寻求再生产出自身的社会条件。而文化支配正是达成这一目的的中介手段，通过社会炼金术赋予学历文凭独特的**货币媒介**功能，以此来架通从经济、政治到文化领域的阶层支配性，进而再生产出支配阶层持续存在的社会条件。这就意味着社会中上阶层与制造学历文凭的学校主流文化之间存在着一种辩证关系，一方面，前者依靠学校主流文化架通他们从政治、经济到学校教育之间的桥梁，再通过学历文凭这一通用于社会各个场域的货币媒介来保证自身支配地位的再生产；另一方面，学校主流文化必须以社会中上阶层及其文化形态为自身的社会基础，以保证自身完成支配阶层赋予的再生产使命。这种辩证关系直接导致了学校主流文化与社会中上阶层及其文化形态之间具有符应关系，后者奠定了前者

① 这里说的白领职业包括专业人员、管理人员与普通文职人员，44.2%是2006年的统计数据，该统计不包括农村人口。

② 李春玲.中国中产阶级的增长及其现状[J].江苏社会科学，2008(5)：68—77.

③ 路易·阿尔都塞.保卫马克思[M].转引自：马尔科姆·沃特斯.现代社会学理论[M].杨善华、李康等译.北京：华夏出版社，2000：129.

的社会基础。

二　中上阶层文化的特点:自由奢侈品位文化

为了深入剖析学校主流文化与社会中上阶层与其文化形态之间的上述符应关系,接下来我们必须对后者进行逻辑展开与条分缕析,揭示出社会中上阶层与其文化形态两者之间的必然联系,以及中上阶层文化的各个面相,并进一步厘清它们与学校主流文化的各个面相之间的符应关系。事实上,上述以官僚行政人员、企业管理人员、商业服务人员以及工程技术人员为主的新兴"白领"职业群体由于其独特的工作事务属性而生长出同样独特的中上阶层文化,包括以抽象为特征的思维方式、以逻辑与抽象为特征的语言类型以及延伸到生活领域之中的独特教养方式与文化品位。

首先,工作事务属性能够穿透工作者的心智思维形态,导致身处不同社会分工体系层面的职业群体拥有不同的思维方式。思维方式之间的这种区隔在农民与商人之间不同的工作事务属性上就已经明显地表现出来:

一个每日耕种的农夫,其劳动的社会分工较为简单,其生活重心贴近于特定的物质性层面,也以此调节其日常生活作息和关怀思考的层面。相较于农夫而言,买卖农作物的商人所涉及的分工层面较为复杂,可能包含农业种植,甚至包括国内外市场与资金流动。商人由于生活于一个复杂的劳动分工体系中,所以其日常生活运作和关怀思考层面较之于农夫的单纯物质基础更为复杂,甚至涉及许多抽象符号与时空脉络。因此,不同的劳动分工产生出不同的社会位置,进而连接到不同的物质基础、生活和思考符码。①

更进一步,对于那些生活在人工环境下、工作于符号世界(Symbolic

---

① 苏峰山.意识、权力与教育——教育社会学理论导读[J].台湾南华大学教育社会学研究所,2002:62—63.

Order)中的“白领”职业群体而言，他们的工作事务属性一般远离具体实在，其每天打交道的主要对象是摹拟化、符码化与虚拟化的超级现实。① 这就要求他们利用自己的心智在符号世界中来回穿梭，厘清符号物件与符号物件之间的关系，利用思辨的张力来驾驭摹拟化状态的符号客体。这样一来，“白领”职业者要完成此类工作就：

并非取决于体能性与技艺性，而需收集相关讯息，藉由组织、分析与判断的历程才得以发展出长期性的计划。显然此种过程涉及高度的心智活动，并且工作目标往往需要以长期性规划才得以实现。②

因此，“白领”职业的工作事务属性需求更多抽象性的内在思维活动与分析判断，致使这类工作者熟悉并善于利用以抽象为特征的思维方式分析问题、处理事务。更进一步来说，当“白领”职业的这种工作事务属性与他们所受的以科学型知识为主的教育背景结合，并受到附着在其职位上的管理下属的权力与调动资源的能力所强化时，他们便愈加偏向并钟爱以抽象为特征的思维方式。这些源自于“白领”职业工作事务属性的特点还进一步影响他们的价值判断，使这类工作者了解到系统性与抽象性知识的重要性，并将其延伸到中上阶层家庭文化之中，表现出对“学术性知识”(Academic Knowledge)的强调与追求。③ 因此，我们看到，“白领”职业的工作事务属性对当事者提出了特定的心智要求，形塑了他们以抽象为特征的思维方式，这种思维方式进而影响他们在日常生活中的价值判断，并延伸到他们的家庭文化中，致使他们强烈地追求“学术性知识”。由此形成了中上阶层文化的一个重要面相，即统辖他们思维方式的抽象模式。

---

① B. Smart. 后现代社会理论[M]. 转引自：布莱恩・特纳编. Blackwell 社会理论指南[M]. 李康译. 上海：上海人民出版社，2003：557.

② 姜添辉. 评论马克思主义的普罗化论点及在教师专业与阶级意识的意义[J]. 台湾教育社会学研究，2001(1)：33—58.

③ 姜添辉. 资本社会中的社会流动与学校体系——批判教育社会学的分析[M]. 台北：台北高等教育出版社，2000：244.

其次,与上述以抽象性为特征的思维方式紧密相连,“白领”职业所具有的独特的工作事务属性还发展出了一套与底层职业相区隔的言说系统,即专属于中上阶层文化的**精密型符码**(Elaborated Codes)。从对语言层面的环境刺激而言,“白领”职业的工作事务属性具有如下显著特点:其工作环境高度人工化与符号化,需要从业者对特定的符号内容、角色与身份具有高度的敏锐力与辨识力;其工作内容往往要求他们运用抽象性的心智进行深思熟虑的思考以及反复的理性计算;同时其工作过程还需要从业者之间频繁地对话与互动,彼此被允许有更多的时间与空间进行思考与探索存在于对话过程中的问题与论点。这样一来,“白领”职业者的言说方式就较少受到具体的、实物性的外在情境限制,加上极端的结构主义语言学所强调的“语言之外别无他物”,甚至连“无意识范畴的结构安排(都)一如语言”,①为此,他们不但积累了丰富的抽象性词汇,还精通于运用复杂的语法与文句来表达他们对事物的观点与感受,进而构成了一套通过逻辑与抽象思维来运作的精密语言系统。

英国社会语言学家伯恩斯坦(B. Bernstein)将上述中上阶层文化的语言类型称为精密型语言符码,并将其众多的刚性特征总结如下:

1. 由准确的语法顺序和句法来控制说话的内容。

2. 通过语法复杂的句子结构来传递逻辑的修改与强调,尤其是(频繁地)使用一系列的连词和从句(来达到上述目的)。

3. 频繁使用表示逻辑关系的介词和表示时间与空间相邻近的介词。

4. 频繁使用人称代词“我”。

5. 从一系列形容词和副词中进行有差别的选择(词汇)。

6. 个人化的修饰通过句子内部和句子之间的结构与关系而得到语词调节。

① A. Elliot. 精神分析与社会理论[M]. 转引自:布莱恩·特纳编. Blackwell 社会理论指南[M]. 李康译. 上海:上海人民出版社,2003:171—175.

7. 表达的象征主义，它在言说顺序内部的各种意义之间进行区别，而不是重复强调主导语词或词组，也不是用一种扩散、概括的方式来伴随这些顺序。

8. 语言的使用指向经验组织的概念等级中固有的可能性。①

上述导源于“白领”职业的工作事务属性的语言特点共同构筑了中上阶层文化的语言面相，即通过逻辑与抽象思维运作而构成的精密型语言符码。

最后，与前述抽象的思维方式与精密型语言符码同源，从事“白领”职业的社会群体还将其工作事务属性延伸到日常生活与艺术审美活动之中，进而形成了中上阶层文化的教养方式与审美品位，即与底层社会相区隔的高雅文化(High Culture)与“自由奢侈品味”。高雅文化是指具有高雅的知识或精神内容的活动，它们不但精致而复杂，并在智识上给人以挑战而非娱乐，而且它们常常是非具象性的(或者说是抽象性的)，且着重于风格或形式而非内容，还常常标榜前卫或力图超前于时代。②

在高雅文化的基础上，社会中上阶层进而追求一种被法国社会学家布迪厄称为“自由奢侈品味”的艺术审美标准。中上阶层文化的这一面相具体表现为远离直接的经济必须与物质需求，注重艺术上与哲学上的自我考虑与意义沉思，表现出审美上的“纯粹眼光”与对艺术作品的“奢侈品味”，即他们只关心艺术的形式，并把形式提升到具体的功能与内容之上，而并不在乎艺术作品表现了什么现实。因此，艺术从生活中剥离出来，他们的品味与基本的物质需求之间形成了巨大鸿沟，致使普通的成为审美的、物质的成为符号的、功能的成为形式的。③ 例如，法国的上层阶级偏爱朦胧的巴赫键盘乐

---

① B. Bernstein:“Social Class and linguistic development:a theory of social learning”，转引自：鲍尔德温等. 文化研究导论[M]. 陶东风等译. 北京：高等教育出版社，2007:67—68.

② 马尔科姆·沃特斯. 现代社会学理论[M]. 杨善华、李康等译. 北京：华夏出版社，2000:184—185.

③ 乔纳森·特纳. 社会学理论的结构[M]. 邱泽奇等译. 北京：华夏出版社，2006:472—473.

作品、勃鲁盖尔(P. Bruegel)或戈雅(F. Goya)的绘画,以及前卫爵士乐或艺术电影,而中产阶级则偏爱《蓝色狂想曲》一类较易于理解的古典音乐作品,喜欢特里约(M. Utrillo)和布菲(B. Buffet)一类的通俗画家,以及抒情或"通俗"的流行音乐。①

上述高雅文化与艺术审美品位进而形塑了社会中上阶层独特的习惯与教养方式。他们在互动时必须时刻注意对话的礼貌,彼此之间必须保持一定的距离以避免其他不必要的肢体接触;他们吃东西时也有多样的讲究与严格的规范,要求食物不应盛得太满,而且偏好带脂肪的菜肴;他们在衣着的样式上也要选得时髦且在审美上要前卫与和谐,而不太在意其功能上是否实用与适当。② 这些习惯与教养不但是中上阶层日常生活与人际交往所必需的礼法规范,而且他们也通过此类文化行为来表征他们的高贵身份与特殊地位,有时甚至不惜通过"炫耀性消费"来达到这一目的。这样,导源于社会中上阶层职业的高雅文化与"自由奢侈品味"就构成了中上阶层文化的习惯、教养与礼法面相,并与底层社会的大众文化与"需求实用品位"区隔开来。

三 脉络化与再脉络化:学校主流文化的社会建构过程

上述分析表明,社会中上阶层的工作事务属性及其文化形态之间存在着逻辑必然性,并且中上阶层文化具有彼此关联且同源的三个面向,即以抽象为特征的思维方式、精密型语言符码以及高雅的礼仪教养与自由奢侈的艺术审美品味。在此,我们需要进一步追问,社会中上阶层及其文化形态何以能够贯穿到学校场域之中并成为学校主流文化的社会基础?

① P. Bourdieu:"Distinction",转引自:马尔科姆·沃特斯. 现代社会学理论[M]. 杨善华、李康等译. 北京:华夏出版社,2000:210.

② 乔纳森·特纳. 社会学理论的结构[M]. 邱泽奇等译. 北京:华夏出版社,2006:472—473.

也就是说，社会中上阶层及其文化形态与学校主流文化之间的符应关系何以可能？

事实上，根据伯恩斯坦（B. Bernstein）的观点，学校主流文化是社会建构的产物，从支配阶层及其文化形态到学校主流文化之间的路程历经多次社会建构，每一个节点无不充斥着权力支配，并最终体现出一种文化霸权（Cultural Hegemony）。这一颇为漫长的社会建构过程的逻辑链条可以回溯如下：学校教育中的课程知识（包括道德规范）来源于被社会公认的专家学者与政策制定者对社会主导知识形态的再脉络化（re-contextualization），而社会主导知识形态又来源于有机知识分子（Organic Intellectual）对社会主流文化（Main-stream Culture）的脉络化（contextualization），并且社会主流文化又源自于支配阶层对多元文化的等级化。①

具体而言，由于工作事务属性对文化形态的形塑作用，社会分工体系中发挥不同功能的职业群体具有不同的工作方式、生活方式与价值观念，进而表现出不同的文化形态，它们彼此之间共同构筑了发达工业社会的文化生态，即文化的多中心水平结构（Horizontal Structure）。然而，实际的情况却与结构功能主义所标榜的这一文化生态的理想结构相去甚远，相反，任何社会的文化生态都呈现出中心—边缘或上位—下位的垂直结构（Vertical Structure），即社会中上阶层的文化形态被认为是高雅与文明的文化、甚至是唯一适当的文化，而底层社会的文化形态则往往被认为既野蛮又粗俗，并有待于前者对其进行教化。之所以如此的原因在于刚性的社会阶层结构对符号与象征世界的掣缚。一方面，由于中上阶层文化直接与优厚的物质条件、优越的权力支配相关联，表现出闲暇的生活方式、高雅的艺术审美品位以及超越性的自我追求，因而比较容易获得社会大众的正面评价，从而形成

---

① B. Davis：“Reading Bernstein，Researching Bernstein”，转引自：姜添辉．教师是专业或是观念简单性的忠实执行者？文化再制理论的检证[J]．教育研究集刊，2003 年第 49 辑第 4 期，第 93 页。

了层级化的社会评价体系，中上阶层文化获得了高人一等的资格；另一方面，由于社会中上阶层合理化与再生产自身的需求，他们不但要通过文化的意识形态功能寻求社会大众对其支配合理性的发自内心的认同与诚服，而且要以此作为学校教育制造学历文凭的准绳，进而以后者为货币媒介架通从经济、政治到文化领域的阶级支配，并最终保证他们下一代既有优势地位的再生产。因此，在层级化的社会评价体系以及文化的意识形态与再生产功能双重社会力量的助推下，社会中上阶层便进一步利用手中已经握有的政治与经济特权来取得文化领导权地位，将导源于自身的文化形态建构成社会主流文化，从而构筑了发达工业社会文化生态的垂直结构。

不仅如此，为了将文化的意识形态功能与社会再生产功能贯彻到底，社会中上阶层还采取收编知识分子的方法进一步将社会主流文化脉络化为社会主导知识形态。由于支配阶层握有国家机器等庞大资源，因而能够透过资源、职位、权力等的交换来收编许多具有独立人格与自由思想的传统知识分子。① 被收编以后的知识分子被西方马克思主义先驱葛兰西(A. Gramsci)称为有机知识分子，其主要功能是沿着权力指引的方向来书写官方知识(Official Knowledge)，进而形塑出社会的共同信念(Common Sense)。② 有机知识分子对社会主流文化脉络化的结果是使中上阶层文化获得了一套冠冕堂皇的“科学”外衣，并自我演绎为一套繁复而令人生畏的文化客体，同时还具有无处不在、整体合一的特征，并通过排斥或诋毁的形式将其他观念系统推向边缘境地。③ 这样一来，被社会公认的专家学者与政策制定者便可以同样以冠冕堂皇的姿态从据称是“科学”的社会主导知识形态中选择知

① 姜添辉. 资本社会中的社会流动与学校体系——批判教育社会学的分析[M]. 台北：台北高等教育出版社，2000：134—146.

② 迈克尔·阿普尔. 官方知识[M]. 曲囡囡等译. 上海：华东师范大学出版社，2008年，1—5.

③ 马尔科姆·沃特斯. 现代社会学理论[M]. 杨善华、李康等译. 北京：华夏出版社，2000：186.

识，将其再脉络化为学校教育中的课程知识（包括道德规范），使后者同样披上了“科学”的外衣，并呈现出“客观中立”的特点。就此，通过漫长的社会建构历程，结构性支配力量架通了社会中上阶层及其文化形态同学校主流文化之间的桥梁（具体过程如图 6－1 所示）。①

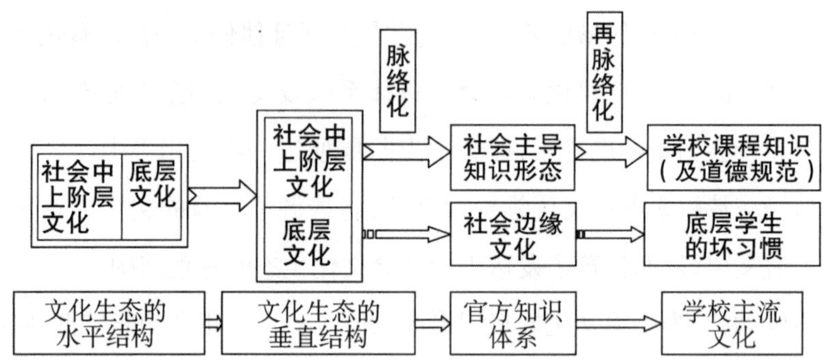

图 6－1　学校主流文化的社会建构过程

因此，上述社会建构过程表明，学校主流文化与社会中上阶层及其文化形态之间确实存在一种符应关系，后者构成了学校主流文化的社会基础。这样一来，我们便可以得出如下基本结论：**正是以抽象为基本特征的中上阶层文化将抽象思维的基本力量灌注到学校课程知识之中，以此将后者统合起来，并决定课程知识的组织分类模式与教师的讲授模式，表现出强分类与弱分类的知识分类区隔以及强架构与弱架构的教学讲授差异；正是中上阶层文化的精密型语言符码面相主宰了学校课程知识的语言类型，使后者呈**

---

① 我们也可以用传统中国专制社会的一个例子来说明学校主流文化的系统建构过程：首先，封建地主、官僚士人以及地方士绅在层级化的社会评价体系，以及文化的意识形态与社会再生产功能的助推下，将源自于支配阶级本身的文化形态建构为社会主流文化，使文化生态呈现出等级化垂直结构。接着，支配阶层利用手中握有的官僚职位、土地俸禄等政治、经济特权收编具有独立人格、自由思想的传统型知识分子。后者的身份转变为有机知识分子之后，进一步沿着权力指引的方向将社会主流文化脉络化为社会主导知识形态，例如“四书”、“五经”等儒家经典。然后，一些体制内的政策制定者与公认的专家学者继续将社会主导知识形态再脉络化为学校主流文化，后者包括《三字经》、《弟子规》等课程知识内容与道德行为规范。经过此漫长的社会建构过程之后，结构性支配力量就此架通了从支配阶层及其文化形态到学校主流文化的社会支配性。

现出符号化、抽象化与法则化的话语模式；而且，正是中上阶层文化中高雅的教养方式与自由奢侈的艺术审美品位框定了学校教育中学习课程知识所必需的众多“好习惯”，以及礼貌、安静、纪律等礼法标准。因此，我们可以再次引用马克思的一段名言来结束本节对学校主流文化之社会根源的考察，一个半世纪前，这位伟大的社会学奠基人在批判德意志意识形态时写道：

统治阶级的思想在每一个时代都是占统治地位的思想。这就是说，一个阶级是社会上占统治地位的物质力量，同时也是社会上占统治地位的精神力量。支配着物质生产资料的阶级，同时也支配着精神生产资料……占统治地位的思想不过是占统治地位的物质关系在观念上的表现。①

第二节　底层社会的家庭教育形塑着底层学生文化能力与惯习

在检视了学校主流文化的社会根源之后，我们必须对学校教育中文化冲突的另一面相进行因果性说明(Causal Explanation)，即必须进一步追问，那些出身于底层社会的学生为何难以达到学校主流文化的上述要求？也就是说，那些令老师们认为不合规矩、肮脏与喧闹的“坏习惯”何以会像幽灵一样与底层学生如影随形并让老师们驱之难去？同样，我们将会看到，在理性化已经对现代社会进行除魅的今天，那种认为底层学生与生俱来就低人一等的先验解释是站不住脚的。事实上，附着在底层学生身上的那些学校教师眼中的“坏习惯”同样有其社会根源，只不过它们是被另一种结构性力量以另一种方式形塑而成的。而追索这一结构性力量并揭示其对底层学生“坏习惯”的形塑方式就成为接下来的核心任务，下面我们就来展开这一考察。

① K. Marx & F. Engels. 德意志意识形态[M]. 转引自：马尔科姆·沃特斯. 现代社会学理论[M]. 杨善华、李康等译. 北京：华夏出版社，2000：187—188.

一　体能性、普罗化与非正式控制：劳工职业的工作事务属性

由于社会分工体系的区隔，与“白领”职业的工作事务属性及其形塑而成的中上阶层文化相对，底层社会成员所从事的劳工职业同样具有自身独特的工作事务属性并导引出独特的底层文化。后者与中上阶层文化的抽象思维、精密型语言符码以及高雅的礼仪教养与自由奢侈的审美品位相对，表现出底层文化的另类面相，即来源于劳工职业工作事务属性的日常理性思维方式、限制型语言符码以及接触性教养方式与需求实用的审美品位。劳工职业的工作事务属性及其底层文化的上述面相共同构筑了另一种结构性力量，成为形塑底层学生文化能力与惯习的社会基础。

一般来说，劳工职业的工作事务属性首先具有直接性、实在性与体能性等特点，需要劳工立即对具体情境动用其体力进行直接反应，并随即反馈生产结果。正如英国伯明翰文化研究学派的威利斯(P. Wills)所言：

劳动工作的性质需求高度的体能，其中包容高度的体能性技艺，这些特性并非一般白领阶级人士可胜任的，因此自然发展出其本身的认同与尊严。此种关联性进而发展出劳动者的乐趣与价值观，乐趣指的是他人无法胜任的工作成就感，在这成就感的背后强调大丈夫气概(masculinity)(直译为肌肉性或体能性气质——引者注)与劳力，这些皆是中产阶级人士所无法取代的……刚毅性与强硬性反映出工厂文化(Shop-floor Culture)的一个中心主题。①

不仅如此，劳工职业的工作属性还因其固有的出卖劳动力的性质而呈现出单调重复、枯燥乏味以及机械性、非心智性或普罗化(proletarianization)等特点。工业社会的晚近发展导致了现代化工厂中一系列旨在控制

① 威利斯.学做工——工人阶级子弟为何继承父业[M].秘舒、凌旻华译.南京：译林出版社，2013：135—136.

劳工身体的精密技术,这些控制形式包括:

> 利用成本核算体系、集中权力、官僚与监督体制以及程式的正式化来控制生产过程中的合理化行为;将技巧性的工作转化为不需要什么技巧的标准化工作,对于管理层和工人采取区别性的培训与知识输入来生产体力劳动与脑力劳动之间的二元分工;利用技术设计将工人排斥到生产过程的控制之外,包括利用数字控制设备使工人丧失对知识和控制行为的掌控,利用生产线使得工作的节奏受制于生产线的节奏。除此之外,其他控制形式还包括:雇佣实践,即对于潜在的雇员进行一系列的测试,选择那些经济背景不佳的人从事低收入的工作,并通过种族和性别进一步决定是否录用;企业的福利政策,即在冷酷的泰勒(管理)主义之外加上(福利的)温情主义,在经济情况好转时大规模提高工资,同时在工人承诺不参与管理和不举行罢工的前提下为其提供津贴、健康保险以及优惠的退休计划等;工会政策,即工会通常会通过对激进工人的约束和标准化的申诉程序来取消野猫式罢工等;以及工作场所的选址,即工厂或办公室可能会转移到那些劳动力密集而且也更加顺从的地区,这样资方就可以以关闭工厂来要挟工人……①

现代工厂中对劳工职业的上述严密控制直接消解了长期以来人们对工业社会将导致人的身体不断解放的一般看法,宣告了"(随着技术的进步)经济部门中工人的技能水平将与日俱增是一个历史趋势"的乐观看法只不过是一套脱离劳工职业真实情景的意识形态神话。相反,我们却看到了对于工人技能和知识的剥夺、工作场所中的减员增效、劳动控制的日益加剧以至于重要的决定已经日益远离(劳工的)生产环节,其后果是"工人的帽子下装载着经理人的头脑"。② 这样一来,工作场所中的劳工便成了一堆挥舞着体

---

① 迈克尔·阿普尔. 教育与权力[M]. 曲囡囡等译. 上海:华东师范大学出版社,2008:86.

② H. Braverman:"Labor and Monopoly Capital",转引自:迈克尔·阿普尔. 教育与权力[M]. 曲囡囡等译. 上海:华东师范大学出版社,2008:73.

力的肉体,按照他人预定的程式、朝向他人预定的方向日复一日地“工作”。因此,工作场所中的劳工便被与日俱增的技术控制而日益机械化、非心智化、普罗化、甚至木偶化。

然而,尽管劳工职业面临着上述严苛的外在控制,但是作为本体论意义上具有创造性与能动性、需求自我认同与意义满足的人来说,劳工也在这些艰难的处境下发展出了一种对劳动过程的非正式控制,即力图在机械重复与枯燥乏味的工作过程中以“游戏”的态度进行工作。这种情况在销售职员身上清晰地表现出来:

每一个部门对于构成业绩良好的一天的销售总额都有自己的概念。女销售职员们会使用各种技巧来将她们的销售记录单保持在可以接受的范围内:这个数目太少,会危及她们在管理层那里的地位;但是数目过高,又会影响她们在同行当中的声誉。每一个单独的职员可能会在临近下班而销售额已经相当高的时候尽量不再接待新的顾客,或者是让其他的职员负责接待。女销售员可以从不规律的日常销售额中估算出一个相对稳定的额度,而管理层们做梦也不会明白她们何以总结出消费者购买习惯的波动曲线。她们会根据交易额度的大小调整交易的次数,如果她们在一天早些时候做成了几笔大买卖,她们也许就会去做一些盘点的工作。在漫长的夏季或是天气恶劣的时候,她们可能会对小额成交的顾客没有那么客气,而在高峰季节里,她们又会对那些可能会超过约定俗成的限额的顾客有所忽视。①

与此同时,车间工人们也会在劳动过程中保持“偷懒”并力图“游戏”,以便达成他们对劳动过程的非正式控制。例如:

在一些机器车间中,工人们可能会通过使用他们自己的机器来制造一些无用却复杂的物件来“偷回”一部分时间与控制力,或者相互之间在他们

① 迈克尔·阿普尔.教育与权力[M].曲囡囡等译.上海:华东师范大学出版社,2008:82—83.

的机器上玩一些复杂的游戏……①

更进一步，劳工们在工作过程中还通过独特形式的"交谈"来保持"游戏"。在工作所要求的语言交换过程中，他们往往精通于制造笑话，让各种较为低俗的语词在生产车间内泡沫横飞：

联结到此种实体与表达性的语言幽默感是一个发展完好的肢体性幽默感：本质上是实务性的笑话，这些笑话是有力的、尖锐的、有时是残酷的，并且经常转换到文化的主要教条，诸如瓦解生产或是颠覆老板的权威与身份。②

二　底层文化：形塑底层学生文化能力与惯习的社会基础

劳工职业工作事务属性的上述特点与底层群体的社会生活、家庭生活以及精神生活相关联，形塑出一套与中上阶层文化相区隔的底层文化，后者在思维方式、语言类型以及教养与品位方面都分别表现出与前者相异的面相，即思维面相的日常理性、语言面相的限制型符码以及接触性的教养方式与需求实用的审美品位。底层文化的这些面相共同构筑了底层社会的符号与意义世界，其本身作为符号媒介将外在的结构性力量导入底层群体的人格结构中，进而架通了底层社会的权力结构、文化结构与底层学生的心智结构三者之间同源关系的桥梁，由此为底层学生独特的文化能力与惯习奠定了坚实的社会基础。

首先，根据上述对劳工职业工作事务属性的考察，工作中的劳工不但需要对外在的具体事物直接并立即做出体能性反应，而且随着劳动过程中管理模式的泰勒主义与控制模式的技术主义的不断加剧，劳工在具体的工作中也只

① 迈克尔·阿普尔. 教育与权力[M]. 曲囡囡等译. 上海：华东师范大学出版社，2008：87.

② 威利斯. 学做工——工人阶级子弟为何继承父业[M]. 秘舒，凌旻华译. 南京：译林出版社，2013：71—72.

能按照既定的模式进行前述反应。这样一来,其工作事务属性就导致了以下两方面的心智后果:一方面,“劳工的帽子下装载着经理人的头脑”,他们的心智被外在的模式过度雕刻与窄化;另一方面,他们又不得不按照他人预定的模式对外界的具体事物做出直接、立即与间歇性的体能反应。因此,劳工事务的这些属性便穿透他们的心智结构,进而形塑了他们以日常理性为特征的思维方式。与前述“白领”职业者以抽象为特征的思维方式极为不同,底层劳工的这种思维方式始终束缚并依赖于具体情境,思维链条短促而间断,并且企图立即找寻答案或反馈结果。当劳工离开具体的、被告知的劳动过程而转移到其他社会情境时,他们的行为立即充满偶变性(Contingency),倾向于对具体的情境直接做出反应并寻求即刻解决问题的办法,因而易于陷入思维、情绪与行为的无政府状态。由于涌入到他们心智结构中的感觉材料彼此零碎,这些“现象”不能被有效切片并按图索骥地分拨给既定范畴,因此,底层劳工不能像“白领”职业者一样能够利用思辨的张力在符号世界中来回穿梭,进而对未来的情境进行反复的印象管理(Impression Management),并且对长远利益进行最优化的理性计算。相反,他们在思考时,不得不一次又一次回到具体情境中,一遍又一遍地对自己的行动进行反思性凝注,以确证行动的意义,并以此作为接续思考与行动的基础。更有甚者,绝大多数劳工连反思性凝注以及确证意义的步骤都径直忽略,从而架空思维本身,仅仅进行着例行性行动。

底层劳工这种以日常理性为特征的思维方式进一步同他们的价值判断联系起来,从而影响他们对知识的评价、选择与发展,使得他们偏爱“实务性知识”(Practice Knowledge)。与“白领”职业者钟爱“学术性知识”不同,此类知识呈现出“具体性”与“技术性”导向,并且大多属于零碎片段的形态,而非具有严谨的组织结构,因此缺乏系统性组织架构所构成的深层结构,并不需要高度逻辑能力为基础的推理思考活动便能学习到此种知识。① 因为对

① 姜添辉.资本社会中的社会流动与学校体系——批判教育社会学的分析[M].台北:台北高等教育出版社,2000:245.

底层劳工而言：

他们(即劳工)比较懂的是一种无所不在的感受……在劳工阶级中，事务比理论更为重要，……，一盎司的敏捷是价值一整个图书馆的证书。关于纯粹理性知识的愚蠢行为，劳动者充满了证伪性的故事。事务性能力总是列为第一，并且是其他类别知识的一个条件……在劳工阶级眼中，只有当理论能真正处理事务、完成事务性工作与改变特性时，此种理论才真的有用。①

其次，劳工职业工作事务属性的体能性与普罗化特点，特别是劳工们在生产过程中的“低俗”语言交换等非正式控制特点，还使底层群体发展出一套与中上阶层文化相区隔的语言类型，即专属于底层社会的限制型符码(Restricted Code)。依据英国社会语言学家伯恩斯坦的观点，该语言类型具有如下刚性特征：

1. 通常使用简短的、语法简单的、句法形式蹩脚的(即突出被动语态的)、未完成的句子。

2. 连词的简单与重复使用，例如“因此”、“然后”、“因为”等连词的频繁使用。

3. 很少使用从句去打破主句的初始类型。

4. 不能通过言说顺序来抓住一个正式的主题，并由此容易产生一些混乱的信息内容。

5. 形容词与副词的刻板与有限使用。

6. 很少使用非人称代词作为条件从句的主语。

7. 经常使用以下陈述：利用相互混淆原因与结果的方法来产生类型化的陈述。

8. 大量使用以下陈述或短语：“难道不是吗?”、“你明白吗?”、“你知道

---

① 威利斯. 学做工——工人阶级子弟为何继承父业[M]. 秘舒，凌旻华译. 南京：译林出版社，2013：73.

吗?”等等,用此来对前面的言说顺序进行再次强调,并产生交感循环。

9. 经常从群体的习语或习惯的言说顺序中选择(语汇或表达方式)来形成个人的表达。

10. 个人的修饰隐含在句子的组织中,由此形成了一种隐含意义的语言。①

之所以如此,是由于劳工职业的工作事务属性对刺激语言环境的重重限制,以及劳动过程中独有的语言交换模式对语言类型的捆绑。一方面,劳工职业被固定在具体而十分有限的物理与精神空间之中,实在性的工作事务限定了劳工们的抽象表达,而被告知的行动模式与普罗化的心智思维更加消解了他们可能形成的复杂语言结构。另一方面,劳工们还力图通过“游戏”来对劳动过程进行非正式控制,在此过程中其语言交换不可避免地陷入裸露、低俗、刺激与对抗性的言说模式之中,进而背离了型构精密型符码的逻辑与抽象要求,将其语言类型捆绑于上述限制型符码的众多刚性特点之中。这样一来,根据结构主义语言学的观点,底层劳工便始终难以捕捉到那套未书诸于笔端却潜在地决定言语(parole)的语法规则,相反,他们的言说能力仅仅停留在日常言说(utterance)层面。更进一步,他们还无法通过可感的能指(即声音或记号)来引发相应的内在思维(即所指),进而无法理解所指背后所关联的那个实在,因此更无法把握在场的实在与不在场的实在之间的差异(difference),最终无法实现对语言所传达的客观世界的意义的准确理解。

最后,与上述以日常理性为特征的思维方式以及停留在日常言说层面的限制型符码同源,底层劳工将其工作事务属性延伸到日常生活与艺术审美领域之后,还发展出一套与“白领”职业者相区隔的流行文化与“实用需求

① B. Bernstein:“Social Class and linguistic development:a theory of social learning”,转引自:鲍尔德温等.文化研究导论[M].陶东风等译.北京:高等教育出版社,2007:67—68.

品位”,进而延伸出对习惯与教养的独特看法,即专属于底层社会的**接触性教养方式**。首先我们在底层劳工的日常生活中看到,流行文化身处文化生态垂直结构的底层,并具有如下特点:它符合大众的口味,其要旨简单而不让人生畏;其内容直接而易于理解,不以风格或样式的追求自居;它所针对的是受众的直接经验;其目的是使受众感到愉悦或紧张刺激,而不是受到启发与激励;其合法化的标准必须依赖于直接的满足,而非据称为先验性或根本性的标准。①

这样一来,底层劳工在艺术审美品位上就深陷于被社会中上阶层嗤之以鼻的“实用需求品位”。后者往往与经济、物质需求紧密结合,反对作为颓废的自我沉思与堕落的形式艺术,旨在追求简单与真实,希望艺术象征着现实。② 例如,根据布迪厄的研究,法国的工人阶级普遍偏好《蓝色多瑙河》这样的通俗古典音乐或轻松古典音乐,以及没有深奥艺术主旨的流行音乐。③

上述日常生活文化的流行面相与艺术审美品位的实用需求标准进一步形塑了底层劳工的日常习惯与教养方式,表现出同样被中上阶层鄙夷为“不雅”的接触性教养风格。与“白领”职业者力求高雅相对,劳工们在行动时不假思索,率性而行;在互动时更为实在,彼此接触身体,开怀大笑,尊崇直言不讳,反感疏远与虚伪的礼节;他们对食物喜欢盛满,少些表面修饰而多些物质上实实在在的满足;他们在选择衣服和家具时也注重实用,用真实来抵制形式与奇异。④ 因此,这些习惯与教养侧重物质、真实与真诚,但也使劳工们时常陷入不假思索而直接反应的无政府状态之中,时常难以掌控情绪

---

① 马尔科姆·沃特斯. 现代社会学理论[M]. 杨善华、李康等译. 北京:华夏出版社,2000:184—185.

② 乔纳森·特纳. 社会学理论的结构[M]. 邱泽奇等译. 北京:华夏出版社,2006:472—473.

③ P. Bourdieu:“Distinction”,转引自:马尔科姆·沃特斯. 现代社会学理论[M]. 杨善华、李康等译. 北京:华夏出版社,2000 :210—211.

④ 乔纳森·特纳. 社会学理论的结构[M]. 邱泽奇等译. 北京:华夏出版社,2006:472—473.

而易于发怒并习惯于动用肢体性语言。

三　底层学生文化能力与惯习的家庭养成

上述对劳工职业的工作事务属性以及由此形塑而成的底层文化的详尽考察表明，确实存在一种异于社会中上阶层及其文化形态的结构性力量作为形塑底层学生文化能力与惯习的社会基础。在此处，我们必须进一步追问，这种形塑如何可能？也就是说，作为一种结构性力量的底层社会结构及其文化形态如何（即以何种方式）形塑底层学生的心智结构、并最终建构出他们独特的文化能力、使他们具有独特的惯习？

事实上，根据英国社会学家吉登斯（A. Giddens）的观点，**结构化**（structuration）是社会的结构性力量形塑行动者的心智结构、进而约制其社会行动的主要途径。① 而对于本文所关注的处在社会化早期的儿童来说，底层家庭便成为结构化的主要场域，家庭教养的后果便是潜藏在底层学生心智结构中的独特的文化能力与惯习（即一套以某些特定方式行事的既定性情），进而在具体的社会场域中（例如学校教育）外化为被老师们大加踏跶的“坏习惯”。下面我们就依据G中学的经验材料以及其他相关研究来检视上述结构化过程，并对附着在底层学生身上的“坏习惯”何以顽固不化，以及他们何以会在语言与抽象的课程知识学习过程中犯下那些令老师咬牙切齿的简单的重复性错误做出解释。

（一）榜样的力量：“坏习惯”的结构化

我的田野调研经验发现，对于如幽灵一样附着在底层学生身上的众多“坏习惯”（包括学习与生活两个方面），G中学的所有老师一致将矛头直指底层家长。用他们的话说就是“没有家教”，因为：

---

① A. Giddens. 社会的构成[M]. 转引自：马尔科姆·沃特斯. 现代社会学理论[M]. 杨善华、李康等译. 北京：华夏出版社，2000：52—55.

现在(家长)都不怎么重视，因为家长都没有个样子……(2010 年 10 月 21 日，数学 J 老师)

家长也不怎么配合，也不怎么管，孩子回家呀，(作业)做还是不做，做了什么、没做什么，家长什么都不知道。(2010 年 10 月 19 日，历史 L 老师)

在 G 中学的老师们看来，底层家长之所以表现如此差劲、甚至不惜让自己的孩子在学校里背负“坏习惯”的骂名，其根源是家长们太忙而无暇管教孩子、素质太低而无力管教孩子，甚至他们自身还给孩子竖起“坏习惯”的榜样。

首先，老师们都不否认，不少底层家长因为忙于生计而无暇管教孩子：

家长工作忙，下班晚，有的是做生意的……没有时间管理他们……(2010 年 10 月 22 日，英语 X 老师)

(能够按照老师的要求在孩子作业上签字的家长)就这几个嘛，目前做得好的就这几个嘛……但是大部分家长是什么呢？他可能比较忙……我想主要还是工作吧，估计比较忙，管不过来……(2010 年 10 月 21 日，数学 J 老师)

在一次问卷调查中，一些学生也表达了他们的家长在其学习指导上的无为状态。学生们在问卷中写道：

爸爸工作很忙，没有时间指导我的学习。(一位个体户的女儿，成绩上游)

由于妈妈工作繁忙，对我的指导很少。(一位商店售货员的女儿，成绩上游)①

其次，由于底层家长受教育程度比较低，自身素质不高，他们也无力管教孩子。在访谈过程中，一位资深的数学老师告诉我：

还有家长的素质比较差，就是受的教育太少了，他们的文化肯定赶不上，他们没有能力去辅导、去(管教)……他们对学生的沟通肯定也不行，你

---

① 来自于本人主持的问卷调查：《中学生文化问卷调查》(2010 年 10 月)。

比如说，作业呀，跟家长去沟通，但家长没办法去辅导……（2010年10月22日，数学S老师）

对此无力状态，学生们在上述那份问卷中接着写道：

他（即爸爸）平常不指导我，我做的题目他也不懂。她（即妈妈）也不指导我，她也不懂我的题目……（一位货车司机的儿子，成绩上游）

爸爸根本没有指导，然后我妈妈就是检查、检查作业。（一位出租车司机的儿子，成绩下游）①（2010年10月8日，观察笔记）

再次，如果说底层家长在管教孩子的问题上仅仅是由于上述客观条件所限而导致的不可避免的缺失，那么老师们可能会对此表示同情，然而，实际的情况是老师们对此痛心疾首，因为底层家长还将既存于其自身身上的“坏习惯”以榜样的方式“遗传”到孩子身上。在访谈过程中，老师们告诉我：

首先家长自己说话都不文明，学生跟着也会说话不文明。孩子从小就喜欢乱丢，家长也不纠正，那自然就养成了习惯……家长素质肯定很低，比如说我们学校有一回开家长会，把家长叫来，家长反而说，谁、谁（即某些老师）让这孩子没用，（家长）骂人，骂老师……（2010年10月22日，体育H老师）

这个（即学生身上的“坏习惯”）主要还是他们的家庭。他们都是边远地区的，很多家里都是卖菜的，家里很多都是低档次劳动的，这个还是他的家庭，他们的生活环境（的影响）。一个是父母可能也不知道什么是诚信；另一个还有这个社会，家长都对社会有一个偏见……（2010年10月22日，数学S老师）

底层家长自身身上的上述“坏习惯”及其所形成的形塑孩子“坏习惯”的榜样力量通过家长们的闲暇生活可以更加明晰地表现出来。根据孩子们的切身体验，他们的底层父母在闲暇时主要从事表格6-1中的活动。

---

①　来自于本人主持的问卷调查：《中学生文化问卷调查》（2010年10月）。

表 6－1　底层家长的闲暇生活与娱乐活动及其对孩子的影响

	对父母闲暇生活与娱乐活动的描述
成绩上游	爸爸闲暇时间很少，有时下雨休息就在家睡觉，不抽烟、很少打牌、有时喝点啤酒，一般不和朋友出去喝酒，他的娱乐活动很少，对我没有影响。妈妈闲暇的时间太多了，每天下午、大部分时间是出去打牌，有时在家看电视、打扫卫生，这种情况很少。有时打牌回得晚，对我有点影响，这种情况很少。（一位货车司机的儿子）
	妈妈闲暇时喜欢上网看电视剧，看韩国的电视剧，爸爸闲暇时便喜欢上网斗地主。我也比较赞成他们的这些娱乐活动。（一位机械厂工人的女儿）
	我的爸爸闲暇时会出去约别人到酒店吃饭喝酒，然后再就是看电视、玩电脑。我较同意他这样做，但需要有一些时间去郊外游玩或在家看一些书。他最喜欢看战斗类的片子，喜欢玩“欢乐斗地主”。不要玩太多了，否则会使我也迷上了斗地主。我的妈妈闲暇时会出去逛街。（一位食堂主管的女儿）
	我爸爸妈妈闲暇时不是看电视、就是看报纸，再就是给我检查家庭作业。爸爸喜欢看革命战争的电视剧，妈妈喜欢看幻想电视剧和泡沫剧。他们看电视时声音不会开得很大，对我没有影响。（一位个体户的女儿）
	我妈妈闲暇时看电视，看电视剧、综艺类节目。我觉得这是一种正当活动，没什么坏的影响，对我没有影响。（一位商店售货员的女儿）
成绩中游	爸爸喜欢与他的同事在闲暇的时候打牌打发时间，或者看一些战争系列的电视。妈妈闲暇时就看一下电视。他们的这些活动对我没有影响。（一位临时送报员的儿子）
	爸爸喜欢在家睡觉，吃饭时看新闻，晚上和小区的人在居委会打牌，只是玩玩。妈妈喜欢睡觉，妈妈喜欢看古装剧、香港的，喜欢跟朋友出去玩、逛街。对我没影响，有时还和他们出去散步。（一位保安的女儿）
	爸爸没做什么，天天开车跑生意。爸爸有时候跟他的车友喝酒，回家后满脸通红。妈妈在家就是做家务活，有时看看电视，好像是电视剧。他们的娱乐活动对我没有什么影响，都挺好的。（一位出租车司机的女儿）
	我爸爸闲暇时都爱打牌，我爸爸喜欢看新闻、武打之类的片子，喜欢和他的朋友打牌、喝酒。我觉得他们可以玩，但不能玩得太投入，以免误了工作。对我影响不好，因为有时太吵，无法学习。（一位建筑农民工的女儿）
	我爸爸闲暇时比较喜欢看足球比赛，和研究他的彩票（足彩），他以前总爱打牌，但现在不打了，他从来不喝酒，只是抽抽烟。我妈妈闲暇时比较喜欢呆在家里看看电视，有时就出去散散步，和别人聚在一起聊一聊天之类的。（一位保安队长的儿子）
	我的爸爸妈妈闲暇时会带我去购物，去大超市，偶尔会打打小牌。不过我不反对，因为大人们也需要适当地享受生活。（一个建筑工人的女儿）

(续表)

	对父母闲暇生活与娱乐活动的描述
成绩中游	爸爸闲暇时会打打牌,玩玩电脑,妈妈也一样。如果同时打牌,有时会把我忘了。(一位工人的女儿)
	我爸爸妈妈闲暇时打牌、看电视,看武侠电视,和邻居一起打牌喝酒。我很赞同他们的娱乐活动,不会影响我的娱乐活动。(一位个体户(厨师)的儿子)

资料来源:笔者主持的《中学生文化问卷调查》(2010 年 10 月)。

G 中学 K 班学生在上表中的回答表明,底层家长的闲暇时间被看电视、打牌、喝酒、睡觉、逛超市(主要是妈妈)等娱乐活动占据。其中男性家长偏爱武打、战争等打斗与刺激型电视剧,而女性家长则喜欢情感、幻想等题材的电视剧;几乎所有家长都有(或曾经有)对打牌的特别钟爱,家长们不但在现实生活中如此,在网络世界中亦不例外(例如网上"斗地主"等),以此来打发时间并寻找竞争的刺激场面;与此同时,底层家长还经常与亲戚朋友一起喝酒,以便直接交流感情、增强传统熟人社会的联结纽带;在闲暇时,他们还经常以漫长的睡眠来补充精力,并以逛超市等直接与物质商品接触的方式来放松心情。

G 中学的底层家长在闲暇时间里的这些娱乐行为表明了以下两个重要的文化论点:一方面,他们的文化面相充斥着前述流行文化与"实用需求品位"的固有特点,他们既沉浸在各种能够给他们带来直接刺激与官能愉悦的非精神性娱乐活动中,又束缚于物质实在、追求物质性满足与实质性价值伦理。另一方面,此类家长并非真的没有用于管教孩子的时间,恰恰相反,用 G 中学老师们的话来说就是,"家长更喜欢去做自己的事"。①

这样一来,那些"生于斯、长于斯"的农村学生便进一步对他们的底层文化习以为常,他们丝毫不觉得其父母的上述文化行为有任何不妥之处(双亲都去打牌而将其遗忘以及打牌或喝酒回来时间太晚而将其吵醒除外),相反,他们认为父母的看电视、打牌、喝酒或逛街是在"正当地享受生活",而漫

---

① 2010 年 10 月 21 日对数学 J 老师的访谈记录。

长的睡觉只是为了“休息一下”,频繁地逛街只是为了“放松心情”。因此,我们看到底层文化的显著特点通过底层家长在闲暇时间里的上述娱乐行为而形成了一种榜样的力量,它已经使学生正当化了专属于底层社会的流行文化与接触性教养风格,并在榜样力量的持续教化下将其内在化了。

因此,通过上述三个层面的考察,我们就此可以对附着在底层学生身上的学习与生活“坏习惯”做出明确解释并驳斥相关心理—教育科学的虚饰:底层家长低下的社会—经济地位使他们不得不将大量时间用于“忙于生计”,因此他们就部分地被剥夺了管教孩子的机会;而他们低下的受教育水平也导致了他们同样低下的素质水平,进而消解了他们用任何学校或社会中上阶层所固有的习惯与礼法去管教孩子的可能性。因此,底层社会阶层结构(包括劳工职业的事务属性及其教育程度)导致了底层家长在前述管教方面的双重缺失,进而将孩子未来可能的文化能力与惯习的重心下移,并在社会中上阶层与底层之间筑起刚性壁垒,为底层文化进一步的结构性支配扫清障碍。以此为基础,底层文化通过底层家长在闲暇时间里所从事的娱乐活动显现自身,使后者具备流行文化与“实用需求品位”的固有特点,进而对孩子形成一种持续存在的弥散性榜样力量,并内化到底层学生的心智结构中,形成后者的文化能力与惯习,最终将底层家长身上的“坏习惯”“遗传”到底层学生身上。通过这一结构化过程,底层学生获得了一套在特定场域下如何行事的既定模式,即以一种理所当然的方式进行旨在表现“坏习惯”的例行性行动。只不过这种例行性行动之所以成为“坏习惯”,缘系学校教育中老师的点醒,而学生自身以及他们的家长对此却浑然不觉。因此,底层学生在学校教育中之所以喜欢课下喧闹、疯打,课上好动、小动作频繁并时刻力图突破听课纪律的底线,背后的原因在于他们的底层父母对直接、竞争与刺激性娱乐活动的特别钟爱;同样,底层学生之所以表现出不假思索的“脏”习惯与物质消费层面的“赶时髦”等不合学校礼法的“坏习惯”,也同其父母偏爱物质表现、直接商品消费等榜样行为直接相关。而穿透底层学生及其家长的心智结构、并最终形塑他们同源的文化能力与惯习的,却是底层

文化这一结构性力量对其行动的约制。

然而,根据吉登斯的结构化理论,外在的结构性力量结构化到行动者心智结构内的结果,是潜存于实践意识(Practical Consciousness)层面的一套理所当然的现实,即一套如何在世界中行事的想当然的知识或规则。对行动者而言,潜存在其心智结构中的实践意识层面的这套知识或规则主要表现为一种“记忆痕迹”,一般以无意识方式存在,促进并约束着行动者进行具体的例行性行动,只有在行动者本人被要求给出一个说法时,实践意识才能提升到话语意识(discursive consciousness)层面,成为行动者反思性凝注的对象。① 因此,对于学校教育中的底层学生来说,他们所表现出来的“坏习惯”只是其实践意识层面那套关于理所当然行事的知识或规则的外化,他们仅仅是进行例行性行动而已,这些行动却未能成为他们反思性凝注的对象。只有当他们的例行性行动被老师们点醒时,其实践意识层面那套关于理所当然行事的知识才有可能上升到话语意识层面,成为他们进行反思性凝注的对象,进而为他们的行动给出一个理由或说法。更进一步说,只有当教育权威持续存在或底层学生的例行性行动被持续点醒的情况下,他们才会不断反思自己的例行性行动,并且,只有在他们既有的那套关于如何行动的理所当然的知识被解构(deconstruction)之后,他们才能彻底丢掉既有的“坏习惯”。然而,弗洛伊德(S. Freud)、列维-斯特劳斯(C. Levi-Strauss)等结构主义学者的研究表明,既存于行动者心智结构中那套关于如何行事的理所当然的规则是如此顽固,以至于终其行动者一生而无法改变,甚至能够超越行动者的生物限制而在人类历史上历时性延绵不绝。②

因此,那种认为底层学生的“坏习惯”源自于其个人的心理因素,因而可以通过外在的消极强化等方式使其行为得到迅速矫正的心理-教育学观念

---

① A. 吉登斯. 社会的构成[M]. 转引自:马尔科姆 · 沃特斯. 现代社会学理论[M]. 杨善华、李康等译. 北京:华夏出版社,2000:54—55,113—115.

② C. Levi-Strauss. 结构人类学[M]. 转引自:马尔科姆 · 沃特斯. 现代社会学理论[M]. 杨善华、李康等译. 北京:华夏出版社,2000:54—55,106—108.

是十分荒谬的,是一种科学的虚饰。这一学说未能看到行动者心智结构的社会建构性,没有认识到支配行动者行动的结构性力量的支配性。这样我们就可以清晰地理解,G中学的农村学生何以会在校方持续不断地纠正、责罚下仍旧持续不断地犯错误。

(二)权威型管教:形塑底层学生的语言类型与思维方式

上述关于“坏习惯”何以会与底层学生如影随行的经验考察表明,劳工职业的工作事务属性及其底层文化能够透过底层家庭、尤其是通过底层父母所形成的榜样力量结构化底层学生的心智结构,进而形塑他们的文化能力与惯习,实现对其外在行为的结构性支配。此处,我们必须进一步追问,上述结构性力量是否同样对底层学生的思维方式与语言类型产生了影响?如果答案肯定,那么这种影响何以可能?也就是说,劳工职业的工作事务属性及其底层文化以何种方式同样形塑了底层学生的语言类型与思维方式?对这些问题的回答可以使我们更加透彻地理解学校教育中文化冲突的如下面相,即底层学生何以会在以符号性、抽象性与法则性为特征的语言学习以及受抽象思维基本力量统合的课程知识学习过程中持续不断地犯下那些令老师们咬牙切齿的错误?

事实上,底层学生在语言与课程知识的学习过程中所普遍存在的简单重复性错误即已表明,他们的言说系统及思维方式与学校主流文化所主导的语言类型及思维模式之间存在明显区隔。关于横在彼此之间巨大鸿沟的详细状况我们在第二章已经进行了详细阐述,此处不再赘述。因此,我们的关注焦点就此转向如下核心问题,即结构性力量对底层学生的语言类型与思维方式的支配何以可能?

根据我的田野调研经验以及相关学者的研究,上述结构性力量形塑底层学生的语言类型及思维模式的方式同底层家长的管教方式密切相关,后者以底层社会独有的**权威型管教**使他们的孩子具备了同样专属于底层社会的限制型符码以及以日常理性为特征的思维方式。此种权威型管教方式使底层家长在管教孩子时既表现出外在的监督与限制特点,又通过讲“大道理”、“写检讨”等“软”的方式对其进行反复劝说,还不时动用“硬”的方式对孩子进行强制性“粗暴对待”。

首先,受文化能力所限,底层家长对孩子的管教只能被迫停留在课程知识学习过程的外围层面,主要表现为对孩子学习过程的“观看”、对作业进行“检查”与“签字”等必要的外在监督。这不但是他们管教孩子时最为常用的力所能及的方法,也是学校教师对此类层次家长的必然要求。对此,G中学的老师要求家长:

必须监督,家长坐在他们旁边陪着他们写。然后有基础、有条件的要辅导,这个辅导就是做完以后,你要签字……就是要求全部都要(签字),就是学生做一项、签一项,做一项、签一项……(2010年10月21日,数学J老师)

在一次问卷调查中,一些学生也表明了他们在学习过程中所受到的上述监督,他们写道:

爸爸根本没有指导,然后我妈妈就是检查检查作业。上周五过后(即家长会后),妈妈对我说:孩子,以后要争气,不要考得太差了。每天下午回来,妈妈都要看着我写作业。(一位司机的儿子,成绩下游)

爸爸妈妈是让我写完后,再检查,从计算、听写、单词……方面指导。(家长会以后)爸爸妈妈对我提出了①每天看3篇作文,然后说出自己的感想。②每天听录音带。③默单词。④读英文句子。⑤课文没学要提前预习……(他们)采用天天看着我做这些事(的方式管教我)。(一位建筑农民工的女儿,成绩下游)①

其次,农村家长对孩子的管教方式深具限制性特点,即采取对孩子说“不”的方式禁止他们从事其渴望之事。在一次旨在动员家长参与孩子学习的家长会后,一些家长进一步对孩子的自由空间进行了严格限制。在上述问卷调查中,底层学生写下了家长会后其父母管教方式的限制性转向:

---

① 来自于本人主持的问卷调查:《中学生文化问卷调查》(2010年10月)。

上周五家长会以后，爸爸妈妈让我更加努力，不要再与同学疯闹，多将心思放在学习上。回家以后写完作业要复习，每天的压力很大。（一位食堂主管的女儿，成绩上游）

上周五以后，父母希望我上课举手回答问题，背诵课文，数学多动脑筋。少看电视、少玩电脑、多做家务活。（一位机械农民工的女儿，成绩中游）

（家长会后）爸爸妈妈提出在班上前（进）七、八名。要我少出去玩，一个星期只能出去一次，还让我每天听英语磁带、看作文书。（一位个体户（厨师）的儿子，成绩下游）①

最后，除了外在监督与限制活动自由外，底层家长在管教孩子的过程中还充斥着“大道理”劝说以及话语性与肢体性的“粗暴对待”。前者表现在当孩子犯了错误时，底层家长不能首先给孩子“申言”其无辜的机会，也不能就事论事地进行理性分析并寻求解决之道，相反，他们代之以一套“大道理”，例如，一位家长这样勉励孩子：“要把知识往上提高，把知识面也提高。长大以后要是没有知识就无法生活下去，只能去当乞讨的人，去乞求别人。”②通过此类“大道理”的反复灌输，底层家长力图将孩子的意识导入一套他们无法理解却必须确信的乌托邦信念之中，以便让孩子顺从并发自内心地服从管教。然而，在这种“软”的方式失效以后，底层家长便代之以一套“硬”的方式，即通过话语性与肢体性“粗暴对待”进行强制性责罚，以便使孩子“牢记教训”。

在上述那次问卷调查中，当我问及K班那些出身于底层社会的孩子“当你不听话、犯了错误或成绩不好时，爸爸妈妈会怎样责罚你？”时，他们几乎都将责罚的方式指向了底层家长的“大道理”劝说以及话语性与肢体性的“粗暴对待”。以下是他们所流露出来的一些无辜却颇为悲惨的经历。

---

① 来自于本人主持的问卷调查：《中学生文化问卷调查》（2010年10月）。

② 同上。

表 6－2　底层父母对孩子的责罚状况

成绩	当你不听话、犯了错误或成绩不好时，爸爸妈妈会怎样责罚你？
成绩上游	爸爸会说我，有时打我一巴掌，让我闷闷地躲着哭。但有时爸爸会好心地说我，跟我说一些道理。（一位食堂主管的女儿）
	爸爸：平时我犯了错误说我两句，很少打我。成绩不好也一样，有时也会打我。妈妈：平时犯了错误说我两句，然后叫我写作业。以前犯错误总打我，我成绩不好她也说我，让我写作业、看书。以前总打我，现在没打过我。（一位货车司机的儿子）
	当我不听话、犯错的时候或成绩不好时，爸爸妈妈会严肃地教导我，跟我讲许多道理，没有多大的责罚，有时犯了很大的错，会挨骂挨打。记得有一次暑假，朋友来我家玩电脑，下载了一个网络游戏，可我根本没有玩也不会玩，我爸爸发现以后打了我一巴掌，说网络游戏有害处。（一位个体户的女儿）
成绩中游	每当我犯了很低级的错误时，妈妈会用棍子打我。有时还会让我写检讨。有一次，我出去玩，偷偷跑出去的，晚上回来时，被妈妈骂了一顿，还写了检讨。（一位出租车司机的女儿）
	当我不听话时、犯了错误或成绩不好时，爸妈会罚我写检讨，把所犯的错误都记录下来，或是骂我几句。（一位机械农民工的女儿）
	当我不听话时，爸爸会变得很凶，和我讲道理，让我不再犯。当成绩不好时，爸爸二话不说，先将卷子抄一遍，再把错题一钉，写检讨。（一位警察的女儿）
成绩下游	父母首先会很生气，然后问我为什么，或者妈妈生气会打我。比如一回家很累，心情不好，就会为一点小事吵起来，然后妈妈会打我。（一位保安的女儿）
	会给我讲许多大道理，有时严重了才会用尺子打我，但从来没有。只是偶尔不听话就会吼我一下，我就乖乖地去做。（一位工人的女儿）
	当我不听话，爸爸妈妈会打我。曾经偷偷上网，被我妈知道，我妈打我，还要我保证以后再也不上网，上网就不能出去玩。（一位个体户(厨师)的儿子）

资料来源：笔者主持的《中学生文化问卷调查》（2010 年 10 月）。

底层学生在表 6－2 中的描述表明，“讲大道理”、“写检讨”、“直接生气”、“打骂”等手段是底层家长在其犯错误时最为常用的管教方式，其中“打骂”等话语性与肢体性直接责罚手段在孩子的错误严重时更占据主导地位。这种情况在他们因孩子犯了错误而被叫到学校来时也不例外，每当此时，底层家长往往也难以抑制胸中的怒火，在老师面前“当面打骂”孩子。一些老师告诉我：

家长本身的素质就不高……像家长跟老师交谈时、跟老师沟通的时候说话的语言方面，比如，当着老师的面教训孩子，对孩子打骂那些行为呀，都可以体现出来的。像一个家长，老师叫他过来，他当面就给孩子一巴掌，那个孩子肯定是暴力倾向很严重。（2010 年 10 月 22 日，英语 X 老师）

一些家长的教育方式呀，不是很得法，特别就是有些当爸爸的，方式比较粗暴一些，这对小孩子本身不好。有时候打骂，就是这样的一些情况。然后到学校也是的，一些家长在家里管得紧一些，来学校也是要求我们管理得紧一些，要打怎么、怎么样，就跟他们在家里似的。（2010 年 10 月 21 日，数学 J 老师）

因此，我们看到，与"白领"职业者以民主型方式管教孩子不同，底层家长在管教孩子时充斥着监督、限制、说教与打骂，他们一方面"观看"孩子的学习过程，并对孩子的学习结果进行"检查"与"逐项签字"，还尽量禁止孩子做与学习活动无关之事，以免"浪费时间"与"受到毒害"；另一方面还向孩子反复讲"大道理"，用一套乌托邦式的信仰来占据孩子的意识，并在这套"软"办法失效后动用"硬"手段，采用"打骂"等强制性方式对孩子进行直接责罚。底层家长这些独特的管教方式被相关学者称为"权威型管教"，它表明底层家庭中家长与孩子之间的关系具有权威型政治与社会中统治阶层与被统治阶层之间支配与被支配关系的一般特点。底层家长对孩子进行"权威型管教"的直接后果，是在底层家庭中再生产出类似于劳工职业的工作事务属性所具备的环境与控制条件，进而再生产出与底层文化同源的家庭文化，为形塑底层孩子的语言类型与思维模式准备了结构性力量支配的肥沃土壤。底层家庭中这种再生产之所以可能，缘系底层家长对孩子的"权威型管教模式"背后关联着支配他们本人行动与互动方式的接触性教养风格，后者呈现出物质、真实、直接等特点，并与劳工职业的体能性、普罗化等工作事务属性紧密相关。

这样一来，底层社会的结构性支配力量便通过底层家长对孩子的独特的“权威型管教模式”进一步形塑底层学生的言说模式与思维方式，使后者具有与底层文化同源的形态，即表现出独特的限制型语言符码以及以日常理性为特征的思维方式。一些研究者指出，底层家长的此类管教模式导致了劳工阶层的孩子具有与中上阶层的孩子相区隔的语言类型：

劳工阶级家长往往使用权威型管教方式，此种模式大多导引出单向性的亲子接触与谈话，此种单向性引发的问题与观点往往具有高度的封闭性，此种取向明显缩减孩童对存于谈话中问题的思考时间与空间，处于几乎是立即性反应的情况下，劳工阶级孩童并未能对谈话中的问题与观点进行实质性思考与探索。在此过程中，他们往往发展出限制性语码(a restricted code)，……相反，中上阶级家长对下一代的管教大多倾向于民主模式，此种模式往往产生双向互动的对话历程，其特性是此类家长与孩童皆拥有引发问题或论点的主导权，再者处于此种情境下的孩童被允许更多时间与空间，进行思考与探索存于话语过程中的问题或论点。在此历程中，由于较少受到情境的限制，因而这类孩童能发展出精细性语码(an elaborated code)，……使得他们对角色与身份有更高的敏锐力与辨识力。①

不仅如此，底层家长的此类管教模式还进一步导致了劳工阶层的孩子在思维方式层面与中上阶层孩子之间的区隔。这主要通过两类家长对不同知识类型的偏好表现出来：

劳工阶级家庭倾向于强调“实务性知识”(practical knowledge)的重要性……劳工家长往往强调，知识应在现实生活情境中产生具体性的功能，此种功能是在生活中得以被运用于解决立即性的问题，因此他们所关注的是具有“实务性”与“立即性”的知识，而不是逻辑思考的“抽象性”知识……此种知识的明显特性是“具体性”与“技术性”导向，并且大多属于零碎片段的

---

① B. Bernstein:“Class, Code and Control”，转引自：姜添辉. 资本社会中的社会流动与学校体系——批判教育社会学的分析[M]. 台北：台北高等教育出版社，2000：275—276.

形态，而非要严谨的组织结构，因此缺乏系统性组织架构所构成的深层结构与意义，并不需要高度的逻辑能力为基础的推理思考活动……相反，白领职务需求更多抽象性的内在思维活动与判断，因而使这类工作者了解到系统性与抽象性知识的重要性，于是中上阶级家庭重视与追求“学术性知识”(academic knowledge)……①

这样一来，劳工家庭的“实务性知识”偏好便排除了底层孩子思维方式面相的抽象性特征的可能性，进而将其思维方式牢牢限定在以“立即性”、“实务性”等特征为主的日常理性面相。

因此，我们可以对本小节开头提出的焦点问题给出明确回答，并对底层学生何以在学习精密型语言符码与受抽象思维基本力量统合的课程知识过程中持续不断地犯下简单而重复的错误做出明确解释：正是通过底层家长对孩子的“权威型管教”，在底层家庭中再生产出劳工职业工作事务属性所必备的环境与控制条件，从而为底层文化的再生产准备了肥沃土壤。以此为基础，进而通过此类“权威型管教模式”形塑底层学生的语言类型与思维方式，使他们具备了与底层文化同源的限制型语言符码以及以日常理性为特征的思维方式，并造成了他们与主导学校课程知识的精密型语言符码以及以抽象为特征的思维方式之间的重大区隔，致使底层学生在学习过程中持续不断地犯下令老师咬牙切齿的低级重复性错误。

第三节　学校教育中文化冲突的本质

由于底层学生与学校主流文化之间在语言类型、思维方式以及教养与礼仪方面都存在巨大区隔，因而当两者在学校教育中突然相遇时，彼此

---

① 姜添辉.资本社会中的社会流动与学校体系——批判教育社会学的分析[M].台北：台北高等教育出版社，2000：244—245.

之间在各个层面的冲突自然不可避免。然而,这只是学校教育中文化冲突的表面图景,真正在背后潜在地决定底层学生与学校主流文化之间冲突的基本模式及其必然性的,是支配各自文化形态的结构性力量之间的矛盾与冲突,它们分别为源自于“白领”职业的工作事务属性及其中上阶层文化对学校主流文化所形成的结构性支配力量以及源自于劳工职业的工作事务属性及其底层文化对底层学生的文化能力(或惯习)的结构性支配力量。然而,这两种彼此矛盾与冲突的结构性力量却并不是彼此割裂的,相反,它们彼此之间构成了一种唯物的辩证统一关系:底层学生与学校主流文化之间的冲突“归根到底”是社会分工体系中不同职业的工作事务属性之间的冲突,后者又“最终决定于”生产过程中不同地位的劳动者之间的支配与被支配关系,其中握有生产资料或掌握科学技术与管理知识并占据领导岗位的“非生产性劳动者”居于支配地位,而除了自身劳动力以外一无所有并在劳动过程中被日益普罗化的“生产性劳动者”则被迫处于被支配地位。然而,这两个彼此矛盾的群体却不能脱离对方而独立存在,相反,他们必须在工业社会的生产过程中统一起来,进而在工业社会中层级化的社会阶层结构中同一起来。工业社会的阶层结构及其文化形态之间的这种唯物的辩证统一关系最终构成了学校教育中文化冲突的本质。①

因此,在考察了学校教育中文化冲突的基本模式、社会排斥与规训后果、及其阶层与文化等结构性支配根源之后,我们可以从总体上勾勒全书的逻辑线路与论点骨架。具体见图 6-2 所示。

---

① 此处我们必须抛弃庸俗唯物主义观点,它将学校教育中的文化冲突化约为经济基础内不同物质力量或不同阶级之间的简单对立。然而,尽管文化形态“归根到底”由物质力量决定,但是经济结构与文化之间也存在着一种张力,文化形态具有其自身的运作模式与相对自主性,并且是学校教育中文化冲突的直接支配力量。因此,此处我们赞同的是法国结构主义马克思主义的创始人阿尔都塞所倡导的“多元决定论”。具体见路易·阿尔都塞.保卫马克思[M].顾良译,北京:商务印书馆,2007:89—95.

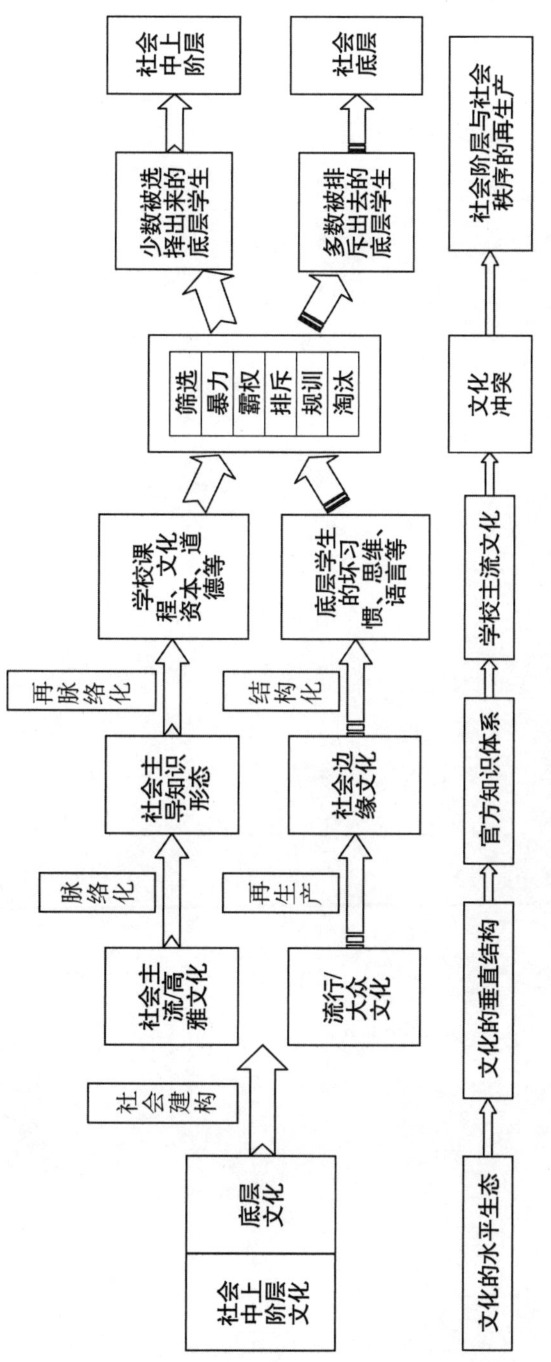

图6-2 学校教育承担底层社会再生产功能的文化排斥机制

第七章　农村学生文化与学校文化冲突的后果

第一节　阶层再生产的提前完成：农村学生的教育分流与淘汰

> 教育系统以及其相对自主性所孕育出的各种意识形态和效果，对现阶段的资产阶级社会所发挥的功能，相当于其他形式的社会秩序合法化以及特权世袭传承对（其他）社会形态所发挥的功能……今天，资产阶级特权的继承人必须诉诸学院的资格认定，这可以证明他德才兼备……这种资产阶级社会正义论（sociology）的特权工具，授予特权者一种不把自身视为特权的至高特权，能够更容易地使被剥夺特权者（disinherited）确信，他们应该把自身的教育命运和社会命运归于缺乏才智与德行，因为在文化的问题上，绝对的剥夺使被剥夺者全无自觉意识。
>
> ——P. Bourdieu and J-C. Passeron①

在对底层社会出身的学生与学校主流文化的各层面冲突进行了系统考

① P. Bourdieu and J-C. Passeron：Reproduction in Education，Culture and Society. 转引自：马尔科姆·沃特斯. 现代社会学理论［M］. 杨善华、李康等译. 北京：华夏出版社，2000：211.

察之后,我们需进一步检视学校教育中这些文化冲突所导致的社会后果。按照英国社会学家吉登斯的观点,社会行动者的行动涉及意图元素,具体的微观行动构成了日常生活中的流或绵延(duree)。但是意图导向的微观行动也可能产生意外的社会后果,而这又可能反过来成为行动者未来行动的未被认识的客观条件,它们进一步对行动提供了限制或边界、提供了约制,而人类的行动就是在这样的约制当中发生的。① 也就是说,外在的、集体性的、客观的社会后果本质上是由受既存社会结构约制的微观行动所逐步导致的,这些社会后果在行动的绵延过程中形成了一个前后关联、由低到高的阶梯,每一个阶梯(即社会后果)本身在时空过程中对绵延着的微观行动进行着约制。因此,学校教育所导致的最终后果是由学校场域中受结构约制的日常微观教育行动一步一步逐渐导致的,这些社会后果彼此之间前后连接成一个阶梯,各自在时空之中约制对应的教育行动。

根据我们的田野调研经验,底层社会出身的学生与学校主流文化之间的冲突所导致的此类社会后果可以分析性地分为两个面向,即社会排斥与社会规训,两者各自由一系列前后关联的社会后果阶梯性地组成,前者在行动的绵延中依次表现为不同文化能力水平的学生之间的两极分化、分班,进而退学,以及最后的教育分流与社会阶层再生产;后者则依次表现为社会结构(以文化结构的形式)对教师的宰制,进而通过教师来对学生进行规训,最后导致了农村学生的文化无意识状态以及既存不平等社会秩序的合法性的再生产。下面我们就对这两个面相的后果分别进行考察,以揭示出学校教育对农村学生的真实功能。

一　社会排斥:学校教育中文化冲突的社会阶层再生产后果

"择天下英才而教育之"的理想代表了结构功能主义者对学校教育功

① A·吉登斯.社会的构成[M].转引自:马尔科姆·沃特斯.现代社会学理论[M].杨善华、李康等译.北京:华夏出版社,2000:55.

能的基本观点,即学校教育应该依据社会机构对人才的需求对不同资质的学生进行选择,并将其分类为与此对应的高低不等的类别,进而将不同文化能力的人分配到与其能力相适应的岗位上去。因此,此派学者力陈,学校教育对学生进行选择、分类与分配的标准完全依据社会有机体为维持自身的最优运转而对人才规格提出的要求,因而这些选择标准本身是客观中立与不容质疑的,进而对所有社会阶层出身的学生都是公平合理的。这样,不同资质的学生便可以抛开社会出身对他们的限制,凭借后天的获致性因素来得到学校教育的认可,进而获得社会流动的资格。然而,结构功能主义者这套陈义颇高的理论在解释为何流动机会总是随社会阶层结构而层级化分布的不平等事实时却显得苍白无力。为此,他们曾经不得不借助于智力测量心理学的"科学"研究,认为人的智商是随社会阶层而不平等分布的。在这套科学神话被打破之后,此派学者转而将原因锁定在选择与分类标准上,认为它们太过陈旧落后而未能及时地反映出社会机构对人才的最新需求,并就此形成了主流社会对教育诟病的主导话语,并为各种教育改革提供了持续不断的助推力与合法性。然而,我们前面对底层社会出身的学生与学校主流文化之间冲突的详尽考察表明,关于学校选择与分类标准落后的说辞在解释农村学生何以通过学校教育仍旧获得底层地位的问题上仍旧是一套科学的虚饰。事实上,由于课程知识独特的诉求以及学校道德独有的基本结构,对绝大多数出身于底层社会的学生来说,学校教育也具有社会排斥机构的功能,只有为数甚少的底层幸运者才能突破其结构性限制而被它选择出来,获得上向的社会流动机会,而绝大多数人则以某种无意识的方式一步一步走向先赋的底层地位。根据上述吉登斯的行动与结构二重性理论,学校教育的社会排斥后果是在教育行动的绵延过程中逐步实现的。我们的田野研究经验也表明,底层学生之间的两极分化、分班、退学与分流构成了他们最终走向底层、复制父辈社会阶层地位的几个关键阶梯。下面我们就对此进行逐一考察。

二 两极分化:入选者与掉队者

由于底层学生在学习过程中不合规矩的课堂习惯、简单的重复错误以及缓慢的学习进度,他们与学校主流文化之间冲突的社会后果首先表现在同一个班级内部不同文化能力水平的学生之间极为显著的两极分化。这种两极分化现象不但呈现在G中学的每个年级,甚至重点班内部的两极分化也不可避免。

(一) 普遍的两极分化状况

在一份九年级某重要考试的质量分析报告中,我们可以清楚地看到同一班级内部的巨大距离。表7-1给出了该年级某重点班的考试成绩统计情况。

表7-1 G中学九年级某重要考试(某重点班)的成绩统计

项目 \ 科目	英语	数学	语文	理化	政史
参加考试人数	41	41	41	41	41
成绩合格人数	20	35	35	28	36
合格率	48.8%	85.4%	85.4%	68.3%	87.8%
优秀数	10	13	2	8	15
优秀率	24.4%	31.7%	4.9%	19.5%	36.6%
最高分	113	116	97.5	119	72
最低分	17	11	10	30	23
平均分	71.3	84.4	76.9	86.0	57.8

数据来源:G中学九年级教育质量分析报告(2010年11月)。

表7-1的数据表明,该重点班内部的两极分化现象十分明显。其英语成绩合格率(即及格率)不到一半,优秀率仅两成多一点,而最低分与最高分之间的差距竟然接近100分,最低分与平均分之间的差距也超过50分,平

均分与最高分之间的差距也超过 40 分。尽管该重点班的数学成绩合格人数较多,但优秀率却仅三成多一点,而最低分与最高分以及最低分与平均分之间的距离更是大得惊人,分别超过 100 分与 70 分。语文与理化(即物理与化学合卷考试)成绩也表现出类似的分化趋势,就连被老师们称为"难度不太大"与"拉不开多少距离"的政史(即政治与历史合卷考试)科目也表现出了同样的两极分化现象。

这种两极分化状况在平行班内部也不例外,只不过后者的及格率与优秀率远远低于重点班。表 7－2 的数据表明,其英语、数学、语文、理化与政史五门科目的最低分与最高分之间的差距也分别达到 78 分、96 分、67.5 分、100 分与 52 分,甚至五门科目的最低分与平均分之间的差距也分别高达 27.8 分、45.8 分、49.6 分、55 分与 33.7 分。

表 7－2 G 中学九年级某重要考试(某普通班)的成绩统计

项目＼科目	英语	数学	语文	理化	政史
参加考试人数	40	40	40	40	40
成绩合格人数	10	13	22	19	23
合格率	25.0%	32.5%	55.0%	47.5%	57.5%
优秀数	1	1	0	4	5
优秀率	2.5%	2.5%	0.0%	10.0%	12.5%
最高分	97	99	90	115	70
最低分	19	3	22.5	15	17
平均分	46.8	48.8	72.1	70.0	50.7

数据来源:G 中学九年级教育质量分析报告(2010 年 11 月)。

这就是说,在 G 中学所有班级内部都普遍存在着一种断裂状态,只有为数不多的人(人数一般在一半左右)能够达到考试要求的合格水平,只有很少一部分人(人数一般居于一成到两成之间)能够达到优秀要求,却有很大一部分人(超过一半)连基本的考试要求都难以达到。少数成绩优秀者在未来可能被学校教育选择出来,获得上向的社会流动机会,但人数相当有限;成绩中下者则构成了一个独特的群体,他们中的绝大部分被老师们称为“后面的人”,他们不光学习成绩在后面,甚至“完全不学”,而且他们的座位也在班级物理空间的后面,同时他们的纪律、卫生、家庭作业等所有与学校教育有关的内容也一般在后面。(2010 年 10 月 23 日,物理 HW 老师)

(二)“后面的人”

在一次访谈过程中,一位八年级的班主任对我讲述了他班上“后面的人”的情况:

其实现在很多班级都会出现两极分化的这种现象,其实还是比较明显的。有的学生,因为确实有的东西他拖得太后面去了。(问:你们班这种两极分化的现象严重吗?)有,不学的还是比较多的。……,完全不学的有,大概不到十个吧,八九个。……,也不是完全不学,但是有的科目的确是太差了,基本上讲根本就没有基础,东西丢了。比方说英语,他就听不懂,现在就是听不懂。(2010 年 10 月 23 日,物理 HW 老师)

对于班上这群成绩在后面的人,现行的教育安排也往往会通过一些具体措施将他们“后面的人”的身份在物理空间上客观地显现出来,其中排定座位就是最为重要的措施之一。这对许多科任老师的教学来说非常重要,也成了班主任协调各科任老师“建议”的最主要内容之一。上述那位班主任老师告诉我:

我现在换的位置也就是他们老师说的,成绩好的就往前面坐。你要学,那你就坐在前面,不行的话,就让他坐到后面去。(2010 年 10 月 23 日,物理 HW 老师)

由于 G 中学的学生偏科现象比较严重,尤其是一些学生在英语等学科上“基本上已经是完全听不懂”,这样班主任老师的工作就不可避免地陷入不同科任老师对学生座位的不同要求的协调之中。这种协调让上述那位上任不久的班主任颇为焦头烂额,他告诉我:

他们(指科任老师)有的给你打招呼,有时候科任老师说:“学生坐这里不行呀,你要换一下呀!”这又是一个问题,所以说很多,你就是拼命去应付一些问题。他们说，你就不能说呀！所以有时候你可以去跟他们协商，但是很多的时候你只能听。因为有的老师他们不一样，包括有的学生英语好一点，英语老师就喜欢他，他就去前面。包括我的物理，其实物理他不行，我不能把他放到前面去。他数学也不好，那你怎么搞？所以有的时候你就不好决定去怎么做，你只能够去协调一些东西。（2010 年 10 月 23 日，物理 HW 老师）

尽管在座位排定的问题上科任老师会给出上述彼此矛盾的建议让班主任去协调，但是学习成绩仍然是班级座位排定的最终标准。一位一直坐在最后一排的女生对我详细说明了 K 班的座位排定原则，她告诉我：

老师先把班上的座位分为好、中、差三类，好的为第二排与第三排，差的为最后两排，其余的是中。然后按照考试成绩，成绩在前的学生在好的位置里面抽签，按运气决定自己的位置；中与差的学生也按照类似的原则抽签决定自己的位置。（2010 年 11 月 13 日，家访笔记）

甚至有的班主任走得更远(例如 S 班)，他们将成绩在后面的人集中到教室后面，让他们靠墙而坐，结果在前后两群学生的位置之间横出了一条宽阔的通道。因此，学生们在教室物理空间上显现出来的区隔代表了他们在学习成绩上的两极分化，背后隐喻着班级“后面的人”在教育的马拉松赛跑过程中已经被远远地抛在后面，他们已经是掉队者，正在为将来进入底层社会做好早期准备。

三 能力分班：学校教育中的马太效应

上述两极分化的结果便是不同学生之间的能力分班。能力分班的背后具有政策口号与心理—教育学理论的双重支撑，前者来自于改革开放初期国家面对的社会现实，当时国家资源相当有限，落后的经济又必须迎头赶上，因而必须将最优秀的教育资源集中到最优秀的人身上，以便以最小的成本又快又好地培养出一批精英来，从而将经济学的效率原理延伸到学校教育之中；后者来自于心理学指称的个体差异性，进而在教育学上形成了分层教学、区别对待等教育原则。两者共同为30多年来义务教育阶段不同学生的能力分班提供了合法性基础。

G中学的分班状况从上述表7－1与表7－2的数据对比中可以十分明显地看出来，其中普通班的合格率一般不到重点班的一半，而重点班几乎垄断了该校所有优秀学生，优秀现象在普通班只能以例外的方式出现。在2010年以前，G中学的能力分班一般是从八年级开始，校方一般会给七年级学生一年的时间展现自身的机会，让他们有意识地为进入重点班做好准备。然而，为了弥补2010年中考没有学生考上X大学附中的缺憾，校长带领全体七年级老师痛定思痛，决定尽早将最优资源集中到最优秀的学生身上，以延长对优生的训练时间。为此该校从本年度开始根据学生的小升初入学成绩对七年级学生划分了快、慢班，并且实行弹性制度，即已在K班的35个学生并非享受“终身制”待遇，而是对K班的席位保持开放的竞争淘汰制。这就意味着在未来的历次考试中，已在K班的某些学生会因为“跟不上”而被甩出去，而另外一些身处平行班却达到全校前35名的学生也可以进入K班。对那些已在K班的学生来说，期中考试是一个重要的分水岭。K班的英语老师在一次课堂上直言了学校分K班的目的以及即将到达的期中考试分班的严峻形势，她不客气地对学生们说：

到现在还有一些学生分不清“am/is/are”，作文有6、7处错误，平行班的学生都没有！学校分这个班，是为了X大学、省实验，不是为了普高！基础差的人也是那些态度不好的人，听写不行，完成作业也不行，相互对、相互抄！天资又不好，又不努力，你跟着这个班很难。马上就要期中考试了，不等你们主动退出就要被分出去了！（2010年10月15日，观察笔记）

事实上，在我进入K班的第一天就发现课堂上笼罩着期中考试分班的阴霾。在当天的观察笔记中，我写到：

K 班是七年级最好的班，其他 4 个班是平行班。所有学生根据小升初考试成绩分班。这次分班并不恒定，据说在下一次考试以后学生归属哪个班还要调整，有的人要分进来，有的人要分出去。（2010 年 10 月 26 日，观察笔记）

与期中考试相关联的、严酷的分班淘汰制不但成为 K 班老师对学生进行勉励、责罚、甚至威胁的依据，而且给刚刚升入七年级的 K 班学生幼小的心灵罩上了厚重的压力，致使他们对每一次考试都极为担心，生怕平时考试不好会导致离开 K 班的结局。在一次语文考试交卷之后，我问及坐在我前面的 ZHML 同学是否害怕考试，他随即给了我坚定的回答，并列出了以下三条理由：

1. 考不好要被分出去；

2. 妈妈会骂我；

3. 她不准我看电视。（2010 年 10 月 28 日，观察笔记）

因此，对 K 班的学生来说，分班与压力如影随形，学生成绩好坏概莫能外。在一次问卷调查中，当我问 K 班学生“你在学校感到了哪些压力？”时，他们立刻将压力集中到分班上面，他们在问卷中写到：

我感到了压力。老师总是说我们是快班，不做好，成绩不好就会分到差班去。我很怕我一下做不好就分到了差班，爸爸也会打我。（一位建筑农民工的女儿，成绩下游）

时不时要面临分班、排名次。（一位警察的女儿，成绩中游）

在学校老师总给我们施加压力，说我们班要力争第一，这是最好的班，不能输给别的班。“人有失足，马有失蹄”，我害怕我们这个班不小心失败了，害怕每一个细节，担心出一点错误。可谁又是十全十美呢？（一位个体户的女儿，成绩上游）①

不仅如此，分班的威慑力还从学生扩展到家长身上。K 班在期中考

---

① 来自于本人主持的《中学生文化调查问卷》(2010 年 10 月)。

试前召开了一次家长会，旨在动员家长全力参与孩子的学习以及让家长做好考试后分班的思想准备。会上K班资历丰富的英语老师向家长强调：

学习就像个马拉松赛，学生、老师、家长三方参与，你不参与别人却在参与。现在的学习家长参与越来越多。……，要是期中考试之后你的孩子分出去了，大家也不要觉得不好。……，之前（指历届七年级）都没有分快慢班，为吸取以往的经验，冲击X大学、省实验，（我们这个班）不想像平行班一样有太差的学生。成绩差一些分到平行班里去也没什么不好，平行班的老师可能上课慢一些，基础会打得扎实一些。但是我们以后要加快速度，要综合练习，两极分化会更严重。（2010年10月15日，观察笔记）

这使一些孩子的成绩处于中下游的家长对即将到来的期中考试忧心忡忡。期中考试结束后，一位预感到自己的孩子可能要从K班分出去的家长在家校联络本上用近乎哀求的口气向班主任老师写道：

求老师不要把我们家YYD分出去，实习老师（即研究者本人）说她最近进步很快，你也说她最近进步了。（2010年11月20日，家访笔记）

可是当成绩出来以后，该学生只考了全年级第43名，又一次在班级倒数。在从重点班分出去的命运真实地横在该学生的家长面前时，她的母亲再一次在家校联络本以更加强烈的语气向班主任哀求道：

求老师再给孩子一次机会，她自己也愿意在重点班，我们不愿意（被）分出去。（2010年11月20日，家访笔记）

然而，学校教育对底层学生的淘汰机制却不太可能讲情面。班主任在给家长的上述请求的回复时写下了如下冰冷而带有嘲讽意味的话：

要尊重学校政策，给孩子找到适合她的位置。呆不呆在快班不是请客吃饭！（2010年11月20日，家访笔记）

班主任老师的上述答复让该女生的父亲大为恼火，为此他们拒绝参加K班在期中考试之后组织的家长会。那位父亲用浓厚的四川话对我说：

我对Z老师很有点意见。什么读书不是请客吃饭，这哪里是一个有文化的人说出来的话……（2010年11月20日，家访笔记）

尽管该学生的家长对K班的班主任进行了反复的请求，甚至消极的抗拒，但是他们的努力仍然挽回不了孩子被分出去的命运。期中考试以后，G中学七年级的班级格局进行了重大调整。K班本来有5位在全年级35名以后的学生要被分出去，但是由于种种原因，最后只将两名一直坐在教室最后一排的女生分到了平行班，其中一位的父母是“养猪的”，另一位的父亲是建筑工人，他们都是来自于重庆的农民工。除了分出去前述两位学生之外，K班还从E班吸收了一位成绩比较靠前的学生。如果说K班的格局只是进行了微调，那么其他平行班的学生组成却进行了重构。对于分班的经过，T班年轻的班主任告诉我：

名誉上是公平的，就是所有平行班的学生男女分开，按照成绩从前到后排列，然后均匀地组成四个班。可是不知道怎么回事，全年级好几个难管的学生都在我们班上，他们身边围了一堆人，成天跟我作对……后面一堆人，16、7个，这些人我每天都不想跟他们说话！（2010年11月25日，班主任工作坊笔记）

这样一来，某些新组成的平行班便可以分担一些孤注在K班身上的风险。然而，对于从K班分出去的那两个女孩子来说，她们与原来那些K班同伴们的人生轨迹可能就此分道扬镳。因此，学校教育再次搭建了一个马太效应的舞台，台上能者将会给予更多，而弱者也将受到进一步的剥夺。

四　退学、分流与再生产：回到底层

尽管G中学把学生流失作为班主任绩效考核标准的一个重要方面，但是每个学期几乎都有一些学生在未能完成义务教育的情况下就过早地离开了学校。在众多将底层学生甩出课程知识积累链条的原因中，学生们沉迷于网络游戏而不能自拔以及因为赶时髦而反复触犯学校的礼仪规范是最为重要的两个。关于这两者的个案,我们在前文关于底层学生与学校道德行为规范之间冲突的考察中已经进行了详细的论述,此处进一步关注的,是前述那位因出格地爱美而主动离开学校的女生的退学经过。该女生的班主任对我说:

(她的)父母在工厂里做事。父亲很忙,没时间管她。母亲思想很开放,她认为女儿这样打扮很入潮,在学校可以引导潮流……

(该女生的打扮被科任老师与班主任批评之后)周五果然没有来学校。我周末给她家打电话,她妈妈说,孩子不读了,想退学。……,我还是劝她妈妈让她来学校上课,并叫她下星期一把女儿带到学校来,跟她们谈谈。可是星期一的时候只有她妈妈一个人来了,还是坚持让女儿退学。我给她讲了许多"大道理",但没用。之后那个学生自己来学校办手续,我又找她谈了话,也没用。所以临走的时候,我只有对她说,到了社会上要遵纪守法,做一个对社会有用的人……

我班上的学生退学,经过了学校规定的程序,我没有什么责任。我只是有一个担心,就是怕学生长大了,懂事了,会恨我。(2010 年 11 月 12 日,班主任工作坊笔记)

对于该女生退学回家之后的状况,上述班主任接着告诉我:

她回家能做什么?主要是睡觉、看电视。年纪那么小(仅 14 岁),还不能出去工作,父母又是工人,又不能像开店的那样要她帮忙。(2010 年 11 月 12 日,班主任工作坊笔记)

这样,那些中途退学的孩子便提前从课程知识的学习以及学校道德规范的规训的双重重压下解脱出来,可以无忧无虑地做着自己企盼已久的事情。可是,正如上述那位班主任所说的那样,等他们"长大了"、"懂事了",体会到底层生活的艰辛与重担之后才会想起学生时代过于轻率的决定,才会"恨他"。

如果说底层学生的中途退学还可以归因于他们自身的"坏习惯"(例如

“不健康的兴趣爱好”、“出格的爱美”等)所导致的自我放弃,那么升学考试就代表了学校教育对底层学生的主动分流。对于G中学那些出身于底层社会的学生来说,尽管学校的教育质量在其所在的开发区属于中上游水平,可是他们最终能够获得的流动机会却为数甚少。一位在G中学任教十余年的历史老师告诉我,该校的升学率大体为:

学生有百分之二三十升入好的中学(即重点中学),再有百分之二三十升入普通中学,剩下的百分之五六十的学生没有机会读高中,他们只能去做其他的,像读技校,或者直接去工作。(2010年10月20日,历史L老师)

在另一份宣传性文件中,该校校长宣称“学校的教育质量有口皆碑,2009年中考更创佳绩,中考成绩一次性合格率达95%,省重点升学率达19%,普通高中升学率达42%,过X大学附中1人”。① 尽管从表面上看,G中学的学生平均每年大概有50%的人可以获得继续读高中的机会,但是那些将要到普通高中就读的学生日后考入大学的希望也是微乎其微。因为G中学所在的开发区已接近郊区,除了一所实验高中与一所大学的附中之外,其他高中全部为乡镇高中,它们也很少成为G中学老师的奋斗目标。因此,对于G中学那些出身于底层社会的学生来说,真正能够被学校教育选择出来、将来有机会读大学的比率应该在20%以下。这就是说,占整个中国社会人口结构总数高达80%的底层社会的下一代中仅有不到20%的人能够被学校教育选择出来,进而通过教育阶梯实现上向的社会流动,而其他超过80%的底层下一代接受学校教育的结果仍旧是流向他们出身于其间的底层社会。

事实上,在家访过程中,一位家长告诉我,那些仅仅能够初中毕业的孩子一般有以下几个去向:

男孩子在附近新建的厂里面搬东西,做搬运工的比较多,都是些体力

① 来自于G中学的文件:“校长寄语”。

活。还有在街上的小饭馆洗碗的、刷盘子的。……他们年纪小，老头（即父亲）不放心到外面打工，就拴在身边。（问：这么重、这么累、这么脏的活他们会干吗？）不干就没有钱花，他们哪有钱花？……，女孩子一般到市里去，商店卖衣服呀。……，然后靠她们自己混，也有一些嫁到市里的……（2010 年 11 月 12 日，家访笔记）

在这些只有 15、6 岁就过早地被学校教育抛入社会的孩子中，有一些还走向了犯罪的道路，成为少年劳教所收容的对象。上述那位家长继续说：

也是和我一样养猪的，他儿子在附近那个什么交通学校（即某所中等职业学校——引者注）读了几个月，跟人家打架，用刀把人家砍了。在劳教所好几年，他老头也没得办法。……，都是因为偷东西，到工地上偷铁呀，到家里偷值钱的东西呀，引起的矛盾，也有被抓到的……（2010 年 11 月 12 日，家访笔记）

这样，对那些被学校教育分流出去的底层下一代来说，无论他们是成为搬运工、洗碗工，还是在商场里做售货员，或者是读技校，他们基本上是在复制父辈们的“3D”工作（即 Difficult，Dirty，Dangerous）。正是在这个意义上，我们说学校教育对底层学生进行着严格的社会排斥，是一个底层社会再生产机构。

因此，通过底层学生与学校主流文化之间的冲突所表现出来的“简单的重复错误”、“缓慢的学习进程”、“出格的赶时髦”、“疏离学校课程知识”以及“耽溺于网络游戏”等文化冲突模式，学校教育进一步对底层学生展开了逐步的社会排斥，进而导致了两极分化、能力分班、中途退学与教育分流等社会后果，最终实现了学校教育的底层社会再生产功能。所有这些宏观的、集体性的社会后果都是在文化冲突的过程中由受结构约制的教育行动者所逐步导致的，其间充满了底层学生与学校主流文化之间的矛盾与对立、学校主流文化的暴力与排斥、学校教师的机械与刻板，以及底层学生与家长的焦虑与挣扎，甚至无力与辛酸。因此，学校教育进行底层社会再生产的过程既不像符应理论等经济决定论所宣称的那样，所有学校教育的社会后果与经济结构“简单符应”并由经济基础“直接决定”；也不像文化生产理论所描述的那样，底层学生经过学校教育仍旧归复底层地位的过程是一曲由底层学生的“兴高采烈的挑战”、“情绪高昂的文化创造”以及“高兴而悲壮地接受底层职位”所组成的“反学校文化”交响曲。

第二节　社会秩序再生产的预备

一　社会规训：学校教育中文化冲突带来的社会秩序合法化

学校教育对底层学生的上述社会排斥功能只是底层学生与学校主流文化之间冲突所导致的社会后果的一个显而易见的面相，与之共生的还有另一隐蔽面相，即学校教育对底层学生的社会规训，它造成了教育行动者对文化霸权的文化无意识，进而丧失了对社会秩序与人的生存的反思批判向度，最终导致了既存社会秩序合法化的再生产后果。学校教育中文化冲突的社会后果的这一面相深深地隐藏在人的意义世界中，表现为对教育行动者精神世界的支配，其影响却比学校教育的社会排斥功能愈加深远，它为所有经历过学校教育的底层学生提供了一套对世界的解释模式、对权威的依附模式以及归复到底层社会以后的行动模式，进而使分化的、不平等的社会世界在隐蔽的权力结构下成功地整合起来，使不平等的社会秩序能够一代接续一代地绵延下去。然而，这一隐蔽的社会后果也是在教育行动的绵延过程中逐步导致的，它首先通过学校主流文化权威将教师规训为单向度的人，接着以教师为中介对底层学生身上的“坏习惯”以及对教育权威可能存有的抗拒精神进行责罚与规训，最终导致了所有教育行动者对既存社会秩序的合法化认同。下面我们就来依次展开这幅隐蔽的社会规训图景。

二　系统性的责罚:教师对学生的规训

学校主流文化的课程知识理想诉求与道德规范基本结构以教师为中介实现对底层学生肉体与精神世界的双重规训,使后者摒弃源自于底层社会的不合礼法的"坏习惯"以及可能存有的抗拒精神,进而成为身体上"温顺"与精神上"听话"的人。

在调查中发现,学校主流文化以教师为工具对底层学生进行规训的过程及后果在老师对学生的责罚过程中表现得尤为明显。学校教育中的责罚已经具备了完善的系统性,它不但形式多样,由轻到重依次包括警告、呵斥、罚站、罚抄、戒尺打手、不准吃饭、其他强烈的肢体动作、请家长"粗暴对待"等;而且实施频繁,学生们隔三差五就要受罚;并且责罚的地点由教室扩展到办公室,其涉及面也极为广泛,几乎涵盖了每门主科与每位学生。

国庆长假结束不久的一天上午,我在K班教室里见证了老师们对底层学生接二连三的责罚。尽管从晨读课到午自习这段时间甚为短暂,但是一幕幕上演的责罚场景却足以让学生们惊魂难定,其素描如下:

早晨细雨,我赶到学校时已近八点,走到K班门口正好听到晨读的下课铃声,看到教室后站满了一排人:ZHHX、YDM、WR、FH、ZHML、ZHL等,语文Z老师站在教室前方,全班肃静。我等Z老师出来,同她打了招呼之后才进教室。罚站的学生在老师走了以后仍不敢离开站位,除了ZHHX之外的其余人全部站到第一节上课铃响。数学老师迟到了几分钟,ZHML等回到座位上的人仍然忐忑不安,不时地盯着教室前门,怕Z老师再次过来,怕自己没有在允许的情况下私自回去又犯了错误。直到数学老师走进教室,罚站才被暂时忘记。

可是还没等罚站的几个学生缓过气来,数学老师在喊了"上课",班长喊了"起立"之后,老师突然冲着ZHML说:"作业呢?"答:"在包里。"厉声说:

“不交？你上了多少年学了？不交作业，我怎么知道你做了没有？”老师继续说：“其他同学坐下去，你站着。下课交给我，看看你到底做了没有！”接着老师开始提问，ZHW 同学的回答磕磕巴巴，而且把系数混为指数，还认为同类项系数也要相同。老师向他呵斥：“你陪 ZHML 站，不但没回答完，系数也错了！”……

数学课刚下，在语文老师来教室之前，晨读罚站的学生立刻自动拿着语文书站到了教室后面，他们还告诉我（当时我坐在最后一排），中午还要准备打手。语文老师走进教室，书夹在手臂下，说：“你有缺点别人还不能批评你，那你来当班主任！你们哪像快班的学生？天天有问题！ZHML、ZHW，中午写完作业再吃饭！”“只要你不会，就到办公室问，不来问还不会就该死！”……Z 老师在呵斥了他们一顿后接着说：“能背出《晏子使楚》的举手！”有一大片学生举手，老师叫起 YYD，她却一个字都背不出来。老师极为生气地怒斥道：“站到后面去！所有背不出来的全都站到后面去！”此时教室后面站满了一大片，加上早晨罚站的学生已有十几人之多。Z 老师接着呵斥：“你们说我管严了对吧？你们看后面！这么严都有这么多人站后面，说明什么？说明你们不怕我！对你们这么严还这样，要我怎么管？要是松一点你们还不是要疯掉?!”……她呵斥了很久之后，叫所有人都回到座位上去，对他们说：“你们中午一个一个到办公室背！”……（2010 年 10 月 13 日，观察笔记）

事实上，这样轰轰烈烈的责罚场景几乎每天都要在 K 班学生身上上演，而且不仅止于呵斥、罚站、不准吃饭、到办公室背书等形式，更加普遍与激烈的还有戒尺打手。后者被学生们称为“打板子”，也是各科老师最为常用的手段之一，在一次数学课上我看到：

数学老师抱着一叠作业、手拿一把戒尺，黑色、木质、长寸余，怒气冲冲地走进教室。她让数学课代表把作业发下去，那些没有收到作业的学生都自动围到了讲台前。数学老师先叫了一个男生的名字：“WR！你说该不该打？脑子进水了？”随即拿着戒尺在学生的手掌上重重地打了两下。然后叫另外一位男生ZHW,也打了两下。随后听到另一个男生被更重地打了三下,“啪”、“啪”、“啪”的声音隔着人群传过来……后面是几位女生,老师也一视同仁,她对ZHHX说:“这两个错误不要紧,但这个简单的还错!$\frac{1}{24}\times 24$等于几?”接下来是重重的“啪”的一声。下一个是ZHXT,老师拿着戒尺在空中上下指着她说:“搞忘记了?你怎么没忘记吃饭呢?你第一次上我的课?”……老师在打人的过程中,我轻声问一旁的LXF:“你们紧不紧张?”她前面的WCHY赶忙说:“岂止是紧张,简直是害怕!”……老师打完人后接着强调:“你看那些高考状元也好、中考状元也好,介绍方法时都说自己有一个错题集,考前看一下,看是符号错了,计算错了,还是概念错了。”她接着说:“今天我让美术老师改的作业,一边改一边摇头,哪里像这个班的学生?难的题目错了不怪你,我会讲方法,可是简单的呢?”……(2010年9月27日,观察笔记)

上述打手事件刚刚结束两天,学生们在作业中的“简单的重复错误”又一次将黑色戒尺引进教室,只不过这一次手持戒尺的是英语老师。那天上午第二节课我看到:

英语老师抱着两叠作业进来,外带一把黑色戒尺。老师说:“今天的作业改得我气得不得了,我要开始打手了!”随即一个一个被点上去:“YYD打两下!”打完之后,老师接着说:“ZHML,一下!”老师边打边指出错误,我看到LXF被打了四下,CHYJ被打了三下,接着FH等7人各被打了一下。当老师叫到HSH时,对她说:“昨天讲过的错误今天还错!到现在为止就你一个人‘I’后面还用‘is’,全班就你一个人不知道!”话音刚落,我听到“啪啪啪啪”四下响声……打完手后,老师进一步责备开了,她说:“上课再交头接耳我就毛了啊!到黑板上写时一个个牛得不得了,可是一做作业,严格说全班只有ML一个全对!上了初中了,要学会稳重一点!”……(2010年9月29日,观察笔记)

老师们不但在教室里责罚学生,办公室亦成为主要的责罚场所。每一次课间，当我经过七年级教师办公室时总会看到老师身边站着几个接受责罚的学生。不仅如此，即使是学生在上课时，办公室里也经常从低头改作业的老师嘴里传出对学生的辱骂，“简直是笨得要死”、“上课不知道在干什么”、“一点家教都没有”等是老师们抱怨学生的口头禅。在田野调研临近结束的时候，我有机会以查阅G中学文件的方式在七年级办公室里同老师们一起“办了几天公”。一天上午的大课间，我匆忙地记下了办公室里责罚学生的一个片段：

S班数学J老师带着WMQ与另一位学生进来。J老师刚坐下，便给了WMQ重重的一巴掌，之后又反复地拧他的大腿，然后又扯着他的衣领，把他左右来回摆动，冲着他说：“你上课跳什么跳？我要你像跳蚤一样！”WMQ随着老师的话语被远远地推向后方……T班班主任C老师也带进两个学生，她先问男生：“为什么打架？”男生不言语，将头扭向另一方。她接着对另外一个女生说：“2600＋1300等于几？会不会加？为什么不会加？”然后分别对两个学生说：“明天把家长叫过来！”……此时英语X老师也在批评学生，数学S老师旁边也站着学生。S班班主任X老师正奋力地呵斥她身边的一群男生，她指着其中一位说：“你课间十分钟跑那么远干嘛？打了铃还找不到你？”接着对另一位学生说：“作业基本上都是错，做完了为什么不跟其他人对一下再交？”然后她愤怒地对另外两位男生说：“你跑到讲台上去干什么？玩就好好玩，干嘛要那么打、那么闹？做事情要想到后果，别只想着玩！”接下来她对剩下的几个男生说：“为什么别人轻轻敲门、推门进去，你们却要使劲把门弄坏？”……(2010年10月25日，观察笔记)

然而，老师们却将上述持续而激烈的责罚行为称为“管教”，并且他们对学生的“管教”也是有原因、有步骤、有策略、有轻重缓急的。在一次访谈过程中，一位英语老师告诉我：

最基本的，作为学生上课要听讲，课堂上要听讲，课外家庭作业要做到，这两点要做到。但是这两点如果做不到的话，我只能说我管教无效，跟班主任沟通，班主任如果也沟通不了的话，只能寻求家长了。(问：这里面就有好几个步骤了。)对,第一个是我自己直接管教,第二个是找班主任来(解决),在没有效果的情况下,最后是找家长。(问:那您自己的管教的话一般是有哪些方法?)一般的是口头上的说,就是口头警告,然后下一步就是采取硬的方式,硬的方式不行就采取软的方式,软硬兼施……口头批评,要求当天在学校把作业补起来。有的时候可能还会动动戒尺呀,这是硬的。然后软的就是跟他磨时间啊,磨嘴皮子了呀。比如从最近的方面来说的话,这个作业不做的话,那不算一个合格的学生,这对他将来英语学习不利,就是慢慢地跟他解释我们将来作业量会越来越多,这是朝近的方面(来说)。朝远的方面来说,像初中,现在就不学了的话,拿毕业证就成问题了。(2010 年 10 月 22 日,英语 X 老师)

然而,当老师们的口头批评、硬的方式与软的方式这三步都没走好,并且移交班主任管教也无效之后,他们最后的办法就是借助家长的血缘权威来对学生进行进一步"管教"。每当家长们因为自己的孩子这些"不光彩"的事情被叫到学校之后,他们往往难以抑制脸上的羞辱与心中的怒气,当着老师的面对孩子"粗暴对待",并且将打骂孩子的权力再次当着孩子的面移交给老师。在访谈过程中,老师们告诉我:

(家长)跟老师沟通的时候会当着老师的面教育孩子,对孩子打骂。像一个家长,老师叫他过来,他当面就是给孩子一巴掌。(2010 年 10 月 22 日,英语 X 老师)

特别是当爸爸的粗暴一些,有时候就是打骂。到学校以后,一些家长在家里管得紧一些,来学校也要求我们管得紧一些,要打怎么怎么样……(2010 年 10 月 21 日,数学 J 老师)

在上述系统的责罚形式、场合、频率、步骤中,对底层学生肉体与灵魂的规训便无孔不入了。在一次问卷调查中,几乎所有 K 班学生都表示他们在学校受到过老师的责罚,就连成绩最优秀的几个女生也不例外。① 学生们

① 来源于本人主持的《中学生文化调查问卷》(2010 年 10 月)。

用自己的话讲述了积淀在他们心灵深处的受罚经历(参见表 7-3)。

表 7-3 K 班学生受到责罚的过程与原因

成绩	父亲职业	责罚的过程及原因
成绩上游	一位个体户的女儿	我在学校因为写错了单词,算错了题目受到了老师的批评。
	一位食堂厨师的女儿	我在学校有一次作业没有写完,因为去合唱了并不知道,结果第二天一来,就被英语老师叫到了办公室,为此我还被老师那黑色戒尺打了两下。虽不痛,但心是疼的。
	一位货车司机的儿子	我在学校经常受到语文老师的责罚,有时听写我错很多,可有时,我和以前的同学疯一会儿,那些同学都和我玩得很好,而老师罚我,这种情况经常有,我经常被罚。
成绩中游	一位警察的女儿	语文老师拿棍子打,因为在课堂中,我把教材书放桌上,老师很生气。
	一位个体户(厨师)的儿子	我在学校被老师用尺子打过,因为作业没写,忘记了,我是真的忘记了。
	一位保安的女儿	我被数学老师说了。原因是做题错太多了,第一次勉强还想努力赶上,第二次时,我心情很差,最终自己提议请家教。
成绩下游	一位保安的儿子	我在学校经常受到责罚,语文老师说我上课开小差、劳动不认真,英语老师说我态度不好、成绩太差。
	一位建筑工人的女儿	记得有一次作业掉在家里,可我真写了,因此老师让我把1—2 单元的(单词)每个写 100 遍。
	一位司机的儿子	我受到过打板子、站着、罚抄。老师责罚我的原因是作业没有写好、没带、上课注意力不集中、没听讲。比如有一次,早上,我一到校就看到有一张试卷没有带,我就没有交。下课老师叫我去办公室,首先她先是打了几个板子,然后问:你的作业为什么没带?我就说忘记了。她就说:我不相信。然后就说,让我把一到四单元的每个单词写 30 遍。我每天晚上写到 10 点钟,我算了算,写了四千多遍。

数据来源:笔者主持的调查问卷:《中学生文化调查问卷》(2010 年 10 月)。

表 7-3 的数据告诉我们,无论是“写错了单词”、“算错了题目”,还是

"作业没写"或"真写了却没带"，或者是"上课开小差"、"没听讲"，甚至是"和以前的好朋友疯一会儿"以及"教材摆放的姿势不对"，都有可能受到各位老师的呵斥、罚站、罚抄、打板子等责罚。因此，为了应对底层学生与学校主流文化之间的冲突所导致的各种直接后果(例如简单的重复性错误、不合学习与礼法要求的"坏习惯"等)，以及彻底贯彻学校主流文化的支配意图，责罚便成了教师"管教"学生的一项系统性教育工程。这样一来，它就规定了人们如何控制其他人的肉体，通过所选择的技术，按照预定的速度和效果，使后者不仅在"做什么"方面，而且在"怎么做"方面都符合前者的愿望。这样，它就制造出训练有素的肉体，"驯服"的肉体。①

三 社会秩序合法化的再生产：学校教育的意识形态传承功能

学校教育通过系统性地责罚将底层学生规训为"温顺"的肉体之后，底层学生与学校主流文化之间的冲突便进一步导致了愈加深重、隐蔽的精神后果，即在所有行动者头脑中确立起关于其存在条件的虚幻观念，进而使其陷入文化无意识状态之中，最终帮助学校教育再生产出既存社会秩序的合法化。文化冲突的这一隐蔽的精神后果涵盖了所有经历过学校教育"洗脑"②的人，学生与教师的精神世界概莫能外，前者在K班学生对上述责罚的态度上清晰地表现出来，后者则表现为教师对能力分班、教育分流等社会后果的合理化。

（一）学校教育对学生的精神功能

学校主流文化以教师为工具对底层学生进行系统性责罚的后果不但造

① 福柯. 规训与惩罚[M]. 刘北城、杨远婴译. 上海：生活·读书·新知三联书店，2010：156.

② "洗脑"为K班班主任Z老师的用语。她发现所有K班的学生"思维有问题"，因而她近期的主要工作就是对学生进行"洗脑"，以便提高课堂效率，为该校的高效课程作出贡献。来自于2010年11月12日的班主任工作坊日记。

就出了一具具“温顺”的肉体，而且培养出了一个个“听话”的精神。在一次问卷调查中，学生们在满含酸楚地写下了其受罚经历之后，接着表明了他们对责罚的一般看法，除了两位男生对此表示不服气并认为老师蛮横不讲理之外，其他学生写到：

表 7－4　K 班学生对教师责罚的态度

成绩水平	父亲职业	对责罚的态度
成绩上游	一位农民的女儿	老师的批评是好的，就怪我太粗心了。
	一位农民的女儿	老师打学生是合情合理的，在犯错时适当给予一点教训。
成绩中游	一位保安的女儿	我觉得老师骂我是对的，我不会让老师看扁我的。
	一位司机的女儿	老师批评我，那我就要改。
成绩下游	一位建筑农民工的女儿	对此(即老师的责罚)我是这样看的，老师嘛，都是为了我们好，让我们记住，下次不要再犯错了，得到教训。
	一位司机的儿子	我觉得老师这样也是为了我们好，因为他们罚我也是为了让我记住这一教训。

数据来源：本人主持的调查问卷：《中学生文化调查问卷》(2010 年 10 月)。

表 7－4 中学生们对责罚的主流态度告诉我们，这群出生于底层社会的学生不但欣然接受老师对自身所犯错误的严厉责罚，认为老师的责罚是“给自己一点教训”以便在日后“长点记性”，而且他们毫不犹豫地将受罚的原因内投于个人的过错，并急切地沿着老师指引的方向改正以便不让老师“看扁”。这样一来，K 班学生就成功地压抑了自身可能存有的任何抗拒精神并将老师的责罚合理化了，进而迈开了他们对学校教育以及既存社会秩序的合理化征途中至为关键的一步。

事实上，初中三年也是底层学生从“疯”与“野”的自然状态逐渐转变为肉体上“温顺”与精神上“听话”的至为重要的三年，甚至这种转变往往成为义务教育的根本目的，而被结构功能主义者所标榜“择天下英才而教育之”的理想教育功能却沦为与底层学生关系遥远的口号。G 中学的老师将学校教育所导致的底层学生的这一转变称为“先成人、后成才”。在一次访谈过程中,一位资历丰富的体育老教师告诉我,初中三年下来G中学的学生变得“逐渐听话”了,他说:

我们学校就是感觉到初一的学生稍微差点,初二、初三都可以。首先我觉得初三很多同学的学习也不好,但是他最起码遵守纪律,从人品、品行方面呀,至少他不坏。我觉得这样的学生学习没学好那没办法,他能力在那儿。首先这个人他行为呀、各个方面呀,做得还比较好,我觉得也可以。你将来出去不是都要上大学的,学个手艺,出去读个技校呀,也是个有用的人。你如果现在又不听话,又调皮捣蛋,打架闹事,那就是教育的失败了。(2010年10月22日,体育H老师)

更进一步说,让底层学生在精神上“逐渐听话”已经成了学校教育对他们的主要功能,而学校教育是否能让更多的底层学生升学进而实现上向的社会流动就显得不那么重要了。另一位资历丰富的历史老师告诉我,尽管的确有一些学生通过学校教育革除了身上的“坏习惯”后最终考上了重点高中,但是:

这样的(学生)有,但不会很多。因为这个嘛,但是我是说,初中进入高中的不多,更多的是什么呢?是由原来的坏习惯变成好习惯,逐步改善了以后呢,能够考个普高或者是顺利地完成初中学业,拿个毕业证。这个由在原来的基础上,有步骤地逐步提高发展,这是个普遍现象。(问:有没有改不了的呢?)改不了的就是说不会让他恶化,基础教育肯定有它的作用呀,有它的效果。(2010年10月20日,历史L老师)

因此我们看到,义务教育、甚至整个基础教育对底层学生来说往往是一个让他们的“坏习惯”变好、使他们“逐渐听话”的过程。对于底层学生而言,学校教育总会把握一定的尺度,在使他们肉体上“温顺”与精神上“听话”之后便戛然而止,适时地动用教育排斥机制将已经好转了的学生抛到升学轨道之外。这样既保证了大部分学生能够“顺利地完成初中学业”、“拿到毕业证”,同时又保证了“进入高中的不多”。

（二）学校教育对教师的精神功能

然而,学校教育对底层学生的上述精神功能是以教师在精神上“听话”为前提的。后者主要表现为教师对能力分班与教育分流的合理化,这是他们成为客体文化实现其支配意图的工具、社会主流文化在学校教育中的代理人以及学校主流文化忠实执行者的前提条件。对于G中学的快慢分班,一位老师告诉我:

我觉得应该分班。因为你学习成绩的本事不一样,根据老师的教学,根据学生的层次不一样,他受教育的这个层次也是不一样的。比方(说)学习差的学生和学习好的学生在一起,可能有一些好(的方面),这个学习好的学生可能给这个学习差的学习提供一些帮助。但是这个不是最终的,你只有把他(即成绩差的学生)放在一个跟他差不多的班级,这样的话他才有这个自尊心,(他的自尊心才)不会受到伤害,他才会努力地去学习。跟他相差不多的学生在一起学习的话,他就感觉到压力小一些。你如果把一个学习差的学生丢到快班,他的自尊心会受到伤害。第二个他的学习成绩也会受到一定的阻碍。所以我觉得分快班和慢班应该是必要的。因为每一个学生他接受能力不一样,好的学生他一会儿就学会了,差的学生学半天,他(即好学生)要等半天,如果老师来上课,那肯定很累。如果把他分到一个快班,都是快学生,接受能力都很强,那我来讲一个知识点一会儿就教完了,而且他们都能够理解。你要是碰到慢班的话那肯定不行。所以针对学生要分层教育,这就是分层教学。(2010年10月20日,信息X老师)

因此,对于G中学的老师来说,能力分班不仅有利于好学生的学习,还有利于差学生维持其自尊心,更有利于老师展开分层教学。上述那位老师接着说:

要是快班、慢班的学生分到一起,这要兼顾起来也非常困难,而且还不利于教学。(问:就是你讲快了,另一部分学生就不行;你讲慢了,好学生又不行;你讲中间了,好像两头都不行。)所以这就是分层教学,相当于把好的学生分在一个班,然后就是进行这个层次的教学;另外的又分在另外一个班，进行一个慢性的教学，相当于总的来说就是分层教学，这也是我们很重要的一个教学方法。（2010年10月20日，信息X老师）

这样一来，在“能力差异”、“分层教学”等心理-教育学理论的支撑下，在上述三个有利于思想的指导下，老师们就对能力分班合理化了。他们更加在乎的是学校教育中的马太效应，即让好学生又快又好地学知识，并且让老师能够根据分层的原则顺利地展开教学，却将慢班学生的学习忽略掉了，认为后者更在乎的是维护他们的自尊心。这样一来，老师们就不可避免地对学校的教育分流同样持合理化的态度，认为“能力”不同的人就应该去做不同的事，这是非常公平合理的，也是学校应该发挥的主要功能之一。一位数学老师向我表明了他对G中学教育分流的看法，他说：

目前高中资源比较缺乏，那就决定以成绩升高中。而且我觉得这个学生的需求不同，高中以后有一部分学生读大学，有一部分读高职。前几年有一个报道，就是说大学生出来以后找不到工作，还不如技工。但是社会需要（技工），而且技工的就业率比本科生高多了……这种事是比较正常的，像我们的学校，这个分流还做得不够。前一阶段不是扩招吗？导致有一大批学生进入大学。进入大学结果出现什么问题呢？高分低能！这种现象比较普遍，就是说以后这个毕业生分数比较高，但是他适应不了社会，工作难找，而且导致了很多学生呀，眼高手低！怎么眼高手低呢？他想我现在是一个大学本科生，一般的工作吧，又不愿意做；想找一个好工作，但是又不现实。还是有一些工作需要技术工去做，（这就是）导致了大学生就业难的原因。（2010年10月21日，数学J老师）

因此，在教师的解释图式中，学校应该依据学生的“能力”严格把好分流的关，决不能让那些适合读高职、适合成为技工的人迈入大学的门槛，以防出现“眼高手低”的结构性失业等社会问题。因此，在上述这些能力分班、教育分流等合理化观念的指导下，教师便可以严格按照学校主流文化的意图充当工具性的中介角色，以“能力”、“好习惯”以及学校的礼法为准绳对学生进行系统性的责罚，将后者规训为一个个肉体上“温顺”与精神上“听话”的人。教师的精神世界也坚定地站到了学校主流文化与现存社会秩序的合理化一边，不但丧失了成为跨越鸿沟的转化型知识分子的可能性，而且用天赋与能力的差异以及区别对待与分层教学的原则掩盖了由阶层差异与文化差异等社会因素所导致的、并由学校教育标定与固化的社会不平等。

综上所述，附着在底层学生身上的学习与生活“坏习惯”、言说与思维方式同学校教育的课程知识理想类型与道德规范基本结构之间的冲突导致了双重社会后果，即社会排斥与社会规训。社会排斥使学校教育只将为数甚少的一部分底层学生选择出来，却将绝大多数底层学生排除在上向的社会流动机会之外，从而导致了社会阶层分化与底层社会再生产的后果；社会规训则在所有教育行动者的精神世界中矗立起一套对社会存在的虚幻意识，致使老师与学生对学校主流文化的社会支配性产生误识，并导致了学校主流文化与既存社会秩序合理性的再生产后果。然而，学校教育中文化冲突的上述两个面向的社会后果彼此之间是一种共生关系，两者分析性地统一于受结构支配的微观行动所逐步导致的一连串社会后果之中，并共同导致了学校教育的社会控制后果。

一方面，学校教育对底层学生的社会排斥后果是在教育行动的绵延过程中所逐步导致的。底层学生与学校主流文化之间的冲突所导致的简单的重复错误、缓慢的学习进程等直接后果首先使底层学生在班级内部产生明显的两极分化。这种两极分化现象不但在重点班与普通班内部普遍存在，而且在每个学科、每个年级都不可避免，同时成绩上的两极分化还通过座位排定等教育安排在物理空间上客观地显现出来。班级内部两极分化的直接后果是学校教育的能力分班，在政策口号与心理-教育学理论的双重支撑下，学校教育为了将最优势的资源集中到最优秀的学生身上以达到追求升学率的目标并兼顾分层教学的教育原则而不得不牺牲绝大多数身处普通班的底层学生。随着教育行动的绵延，一些学生在毕业到来之前就主动选择退出学习的马拉松比赛而过早地离开学校教育；进而学校教育以升学考试的方式对底层学生进行主动排斥，直接制度性地剥夺他们上向的流动机会。

中途退学与教育分流最终导致了社会分化与底层社会再生产的后果，绝大多数底层学生通过接受学校教育最终仍然归复到他们出身其间的底层社会。

另一方面，学校教育在对底层学生进行社会排斥的同时也对他们进行社会规训。它首先通过学校主流文化的考试、教科书等教育安排将教师规训为单向度的人。考试不但规定了教师的教学进度，还规定了他们对教材知识点的取舍重点与选择范围，甚至规定了他们在课堂上的言说方式与行为模式，并成为教师教育活动的最终意义来源。与此同时，教师还对教科书的编订者保持着一种高山仰止的神圣态度，并且对教科书上的内容深信不疑，将知识界的任何学术争论摒弃在教室门外，从而将自身牢固地限定为既有知识传递者的角色，并坠入保守主义者的阵营。学校主流文化在将教师规训为单向度的人之后，便以其为中介性工具对底层学生进行规训以实现自身的支配意图。通过教师对学生进行系统性的责罚，底层学生被规训为肉体上"温顺"与"精神"上听话的人。尽管责罚的经历满是酸楚，但是底层学生却非常赞同老师的责罚，认为是"为了我好"。这样一来，底层学生就向学校主流文化支配的文化无意识与既存社会秩序的合理化征途迈出了至关重要的一步，进而在三年初中的学校教育岁月里告别"调皮捣蛋"的恶习而转变成"人品好"、"习惯好"的合格毕业生。每当此时，学校教育对底层学生也适可而止，仅仅保证绝大多数人"能够顺利完成学业"与"拿到毕业证"，却扣留了绝大多数底层学生上向的社会流动机会。然而，教师对此却持赞成态度，认为学校教育对底层学生的上述转变正是基础教育的真正目的。因此，学校教育就顺利地完成了它的精神功能，对所有的教育行动者进行了"洗脑"，从而再生产出既存社会秩序的合法性。

因此，底层学生与学校主流文化之间的冲突所导致的社会排斥后果保证了必要的社会分化，使底层学生经过学校教育之后仍旧归复到其出身于其间的底层社会；而社会规训的后果却造就了一具具"温顺"的肉体与一个个"听话"的精神，使底层学生对学校主流文化的支配意图保持文化无意识，进而规定他们对社会世界的解释模式以及归复到底层社会以后的行动模式,从而再生产出了既存社会秩序的合法性。学校教育中文化冲突的社会后果的上述两个面向一方面使社会分化为不平等的层级结构,另一方面却通过隐蔽的文化支配结构将分化的社会成功地整合起来,两者共同维持了不平等的社会秩序一代又一代地、合法地绵延下去。

第八章　教师对学校文化冲突处于蒙昧状态的现实表现

以上分析表明，农村教育实际上推动了多数底层社会出身的农村学生完成了阶层复制。这个过程主要是通过教师来完成的。为了进一步了解教师对教育过程中的上述文化冲突以及这种冲突对农村学生的不利影响是否能够清醒地认识，需要调查教师对学校教育内容与社会主流文化的关系，对学校教育过程和实证主义文化的关系的认识情况。本研究于 2011 年 10—11 月对 Y 初中的教师进行了深入的调研。

第一节　教师对学校教育与社会主流文化之间关系的认知

一　权威主义的教材认知

（一）教材的来源

研究发现，教师一致认为，教材应由教育专家和一线有丰富教学经验的教师共同编写，但对其原因的认识具有权威主义倾向。

教材的编写我认为，首先是由常年奋战在教育第一线的、有经验的教师来编写教材。再一个就是由教育学界的教育专家来参与教材的编写。教育专家可以从理论的高度来指导,保证教材编写的正确;一线教师因为有丰富的实践经验,所以能保证教材更能和教学实际联系紧密。(A,11 月 16 日)

人家专家读了那么多书,上了那么多年学,对知识肯定掌握得非常深刻,知道哪些知识该教,什么时候教,有专家来编写教材,我们老师就放心地使用就行了。权威一定有很高的水平才能称得上是权威嘛。(B,11 月 21 日)

由此可知,教师完全相信权威专家所传递知识的正确性,而没有意识到其代表的文化所具有的阶层属性。

我们 2010 年在 G 中学也对教师的教材观进行了调研,发现教材或教科书的内容进一步加剧了教师的精神世界与学校主流文化的一体化。后者在老师们对教材编订者的态度上表现得异常明显,一位历史老师告诉我:

这个教材方面的编写人员肯定是很权威的,应该是这方面的专家了,那是毋庸怀疑的。那是专门吃这碗饭的人,很有学识的人。你比方说齐世荣,是武汉大学很有名的历史学家吧,是教授吧,是不是?还有原华(中)师(范大学)的校长章开沅,他也是很有名的吧,他对中国有一段历史的研究是很有名的吧。他完全是自学,他当初并不是这方面的人,现在也成了很有成就的人。这个是不容怀疑的。(2010 年 10 月 19 日,G 中学历史 L 老师)

因此我们看到,老师们对教材的编订者始终保持着一种高山仰止的近乎神圣的态度。这样一来,老师们就对他们所代表的知识权威深信不移,认为教科书上的所有内容和观点都“没有问题,我是比较认可的”(2010 年 10 月 19 日,G 中学历史 L 老师)。这在当下受学界诟病的历史教科书解释框架问题上表现得尤为明显,G 中学的老师不但认同庸俗的唯物史观对中国历史的剪裁与解释,而且认为唯物史观就是客观、科学以及唯一正确的历史解释模式。上述那位资历丰富的历史老师对我表达了他个人对历史教科书上的唯物史观的看法,他说:

就像你刚才所说的(即用唯物史观将秦朝到晚清这段漫长的历史解释为封建社会是否合适的问题),中国的封建社会从什么时候开始起源的话,这个学术界确实有他们不同的观点、不同的争论，而且都有自己的一定的依据、道理。但是依我看来的话，还是以课本为最后的依据，就是夏、商、周还是把它们归为奴隶社会，封建社会在课堂上讲还是从战国（开始），战国时封建社会开始在中国形成，包括战国、战国之后一直到辛亥革命之前，我认为还是把它归为封建社会，我个人是这样（认为）的……

那我就以秦始皇、中国古代这个比较重要的人物为依据来说明。现在还是比较客观地描述了这个人对当时的事件、历史的前后有一个什么影响，这样的评价我觉得是比较符合这个人的本身、比较符合当时的这个历史吧。应该说，这个方面就是走向了更加客观的、唯物的、唯物史观这个方面。（2010 年 10 月 19 日，G 中学历史 L 老师）

因此，在知识积累的链条上，老师们给自己确定的唯一角色就是依据考试的要求忠实地传递专家或学者为他们编订的教材内容。这样一来，教师们的思想便趋于保守，走上了唯考、唯书的狭隘道路之上。他们不但不关注学术知识的最新进展，而且还将任何学术上的争论都弃置于课堂门外。上述那位老师接着告诉我：

你是说封建社会是从什么时候开始的，也就是开始的界线有一些不清楚。但是我在跟学生讲的时候是按照课本上的观点。因为中考的话，学术界争论得再热闹、再激烈，我们中考是以教材为唯一权威、依据的。所以在课堂上讲的时候，我们都把学术界争论激烈的、还没有定论的在课堂上不讲，我一般连提都不提。因为有些学生记得皮毛之后，他一答就容易答错了，与课本产生矛盾的话它是不得分的，从这个方面来说我一般是按照课本的观点。（2010 年 10 月 19 日，G 中学历史 L 老师）

（二）教材的内容

关于教材内容的文化倾向，教师们的回答几乎大同小异：

我认为还是城市的题材分布得比较多。比如八年级上册，里面讲的小说这一单元，还有说明文这一单元，《中国石拱桥》，《故宫博物院》，《苏州园林》，这些题材都非常好。以说明文这一单元为例，题材非常好，但是，农村学生95%以上都没有见过像11课的《中国石拱桥》,12课的《桥之美》,13课的《苏州园林》,都没有亲身体验过。所以没有体验,他就没有亲身体会,就没有实际感悟,他理解起来就比较困难。城市里的孩子,像故宫博物院,大部分假期,家长都要带着孩子到外边进行旅游,大部分学生都到过首都北京。农村孩子95%以上都没有去过。所以到过以后,有了亲身体会,再结合自己的实际印象,对这篇文章理解起来就非常的轻松和容易。那么学习起来也非常的轻松,效果也非常好。(A,11月16日)

我觉得和城市学生的生活经验联系更紧密。比如谈到零花钱如何合理规划的时候,咱们农村孩子一般家庭经济条件都不是很好,平时很少有零花钱,更别说怎么计划会更合理。(C,11月20日)

由此可知,教师对于课程知识的城市文化取向具有较为清晰的觉知,都认为课程内容中,城市题材多于农村题材,但是对于这种现象出现的原因,教师往往具有这样的认知倾向:

国家毕竟是城市主导农村,现在农村城市化进程正在加快,学习城市人的文化、生活习惯这是必然的,总不能让人家城市人学习咱们农村的生活习惯吧?呵呵,城市文化在很多方面的确优于农村,这是改变不了的事实。(C,11月20日)

教师将教材内容的城市文化导向单纯地归因为城市文化优于农村文化,而没有意识到课程知识与农村文化之间是否一致。这种单一的归因取向使教师的心智显现简单性的特征。

(三) 对教材的评价

Y中学的各科教师近几年一直在使用人民教育出版社的教材,虽然更换过几次版本,但相比较而言,教师们更倾向于认可人教版的教材。不过对这种版本仍怀有不满:

根据我十几年的教学经验,语教版(语文教育出版社)的教材也用过,我感觉人教版的教材非常切合学生的学习实际和老师的教学实际,编写得比较好。第一是编排顺序更切合学生实际,其次是在编写意图上更切合我们的教学实际，比如知识与能力呀，过程与方法呀，情感、态度和价值观呀，三维目标上体现得更明显一些，这是我的感受……不足之处就是编者的意图和考试指挥棒有脱节。比如说整个单元，有带＊的和不带＊的，带＊的考的可能性几乎为零，不带＊的基本上都要考到，所以这就给我们在平时教学的时候，给教师备课设置了一个障碍。我认为是这样……现在从社会，到学校，到领导，都要求成绩第一，考评教师主要也是以成绩的高低，绩效考核，来考核教师是否达到这个教学水平和能力。所以我觉得是一个非常矛盾的地方。但是带＊的文章也非常好，对学生的做人啊，思想感悟啊，思维能力啊也都有提高，所以我认为矛盾。（A，11月16日）

由上述分析可知，教师往往从编排顺序和与考试的关系等角度来评价教材，而没有从是否能够引导学生精神的成长和是否促进学生养成反思、批判的意识和思维等方面来深入分析并作出客观合理的评价。

个人觉得从编写上来讲对于学生掌握不是太好。因为老人教版编排是按照知识章节的内容整块整块地安排，而现在的教材是所谓的螺旋式的上升，比如在初一的时候，学生接触的是一元一次方程，然后到初二的时候，学生才开始接触二元一次方程，然后到初三的时候，接触一元二次方程，等于是把知识的结构打乱了重新来安排一下。但是这样会造成上课的时候到初二之后还要回顾初一的内容，初三的时候还要回顾初一初二的内容，无形当中也是增加了学生和老师的负担。（D，11月22日）

综上所述，从教材的来源上，教师意识到教材的编写需要教育专家和一线教师的参与，但并未意识到这些人所代表的阶层文化及其所承担的政治社会化功能。从教材的内容上，虽然意识到教材内容中城市题材多于农村题材，但将其视为农村城市化建设的理所当然的现象，没有认识到其中隐含的城市对农村的支配及其所带来的教育不公平；从教材的评价上，只从编排顺序和与考试的关联程度两个维度来评判教材的编写，而对教材内容的合理性从来没有产生过质疑等。这种文化知觉程度使教师对教材的认知显现权威主义倾向，致使其丧失了文化批判的视野和反思意识。

二 课程知识的整合者与编辑者

新课程要求教师应成为课程的开发者、设计者和研究者，通过实践自我教育理念，创造性地将课程知识传递给学生，以达到专业文化对教师素养的要求。然而在笔者调研的学校中，绝大部分教师并未致力于对课程的反思批判和研究设计，相反只停留在对课程知识的整合和简单编辑层面。

2011 年 10 月 28 日下午 2:00，我在八年级组办公室等待政治 C 老师的到来，想十分钟后去听她上课。办公室其他老师了解我的意向后向我透露，这儿的老师一般至少都有十几年的教龄，对教材都很熟悉，很少备课，包括我即将听的政治老师。话还没说完，政治老师急匆匆地走进办公室，明白我的来意后，很大方又略带不好意思地说："听吧，不过我忘了该讲哪儿了，没事，到班里一问学生就知道了。"我跟随她来到八年级一班。政治老师向坐在第一排的一个女生进行了短暂地询问后开始了这堂课的讲授——享受健康的网络交往。她先给学生五分钟时间让他们自学，短暂的沉默后，政治老师询问："这一小节共讲了几个问题？从书上每一部分中找到关键句子、段落，拿笔画下来。"随后叫几个学生站起来回答。叫起来的学生无不低头，将书上找到的重点内容，带着学生腔，一字不落地念出来。在讲到网络交往学会自我保护的措施时，很多学生看着书上大段的文字有点摸不着头脑，政治老师见此情形，提醒道："书上关于自我保护措施的这段文字，可以分为三个方面，大家拿笔画一画，在书上用 1、2、3 标出来，等会儿找学生回答。"整堂课下来，无论是教师的讲解，还是板书，只有教材中写到的那点知识，除此之外没有任何拓展和深入讲解。（C，10 月 28 日）

像政治 C 老师这种停留在文字表面的教材解读方式在其他教师身上也有体现，如我观察的数学李老师也是这种讲授方式：

在一次讲函数的数学课上，数学 D 老师正在努力给学生讲常量、自变量、函数等几个概念，它们是本节课的重点内容。这几个概念较为抽象难懂，学生们理解起来破费周折。D老师耐心地看着课本一遍遍地讲解："常量就是在某一变化过程中，始终保持不变的量。只要这个量保持不变，就是常量；自变量和函数的概念就是，设在某一个变化过程中有两个变量x和y，如果对于x的每一个值，y总有唯一的值和它对应，我们就说x是自变量，y是x的函数。x和y的区别就是，x先变化，y随着x的变化而变化。先变化的量就是自变量，后变化的量就是这个自变量的函数。"尽管D老师一遍遍地讲解，学生们还是一头雾水，好多学生还在闷头想这几个概念的含义。(D，10月24日)

根据上述材料分析可知，教师对课程知识的讲解大多停留在字面理解的层面，很少对知识本身进行深层解读和拓展，只从事课程知识的整合与编辑工作，成为课程知识的忠实传递者，缺乏对课程知识背后的文化意蕴的反思和理解。

三　对优生和差生的区别对待

笔者在调查中发现，教师对于学习程度不同的学生，在认知、态度和行为等方面会区别对待，具体表现在以下三个方面。

(一) 对学业差异的归因

Y中学99%的学生都是本地人，由于各种原因，不同学生有着不同的学业表现。研究表明，教师对这种现象具有如下认知：

我觉得首先是学生对于学习的态度不同和个人努力程度不同。大家都是农村的孩子，为什么有的学生学习好，有的学生学习差呢？关键还是态度和勤奋的问题。好学生对待学习是很认真的，很当回事的。他们上课认真听讲，课下努力完成老师布置的作业，并及时复习当天讲的内容，甚至预习第二天要讲的内容。而差生呢？他们上课也不听讲，不是和别的学生说话，就是摸摸这儿，动动那儿，好多差生连课本都没有，上课的时候桌子上干干净净，这种态度怎么能指望他们学习好呢？作业也不会做，几乎都是等好学生做完了直接拿过来抄的。平时不好好学习，考试的时候就只能大眼瞪小眼了，现在甚至有的差生，考试答案就放在他们面前，都懒得抄，觉得没啥意思。不是说态度决定一个人的高度嘛，他们这种态度怎么可能学习好呢。不过除了学生本人的原因外，我觉得家庭和学校也要担负起一定的责任。好多农村家长都不是很注重教育，以前还好，国家包分配，上学有出路，可是现在，大学生就业那么难，好多家长看不到上学的出路在哪里，因此对孩子的教育也不是很关心。留的作业到家里面不管不问，打游戏，夜不归宿也不管，家庭环境不太好。还有就是现在农村留守儿童特别多，好多家长都把孩子交给爷爷奶奶管教，自己由于常年在外打工疏于对孩子的关心，这种隔代教育对于孩子的成长是不利的。最后就是学校。像咱们农村中学，硬件软件都比较落后，基础设施很差，师资水平不高，学校的教育环境也不是很好。如果给咱们的孩子造就一个比较好的学习环境，说不定比城市的孩子学习还要好。（A，11 月 16 日）

根据上述分析可知，教师将学生的学业差异归因于个人努力程度和家庭、学校等外部因素，并且认为好的学习环境能扭转学业落后的局面，虽然认识到环境对人成长的重要性，但是并没有在此基础上深入挖掘其中的原因机制，归因较为浅表化。

（二）不一样的关注和期望

教师对不同学业表现的学生在关注和期望方面存在差异：

成绩好的学生当然关注的是他们的成绩啦，希望他们继续保持优异的成绩，将来升入理想的学府，考上理想的高中、大学，甚至像你一样读到研究生、博士，将来找到一份好的工作，有一个辉煌灿烂的人生。对于成绩差的学生，如果他们能端正学习态度更好，如果实在对学习不感兴趣，至少要遵守纪律，不要影响其他学生学习，还有如果他们在其他方面，比如卫生啊、体育啊，能有一技之长，我觉得对于培养他们的自信心也是很有帮助的。毕竟你不能因为学习差就所有的方面都放弃自己，将来他们也要走入社会，我希望他们也能发展得好，至少要做一个对社会有用的人。（C，11 月 22 日）

上述材料显示,教师对于优等生主要关注学业方面,而对于差等生的关注点则放在纪律、卫生等方面,较少关注他们的学习。这种不同的关注面向导致教师对不同学生的未来发展也抱有不同的期望,并分别以"辉煌灿烂的人生"和"做一个对社会有用的人"等类似话语来表达这种不同的期望。

(三) 向"优"倾斜的课堂提问

课堂提问是教师给学生提供表达机会和空间的重要平台,学生可借此表达自己独特的感受体验,和教师进行思维的碰撞与精神的交流。由此可知,课堂提问是发展学生思维和语言表达能力的重要一环。那么,教师课堂提问的真实状况如何呢？我们可以从下述材料中找到答案:

上课不管哪种程度的学生一般都会提问,不过一般还是优等生和中等生多一些。有些问题,差生回答不上来,就找中等生来回答,中等生也回答不上来,就找好学生来回答。如果对于很难的题目,一般就找好学生回答,因为中等生尤其是差生,叫他们回答他们也不会,白白浪费时间。整个课下来,提问的比例分布一般是3:2:1吧。(E,11 月 22 日)

提问中上等学生会多一些,程度差点的学生也提,提得少。站起来也是不会,我一般先选个代表,让他说说看,不会说了由中等学生来说,中等学生还不会再由优等生说。如果我觉得题目偏难,就直接找优等生说,就是这样。(B,11 月 21 日)

可见,教师往往以"不会"为由,而较少给成绩落后的学生提供回答问题的机会,即使有,也是非常简单的题目,往往将较为复杂的、需要较高心智思维活动的题目留给中上等学生。教师的课堂提问具有明显的偏"优"倾向。

(四) 办公室的表扬与训斥

除课堂教学之外,办公室也是学生和教师交流的重要场所,学生们到这里或向教师请教问题,或被叫来委派新的任务,或由于课堂上的不佳表现被教师训斥等等。研究发现,不同学业表现的学生进入办公室的频率和受到教师的待遇存在差异:

2011 年 10 月 25 日上午 10:55,随着第三节下课铃声想起,宁静的校园顿时喧哗起来。我刚听完一节语文课，准备到八年级年级组办公室休息片刻。上完课的教师陆陆续续回到办公室，跟随数学D老师进来的还有一个高个子男生。只见D老师怒气冲冲地走进那个男生，非常愤怒地大声呵斥道："我上节课是不是跟你说课上不准和其他学生说话？你不听讲可以，不求上进可以，但你不能影响其他学生学习！"高个子男生可能是因为意识到自己现在成了办公室的焦点，不但没有表现出悔改之意，反而嬉皮笑脸，略微倾斜着身子，双目斜视其他地方，沉默不语。D老师见此情景，气不打一处来，伸手抓起数学课本向那个男生砸去，边打边训斥："我跟你说话呢，你听见了没有？"（D，10月25日）

在我田野调查的一个月期间，像上述材料中学生被叫到办公室训斥的次数不是很多，我见到的总共有两次。相反，我在八年级年级组办公室见到更多的是学生来向教师请教问题。每逢此刻，教师们总是耐心地、面带微笑地给学生一一解答，直到学生明白。有几次学生走后，教师们略带自豪地向我透露，说刚才那个学生学习如何刻苦，在年级排前几名，将来一定能考上CHG中学（是所在矿区最好的高中）。还有几次，教师们得知省教育局即将到Y中学检查，赶忙准备学校领导要求的各项材料，如：教学反思、个人成长档案等，有的教师自己不想写这些材料，叫来班里两个学习最好的学生帮忙整理，学生一边写，教师在一边温和地、面带微笑地提醒、指导，这种和谐的气氛与上述材料中对待那个高个子男生的态度形成明显的反差。（10月18日至11月11日在八年级年级组办公室的观察记录）

上述材料显示，由于学业差异，不同学生进入办公室的次数和受到的待遇存在较为明显的差异：差生由于课堂表现不佳，甚至扰乱正常的教学秩序而被教师叫到办公室训斥和批评；优等生因其自身的努力上进的精神和认真求学的态度更容易受到教师的认可和表扬。这种区别对待最终导致优生和差生的适性发展，即分别获得与自身学业表现相一致的发展方向。

综合上述分析可知，教师对不同学业表现学生的态度、行为等方面存在较为明显的差异：优等生因其自身的努力勤奋和主动求知更易受到教师的肯定和认可,教师往往倾向于给他们提供更多的帮助和表现的机会,对他们抱有较高的期望;差等生由于自身的涣散、不求上进,甚至违反课堂纪律,而更易遭受教师的指责和批评。这种冲突的师生关系使得教师对他们的关注点从学习转移到纪律、卫生等其他方面。相比较优等生而言,教师为差生提供的学习机会较少,对其未来发展抱有的期望较低。

第二节　教师对教育过程与实证主义文化之间关系的认知

实证主义文化根源于现代性的社会主导性范式,以实证主义的科学观为理论基础,重视科学技术的发展,主张运用观察、实验、归纳等实证方法来认识自然世界和社会世界。由于科学技术注重实务问题的解决和效率的提升,能够最大限度地满足个体和社会的世俗性需求,因此,以科学主义的逻辑思维方式与语言运作模式为基础的实证科学信念被融入日常生活中,最后被转化为社会文化的主轴,并逐渐融合成新的意识形态,主宰人的思维方式和语言运用模式,成为一种新型的柔性的社会控制方式。作为传承文化的专门群体,教师对实证主义文化的知觉状况就成为本文研究的另一个重点。根据调研结果,笔者将从以下四个方面依次展开论述。

一　预设的教学目标

教学目标的预设性是指教学目标是由教师之外的教育专家、课程专家预先设计好的,一般呈现在教学参考书、辅导书等文本中,为教师的课程组织提供指导和参考。教学目标是教师进行教学活动的首要环节,其制定的合理与否决定着教师教学的效果。研究发现,教师在教学目标的设计上主要存在以下问题。

（一）来源单一

在问及教学目标设计的来源时，教师们的回答大致相同：

一般情况下，我设计的目标以三维目标为主，就是知识和能力，过程和方法，情感、态度和价值观，从这三个目标来考虑，然后来设置本堂课的教学目标。不过这些目标一般教学参考书上都有，而且设置得都非常的好，我们教师直接拿过来用就行了。如果让我们自己来设计目标，一般情况下没有人家专家设计得好。这也在一定程度上减轻了我们的工作负担……再一个呢就是考虑学生的生活实际了，不过考虑得比较少，很多课文你想结合但不知道怎么结合……还有就是网络，不过参考的也比较少，因为网上很多课件差不多也是照着教参设计的，有新意的不多。我们平时工作时间比较紧，也只是偶尔参考。（A，11 月 16 日）

教学目标的考虑主要是结合新课程的标准来定。现在新课标不都要求三维目标嘛，什么知识与技能啦、过程和方法啦、情感态度和价值观啦。不过我在制定目标的时候主要考虑的是前两个，对于情感和价值观这一块，我觉得数学上渗透的比较少一些……这些目标教学辅导书上一般都有，我主要就是根据学生的实际接受能力将这些目标适当地调整，也许一课时要分为两课时，还有一些情况简单的可能两课时要合为一课时。（D，11 月 22 日）

访谈发现，教师教学目标的设计以教辅资料为主要参考依据，并辅之以网络、学生生活的脉络情境等，来源比较单一。并且，教师对这种预设的目标更多地采取遵守和执行的策略，较少投入心智思考和开发，即使有，也只是简单地综合或切割。

（二）本末倒置的目标设计

教育以学生为主体，学生是教育的出发点和归宿。因此，教育目标的设计、制定应以学生已有的知识背景和生活经验为出发点，努力建构新知识与学生原知识经验之间的联系，使学生形成独特的感受和体验，从而引导学生的思维发展和精神成长。因此，学生应是教育目标设计的出发点和主要依据，教学参考书只起辅助作用。然而在我调研的学校中，教师们在制定教学目标时却本末倒置，学生的思维水平和生活经验往往不是教育目标设计的主要依据。

上述分析彰显出，预设的教学目标不仅使教师过分依赖权威专家，较少考虑学生的真实生活情境；并且，遵守和执行这种现成的目标已成为教师们完成教学工作、提高教学效能的共识。学生的生活经验大多被抽离于教学活动之外，只在必要和合适的时候"在场"。

二　工具理性的教学模式

（一）标准化的教学流程

在笔者调研的Y中学里，无论是文科还是理科教师，几乎都采用标准化的教学流程来授课，这种流程一般分为导入、讲授新课、本堂小节以及布置作业四个环节：

《湖心亭看雪》是我进入田野调查现场听的第一节课，讲课教师A老师。上课伊始，A老师使用清晰洪亮的声音说道："同学们，大家想一想，我们从上初一到现在，都学了哪些描写雪的诗句、文章？大家快速想一想，看谁想得又快又多。"话音刚落，沉默的班级顿时沸腾，学生们不由分说地把自己想到的诗句和文章名一吐为快。待导入达到预期效果后，A老师便开始了本堂课的讲授新课环节：她先简单介绍了一下文章的题目，点出本文的文体属于记叙文；接着让学生简单了解文学常识，并提醒学生："张岱，号陶庵，记住号就可以了，朝代、出处不用记。"①接下来就是朗读课文了，A老师先朗读了两遍，并提醒学生将不会的字词标注上拼音。然后A老师叫三个学生站起来朗读课文，并纠正学生的读音。再接下来就是学生齐读课文。至

① 2011年10月18日我和语文A老师的一段对话：课下我向她询问，为什么现在对于文学常识这一块儿只需简单了解，她微笑应答："很简单，现在文学常识这一块儿不属于考试的重点，即使要考，只会考一两个填空。"

此，朗读课文环节先告一段落。最后就是课文的翻译了。A 老师先让学生对照课文中的注释尝试翻译文章第一段，由于时间紧迫，A 老师索性自己领着学生翻译后面几句。文章第一段翻译完后，此时距离下课还有两三分钟的时间。A 老师再次用洪亮的声音对本堂课进行了总结："同学们，今天这堂课我们主要对《湖心亭看雪》这篇文章的作者、字词以及文章内容有了一个初步的了解，并完成了课文第一段的翻译。今天的作业就是把我们刚才翻译的内容写到作业本上。剩下时间大家齐读课文第一段，最好能把它背下来。"教室里顿时响起了学生的朗读声……（A，10 月 18 日）

不仅语文这类人文学科是这种标准化的教学流程，数学等理科也显现标准化的倾向，以下是一堂讲授《函数》（第二课时）的数学教学流程：

复习式导入："昨天讲过函数，包括常量、变量，大家还记不记得我昨天讲了哪几个例子？"

讲授新课：教师让学生自读教材，找出自变量、函数、函数值的定义，待进行几次字面的讲解后，结合学生刚才回答的四个例子[①$s=60t$；②$y=10x$；③$l=10+0.5m$；④$s=x(5-x)$]进行练习，也就是请学生从这四个例子中，分别找出何为常量、自变量、函数和函数值。

课堂小结："今天我讲了三个定义，如果给一个函数式，大家能否判断出常量、变量、自变量、函数和函数值呢？现在大家把教材上的练习题做一做，我找一个同学到黑板上做。"几分钟后，教师结合这位学生的做题情况，给全班同学作了讲解。并在距离下课两分钟的时间让学生齐读这三个定义三遍。

布置作业："今天的作业就是刚才课本上剩下的两道练习题，作业本下午放学之前交到课代表那儿。"（D，10 月 24 日）

根据上述材料分析可知，标准化的教学流程虽然能够规范教师的教学行为，但容易陷入机械灌输和模式化的误区，极易限制教师的批判意识和创新思维。

（二）导学案：碎片化的文本解读

Y 中学自 2011 年 8 月 17 日开学起，就积极响应市教育局的号召，在全校推行导学案的教学模式，不仅给每位教师配备一套导学案教学参考书，同时要求学生打破原有的两人一桌的座次安排，而转变为六至七人一组的小组合作模式。然而，这种导学案实施的效果如何？我带着疑惑对几位教师进行了课堂观察和采访，以初三历史F老师的课为范例，描述如下：

在我10月18日进入Y中学开始田野调查起，初三的各门课程已经全部授完。迫于11月7日省教育厅的检查，不得不提前将已经讲授过的课拿出来重温，以备上级领导听课检查之需。初三历史F老师的课即是如此。2011年10月28日下午4:00，我在Y中学的多媒体教室听了一节初三历史公开课:《世界反法西斯战争的胜利》(Y中学11月10日左后才给每个教室配备多媒体，之前全校只有一个多媒体教室，一般供教师上公开课之用)。上课之前，F老师便将事先打印好的导学案材料分发给每个学生和听课教师。这份材料总共分为学习目标、重点难点、学法指导、课内探究(包括自主学习和合作探究两部分)、课堂小结、达标反馈、中考链接七个部分，其中课内探究、课堂小结、达标反馈、中考链接分别以填空、问答、单选、材料等多种题型呈现出来。上课伊始，F老师便开始了本堂课的讲授。简单的导入之后，她请学生们将导学案材料中的学习目标部分齐读一遍，并将目标中提到的需掌握的内容在材料中标注出来。之后给学生10分钟左后的时间，让学生自学课本内容，并完成课内探究——自主学习部分的10个填空题。此时课堂非常宁静，学生们虽然分小组而坐，但都低头默默地翻看书本。短暂的自主学习时间过后，F老师重点强调了几个问题，并请4名学生作答。至此，自主学习部分告一段落，教师又给学生10分钟时间，让学生小组讨论合作探究的一道材料题和两道问答题。每一道题都请学生回答。后面的课堂小结、达标反馈、中考链接由于时间有限，省去了学生思考、回答的环节，直接由教师点拨。45分钟时间在教师和学生的多次互动之中悄然而过。我也由之前的疑惑、好奇不禁心情沉重起来，下面是我当天听完这节课后记录下的感受：

“历史是人文性、情感性很强的科目，它要求历史事件的完整性。我想，如果教师把历史事件完整、生动地叙述出来，将学生带入当时的历史情境中，这样的教学效果应该会更好，不仅能让学生从整体上把握历史事件的先后顺序、发展过程和完整脉络，而且能让学生更为深切地感受战争给人民带来的创伤以及人民对于和平的渴望，更能形成积极的情感和价值观。可现实却是完整的知识被分解得支离破碎，原本很有趣味、人文情感浓厚的历史课变成了试卷式的知识点，甚至是某个填空中的重点词语。”(F，10 月 28 日)

上述材料表明，教师由于缺乏对教育本质和教材内涵的深层理解，只能从形式上对“导学案”这一新生事物进行机械模仿。其结果是，完整的知识结构被切割、肢解成知识碎片，知识的系统性以及所蕴含的情感都遭到破坏。

（三）精准的教学进度

受实证主义科学观的影响，实证主义文化注重目标的达成、效能的提升和对事物的精确掌握，可操控性强。研究表明，教师在对待教学进度问题上显现这种文化特性：

上课的时候一般都会给学生留一定的思考时间，这是一定的，只是留出多少时间给学生，这要根据问题的难易程度而定。一般比较简单的问题，学生都能很快思考出来，也不会影响到教学进度；如果问题很难，那就由老师来启发学生，不再给学生留思考的时间，因为时间毕竟有限，即使多给学生时间思考，他们也思考不出来，还会影响到教学进度。(C，11 月 22 日)

2011 年 10 月 26 日，我听了 A 老师的一节语文课——《苏州园林》第三课时。在听之前，A 老师就告诉我这节课的目的，即：把剩下的两个自然段分析完，把课后习题处理完，任务比较繁重，需要抓紧时间讲。《苏州园林》是我国著名作家叶圣陶先生写的一篇说明文，语言精炼、优美，因此，体会文章的语言是这篇课文的一个重要内容，课后就有相关的练习题。当教师问及“假山的堆叠可以说是一项艺术而不仅是技术”一句中，技术和艺术有何区别时，学生们开始思考。短暂的几秒钟沉默后，教师开始引导：“大家想想,在我们平时的生活中,大家是不是见过各种各样的技术,比如电脑技术人员、电焊工等等,我们见过哪些艺术呢?”学生们有的说唱歌,有的说绘画。“那么是技术多还是艺术多呢?”学生们齐声回答技术多,教师继续启发引导:“为什么技术多于艺术呢?”教师见学生们一脸疑惑,继续说道:“因为技术可以复制,而艺术不能。”学生们似乎茅塞顿开,教师紧接着发言:“现在我念一下正确答案,大家记一下。”教师将教参上预先编写好的答案一字不落地念给学生听,学生则赶忙一句一句记下来。(A,10 月 26 日)

在课堂教学中,当学生的思维进度与教学进度发生冲突时,教师往往选择教学进度而牺牲学生的认知规律,并常以“完成教学目标”为依据。这种追求进度的结果就是,以牺牲学生的认知体验为代价,课堂教学也因为忽视学生的认知发展规律而退化为机械灌输。

(四) 重教法轻理论

教法旨在告诉教师“如何做”,倾向于考虑手段、方法和途径;理论则是对事物本质、结构的深层认识和解读,一般告诉人们“为何这样做”,更多地关注原因和目的。在教师的教学工作中,相比较理论而言,他们对教法更易表现出肯定和认同:

平时的教学工作中,受到理论指导的比较少,比如“一切以学生为本”,这算不算是教育理论或理念呢? 平时还是关注教学方法比较多,太深的理论感觉理解起来有困难,离教学现实也比较远。方法就不同了,先进的教学方法是什么样子的,老师们一看就明白,比较容易模仿和掌握。(C,11 月 22 日)

平时对理论的学习的话,主要是学习一些先进的教学经验,你比如咱们刚开始学习的山东杜郎口中学的教学经验,后边学到江苏洋思中学,再后来到鲁东等这些学校先进的经验。但是经验和经验之间毕竟有不同,教起来总感觉比较生硬,因为它不是出自自己真实的教学经验,学习起来比较有障碍……这些经验的共性,我认为就是以学生为主体,再具体来说就是,首先,老师必须得敬业,你看洋思中学也好,杜郎口中学也好,都是置之死地而后生的，老师敬业的水平、敬业的幅度相当地高，这是其一；第二点我认为就是有一个好的领导，一个好领导就能带出一个好学校，一个好老师就能带出一帮好学生，我认为这个很重要，火车跑得快，全靠车头带，是不是？（A，11月16日）

对于老师来说，教法由于易观察、模仿和操作而更易受到教师的认可和青睐，理论由于高深、“离现实较远”而容易使教师避而远之。此外，教师们对理论的理解停留在比较模糊、笼统的层面，将理论简单地等同于教学经验，缺乏对其本质内涵的深层理解，认识较为表面。

综合上述分析可知，教师由于受工具理性思维的支配，在教学活动中出现种种背离教育本质的行为：追求教学效能的提升和目标的达成，教学进度高于学生的认知规律；重教法轻理论，对事务缺乏深层次的认知和解读，只停留在表层的理解，易形成固化、简单化的教学思维，对新的教学模式往往盲目模仿和照搬。教师的心智活动压缩、窄化，沦为教育生产线上的职业工人。

三　量化的评价机制

现代社会中，考试对于每一个个体来说是再平常不过的事情。然而，分数对于学生和教师分别意味着什么？与一个人未来的发展有何关联？除了考试，学校对学生还有没有其他的评价方式？带着种种疑问，笔者对 Y 中学几位教师进行了访谈，以下是两位教师对分数的看法：

学校现在对所有学生的评价方式都一样，所有学生都要参加中考，现在实行的是综合测评，包括成绩啊、品德啊、纪律啊、卫生啊等等……不过最后升学考高中还是主要看学生的考试成绩，其他方面只是个参考。比如当两个学生的分数一样，学校只从两个学生中选择一个录取，这个时候就要看学生其他方面的表现了，一般这种情况很少。如果想升学，尤其是重点高中，分数达不到的话，其他方面表现得再好也没有用，分数才是硬道理……现在哪个学校不在看升学率？学生只有分数上去了，学校的升学率才能上去，学校的名声也就有了。有句话不是说：考考考，老师的法宝；分分分，学生的命根嘛，没有办法，现在社会就是这个样子，不考不行。（A，11 月 16 日）

我觉得考试对于学生来说，可以检验学生这一段时间的学习效果，看看哪儿掌握得比较好，哪儿掌握得薄弱一些，可以有针对地弥补和纠正。对于老师来讲的话，就是检测老师在这一阶段的教学效果，看看学生掌握得如何，还有就是及时了解一下考试新的题型或考试的发展方向，以便在以后的教学中及时调整……对于一个人未来发展的话，我觉得对于尖子生和中等生未来的发展更大一些。因为现在考大学也好，找工作也好，学历还是很重要的，而只有分数够了，你才能进入高一级的学府，拿到高一级的学历。所以分数、考试是非常重要的。但是对于差生来说，考试已经成为他们的负担，他们并不愿考试。考试一次，成绩就要滑坡一些。也没有必要学了，觉得自己考不上大学的话，找工作直接打工，也不需要什么学历。（D，11 月 22 日）

依据上述材料分析可知，虽然学校对学生采取多种评价方式，但考试成绩作为个人获得高级文凭和职位必不可少的工具而占据主导地位，品德、纪律、卫生等方面则处于边缘和从属地位。这种量化评价机制使教师对考试也持较为积极、肯定的态度，并把考试作为自己日常教学工作的行为参考，即根据考试要求选择、组织教学内容。学生的精神则遭到忽视，并在数字充斥的教育场域中被淹没。

此外，我们在 G 中学的调查也发现了教师受考试的支配沦落为单向度的人。

首先，考试作为一种外在的支配性力量已经渗入教师的精神世界之中，主宰了他们工具化的行为模式，并成为教师教育行动的最终意义来源。在访谈过程中，当我向 G 中学的老师们问及“考试与教学到底是什么关系”时，老师们无一例外地、一针见血地指出：“指挥棒关系呀！”一位老师对我详细说明了这种关系：

你比方说，通知我第十四周要进行期中考试的话，我现在的进度就偏慢了一点，那我就要赶紧、加快，然后还（要）腾出时间复习。如果它不期中考试，我就可以还是按照我原来的计划进行上课，讲慢一点、讲细一点，对不对？（2010 年 10 月 19 日，历史 L 老师）

考试不仅影响老师们的教学进度与计划，还直接决定了他们对教材内容中不同知识点的取舍以及对教材进行必要的补充。上述那位资历丰富的历史老师接着告诉我：

你比如说，这个呢，中考不会考，课本没有提到其他国家变法的内容，我就不讲；有些呢，课本提了，但是把它淡化了，显得不重要，考试的时候又考到了，甚至考了蛮多次，（结果）考试没有体现教材的意图。本来教材不把它作为重点，但是考试的时候反而作为重点了。有时候老师、学生呢，尤其是老师，你就要去补充、去揣摩哪里是重点。（2010 年 10 月 19 日，历史 L 老师）

更进一步，考试还支配了教师在课堂上的话语模式与思维模式。在我进入 K 班听课的第一天，政治老师就在课堂上强调：

简答题首先要写“答”，其次是回答要分点，注意序号，因为考试看序号给分。简答题要回答三点，一般考试要求答三点，要规范。……，考试、中考也有漫画题。组合选择是新题型，中考也有。……，字要写工整，不然会吃亏……（2010 年 9 月 26 日，观察笔记）

在以后的几乎每堂练习课上，我都能听到政治老师不厌其烦地重复上述考试对答题格式的要求，只不过是以不同的语序和语气出现。例如，在另一次课上，他说道：

有些同学答题不规范。中学和小学不一样，政治和语文、数学一样是正课。……，并不是答题越多越好，考试给分是看点的。简答题要写“答”，答题要规范。很多同学没有写序号，中考时很多同学只有一段。中考这样的题有两三分，一点一分，一般答案都是对的，要分序号。（2010 年 9 月 29 日，观察笔记）

不仅如此，考试的分数、做题的正确率也成了老师在具体的教学过程中意义的主要来源。在一次英语听力课上，我看到：

英语L老师每听完一道题目，都要问全对的有多少。当她看到许多人举手时，就会露出欣慰的笑容。而当举手比较零星时，她就一脸严肃。(2010年10月12日，观察笔记)

所以，在以考试、教科书等具体的教育安排为代表的学校主流文化的规训下，教师们便成了一群工具化的人，用自身最大的心力最有效地按照他人设定的目标、以他人预定的方式、传递他人规定的内容。他们就此将自身嵌入学校主流文化再生产的逻辑链条之中，成为既定文化的忠实传递者与社会主流文化在学校教育中的代理人，并最终在行动过程中丧失了反思与批判的向度，沦为行动永远外求、依靠外在标准来衡量自身意义的单向度的人。

综上所述，本章分别从主流文化和实证主义文化两个维度考察教师对文化的知觉状况，研究发现，教师对这两种文化分别显现无意识和不觉醒状态。

其一，对主流文化的来源、内涵特性以及与底层文化的区隔处于无意识状态。教师虽然意识到教育专家参与教材的编写，但并未意识到教育专家承担的阶层文化传播，政治社会化功能，反而发展出权威主义的教材认知，对教材显现高度的认同，致使其缺乏反省、批判的文化视野，对教材只停留在浅层次的认知和解读，教学工作也因此简化为对预先设计好的教材、教参内容的整合与编辑。此外，由于未意识到主流文化的内涵以及与底层文化的区隔，因此将学生的学业表现归因为个人自身的努力程度。同时，对不同学习程度的学生在态度、行为等方面也表现出明显的差异：优等生由于自身形成的文化习性与学校的特性和要求更加契合，更容易受到教师的认可和表扬，并从教师那里得到更多的学习机会；相反，差生则更容易受到教师的指责和批评。

其二，对实证主义文化的内涵、特性、方法等处于无意识状态。实证主义文化注重实务问题的解决、效能的提升以及最大限度地满足个体和社会的世俗性需求，因此，理论由于“离现实较远”而往往被教师抽离于自我价值体系之外，取而代之的是注重教法的实用性。然而，由于对教育活动的内涵本质缺乏深入的领悟，教师对新的教学模式往往盲从和照搬，难以把握其中的深层内涵。此外，效能取向的认知模式使教师致力于对教学进度的精确掌控和目标达成，更倾向于分数、升学率等量化评价方式。

第九章　教师对学校文化冲突蒙昧的根源

第一节　社会主流文化支配：教师文化蒙昧的思想根源

一　社会主流文化及其形成机制

法国学者阿尔都塞(Althusser)则将统治阶级维护政权的工具区分为压迫型国家机器和意识形态国家机器。前者包括军队、警察、法庭、监狱等，对社会成员进行直接性的压迫和支配；后者则包括宗教、家庭、学校、文化、工会、媒体、政治和立法等八类社会机构，通过持续、广泛地传递统治阶级意识形态，来形塑、规约社会大众的思想和行为①。为了维护社会稳定和统一公民思想认识，国家和社会的管理者，不仅对社会成员施以武力性的直接压迫，而且将意识形态和其所认可的价值观上升为全社会的主流文化，并传递给社会大众，藉由文化的教化、规约作用，使社会成员在无意识中得以消化、吸纳、认同，并产生自觉自愿地符合社会管理要求的行为。后者主要是通过

---

①　姜添辉.资本社会中的社会流动与学校体系：批判教育社会学的分析[M].台北：台北高等教育公司出版，2002：147.

社会主流文化的建构、巩固与完善来完成的。

主流文化依托哪些社会机制来建构、传播?

其一,作为法律条文、道德规范等文本的制定者和决策者,社会的管理者利用法律、道德等社会机制,将反映或者符合执政要求、进步趋势的价值观念上升为社会共同的价值规范和信念,使之具有合法性与合理性。马克思和恩格斯在《德意志意识形态》中对这一观点做了很好的阐述:“每一个新阶级在其登上统治地位之前,只是为了实现自己的目的,才不得不宣称他们的利益就是全体社会成员的共同利益……他不得不给自己的观念以普遍性的形式,并把他们的观念称之为唯一理性的、普遍有效的观念。”①

其二,经由知识分子建构出符合社会进步趋势、政治需要和社会管理要求的共同信念,来影响社会大众的价值体系和行为。每一个社会历史阶段都需要进行社会文化和思想的整合工作,来统一社会大众的思想和行为。知识分子作为文化的富有者与思想的先导,必然承担起对社会文化的建构与传播的重任。通过对社会文化的重建与组织,将符合社会进步趋势、政治需要和社会管理要求的价值观与信念转变为社会共同的意志、信念与价值观,成为社会主流文化,来重塑社会大众的价值观与态度。同时,知识分子还承担着将这种价值体系与共同信念传递给社会大众的重任。经由知识分子的传播,社会大众得以接受、吸纳、认同统社会主流文化。知识分子由此承担着对主流文化的建构与传播的双重职能。

二 教师职业的社会化过程使教师高度内化社会主流文化

教师经由自身社会化历程,不断地吸纳、内化主流文化,最终承续了这

---

① 马克思、恩格斯. 德意志意识形态[M]. 转引自:哈利斯著. 教师与阶级:马克思主义分析[M]. 唐宗清译. 桂冠图书股份有限公司,1994:153.

种文化习性，形成中上阶层的价值观、思维方式、语言模式以及行为表达方式等。因此，教师对携带主流文化习性的学生表现出更多的肯定和认同，并会为这些学生提供更多的学习机会、资源和空间；而对于背离主流文化习性的学生，教师则表现出更多的否定和排斥，并在无意识中限制这些学生表达自我认知体验的机会和空间。由于教师对于主流文化的知觉程度是本章节的重要议题之一，因此，关于教师主流文化习性的形成机制，将详细展开论述。

（一）个人受教育经历

教师成功地从在家庭和学校的受教育过程中吸收、内化主流文化的学术性知识、抽象思维方式、精致性语言表达以及内控的规训化行为。因此，凭借自身的努力和积累的主流文化习性，教师成功获得了教书育人这一中间阶层职务。然而，已有研究也表明，中小学教师大多来自中下阶层，但在学校的再社会化场域以及个人成长历程中，不断地进行文化的重建与改造，努力使自身形成与主流文化特性相一致的认知模式、言说方式以及行为习惯。因此，经由自身的不懈努力，这些来自底层的群体得以成功流入社会的中上阶层。

（二）师资培育的社会化机制

师资培育包括职前教育训练和从事教师工作职务的教师培训。在经历家庭和学校的社会化历程之后，教师多数进入师范院校，接受职前的教育训练。然而，研究表明，师资培育课程大多倾向于班级管理、教学方法等技术能力的训练，具有高度的工具理性导向。

因此，致力于“如何做”的师资培育课程，更多停留在执行层面，而较少对“为什么而做”的原因层面进行深入分析，于是，开启反思批判性思维的科目如哲学、社会学等则处于边缘地位。不仅职前的师资训练显现高度的工具理性思维导向，职后的教师培训也具有一致性的特点，从笔者对 Y 中学的物理教师的访谈中可探知到这一存在的问题：

我们老师接受的培训大多是关于教学模式啊、教学方法啊，而且这些对我们也很实用，学起来很快，学了就能直接运用到教学实际中……至于理论方面的培训比较少，即使学了我们也不太容易理解，因为对我们来说太高深了，而且不是很切合教学实际，所以还是教法方面的培训我觉得更实在一些。(E,11 月 22 日)

根据课程知识的来源以及上述师资培育的社会化机制分析可知，教师教育过程藉由蕴涵于课程知识中的意识形态和价值信念来同化教师的思想和行为，达到养成与训练教师的目的。同时，对课程知识的选择偏向工具理性导向的技能训练的科目，而非拓展反思批判视野的社会科目，致力于“如何做”的技术层面而非“为什么而做”的原因，从而导致教师忙碌，并被牢牢固定在传递知识的执行者地位，反思批判的主体意识丧失了。

（三）学校场域的再社会化机制

教师进入学校场域后经历了再社会化机制。首先，教师从事着传递主流价值观和学术性知识的职务，处于社会的中产阶层①，其工作事务属性具有明显的中产阶层特性：工作环境较为舒适且安全性高；薪资待遇较为优厚；享有一定的社会声誉和影响力；具有一定的专业知识和专业自主能力等等。这种特性的工作事务属性使教师认同中产阶层身份，因此对中产阶层的文化特性持积极认同的态度；其次，教师在教育背景养成与师资培育阶段发展出高度的工具理性思维而非反省批判的文化视野，对课程知识中蕴含的中上阶层思想体系和权力结构处于无意识状态，因此，经由教师对课程知识的理解、组织和传递，中上阶层的意识形态和价值观在教师身上得到强化；再次，绩效工资的考评机制使教师必须执行学校科层组织的命令与任务，这为教师传递、再吸收主流文化提出了硬性的制度要求。最后，学校管理工作凭借一系列规章、职业操守等条文，进一步规训教师的言语和行为方

---

①　Cohen, A. K. (1971). Delinquent Boys. London: Collier Macmillan. 转引自：姜添辉. 资本社会中的社会流动与学校体系：批判教育社会学的分析[M]. 台北：台北高等教育公司，2002：314.

式。因此,经由这些学校场域的社会化机制的训练和打磨之后,教师就彻底成为社会主流文化的传播传递者。

综合上述分析可知,教师经由个人的受教育经历(主要是家庭和学校)、师资培育的社会化机制以及学校场域的再社会化机制,最终形成了中上阶层的价值认同、抽象思维方式、精致性语言表达方式以及内控型的行为表达方式。在这一系列的社会化过程中,教师习得的主流文化特性经历了家庭和学校场域的初步内化、师资培育的强化以及学校场域的进一步深化,最终成为社会主流文化的代言人。因此,主流文化的特性由于对教师的步步强化而得到教师高度的认同。被完全纳入主流文化并对其高度信奉的教师,看不到社会主流文化之外的文化的合理性和育人价值,失去了对社会主流文化进行反思、批判、改进、丰富和完善的意识和能力,成为单向度的教师,看不到学校教育在反映社会主流文化的同时也应当反映底层文化和农村文化,看不到学校教育内部社会主流文化与其他文化类型之间的冲突,陷入了文化蒙昧状态。

第二节　实证主义文化支配:教师文化蒙昧的现实根源

一　实证主义文化:一种新的社会主导性文化

以工业化为主导的现代社会以科学技术为第一生产力,注重解决现实问题和提高社会生产率,致力于满足个体和社会的世俗性需求,因此科学技术成为社会成员共同认可的信念,融入日常生活的各个领域并占据社会的主导,成为新的意识形态。

(一)实证主义的内涵

实证主义文化建立在实证主义的科学观和方法论基础上,因此对实证主义文化的探讨首先要着眼于对实证主义内涵的分析和论述。

19世纪的社会学家孔德是实证主义的主要缔造者。他曾提出人类理智发展需要经历三个阶段:神学阶段、形而上学阶段和科学阶段。这三个历史阶段之间区别的关键在于解释事实的方式不同。第一阶段诉诸于主观的臆测,主要获得原始的神秘知识;第二阶段诉诸于形而上学的抽象,致力于对事物的本源或存在依据进行抽象的逻辑推理和思辨;第三阶段诉诸于观察和实证,旨在探求客观的、价值中立的科学知识和经验。而且认为所有知识和理智发展最终要达到实证阶段①。那么,被孔德认为是"知识的最高发展状态"的实证科学具有何种内涵?

"实证",英文为"Positive",来源于拉丁文"Positivus",原意为"肯定"、"明确"、"确切"的意思②。孔德在其著作《实证精神论》中对"实证的"的含义进行了全面的论述③:

第一,"实证的"首先意味着必须是"现实的",一切知识必须以被观察到的事实为出发点。反对神学与"形而上学"毫无根据的玄想与主观臆测;

第二,"实证的"意味着必须是"有用的",必须探求实际存在的事物以有益于我们个人和集体生活的不断改善。反对把知识用来满足人的无用的空泛的好奇心;

第三,"实证的"意味着必须是"确实的",致力于个人实际以及人类精神的一致,反对对那些不着边际的悬而未决的问题作抽象议论;

第四,"实证的"意味着是"精确的",提倡观点的"明晰性"与"坚固性",反对超越现在现象的性质所允许的正确度去谈论事物;

第五,"实证的"还意味着是"积极的"或"建设的",主张人作为认识事物的主体,以积极的态度去建设科学知识和理论,并服务于现实。反对"形而

---

① 石中英.知识转型与教育改革[M].北京:教育科学出版社,2001:42—43.

② 鲁克简.马克思实证方法与孔德实证主义关系初探[J].社会科学,1999(4):1.

③ 欧力同.孔德及其实证主义[M].上海:上海社会科学院,1987:30—31.

上学”否定现实的破坏倾向；

因此，根据实证的信念、含义所获得的实证科学知识具有与其一致的内涵，石中英教授在其著作《知识转型与教育改革》中对这种知识的内涵做了详细、深入的阐述，简要概括如下①：

其一，这种知识具有实证性、客观性、普遍性和可靠性；其二，观察和实验既是获得这种实证知识的方法，也是判断一种陈述是不是知识的唯一方法；其三，知识的陈述是借助于一些特殊的概念、符号、范畴和命题来进行的，数学和逻辑学被公认是最基础的科学语言；其四，知识的价值是绝对的、普遍的、无条件的，掌握了知识就等于掌握了控制自然、改造社会和自我的力量；其五，由于知识是客观的、普遍的、不受个人因素所左右的，因此也是价值中立或价值无涉的，超越任何意识形态、文化、地域或性别的限制；其六，科学家和研究人员由于掌握并创造这种知识形态，成为新的知识精英和工业社会的宠儿。

根据以上论述可知，实证主义的基本理念为客观性、实用性、普遍性、精确性、抽象性、主体性和价值中立，外在的观察、实验和内在的推理、分析是其主要的认知方法，控制自然、改造社会是其主要的价值信念。它以其经验的证实和理论之间的逻辑一致性的实证精神、方法，成为对自然科学和社会科学影响颇为深远的哲学派别。

（二）实证主义文化的内涵

当上述实证主义的理念成为一种生活哲学、其思维方法成为一种社会思维方式后，建立在实证主义基础上的实证主义文化就应运而生了。作为工业社会的主流文化，它不仅具有与实证主义一致的内涵，同时以一种更加隐蔽的方式支配着个体的观念和行为以及社会的运作方式。

1. 实证主义文化的价值观：实用与效能

实证主义的科学观致力于对客观存在的事物进行观察、实验以及推理、

① 石中英.知识转型与教育改革[M].北京：教育科学出版社，2001：63—65.

分析，将获得的科学知识应用于实际问题的解决，这种“源于现实，服务于现实”的理念将实证主义文化引向个体和社会的世俗性需求上。因此，建立在科学知识基础上的科学技术，以其高度的生产效能和可观的经济效益成为社会成员共同认可的信念，并逐渐融入日常生活中，成为社会的主导力量，用来最大限度地满足个体和社会的物质欲望。因此，实用和效能成为这种文化宣扬的价值观念，并进一步产生这样几个结果：

其一，实证主义的科学观作为社会成员共同认可的信念，开始主宰人的思维与言说方式，成为一种新的意识形态，进而转化为一种新的社会控制方式。观察、实验、推理、分析、比较、归纳等实证科学方法成为社会成员新的认知事物的方式；“效率”、“收益”、“实用”等词汇成为这种理念的具体体现，而“心灵”、“德性”、“仁”等精神层面的理念由于不能直接满足社会成员的物质利益需求而受到忽视和冷落①。

其二，经济成为衡量社会进步与文明化的指标。因此，不断更新科学技术，生产出满足社会成员的物质产品，从而尽可能地创造经济效益，成为全体社会成员共同的奋斗目标。于是，科技进步——经济效益——自我价值的实现和社会进步成为支配社会成员思想和行为的单线思维方式。

其三，实证主义的科学信念极大地激发了人的主观能动性，但这种主体性的发挥更多地将人引向对外部环境的认知和改造，甚至是支配和主宰，而忽视了对人内心世界的反思、心灵意识的觉醒以及人生价值意义的追寻。这种物质与精神的失衡最终导致了人的异化，正如马尔库塞(Marcuse)所说的“物质幸福的心灵痛苦”②。

因此，实证主义文化以其多面功能在现代社会中发挥着主导作用：科技进步了，经济效率提高了，社会大众的物质生活水平提升了，社会的物质文

---

① 石中英.知识转型与教育改革[M].北京：教育科学出版社，2001：112.

② Marcuse，H.(1964).One-Dimensional Man：Studies in the Ideology of Advanced Industrial Society. Boston：Beacon，转引自：姜添辉.资本社会中的社会流动与学校体系：批判教育社会学的分析[M].台北：台北高等教育公司出版，2002：47.

明发展了,人的精神世界却被冷落了,物质与精神的失衡最终使人异化了。

2. 实证主义文化的思维方式:工具理性

工具理性的思想最初由德国社会学家马克斯·韦伯提出来,其含义为:事物因其实用价值而具有工具性的特点,以此为基础,对事物的认知方式、功能的发挥等通过理性计算、反复比较,以最有效的方式实现利益最大化,而不考虑利益最大化的目标本身会不会产生其他社会后果。工具理性因其实用性和利益最大化成为实证主义文化的思维方式。这种思维方式只追求工作效率而不问事物本身的意义,经由对人和自然的操纵和控制的效率来衡量自身的价值,对目的的合理性并不在意①。社会学家 Gibson 这样来论述工具理性:

工具理性意味着集中考虑"如何做好它的问题",而不是"为什么要做"的问题,或是"我们要走向哪里"的问题,因而它更倾向于考虑途径而不是终点,考虑效率而不是目的。"②

因此,工具理性虽然极大地激发了人的主体性,但这种主体性追求对物的占有、支配、消费而忽视了对人内在的价值和精神的关怀。这种主体性是一种物化的主体、单向度的主体,人自身本应具有的独立的判断、想象力、情感等由于不具有实证科学观所认同的"客观性"、"价值中立"以及"实用效能",而遭受排斥和边缘化。

因此,在实证主义文化价值观和思维的支配下,人和人之间建立起了一种物的关系。人生活的过程可以简化为物的开发、物的占有、物的消费与物的再开发、再占有与再消费的不断循环过程中,而对生活的价值和意义无暇也无力问津③。

---

① 李芒.对教育技术"工具理性"的批判[J].教育研究,2008(5):2.

② R. Gibson 著.结构主义与教育[M].石伟平等译.转引自:姜添辉.教师是专业或是观念简单性的忠诚执行者?文化再制理论的检证[J].教育研究集刊,2003(4):6.

③ 娄立志,张夫伟.工具理性僭越的代价——工具化的道德教育[J].教育理论与实践,2007(12):1.

（三）实证主义文化：现代社会的主流文化形态

如前所述，主流文化作为统治阶级巩固政权的隐性控制策略，通过自身蕴含的收编与排斥机制，以达到控制社会成员思想和行为的目的，并尽可能将其他阶级成员排斥在中高阶层之外，从而持续、稳固地占有既有的优势资源。那么，作为现代社会的主流文化形态，实证主义文化又隐藏着何种收编与排斥机制，从而成为统治阶级维护其优势地位的工具？

1. 平等与实用：实证主义文化获得民众认同的核心

实证科学知识具有客观性、普遍性和价值中立等特点，注重对现实问题的解决以及由此带来的经济效益的计算和衡量，因此，在这种知识观基础上形成的平等与实用的价值观念，就成为实证主义文化的核心理念。

(1) 平等的价值理念。既然实证知识是对事物本质的客观反映，不带有任何个人和团体的主观文化偏见，是价值中立和文化无涉的，超越任何意识形态、文化、地域或性别的限制，因此对所有的社会成员来说都是平等的。统治阶级正是利用知识的客观性和价值中立等特点以及“平等”的价值理念，将实证主义文化建构成对全体社会成员有益的文化。

(2) “效率”的策略。实证主义文化不仅利用实证知识的价值中立和文化无涉的特性，消解社会成员的反思、批判意识，同时致力于对现实问题解决的观念又将社会成员引向对物质的追求和满足上，进一步瓦解他们反思、批判的主体意识。因此，实证主义文化利用“效率”的策略，来塑造人们的意识，即科学技术的进步和物质生活水平的提升可以在很大程度上消除社会的贫富差距和由此导致的种种不平等现象。“效率”是能够满足全体社会成员物质需求的、使所有人过上美好生活的最佳方式和途径。因此，对经济资本极为匮乏的底层来说，“效率”是极具诱惑力的意识形态。它能够使底层劳动者对未来产生高度的想象空间。由于“效率”要在稳定、和谐的社会秩序中才能够实现，因此，在提升物质水平、改善经济状况的生活理念的驱使下，底层焕发出强有力的社会秩序要求。因此，“效率”足以将真实关系重建成想象关系，进而掩盖社会经济、政治和文化等各领域的不平等①。因此,“效率”不仅成为底层在“想象世界”中争取经济资本的最佳方式,也是既得利益者在“真实世界”中收编社会大众的有力策略。

2. 秘密性的科学知识:实证主义文化的排斥机制

在以实证科学知识为主导、人文知识被压制的现代社会,这种科学知识蕴涵着隐性的、秘密性的筛选机制,主要通过两点来实现:

其一,科学知识的秘密性首先表现在知识蕴涵的阶层文化之中。这种知识类型既需要有基于事实的观察和实验,也要有内在严格、完备的逻辑证明,以观察、实验、分析、推理、比较、分类等成为获得这种知识的重要方法,以抽象的概念、符号、命题等来对知识进行表征,具有高度的抽象层级结构。因此,科学知识是中上阶层文化在工业社会中的具体体现,并因其隐性的思维体系而具有秘密性的特点。中上阶层以其内在的抽象思维方式能够较好地掌握这种知识;而作为零散琐碎的实务性知识的持有者,底层文化由于未能建构起抽象思维结构,较难获取科学知识,因此往往被排斥在科学知识的体系之外。

其二,科学知识的秘密性还表现在知识的生产过程中。作为在工业社会中占据主导地位的知识类型,科学知识成为中高阶层职务运作的基本要素,因此是否拥有这种知识类型成为个体能否从事中高阶层职务工作的决定性因素,并进而决定个体的社会阶层地位。对于中上阶层来说,维护自身优势地位的关键在于对这种知识的生产过程拥有绝对的掌控权。因此,对科学技术的不断更新不仅成为中上阶层提高生产效能、创造更多物质财富的富裕策略,而且成为其掌控科学知识、维护既得优势利益的重要政治手段。

根据上述分析可知,实证主义文化作为当今社会的优势文化形成了对

① 姜添辉.资本社会中的社会流动与学校体系:批判教育社会学的分析[M].台北:台北高等教育公司,2002:55.

民众的思想洗礼。其一,不仅利用科学知识的客观中立与价值无涉的特性,将这种文化建构成对全体社会成员平等的、有益的文化;同时利用实证知识的现实性、有用性的特点,将这种文化的实用与效能的观念作为支配社会成员思想与行为的生活哲学理念,运用“效率”的策略将社会大众的注意力引向对物质产品的追求和消费上。这种平等、实用的价值理念足以消解社会成员的反思、批判意识,使其产生自觉自愿的顺应服从行为,成为实证主义文化控制社会大众思想与行为的收编机制。其二,不仅利用科学知识秘密性的内在抽象思维体系排斥底层阶级片段化的日常思维方式。由于较难掌握这种科学知识,底层阶级往往被排斥在中高阶层职务的大门之外而从事社会地位底下的体力性劳动。

二　现代教育:实证主义文化支配下的教育形态

实证主义文化经由何种传递机制来获得社会主导性思想与价值观的地位?根据前述分析可知,学校教育作为制度化、规范化的文化传播机制,义不容辞地担此重任。于是,在工业社会和实证主义文化特性的呼唤与要求下,现代教育应运而生了。

(一) 现代教育的特征

建立在实证主义文化理性和世俗性基础上的现代教育也显现出与这种文化相一致的特点,石中英教授在《知识转型与教育改革》一书中将现代教育的特点概括为科学性、世俗性和普及性三个方面①。

1. 科学性

其一,预设的教育目标和标准化的培养方式。其二,去价值化的课程知识。个体对知识的主观感受、个性化的理解由于带有主观色彩而遭受排斥。其三,工具理性导向的思维方式。对学生采取抽象还原、定量计算、准确预

① 石中英.知识转型与教育改革[M].北京:教育科学出版社,2007:111—113.

测、有效控制的教育方式。其四,量化的评价标准。考试分数、升学率就成为现代教育量化评价机制的最主要特征。学生获得优良学业成绩的最有效途径就是正确、牢固、熟练地掌握课本知识,至于个人独到的见解是不重要的,甚至是有害的。

2. 世俗性

实证主义文化注重实用和效能,现代教育秉承了这一理念,以满足个体和社会的世俗性需求为导向来发展自身。因此,无论是广大的社会成员,还是现代教育自身,都充斥着浓厚的功利主义色彩:谋一份收入丰厚、地位体面尊贵的职业是其接受教育的最终目标;对于教育本身而言,如何以最高效的方式、最大的承载量将课程知识传授给受教育者成为其不断探索的课题。于是,学生的自我反思、精神成长由于与效能相脱节而直接被搁置和抛弃,代之以对学生知识量的灌输、题海战术式的复习方式以及通过机械记忆来最大限度地获得知识的占有量等方式,来提高制造教育产品的效率。

3. 普及性

现代教育以其自身的知识价值和货币价值与社会流动产生密切的关联,这成为社会成员接受教育最强大的动力支撑。因此,现代教育就成为国家培养劳动力和个体提升自身货币价值的重要中介机制。

综上所述,现代教育以其科学性、世俗性和普及性的特征以及自身蕴含的知识价值和货币价值而成为生长在工业社会和实证主义文化土壤中的主流教育形态。由前述分析可知,现代教育在为社会创造巨大经济价值的同时自身也隐藏着人文精神危机。

(二) 现代教育合法化的前提:能够促进个体向上流动

现代教育之所以成为社会大众认可的教育信念,关键在于它是个体实现社会向上流动的重要机制,这与实证主义文化的核心理念——理性、世俗性有着高度密切的关联。同时,这种教育类型深刻地影响着个体未来的职业发展方向和程度。

1. 培养雇员素质:工业社会对教育训练的要求

在注重实用和效能的工业社会,对作为第一生产力的科学技术的不断更新就成为工业社会的首要经济目标。伴随而来的是对劳动者素质要求的不断提高,尤其对拥有科学知识、技能和职业规范的高素质劳动者的需求日益迫切。这实际上就是工业社会对现代教育的要求。

2. 教育训练与职业体系之间的关联性

结构功能主义者认为,分工体系是社会运作的基石,这种系统根据个体不同的能力和才干,将其安置到与其学识和能力相适应的位置上,进而使社会转化为一个具有高度组织性的结构体系,实现社会的有效运作。这种不同的分工即指个体从事的职业类别存在差异。这种不同的职业类别由于发挥的社会功能不同而具有高低不等的重要性,从而形成职业阶层化现象。结构功能主义者 Davis 和 Moore 将众多职业类别区分为专业、半专业、技术、半技术、无技术等五个职业阶层。这五个职业层级随着劳动者所拥有的知识体系与心智活动的完备程度而呈现依次递减的趋势①。由此可知,知识体系和心智活动发展程度决定着个体的职业类别和职业层级,进而决定个体所处的社会阶层位置,个体具备的知识体系、心智活动越完备,其条件越符合中高阶层职务的特性和要求,反之,则越相背离。因此,对于工业社会中的个体而言,经由教育训练最大限度地获取科学知识和技能,成为他们进入中高阶层职务、从而处于社会中上阶级位置的强大社会动力。由此可见,教育训练——职业阶层——社会阶层地位之间存在着高度的内在关联,而教育训练就成为决定个体能否实现社会向上流动的决定性因素和首要环节。提供这种教育训练的现代教育因与个体的社会流动存在着密切的关联而成为社会大众普遍认可的、公平公正的教育信念。

3. 教育文凭的知识价值和货币价值

既然知识体系和心智活动发展程度决定着个体的职业层级和社会阶层

---

①　姜添辉.资本社会中的社会流动与学校体系:批判教育社会学的分析[M].台北:台北高等教育公司出版,2002:34.

位置,那么这种存储于个体内在思维体系中的知识系统外在的表现形式为何? 就是教育文凭。这种教育文凭具有重要的知识价值和货币价值:

其一,就知识价值而言,教育文凭代表着完成特定工作所需的知识与技能。教育文凭因学校机构的层级差异而显现层级化特点:学历文凭的级别越高,代表个体的受教育年限越长,接受的教育训练越充分,知识体系越专业和精细,对社会价值信念和职业道德规范的认同度越高,越具有较高的雇员素养,从而越能胜任薪金待遇优厚的高级别职位,进而流入社会的较高层级;反之,则只能从事社会地位低下的体力型劳动而处于社会的底层。

其二,就教育文凭的货币价值而言,教育文凭代表着个体在职业市场体系中的劳动力素质和价值。雇主往往认为,高级别的教育文凭代表着个体因接受优质的教育训练而具备专业精深的知识体系和强烈的现代社会价值规范,因此与中上阶层品格具有高度的吻合和符应;反之,级别底下的教育文凭则由于与雇员素质存在显著差别而遭受雇主排斥。因此,高级教育文凭的持有者具有更大的职业市场选择空间和机会,因自身较高的劳动力素质而具有较大的货币价值;而低级文凭持有者由于自身条件不符合中高阶层职务的特性与要求,往往被雇主认为素质低下,从而蕴含的货币价值较小,因此从事无文凭要求或要求较低的体能性职务。

教育文凭的知识功能和价值功能使社会大众普遍相信,这种文凭因代表特定工作所需的知识、技能与职业规范而成为个人教育训练和劳动力素养的主要资格证明。这种证明由于将个人的教育训练、职业发展空间、社会流动方向以及社会阶层地位联系起来而受到社会大众的认可和追捧,并依循这种信念来培养自身的中产阶级品格和习性,使自身的知识价值和货币价值不断增值,从而实现职业地位和社会地位的提升。于是,现代教育最终实现了自身合法地位的转变,并成为为工业社会输送劳动力的重要生产机制,学校也因此成为架通教育体系和职业体系、文化领域和经济领域之间的桥梁,被视为培植工商活动所需人力的重要机构而显现工厂化特征。

三　教师作为实证主义文化执行者

由前述分析可知，教师经由个人受教育经历、师资培育的社会化机制以及学校场域的再社会化机制，成为中上阶层代理人，成为传递传播社会主流文化的主要力量。在以实证主义文化为主导的工业社会，教师同样要经过上述三个阶段的成长和历练，最终将实证主义文化的价值观念和思维方式内化于自身的价值体系之中，从而成为实证主义文化执行者。这种角色的形成同样经历以下三个阶段。

（一）现代教育：教师实证主义文化的形成背景

教师是现代教育中的成功者，多为接受过高等教育的人才能担任，实证主义文化的价值观和思维方式在教师身上初见端倪。

他们经由现代教育的内化和洗礼，实证主义文化的价值理念和思维方式在其内在价值体系中得以初步内化，具体表现为两个方面。其一，教师作为社会向上流动的成功者，较好地掌握了科学知识和方法，并形成学校教育和社会认同的正确的科学态度和科学信念，其学业表现和自身素养与现代教育的特性和要求相契合；其二，对科学知识正确、牢固、熟练地掌握是经由被动接受式学习来完成的，教师作为现代教育中的成功者对此非常娴熟。因此，题海战术、对知识的精确记忆成为教学策略和个体获得良好学业表现的有效手段。并且这种手段往往在效能至上观念的指引下陷入对知识量的盲目追求和占有而非对知识本身的意义理解和体验。个体的主观批判意识遭到压制而没有得到充分发展。

（二）师资培育：实证主义文化在教师身上进一步深化

师资培育课程藉由隐含的中上阶层价值观和技术能力倾向而为现代社会培育符合要求的师资力量，实用、效能由于能以最快捷的方式实现利益最大化而成为教师信奉的职业理念。因此，班级管理、教学教法等实用性课程占据了师资培育的主导地位。这种教育训练由于指向外在的教学技能而非内在的教育本真的价值而显现工具化特征,并使教师最终形成功绩主义的教育价值观,即:教育的目的和全部意义就在于最大限度地将知识传授给学生,因为这种知识对于学生升学和未来职业发展是不可或缺的。由于缺乏对教育和人的本真意义深层次的理解和认知,教师自身的反思批判意识被进一步压缩、窄化。

(三)学校场域的训练:实证主义教学文化在教师身上最终形成

现代教育以其追求效能、实用的理念及经济追求而带有功利化、工厂化特征,因此,教师作为现代教育的代言人和执行者,其从事的教学工作也要进行适当调整,以追随现代教育快节奏的步伐。

1. 知识取向的教学目标

依据前述内容,教育目标由于科学知识的客观性、普遍性和绝对性而具有预设性的特点。因此,建立在科学知识基础上的教育目标也具有价值中立和文化无涉的特征,科学知识就成为达成这种目标的最主要因素。其他非理性目标由于可操作性不强,不能带来直接的效益而往往被形式化和边缘化。因此,对课程知识的组织、设置成为教师教学目标的首要考虑因素。

2. 单向的知识传授

课程知识的去价值化特征和工具理性的思维方式,使教师将对客观事物的认知方式转嫁到受教育者身上。于是,学生成了教师致力于认识和改造的客体。这种认知进而发展出教师单向的知识传授方式,作为客体的学生只需按照标准化理解被动接受即可,无需加入个人独到的判断和情感体验。因此,学生的主动意识、探求精神在客体化的世界里被抽离,教师和学生之间建立起一种主体与客体、人与“物”的关系。

3. 量化的教学反思

教师量化的思维方式也蕴含在教学反思之中。教学目标是否完成、教学进度把控是否适当、教学流程是否顺畅、学生掌握知识量的多少,均成为教师进行教学反思的主要内容。于是在教师身上产生了一个悖论:外显的教育特征易受到教师的关注和重视，而内隐的(即教育促进人性的发展)教育深层意涵却被遮蔽。因此，追求实用、效能的价值观、工具理性思维方式、单向的知识传递以及有形的教学反思均因实证主义文化量化的价值导向而形成一体化现象，并显现于教师日常的教学工作中。

综合上述分析可知，在以实证主义文化为主导的工业社会里，教师经由自身受教育经历、师资培育以及学校场域的教学职务工作，自身的实证主义文化的价值理念、思维方式也经历了由初步形成到进一步深化再到最终形成的不断内化、生长的过程。因此，追求教学目标量的达成、教学效能的产出以及去价值化的客体认知模式，将教师的反思、批判的主体意识一步步推向被压缩、窄化的境地，直至教师成为教育生产线上的职业工人，教学成为制造教育产品的标准化流水线，教师的人文向度和精神品格逐步物化甚至呈荒漠化趋势。由于缺乏反省、批判的文化视野，教师无法洞悉蕴含在教育过程中的真谛，只能将注意力集中到有形的、外在的教育行为和特征上。教学日益显现技术化特征，教师也因自身物质和精神的失衡而呈现异化的特征。

综上所述，我们可以将本节内容小结如下。实证主义文化根源于工业社会，以科学知识型为理论基础，以理性、世俗性为核心理念。这种文化因实证科学知识致力于实务问题的解决而蕴涵实用、效能的价值理念，并由此发展出可计算、可预测、可空性强、追求利益最大化而不计目的本身是否合理的工具理性思维。由于科学技术以其高度的生产效能和带来的客观经济效益成为工业社会新的意识形态和控制方式，因此，建立在科学知识型基础上的实证主义文化就转变为现代社会的主流文化形态。由于现代教育能够传递科学知识和中上阶层价值规范而成为培养社会劳动力的重要途径，并最终以教育文凭的形式实现了自身合法化的转变。这种教育文凭具有重要的知识价值和货币价值，是个体科学知识占有量以及能够胜任的职业层级的资格证明。因此，教育文凭将个人的教育训练、职业发展空间以及社会阶层地位联系起来并受到国家和社会大众的广泛认可和信赖，成为国家提高劳动力素质、个人提升自身知识和货币价值的重要中介机构。于是,现代教育以其自身的科学性、世俗性、普及性来最大限度地满足个体和社会的世俗性需求。这种对物质利益的不断追求最终走向了功利主义的泥淖。现代教育也因自身预设的教育目标、去价值化的课程知识、工具理性的思维方式以及量化的评价标准而偏离其本体的育人功能,违背了自身发展的逻辑。

作为现代教育的代言人和传播者,教师经由自身受教育经历、师资培育以及学校场域的教学职务工作,无意识地将实证主义文化的价值理念、思维范式逐步内化,并最终由于深受这种文化的束缚而显现异化特征:追求教学目标量的实现、教学效能的产出以及去价值化的客体认知模式。在实用、效能价值理念以及工具理性思维方式的支配下,教师反思批判的主体意识最终被压缩、窄化,最终沦为教育生产线上的职业工人。文化批判视野的缺失使教师无法获悉教育的本体意涵,其技术化的教学行为最终使自身成为实证主义文化的忠诚执行者。教师最终沦为对教学上的实证主义文化的沉迷者,这使教师对学校文化与社会主流文化的关系、与农村文化、农村学生文化习性之间的冲突缺乏认知和警醒。

第三节　教师的阶层文化与学生的阶层再生产

一　阶层文化、主流文化与教育公平

(一) 阶层文化:开启分层研究的新路向

社会分层历来是社会学研究的重要主题。从20世纪70年代起,以法国社会学家布迪厄(Pierre Bourdieu)为首的一批西方当代社会学家开始突破经济因素,探寻文化与社会分层之间的联系,发现了阶层文化的存在,开创了文化社会学研究的新领域。

社会分层反映的是社会上各类物质性和象征性资源在不同人之间的分

布状况。①布迪厄将这些物质性和象征性的资源概念化为资本(capital)，将资本的范围从经济与物质领域扩大为经济、文化、社会与符号四种资本类型，并且根据四种资本类型的数量、结构及个人持有量的变化建构出社会空间的分层模型(见图8-1)。②通过图8-1，我们可以更加形象地辨认发达资本主义国家的社会分层结构。

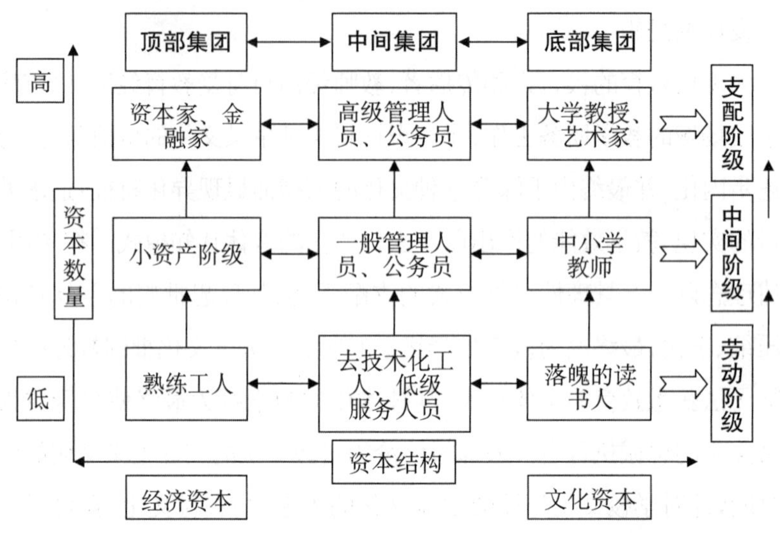

图9-1　布迪厄的社会分层模型(法国社会)

根据个体所属的阶级③、集团和出身，能够确定其阶级位置。阶级位置作为一种客观的外在结构，可以内化为个体的心智结构并形成惯习(habi-

① 李春玲，吕鹏. 社会分层理论[M]. 北京：中国社会科学出版社，2008：1.

② 特纳. 社会学理论的结构[M]. 邱泽奇等译. 北京：华夏出版社，2006：468—469.

③ 在西方社会分层理论中，阶级(class)与阶层(stratum)是极为复杂的两个概念。需要注意的是，在中国，由于特定的国情，社会分层研究者往往避免使用阶级而倾向于使用阶层一词。在本文中，尽管是分析性介绍西方的理论与研究，但考虑到当下中国的学术语境，我们对阶级与阶层两词的含义不刻意进行严格区分，但在表示明显由经济导致的不平等、具有支配与被支配等“刚性”关系时，偏向于使用阶级一词，而在文化、消费、生活方式等“象征”领域，一般使用阶层一词，而不去考虑在严格意义上该词仅仅是狭隘的等级关系。见李春玲、吕鹏. 社会分层理论[M]. 北京：中国社会科学出版社，2008：11—15、158—166.

tus)，它伴随着行动者在特定场域中开展工作、生活、特别是消费与文化活动，展示阶级印记。不同阶级位置的行动者具有不同的思维方式、语言体系、文化品位和生活方式，表现出不同的阶层文化，后者又进一步巩固既存的阶级结构。“客观的”阶级结构与“主观的”阶层文化之间具有某种结构上的同源关系(structural homology)。① 凭借这两者之间的辩证互动关系，布迪厄的理论可以使马克思的阶级分析理论变得细致和丰富，可以弥合韦伯分层体系中经济维度与文化维度之间的鸿沟，并开创分层研究中注重书籍、音乐、艺术、影视等文化消费，服装、食品、家具等日常生活品消费，以及休闲方式、人格品性等内容的研究路径，极大地推动了分层研究的文化转向。②

特定阶层的人总是拥有他们独特的、区别于其他阶层的文化印记，这就是阶层文化。它从该阶层成员的文化程度，语言与思维特点，生活方式、生活风格和品位，消费方式、结构和水平，社会生活与交往圈等方面体现出来。从上述文化要素方面能够对社会群体做出大致的阶层划分，比如，我们可以从一个家庭是经常欣赏歌剧、交响乐还是经常看大众化的电视节目、打扑克牌、听流行音乐等方面对其阶层归属做出大致的划分。所以，和卡尔·马克思基于人们在生产关系中的位置、人们对生产资料占有与否进行阶级划分，以及马克思·韦伯基于权力、财富、声望三位一体进行阶级划分相比，在布迪厄的社会分层模型中，文化要素、文化资本占据着重要位置。阶层文化可以成为衡量阶层归属和生存状态的重要维度。

传统的阶层划分与研究重在把握经济要素、人在社会中的客观位置以及权力支配关系，这是阶层的实质问题，体现了阶层划分标准与阶层研究内容中的深度和本质；当代阶层划分与研究开始拓展到文化、生活形态与品位等要素，这是阶层问题的日常生活层面，体现了阶层划分标准和阶层研究内

---

① 李春玲，吕鹏. 社会分层理论[M]. 北京：中国社会科学出版社，2008：192—193.

② Pierre Bourdieu. Distinction：A Social Critique of the Judgment of Taste. 转引自：李春玲、吕鹏. 社会分层理论[M]. 北京：中国社会科学出版社，2008：194—195.

容中的广度和全面丰富性，能够展现特定群体的丰富多样的生存状态。

（二）阶层文化与主流文化的关系

1. 两种阶层文化类型

客观的阶级位置之间的差异可以结构化为行动者的惯习、并通过行动者的实践表现出来，其结果是人们在审美眼光、语言风格、饮食态度与穿着方式等文化行为上的差异。① 其中支配阶级的文化以文化精英为代表，表现出“自由奢侈品味”；而劳工阶级的文化则表现出“实用需求品味”。②

“自由奢侈品味”远离直接的经济与物质需求，注重艺术与哲学上的自我考虑，表现出审美上的“纯粹眼光”与对艺术作品的“奢侈品味”，即他们只关心艺术的形式，并把形式提升到具体的功能与内容之上，而并不在乎艺术表现了什么现实。因此，对支配阶级而言，艺术从生活中剥离出来，其品味与基本物质需求的距离越拉越大，普通的成为审美的、物质的成为符号的、功能的成为形式的。具有“自由奢侈品味”的社会成员在互动中表现出对话时的礼貌、有距离的和规规矩矩的风格；他们吃东西时有着严格的规范和纪律，食物不应太满，注重美观；他们在衣着样式上也要选得时髦且在审美上要和谐，而不太在意其功能上的实用与适当。③ 中上阶层从事的多为心智型工作，生活于人工环境、工作于符号世界，脱离实际的物质生产过程，依托符号与抽象开展工作，在此基础上形成了“学术性知识”系统，以及以逻辑与抽象为特征的思维方式、以复杂的语法和文句为特征的精密型言说系统、以高雅文化为特征的教养与审美品位。

与“自由奢侈品味”相对，“实用需求品位”与经济、物质需求紧密结合，反对作为颓废与堕落形式的自我满足的艺术形式，表现出审美上的“大众眼

---

① 特纳. 社会学理论的结构[M]. 邱泽奇等译. 北京:华夏出版社,2006:472.

② Pierre Bourdieu. 差别:关于品位鉴赏的社会评判[A]. 格伦斯基. 社会分层[C]. 王俊等译. 北京:华夏出版社,2005:444—449.

③ 特纳. 社会学理论的结构[M]. 邱泽奇等译. 北京:华夏出版社,2006:472—473.

光”,即喜欢简单与真实,希望艺术反映现实、象征现实。“实用需求品位”的社会成员在互动时表现出更为物质化的方式,彼此接触身体,开怀大笑,尊崇直言不讳,反感疏远与虚伪的礼节;他们对食物喜欢盛满,少些高雅而多些物质上实实在在的满足;他们在选择衣服和家具时也注重实用,用真实来抵制形式与奇异。① 劳工阶层从事的多为体能性、机械性的非心智类工作,工作于具体实在的物质劳动过程中,这种劳工事务形成了“实务型知识”系统,以及以日常理性为特征的思维方式,以简单、直接、非结构为特征的限制型语言系统,以流行、畅快和实用为特征的教养与品位。

2. 社会主流文化与价值观的形成机制

社会主流文化与价值观的建构过程具有文化霸权(culture hegemony)的性质。② 一方面,不同阶层的人因为不同的工作与生活方式而产生不同的文化类型。这些文化类型之间本来并无高低优劣之分,理应呈现出多样化的水平结构和中立、平等的文化生态。但是由于中上阶层的文化与优厚的物质条件、闲暇的生活方式相联系,在社会评价体系中获得了优越地位,社会各阶层的文化因而也呈现出垂直结构和阶层化现象。③

另一方面,支配阶级为了寻求统治的合法性与合理性,在武力与暴力等硬性统治之外还需进行柔性和隐性的支配,而文化与意识形态建设正是达成此目的的最有效途径,能够达到使社会大众发自内心的认同与臣服的效果。为此,支配阶级利用其握有的经济与权力优势,取得了文化领导权地位,并利用宗教、家庭、学校、媒体、政治和立法等机构,在“有机知识分子”(organic intellectual)④的帮助下持续、广泛地传递支配阶级的文化,使其成

① 特纳. 社会学理论的结构[M]. 邱泽奇等译. 北京:华夏出版社,2006:473.

② Antonio Gramsci. Selections from the Prison Notebooks of Antonio Gramsci [M]. New York:International Publishers,1971:57—58.

③ 郭木山. 国小教师教学生活世界的宰制与觉醒[M]. 国立台南大学教育经营与管理研究所博士论文,未出版,2009:15.

④ Antonio Gramsci. Selections from the Prison Notebooks of Antonio Gramsci [M]. New York:International Publishers,1971: 9—10.

为社会的主流文化和支配性文化,使社会成员在无意识中消化、吸纳、认同之,并产生自觉自愿地顺应与服从行为。这样,支配阶级不但将社会主流文化与价值观背后的权力与支配关系深深地隐藏起来,而且对社会大众实现了文化霸权,达到了隐性支配的目的。因此,社会主流文化与价值观深具中上阶层文化的烙印,表现出以文化精英为代表的"自由奢侈品位",把文化结构体系中的其他文化类型推向边缘。

（三）阶层文化对于教育公平的意义

阶层文化不仅能够凸显不同群体的生活样式、不同群体丰富多样的差异与分化,还因为与学校文化之间的内在关联而具有更为深远的教育学意义。社会上层拥有的阶层文化往往会成为社会的主导性文化、支配性文化,它相对于中下阶层的文化而言具有优势和优越性,后者要接受、学会前者的文化才能受到前者的重视并融入其中,而这通常要通过接受教育来实现。上层文化作为精英文化、精致文化总是会成为学校教育中的支配性文化。于是,学校文化与不同阶层文化之间的吻合性是不同的。中上层家庭的子女因为其携带的文化与学校文化具有较高的一致性而更容易在学校教育中获得尊严、自信并取得学业的成功;下层家庭的子女则需要付出更加艰苦的努力来改造自身固有的阶层文化,学习、适应学校文化,特别努力特别优秀者在逐步蜕变中会取得学业成功,更多的人迎来的则是学业失败。教育上的成败与就业体制相结合,阶层分化便形成了。在其中,阶层复制现象大量存在着。

这样一来,我们通过朝学生的阶层文化背景这个纵深方向,挖掘制约教育公平的深层而隐蔽的因素,就开启了阶层文化的教育学意义。对于其他职业来说,阶层文化只能使其意识到阶层与文化之间的联系,充其量是增强其日常生活的自觉性。但教师做的是一种阶层再造的工作,所以阶层文化对于教师职业来说则具有特殊意义:是成为文化无意识、不觉醒的,现存阶层秩序维护者的教师;还是成为担负解放、民主和公共关怀旨趣的,对现行教育秩序与功能进行转化工作,勇于从手下的日常教学工作开始进行学校教育变革的转化型知识分子①？从阶层文化的角度分析教师职业的特点，分析教师阶层文化与各阶层文化之间的联系、与学校文化之间的关系，有助于引导中小学教师反思自己的日常工作并发展成为转化型知识分子。

二　中小学教师的社会地位和阶层文化

（一）中小学教师社会地位中的矛盾性：新中产阶级与被支配者

我们可以从以下三个角度分析中小学教师的社会地位。

1. 文化与符号资本的角度

中小学教师一般都接受过大学教育，具有教师资格证书与相应的职称头衔。他们不但拥有学科知识、教育学和心理学方面的知识，还拥有参加各种在职进修与专业培训的机会；并且，由于学校教育的特殊性，他们往往能够获得较高的道德尊重。因此，他们相对于一般民众而言具有较多的文化与符号资本。然而，与大学教授、艺术家、思想家等文化精英相比，他们并不直接参与知识生产，处于传递知识的地位。随着教育普及程度的提高，电视、网络等知识传播渠道的多元化，大众的知识水平不断增长，与中小学教师的知识差距在缩小；文化精英所拥有的知识却更加艰深，与中小学教师的知识差距在扩大。中小学教师拥有的知识出现常识化趋势，没有多少专门性、神秘性可言。因此，相对于文化精英而言，中小学教师具有的文化与符号资本要少得多。

2. 经济资本的角度

中小学教师由国家雇佣进行非生产性劳动，不直接创造剩余价值，而享受源自公共财政或二次分配的工资。② 教师的工资基本上由行政当局规定，教师本人没有多少发言权，即使在一些国家曾经出现教师通过专业协会

---

① 吉鲁. 教师作为知识分子——迈向批判教育学[M]. 朱文红译. 北京：教育科学出版社，2008：152—155.

② 哈利斯. 教师与阶级：马克思主义分析[M]. 唐宗清译. 台北：桂冠图书股份有限公司，1994：12—13.

以工会主义的方式争取经济权利的事件,①但是他们更普遍的态度是长期等待,他们是经济上的受压迫者。结构功能主义认为某一职业的报酬应根据其对社会的贡献大小而定,②教师职业既然是一项“十年树木、百年树人”的职业,其社会效果就不那么明显,并且有资格成为教师的人随着高等教育大众化时代的来临而变得充裕,因此他们的报酬在职业体系中处于偏低的水平。这些因素导致教师缺乏经济资本。

3. 社会资本角度的分析

由于传统的专业(如医生、律师等)需要较长的学习周期、必须承担高额的机会成本,因此教师职业往往成为那些立志向上流动的底层青年们的首选途径;与此同时,教师职业的地位和收入不高,对社会中上阶层的孩子缺乏吸引力。底层出身的中小学教师与社会中上阶层中的其他团体关系遥远,而且接受长期的基础教育和高等教育后他们与其出身的底层社会也出现了断裂,这使得他们几乎游离在各种关系网络之外,缺乏社会资本。不仅如此,国家权力自上而下地设计课程内容、考试手段等,教师仅仅是具体政策的执行者;学校的科层体化管理模式也强化了教师为达成外在目的而执行命令的角色。③ 因此,教师的活动、权力与组织资源被限定在教室内部。再加上学校教育工作的相对封闭性,教师最终成为社会资本的匮乏者。

综合上述三方面的分析,对于中小学教师的社会地位,我们可以得出以下结论:中小学教师具有多于普通民众但少于文化精英的文化与符号资本,故处于中间阶层。然而,相对于同处中间阶层但在经济与社会资本上占绝对优势的小资产阶级、占相对优势的熟练职员而言,他们又是经济

---

① 姜添辉.九年一贯课程政策影响教师专业自主权之研究[J].教育研究集刊,2002(6).

② Kingsley Davis & Wilbert Moore.分层的一些原则[A].格伦斯基.社会分层[C].王俊等译.北京:华夏出版社,2005:39.

③ 姜添辉.九年一贯课程政策影响教师专业自主权之研究[J].教育研究集刊,2002(6).

与社会资本的匮乏者，所以处于中间阶层的底部集团。由此我们看到中小学教师社会地位中的矛盾：一方面是中间阶层的一员，在经济、社会、文化资本方面都不同于社会底层中的劳工群体；另一方面他们在中间阶层中又因缺乏经济资本而处于被雇佣与受压迫的地位，因为缺乏社会与组织资本而身处科层体制的底层，因为不直接参与知识生产而处在知识传递者的位置。

（二）中小学教师的阶层文化特性：中上阶层文化倾向与执行者文化

1. 倾向于“自由奢侈品位”

中小学教师多出身于社会的中低阶层。许多研究和调查表明，在资本主义社会，绝大多数教师特别是中小学教师都出身于劳工阶级家庭。以英国为例，20 世纪 60 年代，有 40％的小学和职业中学教师的家庭背景是劳工阶级。① 西方马克思主义研究者认为，必须从生产过程、生产资料的占有形式、统治与被统治关系的角度研究阶级，并认为教师是国家为维持资本主义总体条件、维持政治与意识形态控制而雇佣的非生产性劳动者（unproductive worker），教师既作为国家雇员代表国家行使权力，不拥有生产手段并承受着经济压迫。因此，教师被界定为“（非生产性的）劳动者/非（生产资料的）所有者/（在经济上的）受压迫者/非（剩余价值的）生产者”，并且具有无产阶级化倾向。②

中小学教师一方面因具有较多的文化资本、缺乏经济与社会资本，处于中产阶级的底部；另一方面在处境上又与支配阶级中的文化精英具有文化上的亲和性，因为处于同一纵向场域，为了对抗经济与社会资本拥有者的支配，他们会联合起来，动员符号资源以形成某种相同的意识形态，强调他们所掌握的文化资源的重要性，力主为自己而学习知识，注重精神生活，反对

---

① 姜添辉：资本社会中的社会流动与学校体系——批判教育社会学的分析［M］．台北：高等教育出版社，2002：79—81．

② 哈利斯．教师与阶级：马克思主义分析［M］．唐宗清译．台北：桂冠图书股份有限公司，1994：93—109．

完全商业主义。① 与此同时，中小学教师的工作属性即为教书育人、传递知识，他们与知识本身具有天然的亲和性，往往对学校教材中精英化的生活规范、道德规范和科学化知识深信不疑，经常跨越经济承受力的边界向自由奢侈品位靠近，有时为了捍卫上述规范与知识的权威性而不惜体罚学生。

因此，我们看到中小学教师阶层文化的第一个向度：向文化精英看齐，倾向于"自由奢侈品位"，期望与之一体化。"在经济上他们不属于统治阶级，但是在文化和政治立场上是趋向于统治阶级的。"②

2. 排斥"实用需求品位"

相对于劳工阶级而言，中小学教师身处中上阶层，他们在经济与社会资本、尤其是文化资本上具有优越性。他们的社会化经历与精英文化倾向使他们与社会主流文化高度一体化，他们疏远、甚至脱离了底层文化。"他们的阶级出身所带来的文化与思维模式并没有在学校中传递给学生或表现出来，相反，他们代表着社会中上阶级的价值观和文化思维模式，并通过学校的机制传递给所有的学生。因为教师是通过教育实现社会向上流动的'典范'，他们在受教育的过程中，取得了向上流动的资格和证书，同时他们也被中上层阶级的文化、生活方式、思维模式洗礼和改造了。"③他们认为劳工阶级过于注重物质生活，交往时肢体接触频繁，饮食衣着过于看重实用，显得太世俗、太没有修养，生活习惯特别是卫生习惯差。为此，他们排斥工人阶级的"实用需求品位"，一有机会就会纠正自己学生身上携带的劳工文化痕迹和坏习惯。然而，对于那些出身于底层的教师而言，他们早年家庭的社会化经历毕竟在他们身上留下了难以磨灭的痕迹，可能会在某些"正式"场合暴露出不合品位的举止。例如，在某个高级宴会上他可能将葡萄酒倒得很满，在大庭广众下作报告时可能不那么泰然自若，他的语言可能会不时蹦出

---

① 特纳. 社会学理论的结构[M]. 邱泽奇等译. 北京：华夏出版社，2006：471.

② 郑新蓉. 教师的阶层身份、社会功能与专业化[J]. 教育学报，2005(3)：30—34.

③ 同上。

家乡土话，总之会生出文化错位之感。可是一旦他注意到自己的举措失当，便会深感耻辱，并且痛下决心纠正。

由此我们看到教师职业文化的第二个向度，即先是无意识地疏远劳工阶级的“实用需求品位”文化，后来演进为排斥劳工文化。

3. 教育教学工作中的执行者文化

由于缺乏文化资本，中小学教师处在知识生产的末端，处于传递知识的位置，导致其教学工作具有固定性与重复性，他们也成为既有知识的忠实传递者。

由于缺乏社会资本，国家权力与科层组织将教师的权力进行内外切割，将教师的活动牢牢限定在教室内部。国家通过制定课程标准、设计课程内容、规定教材版本，使教师成为课程的消费者、既定内容的传播者；通过控制考试、制定教学进度表、主导功绩主义的考核方式，规定教师的教学内容、进程与方向，使教师成为达成外在目标的忠实执行者。①

由于缺乏经济资本，他们被国家雇佣，行使非生产性劳动职能。他们的工作不止于课堂教学，批改作业、维持班级纪律、检查卫生、处理学生矛盾等几乎发生在学生身上的一切事情都要他们去处理，教师始终处于“去做”的状态，致使教师职业具有耗时性与琐碎性，教师成为“蜂箱里忙乱的蜜蜂”。②

因此，文化资本、社会资本与经济资本的限制使教师的工作内容重复、形式固定、事情繁忙，他们按照他人设计好的内容与方式执行任务，并且淹没在各种琐事之中。教师习惯于机械地、按部就班地执行自上而下的教育政策、管理规章和教学法规范，只关心“怎么做”、不关心“为什么”，丧失了全面唤醒人的生命潜能、改造社会等教育应有的文化和政治意义，最终沦为学

---

① 王渝华. 国小教师工作的异化现象与成因[M]. 国立台南大学社会科教学硕士班硕士论文，未出版，2005:89—90，110—111.

② 欧用生. 质的研究[M]. 台北：师大书苑出版，1989:263.

校工厂装配线上的一名操作工，是教育领域的劳工而非知识分子、文化思想的启蒙者和生命意义的激发者。

由此我们可以归纳出中小学教师阶层文化的第三个向度，即受国家权力和学校体制限定、并由工具理性思维支配的执行者文化。

三 中小学教师阶层文化对教育公平的冲击

（一）学校教育通过文化再生产实现阶层再生产

1. 阶层再生产现象的大量存在

教育是打破阶层壁垒、实现社会代际流动的阶梯，还是固化阶层边界、进行阶层再生产的工具？结构功能论者认为学校教育客观反映社会需求，为所有学生提供一个开放、公平的竞争环境，对不同能力的学生进行筛选分类，进而选拔分配到不同职业。因此，学校教育可以打破原有的阶层限制，学生能够凭借获致性因素成功实现代际流动，从而铸造一个开放公平的社会。① 然而，后续的研究表明，学校教育并未有效地发挥促进社会代际流动的功能，相反，在很大程度上进行着阶级再生产，即社会中上阶级的子女通过接受学校教育后仍旧进入中上阶级，社会底层的子女往往过早地表现出教育失败，即使接受教育也还是流向底层。② 例如，一项研究指出，出身于较高阶级并停留于原阶级的比率接近一半（48.3%），③而仅有 4%的蓝领劳工阶级来自于专业或经理家庭背景。④ 这些研究不但表明高比率的阶层

① 姜添辉.结构功能主义的缺失与权力的特性[J].初等教育学刊，2000：8.

② 布尔迪约，帕斯隆.继承人——大学生与文化[M].邢克超译.北京：商务印书馆，2004：5.

③ J. Goldthorpe and R. Breen. Class Inequality and Meritocracy: A Critique of Saunders and Alternative Analysis[J]. British Journal of Sociology, 1999(1)：1—27.

④ J. Goldthorpe, C. Llewellyn and C. Payne, 1987, Social Mobility and Class Structure in Modern Britain (second edition). Oxford：Clarendon. 转引自：姜添辉.资本社会中的社会流动与学校体系——批判教育社会学的分析[M].台北：台北高等教育出版社，2002：186.

再生产确实存在,而且这种再生产在社会阶层结构的上下两极更为明显。

2. 学校教育的文化再生产功能

学校教育复制既存社会阶级结构、背离促进社会流动功能的原因是什么?布迪厄的理论认为文化再生产是阶级再生产的主要途径,而学校教育恰恰是进行文化再生产、合理化现存社会秩序的主要机构。①

在资本主义国家中,通过教育专家特别是课程专家以及其他有机知识分子的努力,体现中上阶层文化的社会主流文化和价值观会进入学校,成为课程甚至考试的主导性内容和价值。所以,学校教育要传递的文化与价值观并非价值中立的,具有浓厚的中上阶层文化属性。

另一方面,学校中不同社会经济背景的学生因其早年家庭教育和社会化经历的不同,携带着不同的阶层文化、具有不同的文化资本与惯习。这样一来,就出现了学校主流文化与学生固有的文化习性之间是否契合的问题。与学校文化的契合程度也就成为决定个体学业成就的关键因素:来自中上阶层的学生通过家庭中的早期社会化经历,已经预先具备了与学校特性相契合的文化习性,容易取得教育成功,并经由就业渠道进入较高的社会阶层;而底层学生则经由家庭的中介力量形成了与学校教育契合度低的文化习性,往往导致学业失败,并经由就业渠道进入较低的社会阶层。这样一来,学校教育通过对社会主流文化的再生产实现了阶层的再生产。批判性的教育社会学研究者将阶层再生产的根源指向学校教育:"对父亲职业与儿子进入大学机会关系的粗略统计显示,农业工人的儿子上大学者不到1%,而70%的工业家儿子上大学,自由职业者儿子上大学的比例超过80%。这一统计清楚地表明,教育系统客观地进行着淘汰,阶级地位越低受害越深"。②

---

① 布尔迪约,帕斯隆.再生产——一种教育系统理论的要点[M].邢克超译.北京:商务印书馆,2004:5.

② 布尔迪约,帕斯隆.继承人——大学生与文化[M].邢克超译.北京:商务印书馆,2004:5.

（二）教师进行社会主流文化再生产的结构性原因

1. 社会主流文化、教师的阶层文化和中上阶层学生的文化习性之间存在一致性

在主流文化再生产以及阶层再生产的链条中，教师是重要的一环。教师虽然深知学生的学业成就与其就业和进入什么阶层之间具有直接的联系，却没有意识到学生的学业成就受其固有的文化习性与学校主流文化之间契合程度的影响。他们本应带着批判与解放的态度进行教学，将课程内容、道德秩序的阶层文化属性揭示出来，同时深切体会不同学生的阶层文化背景、文化资本与文化习性，并对学校教育中存在的不平等进行缓冲、消解、转化，成为社会主流文化再生产链条上的松绑者与转化型知识分子。但是已有的研究和教育实践表明，教师不但未能如此，反而走向了反面，丧失了“教育信念”，失去了对“文化再生产的知觉”，对现行教育观念与秩序中的不平等显现出无意识和不觉醒，成为社会主流文化再生产链条上的推手。①之所以如此，根据我们前面对中小学教师社会地位及阶层文化的分析，是有其必然性的。

中小学教师的阶层文化倾向于“自由奢侈的文化品位”，这使他们容易和代表了社会主流文化与价值观的学校文化、以及出身于中上阶层的学生身上的文化资本与文化习性相契合，由此使学校文化、教师、中上阶层学生在社会主流文化与价值观的文化逻辑上产生一体化现象。

与此同时，教师的职业文化又排斥以劳工文化为代表的“实用需求的文化品位”，这使他们对出身于社会底层的学生身上的文化资本与文化习性较为反感，他们一有机会便会想办法对其进行纠正、改造。这样做的结果是，底层出身的学生中只有少数具有优秀潜质的被选择出来，通过艰苦的努力逐步疏远其家庭的阶层文化、改变行动逻辑，适应并融入主流文化，最终获

---

① 姜添辉.教师是专业或是观念简单性的忠诚执行者？文化再制理论的检讨[J].教育研究集刊,2003(4):114—117.

得教育成功;而绝大多数底层出身的学生则同时面临着来自学校文化与教师的双重排斥,他们会感到明显的文化错位、学习困难,在学校中经历教育挫折,还未来得及最终实现文化转型便被教育选拔制度淘汰出局,过早地表现出教育失败。

然而,使上述社会主流文化再生产链条加速运转的,是教师的执行者文化和追求实用的工具理性思维。他们的主要工作,是将教育体制预定好的课程内容以完成目标、追求效率的方式传递给学生。在此过程中,教师的思维被模式化、心智被窄化、甚至本人也被异化。这使得他们成为单向度的人,无法洞见、反思学校文化与社会主流文化之间的关联性,以及隐藏在社会主流文化背后的权力与支配关系,进而对学生的学业失败给予天赋低下、智力不高、不努力学习、习惯不好、家庭条件差等维度的错误归因,而对更广泛、更深入的制约因素特别是阶层文化因素毫无知觉。

2. 教师的培养培训过程使其认同主流文化

中小学教师通过其早期的受教育经历与师资培养培训过程,逐渐吸收、内化主流文化和价值观,竭力使自己更像中上阶层的人,并最终形成中上阶层的信念体系、思维方式、语言模式以及行为表达方式,在无意识中帮助统治阶级和学校教育进行了文化再生产和阶层再生产。

首先,教师在学生时代接受的教育训练等社会化机制就已体现出这种疏离底层文化与认同主流文化的情况。一些对底层青年社会流动的有影响的研究表明,多数大学生早在 9 年级时就脱离了他们的伙伴,当他们还是孩子的时候,就已经适应了一种导致向上流动的文化模式。①

其次,他们工作以后需要接受学校场域的再社会化。已有的研究指出,特定工作事务的属性明显影响从业人员的阶级认同(class identity),教学事务包含许多中上阶级职务的特性,诸如完成工作主要不依赖体力或技艺,而靠心智思考;工作场所的物理条件具有高度的舒适性;工作较为稳定甚至

① 怀特. 街角社会[M]. 黄育馥译. 北京:商务印书馆,2005:153.

有一定程度的保障,这使他们在意识上高度认同中上阶级。①

因此,布迪厄说:“教育制度自主性掩盖了在中立和客观的外表下教育制度是为社会保守力量服务的。……他们(指教师——引用者注)便掩耳盗铃,习惯于为资产阶级文化秩序效劳。他们既依恋学校的中立性又攀附资产阶级文化的根本价值观,这种双重性使他们成为通过教育教学再生产资产阶级文化的最得力助手。”②

通过以上分析我们看到,资本主义国家中的教师在学校场域中进行文化再生产与阶层再生产是具有深层根源的,而教师的社会地位与阶层文化是关键的结构性原因。这种原因与一般的教育资源分布不均、某个教育政策对教师工作的干预等导致教育不公平的因素具有很大区别,后者往往具有外在性、直接性和间歇性,比较容易察觉,也相对容易解决;而前者却相当隐蔽,在一定程度上具有先天性、必然性(来自于政治和经济的影响),一般难以解决。这种结构性限制让中小学教师陷入文化无意识状态,成为学校教育承担社会主流文化再生产与社会阶层再生产链条上的助推者。

四 对于中国的启示

在当下中国,阶层壁垒、阶层固化现象已经引起了人们的关注。2010年9月16日《人民日报》第17版发表长篇通讯“社会底层人群向上流动面临困难”,2010年9月19日《半月谈》发表“底层群众靠什么改变命运”的文章,引起了广泛而强烈的社会反响,阶层固化、寒门子弟进名校难、农村孩子通过接受教育改变命运越来越难等成为热门话题。人们发现,社会中上阶层的子女比中低阶层的子女进入名校、获得体面工作的概率大;社会底层的

---

① 姜添辉.资本社会中的社会流动与学校体系——批判教育社会学的分析[M].台北:高等教育出版社,2002:313.

② 布尔迪约·帕斯隆.继承人——大学生与文化[M].邢克超译.北京:商务印书馆,2004:1—10.

子女中有很大比例的人在中考、高考中没有取得成功而流向薄弱学校、中等职业学校或者进入社会，即使有幸能够上大学也只有很少的人能进入“985工程”大学，更多的人毕业后依旧面临严峻的就业压力与生存困难，依旧处在社会底层。一项关于武汉市高校毕业生低收入聚居群体的调查表明，八成“蚁族”出身“穷二代”。① 有学者通过实证研究指出，我国 20 世纪 90 年代以来，教育精英化和市场化导致教育机会分配不公平，进而也会促使社会朝着两极分化的方向发展。② 1999 年以来的大学扩招“没有减少阶层、民族和性别之间的教育机会差距，反而导致了城乡之间的教育不平等上升”。③ 可以说，我国的学校教育也在一定程度上发挥了阶层复制的作用。

前面所述的是资本主义国家教师地位、教师阶层文化及其在学生阶层再生产中的作用，这些情况在我国的学校教育体系内、在我国的教师职业中也部分地存在，这一点通过我们的直接经验可以证实。同时也应当看到，我国社会主义现代化建设过程中出现上述不公平现象，部分地是工业化、市场化、城市化以及社会管理变革尚不完善的衍生物。不过，上述社会现实应当引起高度的重视和警惕，我们研究西方资本主义国家中学校教育和教师承担文化再生产、阶层再生产功能的机制及其对于教育公平的冲击，是非常有必要的，可以加强我们的自觉性并着手预防与规避。

---

① 搜狐网：《武汉“蚁族”调研报告出炉，八成出身“穷二代”》，http://news.sohu.com/20100526/n272345045.shtml.

② 李春玲.社会政治变迁与教育机会不平等[J].中国社会科学，2003，(3)：88、98.

③ 李春玲.高等教育扩张与教育机会不平等[J].社会学研究，2010，(3)：82.

第十章 结语:逐步消除文化间不平等对教育公平的影响

一 研究当前农村学校学生的学习状态具有重要的实践意义和理论意义

以农民为主体的底层社会群体的社会流动,是关涉社会公平与稳定的重大问题,也是近期国家要高度重视和努力解决的问题。今天,高考分数已经基本上成为决定个人未来社会阶层地位的重要筹码,农村学生能否参加高考和高考分数高低取决于农村学生的学习状态和学习质量。所以,深入细致地调查农村学生的学习状态、剖析其成因,揭示其对于农村学生未来阶层地位的影响,并提出相应的解决对策,具有极其重要的政治意义、社会意义和教育意义。

本研究从各阶层文化品性及其与支配性文化之间的符应关系以及这种关系对学生学习状态、学业成就的影响的角度,剖析农村学生学习状态及其成因、后果,进而探讨教师在其中的作用,选题新颖、研究视角独特,具有重要的理论意义。国内学者的相关研究基本上都是论述农村学生入读重点大学的比例、家庭背景对农村籍大学生就业的不利影响,这些尽管是农村学生阶层复制中的重要环节,但仍然是停留在表面。本研究深入到教育教学的实际过程中,在发现了大量农村初中生隐性辍学、厌学的学习状态并与学校产生了文化冲突之后，从教学内容与方法的文化取向，以及行为规范的价值取向方面剖析了学校主流文化与学生携带的底层文化之间的冲突，实证主义文化、城市消费享乐主义文化和中上阶层文化与学生携带的乡村文化之间的吸引与排斥关系，以及上述关系给学生学习结果、分流等方面的影响。以上从人们往往看不出不公平要素的教育教学具体环节中挖掘出不公平问题，实际上就是延展、开拓了人们关于教育公平和义务教育均衡发展的视野，也指明了解决教育公平问题的更加广阔的空间。本研究拓展了教育公平、教育成层甚至国内教育社会学的新视角、新方向和新领域，深化了教育公平、教育成层、教育阶层复制功能研究的内涵和水平。本研究在广度和深度上推进了国内教育社会学的研究进展，所以具有重要的理论意义。国外虽有相关研究，但本研究在国内尚属首次从文化角度深入到教育内部环节中挖掘制约教育公平的要素。

二　文化间的不平等既具有客观性也具有主观性

中上阶层文化对于底层文化具有优越性，城市文化对于乡村文化具有优越，这种文化间的不平等是导致教育教学过程和结果不公平的重要因素。但是这种文化间的不平等既具有客观性也具有主观性。

客观性指的是，随着工业化、现代化和现代科技的发展，直接的物质生产过程越来越多地使用机器和科技，生产与服务的技术含量逐步增加，白领阶层越来越增加，人们的生活水平逐步提高，人们用于闲暇生活的时间增加、能力增强，中上阶层增加、中上阶层的自由奢侈品位文化的优越性增强，所以，从人类历史发展阶段来看，这种中上阶层相对于中下阶层文化的优越性具有一定的必然性。在中国，社会管理者、教育管理者和专家并没有主观故意制造这些不平等，只是因为身在这个发展趋势中，对各阶层文化之间不平等及其对教育公平的不利影响缺乏清醒的意识。这些无意的、顺应文化优越性的选择在事实上造成了教育的阶层复制功能。

此外，父母文化程度、教育观念，家庭文化背景和教养方式等作为影响子女文化习性、人格品性、精神境界甚至学业成就的重要因素，是很难用外力从外部改变的。

主观性指的是，教育者总是更加喜欢成绩好的、气质好的、穿着打扮好、习惯好的学生，不太喜欢来自底层的习惯不好、气质谈吐穿着不好、不讲卫生、成绩不好的学生。升学加分项目总是落在中上阶层文化和城市文化阵营里，会弹钢琴可以加分但是会干农活做家务就不能加分。考试总是有利于听话乖巧、见多识广、记忆力和抽象思维能力强的学生而不是实际生产劳动、做家务和生活能力强的学生。教育评价、教育筛选以及社会选拔人才仍然缺乏多元智能观念，总是倾向于那些智能、外表性能力等而不是人内在的涵养、品德和精神境界。各种教育决策和选择总是过于重视功利性效果而忽视教养性效果。

三　如何逐步弱化直至消除文化间不平等对教育公平的影响

客观性意味着存在的必然性，不可完全避免；主观性意味着可以逐步减轻和弱化这种不公平现象。同时也应当看到，在我国社会主义现代化建设的初级阶段之所以出现上述不公平现象，部分地是工业化、市场化、城市化以及社会管理变革尚不完善的衍生物。不过，上述社会现实应当引起高度的重视和警惕。

本研究的意义就在于发出警醒，更新人们的观念使其认识到更多的制约教育公平问题的要素和环节，然后加强我们的自觉性，并尽力去着手预防与规避文化不平等对教育的影响。

（一）社会物质生产方式和现代文明对文化的建构作为客观背景有其固有的规律

随着发达工业社会的来临，“白领”职业等中上阶层职位已经成为社会分工体系的中坚力量。因此，为了维持社会有机体的再生产，与“白领”职业的工作事务属性相关联的精密型语言符码、以抽象为特征的思维方式等中上阶层文化面相就是社会持续存在所必不可少的精神条件。发达工业社会的阶层结构与精神结构的这些特性，决定了学校教育中的文化内容必须为中上阶层文化继续保留必要的空间，而不能以“浪漫的”革命的方式将其全部扫地出门，后者曾在共和国前三十年给中国的学校教育、社会结构与文化结构造成了毁灭性的灾难。此外，因为社会结构性力量对行动者的心智结构的影响与建构、进而对行动者的文化能力与惯习的形塑作用，社会中上阶层的子女因为其家庭社会化而获得了与学校主流文化相符应的文化先赋性优势，而农村学生不但从文化能力上输在了起跑线上，而且后天还面临着学校主流文化的外在排斥，甚至物质层面上不平等的教育资源分配。这些不平等的先赋性因素与教育安排因素集合在一起，共同构成了制约农村学生通过学校教育获得上向的社会流动机会的社会因素群，各因素之间形成一个下向的合力，通过学校教育的筛选机制将农村学生拉向其出身于其间的底层位置。然而，也正是由于文化对学校教育、进而对社会流动机会具有如此至关重要的影响，它才给我们着手缓解学校教育对农村学生的不公平安排提供了可能的改善空间。因为正如西方马克思主义者所力图强调的，尽管社会刚性结构对文化具有“归根到底的”、“最终的决定作用”，但是文化与基础结构之间也存在着一种张力，这就保证了文化的相对独立性，并为农村学生的“意识转化”提供了可能性，也为教师进行文化“实践”提供了可能性。① 正是具有相对自主性的文化结构赋予学校教育的这些可能性构成了我们进一步建构对策的基础。与上述两个方面相对，我们可以从暂时性与根本性两个层面提出逐步缓解学校教育内部的文化冲突对农村学生不公正的影响。

（二）从暂时性层面上说，应加强对农村学生的补偿教育

由于与现代性共生的工业社会结构在未来仍将主导人类的社会形态，

---

① A. Gramsci. 狱中札记[M]. 转引自：马尔科姆·沃特斯. 现代社会学理论[M]. 杨善华、李康等译. 北京：华夏出版社，2000：193—203.

商品交换规则、理性化控制与工具理性思维将分别持续主导人类的经济活动、科层组织运作与人的精神结构。为了满足工业社会的再生产需求,由上述现代性层面派生出来的精密型语言符码、抽象思维基本力量等文化面相将持续主导学校的主流文化。与此相对,底层社会的结构性力量对农村学生的心智结构、文化能力与惯习的束缚却使他们与前述文化形态背道而驰。因此,为了减轻这种对新一代农村学生来说既存的结构性不平等,作为公共资源的学校体系的底线是在物质层面保证农村学生的教育条件达到总体教育资源的一般水平,即首先保证所有新生一代在"硬"的教育条件上大致处在同一起跑线上。在此基础上,为了弥补工业社会的精神结构与社会中上阶层的政治经济特权对学校主流文化进行的社会建构所造成的农村学生在文化层面的弱势,相对于先赋性的处于文化优势地位的中上阶层下一代来说,需要对农村学生进行额外的补偿教育,以缓解先赋性社会因素对农村学生的文化剥夺。因此,作为公共资源的学校教育,必须在"人人生而平等"、"天赋人权"与"教育机会均等"等启蒙理性的基础上,着手建立一支能够对农村学生进行补偿教育的教师队伍与社会工作团体。这批专业的补偿教育者必须具备反思批判思维,能够跨越中上阶层文化与底层文化、城市文化与农村文化的边界两侧,利用特定的教育技巧、通过特定的教育安排来逐渐转变农村学生既存的惯习,提高他们适应学校主流文化的能力,将农村学生的先赋性文化劣势拉回到文化能力的一般水平。科尔曼报告对影响学生学业成就的因素进行了排序,最重要的是学生的家庭经济文化背景,其次是教师素质,再次是学校的设施和课程。① 所以,这种补偿不限于学校教育,还应包括家庭教育甚至对父母文化能力的提升。补偿教育的目的是"解构"底层学生既存的心智结构,以变更其实践意识层面那套关于如何行事的理所当然的规则对他们的潜在支配,进而使底层学生建立起能够适应学校主流文

① 王艳玲.教育公平与教师责任:《科尔曼报告》的启示[J].全球教育展望,2013(4):3—9.

化的心智结构、文化能力与惯习。尽管这种“解构”过程极为漫长，需要投入巨大的人力与巨额的财力，并且极有可能面临美国20世界中叶的补偿教育政策一样的失败后果，但这毕竟是从局部层面改善中上阶层文化对底层学生的文化剥夺处境无奈却唯一的办法。

（三）从根本性层面上说，应将层级化的垂直文化结构扭转为多元的水平文化生态结构

1. 在文化结构上：重建文化间的平等关系

在社会的文化观念层面上，应当打破各阶层文化之间等级高低的不平等关系，建构各阶层文化之间本然的相互平等、相互交流、和谐共生的关系。这既是确保教育公平的要求，又是保持文化活力的要求。尽管现代化进程必然会催生更多的以白领为代表的中上阶层，并且与该群体紧密相连的自由奢侈品位文化、精密型语言符码和抽象思维等会产生强大的吸引力，但是按照马克思主义的观点，商品的价值是由劳动创造的，直接进行物质生产、最终创造商品价值的劳工实际上对社会是做出了重要贡献的，他们的身份、劳动和文化应该获得足够的尊重。在确定学校要传播、传递的文化和价值观时应当具有开放、民主、平等、多元的态度，把与农村群体紧密相连的“实务性知识”引入学校文化与课程和选拔性考试。教育在进行文化选编时既要雅俗共赏（阳春白雪与下里巴人都可以进入课程），也要坚持双重适应（适应主流文化与适应不同阶层学生的文化）。

这一前提筑基于不同职业群体对社会有机体各自独特的、不可或缺的贡献，以及人的本性的自然展开与人的自由发展的双重基石上。一方面，根据马克思对资本主义剥削方式的批判，任何商品的价值是由生产性劳动者凝结在其中的社会时间而创造的。从这个意义上说，底层劳工的劳动创造了整个工业社会的绝大部分财富，构成了政治法律与宗教意识形态矗立其上的经济基础。因此，我们不能将不同社会群体对社会的贡献化约为个人主义之间的简单比较，即不能认为一个劳工的工作对社会的贡献程度不及一个占据着特权地位的管理者，并就此忽视他们应得的劳动尊重，恰恰相

反，底层劳工的集体劳动创造为底层劳动与劳工文化提供了应得的尊重的基础。另一方面，由于创造性劳动是人有别于动物的首要特征，通过劳动对物质世界与社会世界进行改造是人性自由表达与展现自身的最主要形式。① 因此，直接进行物质生产、最终创造商品价值的劳工劳动就获得了基础性地位，与之密切联系的劳动文化也为人性从工具理性的支配下解放出来、真正实现人的自由与解放提供了本体性基础。在以劳动文化为主的底层文化获得了应有的文化地位之后，应该进一步将与之紧密相连的"实务性知识"引入学校文化之中，重构被"学术性知识"垄断的学校主流文化。利用能够给人性的自然展开以及为人类的自由解放提供可能性的"实务性知识"部分地代替让现代人日趋与自身疏离、客体化与异化的"学术性知识"对学校主流文化的垄断地位。

更进一步而言，当以"实务性知识"为代表的农村文化、底层文化进入学校文化体系之后，必须相应地改革知识的组织分类模式、教学模式、学业的评价模式以及教师的角色定位。唯有如此，农村学生才能避免在学校教育中遭受外在于他们的客体文化的文化霸权，进而避免被以纯粹"学术性知识"为代表的中上阶层文化进行符号暴力与外在排斥的不公正教育命运。

2. **在学校层面上**

要平等对待各阶层的文化和各阶层的子女。要全面认识学校的功能，在传授知识技能、传播拟定的价值观之外，还应当让学生成为具有民主、公正、解放和社会关怀的人，成为具有反思、质疑和批判意识的人。学校应当树立多元的智能观和学力观，质疑、批判、合作和自我管理等也是智能和学力，健康的身体、民主精神、诚实、善良、个性和谐、底层关怀等是比学习成绩更加重要的素养。要看到学生身上的所谓"坏习惯"是有学生自己难以克服的阶层文化背景的，并且有的习惯如果换一种教育观念来看可能会是好的、

---

① K. Marx. 政治经济学批判导言[M]. 转引自：马尔科姆·沃特斯. 现代社会学理论[M]. 杨善华、李康等译. 北京：华夏出版社，2000：109.

有用的。促进公平合理的社会流动、对弱势学生进行补偿性的教育和选拔以缓解先赋性因素对农村学生的文化剥夺，也是学校的责任。

只有通过学校教育的整体变革才有逐步走向社会民主、人的自由、教育民主，这也是批判教育社会学者所具有的深层的社会关怀与人性关怀所在。

3. 在教师层面上

本研究已经详尽地指明，在底层学生与学校主流文化之间的冲突过程之中，教师稳固地站在学校主流文化一侧，同时也表现出了对学校教育中各种文化之间冲突的蒙昧状态，在应试教育背景下尤其如此。教师被学校主流文化和实证主义文化规训为寻求最佳手段达成升学、考试等外在目的的单向度的人，为此，他们不惜对底层学生在学习与纪律双重方面进行系统性地责罚，力图将他们规训为“温顺”的肉体与“听话”的精神。因此，教师实际上成为学校教育进行底层社会再生产链条上的助推者，他们在学校教育中所实施的各种具体的教育安排恰恰将农村学生推向了底层地位。为了断开学校教育中的上述社会控制链条，就必须解开学校主流文化对教师的钳制。因此，教师首先必须具备文化视野和文化觉醒，能够洞悉贯穿于学校主流文化之中的权力支配与霸权特性，以及贯穿于实证主义文化之中的社会控制。这就进一步要求教师具有反思与批判精神，并且能够跨越学校主流文化与底层文化之间的边界，利用自身的转化能力往来于文化鸿沟两侧，架通农村学生与学校主流文化之间的桥梁。

掌握教学技巧、能够帮助学生获得知识技能和高分并不是教师应有能力的全部，具有民主、开放、公正和解放意识，走向文化觉醒，能够反思现存教育体制，能够在各阶层文化各阶层学生之间进行沟通转化、平等对话，都是教师应当具备的素质。能够全面深入地解释各阶层学生学业成就的成因，并根据不同学生已有的文化习性与学校教育之间的契合度对学生进行深度的、广泛的因材施教更是教师应当具备的能力。吉鲁提出教师应成为转化型知识分子，即一个具有批判、民主和解放意识以及沟通、转化能力的主体，他们不但要对社会主流文化的结构性限制松绑，不被意识形态国家机器与科层体制束缚，而且能够将学生培养成具有批判能力的积极行动者，使他们成为改造社会的中坚分子。① 教师需要通过改变学生的观念，将规范化的控制及其赖以产生的实际关系“现形”，来促进平等与正义。② 可以说，唤醒教师的主体性与能动性，调动其批判意识与质疑精神，使教师具备阶层文化视野，洞悉学校文化与社会主流文化之间的一体化关系、隐藏在社会主流文化背后的权力支配关系、以及各阶层学生文化习性和学校文化之间的符应与疏离关系，是从教师角度缓解学校教育文化再生产功能的可能途径，也是教师教育、教师专业发展的应有内容和本真方向。

而要实现教师这一角色的转变，除了重构上述学校体系中的文化内容外，还必须重构教师专业化道路上的一切旨在将他们导入工具理性角色的师资培训安排。例如，必须在师范教育时引入哲学、社会学、文化研究等具有反思、批判向度的课程，以避免心理-教育科学在解释底层学生教育失败时的虚饰；③在入职后的各种专业发展途径中也必须研究底层学生的文化形态，而不是仅仅追求达成最优考试成绩的最有效方法；同时，也必须变革用外在于教育自身的经济与行政标准来衡量教师绩效的评估办法，对底层学生转化程度的考量应纳入其中。

---

① 吉鲁.教师作为知识分子——迈向批判教育学[M].朱文红译.北京:教育科学出版社,2008:152—155.

② 亚历克斯·摩尔.文化资本、符号暴力与专制[A].薛晓源、曹荣湘.全球化与文化资本[C].北京:社会科学文献出版社,2005:286.

③ 姜添辉.资本社会中的社会流动与学校体系——批判教育社会学的分析[M].台北:台北高等教育出版社,2000:379.

附　录

附录一　G中学调研工具

一　观察提纲

（一）文化冲突的基本形式

1. 在自习课、考试与家庭作业的过程中，底层出身的学生表现出哪些在课程知识方面的学习困难？在上述场合与课外活动过程中有哪些与学校道德行为规范不一致或矛盾的地方？是否表现出“反学校文化”？他们这么做的理由是什么？

2. 在教师的课堂教学、班级管理、个别辅导等教育安排中，底层学生是否在课程知识内容、道德行为规范方面表现出困难或与教师的不一致？他们是否以公然的行动挑战教师权威？对于这些情景，教师是如何应对的？学生与教师这么做的理由是什么？

3. 在语言、思维、行为习惯、文化品位等文化资本方面底层学生与学校的要求之间有哪些不一致或矛盾之处？这些矛盾也体现在他们与教师之间的互动关系中吗？

（二）文化冲突的后果

4. 底层学生在学校教育中受到了哪些责罚？责罚的原因是什么？学生与老师是如何看待这些责罚的？

5. 在班级中是否出现了两极分化现象？学生与老师如何对待这种两极分化现象？

6. 学生和老师们如何看待不同能力的学生之间的分班、学生毕业的分流、退学等现象？

二　访谈提纲(教师用)

（一）文化冲突的基本形式

1. 您认为学生要学好您所教的科目需要哪些习惯、品质或能力？您在教学过程中经常会遇到哪些困难？学生在学习过程中有哪些障碍？(可以举例说明)

2. 在您的课堂上,您对学生有哪些学习与纪律要求？学生在哪些方面做得不太好？自习课或课间,学生的纪律或行为存在哪些问题？

3. 您对学生的道德、人格、价值观分别有哪些要求与期望？学生们在这些方面还存在哪些不足？

4. 据您了解学校中有哪些顶撞教师、跟教师作对或唱反调的行为或事件？有哪些破坏学校秩序、破坏学校公物的行为或事件？(请结合实际例子说一说)

5. 请您谈一谈学生的“拐”(当地方言,指故意的、有计谋地做坏事)。(例如,主要表现在哪些方面?原因是什么?对您的教学有何影响?等等)

6. 据您了解,在学校里女孩子有哪些不合学校规范的行为或事件?您对她们有哪些不同于男生的要求?

(二) 文化冲突的后果

7. 在您所教过的班上,升学率大体怎样分布(即省重点、普高与其他各占多少)?您怎么看待学校对学生的这种分流?对于那些未能进高中的学生,他们的主要去向是什么?您觉得他们未来会(或现在正)从事哪些职业?对他们有何期望?

8. 每个班都有一群在后面的学生(他们的成绩在后面,纪律也在后面,座位往往也在后面),这样的学生在您班上大概占多大比率?他们在学习上有哪些困难和表现?他们被学习节奏(或教学进度)甩出去的原因是什么?他们在纪律方面有哪些不合规矩的行为?他们给您带来了哪些困难?您怎么对待这群后面的学生?对他们的未来有什么期望?

9. 在您的班上(或您的教学经历中)有没有遇到退学的学生?据您了解,班上一届学生三年下来退学的学生大概有多少?他们退学的原因是什么?在学校中的学习与行为怎么样?退学后他们一般做什么事情、从事什么职业?你如何看待退学一事?

(三) 文化冲突的根源

10. 据您了解,学生家长的职业一般有哪些?他们闲暇时都做哪些事情?他们在管教、辅导孩子方面有哪些缺陷或不足?假如让您给家长们提几条建议,那么您会有哪些建议给他们?

三　调查问卷(学生用)

中学生文化调查问卷

亲爱的同学:

你好!

本问卷旨在调查当代中学生的文化,了解你们的学习与生活,以此为基础探究改善你们的处境的对策。你的回答不涉及是非对错,调查结果仅供本研究使用,我们将严格按照《统计法》保密,请按照实际情况与真实感受放心填写。

填写说明:本问卷分为基本信息、家庭教育、学生亚文化、师生关系、学生学习5部分,每部分各有若干小题,计20题,共4页,请根据问题的要求填写。

(一) 基本信息

1. 姓名:____________;性别:____________;年龄:____________;民族:____________。

2. 出生地:____________________(注:你出生在哪个省、市、区、小区,或县、乡、村)

3. 现居住地:____________________(注:如果与出生地相同,则填写"同上")

4. 小学毕业学校:__________________________;小学在班上的名次:________;小考分数:________。

(二) 学习

5. 你有没有明确的学习目标?你的学习目标是什么?你的学习动力来自哪里?是自己要学,还是在父母、老师的强迫下才学?上课或做作业时你开不开心、愿不愿意？如果可以选择不学习的话，你会去做什么？

6. 你在学习中遇到了哪些困难与障碍？当你遇到它们时你会怎么办？做题目时会不会很粗心？是哪些原因导致了你的粗心？上课时你的注意力集中吗？不集中的原因是什么？(注:可以分科目作答，不少于50字)

7. 你喜不喜欢现在的班级和学校？为什么？(注:不少于50字)

(三) 师生关系

8. 你觉得老师们的教学(或讲课)方式怎么样？如何看待与评价班主任老师管理班级的方式？你对老师们有哪些看法和评价？你心目中的老师、课堂、班级各是怎样？

9. 你在学校受到了老师的哪些责罚？老师责罚你的原因是什么(请举例子说明)？对此你怎么看？你在学校感觉到了哪些压力？

(四) 亚文化

10. 放学以后或周末有空的时候你一般和哪些人一起玩？主要玩些什么？(注:不少于50字)

11. 你一般一周上几次网？一周用于上网的时间大概有几个小时？你常去哪些地方上网？上网主要做些什么事情？你有自己的QQ号吗？一般和哪些人聊天？聊什么内容？（注:不少于50字）

12. 你经常玩哪些网络游戏？为什么喜欢玩它们？估计一下你一周用于玩网络游戏的时间大概有几个小时？爸爸妈妈是否知道你玩网络游戏？他们对你玩网络游戏的态度怎么样？（注:不玩网络游戏的同学请回答:你对网络游戏的态度如何？不少于50字）

13. 你喜欢哪些明星、哪些歌曲、哪些电影？为什么喜欢？你去过电影院看电影吗？去过几次了？同谁一起去？你有没有听过音乐会？有没有去过博物馆？（注:可以具体说说你的某次经历，不少于50字）

14. 除了与学校学习有关的课本、作业，你还会看哪些书？你都看过哪些书？他们的主要内容是什么？这些书对你有什么影响？

15. 你有哪些兴趣爱好？围绕这些兴趣爱好你做了哪些事情？你的理想是什么？长大以后想做什么样的事业？成为什么样的人？

（五）家庭背景与家庭教育

16. 你爸爸和妈妈从事什么工作？（例如:他们是做什么的？工作单位是什么？每天要做哪些事情？工作开不开心？辛不辛苦？对社会有哪些贡

献？你如何看待他们的工作？)(注:请分段对爸爸和妈妈分别描述,每段不少于50个字)

17. 爸爸妈妈是怎样一个人？(例如:他们出生在哪里？受过多少教育？为人处世的方式怎样？对你的态度如何？他们身上还有其他什么特点？)(注:请分段对爸爸和妈妈分别描述)

18. 爸爸妈妈闲暇时都做哪些事情(例如:看什么类型的电视、和哪些人一起打牌与喝酒……,等等)？你如何看待他们所从事的这些娱乐活动？这些娱乐活动对你有什么影响？(注:不少于50个字)

19. 爸爸妈妈怎样指导你的学习？(例如:用哪些方式、从哪些方面指导？)上周五的家长会以后,爸爸妈妈对你提出了哪些新要求？采用了哪些新举措？(注:可以举些具体的例子,说说具体的过程,不少于50个字)

20. 听话、犯了错误或成绩不好时,爸爸妈妈会怎样责罚你？(注:可以举些具体的例子,说说具体的过程,不少于50个字)

21. 是否参加了培优？参加了哪些培优(例如:参加辅导班或请家教等)？请描述一下培优的情况(由谁、在什么地方、以什么样的方式培优？培哪些内容？每周陪多长时间？一周花费多少钱？)爸爸妈妈是否支持你去培优？你自己喜不喜欢去培优？培优对你的学习有哪些帮助？对你的生活有

哪些影响？(注:没有参加培优的同学请回答:你对培优有什么看法?,不少于100字)

22. 是否参加了培优？为什么参加培优？(注:同样按照上题的方式作答;小学没有参加培优的同学不用答本题)

附录二　X中学调研工具

一　观察提纲

对学生的观察：

1. 同学们的上课状态如何？整体上给人一种怎样的感受？对于和老师互动来说，课堂上的学生可以分为哪几类，各自有怎样的特点？有多少人没有听课？没有听课的同学在干什么？

2. 是否在课堂上出现了迟到和早退的现象？是否有人因为不想上课而在上课的时间没有到教室里来？那些不听讲的学生在上课时，课桌上放的是什么？他们的书本上有什么特点？

3. 在上课的时间，是否有同学在校园里游荡？甚至趁门卫不注意而溜到学校外面去玩一节课的时间，或者借口外出有事，而让班主任签字，然后凭着这张通行证带一大帮人出去？是否会找准任何机会而不到教室去上课？在操场上举行的一些集体活动时，比如做操、演讲比赛等，学生的表现怎样？

4. 对于课堂上的一些学生来说，他们能否跟着老师的节奏？当老师要他们起来回答问题时，他们有什么表现？问题回答得怎样？一些学生在平时的知识学习中，是否会遇到一定的困难？他们在语言、思维、行为习惯等方面是否与学校的要求之间存在不一致或者矛盾之处？

5. 在课堂之外，他们的言行是怎样的？有时候在某个特定的场合说出来的话语反映出他们头脑中怎样的观念想法？

对教师的观察：

1. 教师是否一直按照教案在讲课？有没有自己的一些调整与变革？

2. 教师在组织教学时是忠实了原来教材，还是根据一定的地域特点进行了加工？

3. 教师在对教材讲解的时候，是否联系了实际的生活经验？联系的是城市孩子还是农村孩子的生活经验？

4. 老师们在办公室里的对话和闲谈是否透露出了一些与隐性辍学有关的信息？

5. 老师对上课不听讲、捣乱、讲话，以及经常迟到、早退，不做作业的同学的反应是怎样的，有没有采取应对措施，采取了怎样的应对措施？老师与这些学生的师生关系状况怎样？

二　访谈提纲

对学生的访谈：

1. 你为什么不愿意听老师讲课？为什么不喜欢学习？你以前也是这样吗？(如果不是)为什么有前后的变化？

2. 如果好好学习，考上大学，将来就可以找个好工作，你认为是不是这样的？为什么？

3. 你喜不喜欢现在的学校生活？为什么？

4. 父母对你在学习上有怎样的期望？你觉得这些期望符合你的实际情况吗？

5. 当你放学回家后，父母或者爷爷奶奶有没有要求你们做作业？如果有，但你却没有听他们的，他们会有怎样的反应？

6. 父母有没有在你面前夸奖村里步入社会不久的年轻人？为什么夸

奖这些人？

7. 你有没有想过自己现在就不上学出去打工？你觉得你初中毕业之后会去做什么？为什么？

8. 你觉得知识改变命运这句话是不是对的？你有没有想过自己将来可能会上大学？

对老师的访谈：

1. 您觉得这些学生为什么不爱学习？对于这些学生,您是如何应对的？他们一直以来都是如此,还是之间发生了什么变化,为什么？

2. 这些学生的学习成绩为什么会比较差？您认为成绩好的学生应该具备哪些品质或能力？要学好您所教的科目需要具备怎样的能力？为什么这些学生没有这些品质或能力？

对家长的访谈：

1. 您对孩子在学校的学习和未来读书的道路上有什么期望？如果您的孩子能够继续学业直到大学,您能否支持他完成学业(主要指经济上)？

2. 如果孩子没有达到您的期望,您会不会因此而责怪孩子？为什么？

3. 您希望孩子未来从事什么职业？觉得他未来可能会从事什么职业？

4. 在现在的社会条件下,您觉得知识能否改变命运？是不是一定要靠读书,孩子才有出路？您会不会认为读书是无用的？

5. 您这村里有没有在读大学或者以前读过大学的？他们目前状况怎样？和以前相比,农村孩子读书的重要性发生了哪些变化？为什么会有这些变化？

附录三　Y中学调研工具

一　观察提纲

（一）教师课堂教学

1. 采用何种方式教学？对教材文本的理解是停留在文字表层还是挖掘其深层内涵？

2. 对教材的讲解有无联系学生实际生活经验？哪个阶层学生的经验？

3. 教师在课堂上是否使用普通话？语言是否精致、优美？

4. 如何启发引导学生？是否给学生留一定的思考时间？

5. 教师对于不同程度的学生分别表现怎样的态度？

（二）办公室的工作状况

1. 对待不同学生的态度：

（1）不同程度的学生进入办公室，教师的态度、说话方式是否会有不同？

（2）是否对后进生采取一些辅导、补救措施？效果如何？

2. 批改作业：对不同程度学生的作业的评语分别是什么？

3. 教师之间交流状况：教师之间交流哪些内容？专业上的交流占多少？

二　访谈提纲

（一）对教材的认知

1. 您认为教材是由哪些人编写的？编写得如何？

2. 您认为教材内容所传递的价值理念、生活经验与哪个阶层(城市和农村)的文化更贴近？

3. 您认为教材中城市题材和农村(或弱者)题材的比例分布如何？如何看待这一现象？

4. 您对教材内容是否有过质疑？如有，您如何对待；如没有，请说明原因。

（二）课程组织

1. 您认为物理这门学科最重要的目标是什么？都培养学生哪些方面的能力？您是否会将此作为教学目标设置的参考依据？

2. 您备课时有没有受到教育理念或理论的指导？如有，请举例说明；如没有，请说明原因。

3. 您备课时除了教科书和教学参考书之外，还没有其他的来源？

4. 您备课的内容一般都包括哪些方面？为什么会选择这些内容？更有利于哪种程度的学生掌握？其他的学生您一般如何考虑？

5. 您备课会考虑学生的实际生活经验吗？如有，请举例说明；如没有，请说明原因。

（三）教学行动

1. 您一般会采用何种方式教学？哪种方式的教学效果更好？

2. 您会组织课堂讨论吗？有哪些方式？对于只充当“听众”的学生，您会如何处理？

3. 您一般提问哪些学生？您是否给成绩落后的学生提供回答问题的机会？

4. 是否出现过学生对问题的回答与您的想法或预期不一致的情况？

如有,您当时是如何处理的?如没有,您会如何解决?

5. 您上课会给学生留一定的思考时间吗?一般是多长时间?如果影响到您的教学进度,您一般作何处理?

6. 您会为了应对考试而追赶教学进度吗?这样的教学效果如何?

7. 如果上课中出现突发事件,您一般如何处理?

8. 在课堂中如果学生提出感兴趣或与教科书无关的问题,您会如何处理?为什么?

（四）教学反思

1. 您平时会反省自己的教学吗?都反省些什么?为什么?

2. 请简述您认为自己迄今为止有上得比较满意的一堂课。您觉得一堂好课的标准是什么?

3. 您觉得一位好老师应该有哪些品质?

4. 您认为造成学生不同学习成就的原因是什么?

5. 对于不同学业表现的学生,您分别关注什么?

6. 对于成绩落后的学生,您一般采取哪些辅导补救措施?效果如何?

7. 针对不同程度的学生,学校有不同的评价方式吗?

8. 您如何看待考试,它和一个人未来的发展有什么关联?

9. 考试对您意味着什么?

10. 您如何看待素质教育?与应试教育有哪些不同?

11. 您评价好学生和后进生的标准是什么?

后　记

教育公平是我一直关注的话题，但是在攻读硕士和博士学位期间，我研究的是教育基本理论与教育哲学，直到博士毕业后才把精力放在教育社会学特别是教育公平问题上。2010 年人民日报等媒体较多地报道了阶层复制的话题，我意识到自己作为底层出身的学者有义务集中精力研究教育在其中的作用。

我注意到，国内关于教育与阶层复制之间关系的研究，多停留在教育的外围比如招生、就业以及经费投入，缺乏对教育教学过程进行深入的人类学的研究。我在前期的自由研究阶段，通过阅读、思考和直接经验，形成了自己关于中国阶层复制的谱系和链条的粗略看法。这些假设需要通过经验研究来验证。于是，我分别让我指导的几届硕士研究生做这些经验研究，初步揭示、验证和丰富了关于阶层复制的教育机制。现在需要整合这些研究以供出版。

本书是我整合我指导的三本硕士学位论文而成的，这三本硕士学位论文分别是：王欧的《文化排斥：学校教育进行底层社会再生产的机制——基于武汉 G 中学的实证研究》、刘焕然的《农村隐性辍学生：两种文化合力下的学校边缘人——基于孝感市 Y 中学的调查研究》、代盼盼的《中学教师文化无意识的现状及社会根源——以 Y 中学为例》。这三位同学的硕士学位论文选题是我指定的；基本观点、研究思路、研究设计是我提出、拟定的，调查对象、调查过程中的调整，是在我的安排和指导下完成的。论文初稿完成后我认真进行了修改，答辩时均获得了好评。在形成书稿的过程中，我理顺了研究问题、研究思路、理论基础，重新组合了研究内容，统一了基本概念和研究观点。书稿获得了学校出版基金资助后，刘焕然同学修改了全书的形式规范和注释，我又对全书进行了一次全面、系统的修改。

上述三位同学均有研究此问题的热情，进行了大量的阅读和调查工作，付出了比一般硕士生更多的时间和精力，调查也很辛苦。特别是王欧同学，具有强烈的底层关怀和公正意识，对社会学、文化研究领域大量相关经典著作进行了深入的研读，具有很好的治学精神和性向，理论思辨和实证研究的能力都很强。他的硕士学位论文被评为2012年湖北省优秀硕士学位论文，对代盼盼和刘焕然的研究起到了很好的示范作用。王欧现为清华大学社会学系博士生，代盼盼现为山西省运城市一所培训机构教师，刘焕然现为湖北工程学院教育与心理学院助教、华中科技大学教科院博士生。

本书各章节的完成者如下。摘要：朱新卓整合、修改。第一章：第一节为朱新卓，第二节的第一部分为刘焕然、第二、三、四部分为王欧，第三节的第一、三部分为朱新卓，第四、五部分为朱新卓整合，第二部分为王欧、朱新卓。第二章：第一节为刘焕然，第二节为王欧。第三章、第四章、第六章、第七章为王欧。第五章为朱新卓、刘焕然。第八章：代盼盼。第九章：第一节、第二节为代盼盼，第三节为朱新卓、王欧。第十章：朱新卓、王欧。朱新卓对全书内容进行整合、修改、定稿。

本研究有一些不足之处，比如未能和城市初中生对比，未能对农村学生中少数考入“985”工程大学的学生进行深入探讨，在分析的过程中过于重视结构而对个体能动性重视不够，等等。这些还需要我们以后继续开展更为完善的研究。

朱新卓
2015年8月